韓非子著述及思想

鄭良樹 著

臺灣 學生書局 印行

周　序
韓非本「爲韓」及其思想特質

　　鄭良樹教授對先秦及漢代古籍的考訂，和學術思想的探索，早有許多貢獻。他的《淮南子校理》、《老子論集》、《孫子校補》、《竹簡帛書論文集》、《戰國策研究》、和《商鞅及其學派》等書，都大有補益于對戰國和秦漢文史哲學思想的研究；還有他的《續僞書通考》三大册，與張心澂的原編同爲使用中國典籍的必要參考書，嘉惠士林，良非淺鮮。近復探究韓非的著作與思想，書成囑爲作序。我早年讀《韓非子》，頗有許多感想，現借此機會，略著數言。

　　首先我想指出，良樹研究先秦諸子，採取考證古籍和分析思想雙重並進的方法，可說是十分明智的抉擇。過去許多在這方面的研究者，往往只偏重其一，而疏忽了另一面，以致所疏忽者常使其所偏重者亦不能精審。當然，要想兩者兼顧就不容易，這旣需要嚴密精細的訓練和態度，又需要淵博通達的學識。二者缺一不可，所以非常難能，也就十分可貴。依我看來，如果一人不能二者得兼，考證仍是最基本、最重要的工作；否則沙上築室，雖然樓閣壯觀，也轉眼就要倒塌。良樹在校勘考證方面訓練有素，再加上宏觀的審察和精密的分析，成就當然會不可限量了。

　　作爲思想家的韓非，大家都知道他是歷史上的悲劇人物。我總覺得，他的悲劇不僅在于他被自己在荀子門下的同學，也算得是同事的李斯猜忌，慫恿秦始皇「以過法誅之」或促其自殺；他的更大悲劇是他死後，人們往往還以爲，他以韓國公子的身份，竟然說秦滅韓，出賣自己的祖國。可是事實上呢，歷史不但從未記載韓非游說過秦國去

攻取韓國；相反的，却記載有他企圖削弱秦國以救韓。《史記》〈秦始皇本紀〉明明說過：始皇十年（韓王安二年，公元前二三七）「李斯因說秦王，請先取韓以恐他國，於是使斯下韓，韓王患之，與韓非謀弱秦。」此所謂「下韓」，義當爲謀征韓使降服，韓王安見事危急，便改變以前不用韓非的態度，與他來共謀削弱秦國。據〈韓世家〉說：始皇十三年（公元前二三四），即韓「王安五年，秦攻韓，韓急，使韓非使秦，秦留非，因殺之。」這裡說的韓非使秦，是秦攻韓而韓已危急之時，明明是韓王派（「使」）他去秦國，以謀救韓國的急難，並非韓非自去做說客，以求官位。這兒說他「使秦」，原不必在秦開始攻韓的同年，所以〈秦始皇本紀〉接下去說：十四年（韓王安六年，公元前二三三）「韓非使秦，秦用李斯謀，留非，非死雲陽，韓王請爲臣。」〈韓非傳〉也明說：「秦因急攻韓，韓王始不用非，及急，迺遣非使秦。秦王悅之，未信用，李斯、姚賈害之。毀之曰：『韓非，韓之諸公子也。今王欲幷諸侯，非終爲韓，不爲秦，此人之情也。今王不用，久留而歸之，此自遺患也，不如以過法誅之。』秦王以爲然，下吏治非，李斯使人遺非藥，使自殺。韓非欲自陳，不得見。秦皇後悔之，使人赦之，非已死矣。」這些都可證明，韓非到秦國去並不是爲了遊說秦皇以求實行自己的學說，換句話說，並不是想要以求自用，而是韓王當事急之時，想利用秦始皇欣賞韓非的著作這一事實，派他去表面逢迎，實際上圖削弱秦國，或至少使秦不攻韓。這從《韓非子》裡〈存韓〉篇慫恿秦始皇不要攻韓，也可看到。這裡不妨更指出：上文所引的「使斯下韓，」「王安五年，秦攻韓，」以及「秦因急攻韓」並不是說秦國已經派兵攻打韓國，而只是「急謀」攻韓。〈秦始皇本紀〉凡記載實際攻伐的，都要指出派某某將兵攻某地，而這兒却沒有；而且〈存韓〉篇裡明說：「今臣竊聞貴臣之計，舉兵將伐韓。」可見

韓非入秦之初上此書于始皇時，秦國還未實際攻伐韓國，實際攻韓應該是韓非下獄或死後的事。這些史實都可說明韓非並未要秦攻韓。

其次，許多人認爲韓非曾說秦攻韓，是因爲現存《韓非子》書中第一篇〈初見秦〉明明在慫恿秦國「亡韓」。本來，過去許多學者早已知道：《戰國策》秦策〈張儀說秦王〉書基本上與〈初見秦〉篇相同，因此對其究爲誰所作，原已議論紛紜。我以爲篇中說：趙國「悉其士民，軍於長平之下，以爭韓上黨。大王以詔破之，拔武安。」明明是指的秦昭王四十七年（公元前二六〇）秦遣白起破趙將武安君趙括軍於長平，殺趙卒四十五萬這件事。（見《史記》〈六國年表〉周赧王五十五年下）當時秦國本可乘勝亡趙、韓，併魏而稱霸，但不此之圖，反而與趙議和。三年之後，即秦昭王五十年（前二五七），秦再攻趙邯鄲時，因楚、韓援救而敗退。〈初見秦〉篇的作者認爲這是大失策，所以接下去說：「大王垂拱以須之，天下編隨而服矣，霸王之名可成。而謀臣不爲，引軍而退，復與趙氏爲和。夫以大王之明，秦兵之強，棄霸王之業，地曾不可得，乃取欺於亡國，是謀臣之拙也。」篇末更說：「臣昧死，願望見大王，言所以破天下之從，」「大王誠聽其說，一舉而天下之從不破，趙不舉，韓不亡，荆、魏不臣，齊、燕不親，霸王之名不成，四鄰諸侯不朝，大王斬臣以徇國，以爲王謀不忠者也。」這裡所說的史事都屬於秦昭王時，上書的對象也是秦昭王，至爲顯然。昭王乃是秦始皇的曾祖父。可見〈初見秦〉篇決不是寫給秦始皇的，因此也就決不是韓非所著，本無疑義。前人如陳啓天等已論證過，錢穆在《先秦諸子繫年》第一五六條中也有周到的分析。不料陳奇猷後出的《韓非子集釋》卻仍主爲韓非所著說，他的理由雖然有五，但其實都不足以證明他所得的結論「此篇當出於韓非。」其中看來很巧辯但實則最不合情理而又厚誣古人的，是他說〈初見秦〉

本不是第一篇，而是作於〈存韓〉篇之後。韓非初使秦時上書請存韓，等到李斯控告他「終爲韓不爲秦」，被下獄之時，便欲面見秦王爲自己辯白，即篇末所云：「願望見大王」，所以一反自己前說，力陳秦應亡韓。這個設想怎麼可能呢？假如這樣，他也必須先在篇前解釋自己起初主張「存韓」之故，或承認那一主張的錯誤；怎好不顧「存韓」前說，突又倡議「亡韓」，出爾反爾，難道要把秦始皇當成小孩或白痴看待麼？我特地提到這個問題，實因這本是不成問題的問題，幾十年來，却還有不少人來爭論，而陳奇猷的《韓非子集釋》還不失爲比較詳悉而常爲多數人參考的書，所以不能不辨白。另一方面，也爲了借此標出良樹的一個特殊貢獻，就是他爲此問題特著有〈論韓非子初見秦篇出自戰國策〉一文，並在《戰國策研究》一書裡，仔細比勘了《戰國策》和《韓非子》中這兩篇的文字，發現〈初見秦〉篇實係從《戰國策》那篇或其原始本抄錄出來的，因此可證明「韓非手著」之說的可能性根本就不復存在了。這也可說明我在前面所提到過的，校勘考證實是研究歷史和思想的基本功夫。良樹在這方面特別注重，所以成績也就很突出。

　　近數十年來，中外學者對韓非在哲學思想和文學各方面的貢獻，發掘得很多，例如：他對個人與羣衆心理的深刻了解，對統治術的設計周到，兼顧法、術、權、勢；善於運用實際邏輯推理和辯論，注重矛盾、因果律、和三段論法；認識語言的特出功能與溝通的困境，及其與政治的關係；以至於寓言、故事、甚或小說，對社會、政治、倫理、和思想陳述的特別功效，都有不凡的認識和表現。早期法家著作，如《管子》，固然早已顯示其與道家和名家的密切關係，但韓非更闡釋《老子》，析論刑（形）名，給法家更多的哲理基礎。他把政治和道德倫理分開，在中國政治思想史上，的確可以與一千七、八百年後

西洋的馬克維利（Machiavelli）和霍布斯（Thomas Hobbes）相比擬，足以稱爲建立近代政治學的先行者。

　　眞正說來，政治學所處理的問題，應該是權力的分配、行使、和馴服，韓非在這方面多所注意，常有特出見解，貢獻頗多，也有很大的限度。他像古代希臘思想家一般，了解語言即權力。他把「無爲而無不爲」的理想君主建立在嚴峻的賞罰刑法制度和權術運用之上，固然避免了君主事必躬親，積極爲惡的流弊，却鞏固了絕對王權。當代美國一位重要思想史家帕考克（J.G.A. Pocock）在他所著《政治、語言、與時間》（Politics, Language, and Time, 1971, 1989）一書裡更說：韓非的學說在這方面遠遠超越了馬克維利。韓非思想體系中的官吏和人民在法律面前可說相當平等，取消了特權階級；可是君主還是法律之源，也在法律之上，而整個制度的目的還是在如何充分維持與運用君主及官吏的權力。所以雖然一切要以法爲歸，却與現代的「法治」在根本上有不同之處。以前英國的翻譯家魏理（Arthur Waley）認爲「法家」一詞，不宜譯作 Legalist，而應譯作 Realist，轉譯作中文就是「現實主義者」，或者可作「實家」罷。可是我以爲這也不太適當，先秦的楊朱、子華子等人，甚至於墨家，也未嘗不可說是「現實主義者」。所以我嘗以爲，不如把法家直稱做 Powerist 或「權家」，當然這不是指「權利」（Rights），而是指「權力」（Power），就是說「權力主義者」。

　　韓非處在戰國末期的韓國，國小而貧弱，佔地只有今天的河南省西面一部分，當秦、楚、齊、趙、魏之衝，危機四伏。韓非的書篇，其實多是爲韓國設想的救亡之策。在當時那種緊急局勢下，不能不算是一種比較合理的學說。我們不能希望他像我們現在一樣，主張把王權交給人民；事實上，儒、墨之道在那種危國裡也現得不切實際。三

十多年前我在一篇英文論文裡曾討論到：如果要中國發展出真正的民主，首先就須建立起多數決的觀念，而中國古代政治思想中這種觀念却並不發達。《尚書》〈洪範〉中「三人占則從二人之言」的原則只見用於占卜。《論語》〈子罕〉篇裡孔子雖然說過「吾從眾」的話，但有時又寧可「違眾」。孟子「雖千萬人吾往矣」。至於「天視自我民視」這種說法，也只是攏統說人民。前於韓非者，似乎只有《尹文子》注意到「眾」和「寡」的問題，而明白主張：「犯眾者為非，順眾者為是。」可是也說得很簡略。韓非固然也不曾明確地主張多數決，但他可能是最警覺到這一觀念的人，例如他在〈內儲說上〉開頭討論君主的「七術」時，第一條就是「眾端參觀」，接下去又說：「一聽則智愚不分」，反對「舉國盡化為一」，解釋古語「莫三人而迷」說那是因為「一人失之，二人得之，三人足以為眾矣，故曰莫三人而迷。今魯國之群臣以千百數，一言於季氏之私，人數非不眾，所言者一人也，安得三哉？」這就是說：凡舉一事，不與三人謀則必有迷失；若三人又變成了一言堂，仍是無益。他又用張儀和惠子爭議的故事來說明「一國盡以為可」之不當。更在〈外儲說左下〉裡說：「齊桓公將立管仲，令群臣曰：寡人將立管仲為仲父，善者入門而左，不善者入門而右。」這看起來好像桓公是想要知道贊成者和反對者各有多少人或是誰，可是結果又不是求取多數決，桓公只聽了一人之言就自己作出了決定。不過這幾個故事的確都已透露出，韓非已意識到多數和少數的問題，算是非常難得了。

　　《韓非子》書中像上引這些可發人深思的設想還十分之多。鄭良樹教授的研究當可幫助大家對韓非思想得出更深刻的了解，也會幫助我們建立更完備的中國古代思想史，所以我很高興來寫這篇序言。

周策縱 一九九二年夏日于美國陌地生威斯康辛大學

自　序

　　研究先秦諸子大致上有兩條路線，一條從哲學系出發，研究書中的哲學體系、思想結構，甚至與西方哲學相互比較；一條從中文系出發，研究書中的訓詁、校勘、辨僞、文學、文物制度及語言，包括書的版本、流傳等等。嚴格來說，後者大部分的研究只應被當作一種手段，目的是要達到更圓滿、更準確的前者，藉以豐富我們的經驗，以便應付及克服現時世界的種種問題。

　　我們堅信古人的生活經驗有些是「歷久而彌新」的，有些是「放諸四海皆準」的，所以，才投下那麼多的物力和精力，孜孜不倦地去研究和挖掘，藉以更圓滿、更準確地瞭解、認識古人。如果只是爲了瞭解過去的「歷史」，知道過去發生了甚麼事情，出現過甚麼哲人及思想；如果只是爲了保存這些古籍的完整，恢復它們的本來面貌，並且瞭解它們的本來實情；那麼，我們恐怕就不必如此「窮年皓首」了。因此，研究先秦諸子最理想的目標應該是通過中文系的路子，更圓滿地、更準確地掌握他們的材料，然後，從這些材料再去探討及發掘其主張、思想及哲理，作爲現時生活的明鑑和指引。

　　筆者雖出身中文系，就溺於校勘、辨僞及考據等學問，不過，許久以來即含懷着上述的想法，並且盼望自己能實踐這個理想。八十年代中期研究《商君書》，即結合辨僞學及思想探討於一爐，通過《商君書》的考訂，研究商鞅及其學派的思想發展，成《商鞅及其學派》一書。其後，再次採用此方法，研究《韓非子》，希望清理出韓非思想發展的整條路線，成爲「一家之言」。

通過這次的研究，筆者發現：

㈠韓非固然是法家的一員「大將」，不過，有小部分的作品含有儒家的思想；這些作品及其思想，都被研究者全部「放棄」了，因為它們不符合韓非的「法家身份」。通過古籍辨偽學的考訂，我們發現這些作品應該是他早年在荀門下完成的，而且，正是他受荀卿影響遺留下來最佳的烙印。因此，當我們在描述韓非早期政治主張時，就有機會將這一部分「補充」進去，使讀者對韓非的思想有一個比較全面性的認識和瞭解。

㈡對於韓非的思想，學者們大部分都將五十五篇作品橫在眼前，歸納演繹，分析綜合，當作韓非「一時一地」的思想。通過各篇章作成時代的考訂，我們推測出韓非整個著述歷程大約可以分為早、中及晚三個時期；我們再從個別時期的作品的內容來考察，發現每個時期的思想不但有其不同的特色，早期是廣拓，中期深掘，晚期歸要；而且其發展的線路及關連的脈絡，幾乎前後可尋，彼此呼應，儼然是一個「立體的架構」。

㈢韓非文學情采，頗為文人學士所樂道；《難》是難體文學的淵源，《儲說》是連珠體的始祖，《說林》是雜說體的元根，對後世文學影響至大。通過古籍作成時代及篇章的組織的研究，我們瞭解了這些作品與他的學習環境及態度的關係，也瞭解一些作品與他成長的遭遇及心境的關係，因此，有些文學作品寫作時間很長，有些文學作品代表他少年「憤世」之情，有些作品的主題他「老調重彈」一再改寫，藉以發洩晚期「鬱結」的心情。將韓非不同時期的心境和他的文學作品結合起來觀察，似乎更能看出韓非「文學血液」的「流淌」情況。

㈣《韓非子》五十五篇的編纂者當然不是韓非本人，因此，這一

大批資料在他被害之後，如何由分批到滙中，由零散到滙合，實在是個既繁重又「模糊」的過程。《四庫提要》說:「疑非所著書，本各自爲篇。非歿之後，其徒收拾編次，以成一帙，故在韓在秦之作，均爲收錄。」所言很有道理；但是，他的學生如何「收拾編次」？「在韓在秦之作」，如何「收錄」「成一帙」？我們依然模糊不清。通過古籍作成時代的考訂，我們瞭解了一些篇章彼此之間的關係，也瞭解一些篇章的寫作過程及內部結構，更瞭解一些篇章的分割、組合、竄亂的情形，然後，五十五篇的「收拾編次」過程才略有眉目，而韓非的著述歷程及其書的編纂過程，才有比較清楚的認識。

　　㈤韓非的人格經常受到質疑，最重要的原因是對韓非思想的心路歷程無法掌握，再加上一些作品眞僞的問題無法解決，所以，才使他經常遭受到誤解和非議。通過古籍眞僞的考釋，我們不但澄清了一些作品的眞眞僞僞，也由於作品的「斷代」的考訂，使我們加強了對他的瞭解——韓非是一名純情眞摯的愛國主義者，縱使一輩子不受韓王的信賴和錄用，他依舊忠心耿耿於自己的祖國，不像一些知識份子到處周遊列國，「兜售」自己的主張。韓國面臨滅亡的危機時，韓王派他出使秦國，明知此事之艱難及成功之渺茫，他仍然立刻前往，而且不惜採用一些偏激的手段，希望達成任務，終於激怒秦始皇及李斯、姚賈等人，被害死獄中。韓非的眞面貌，至此才有更全面、更正確的認識。

　　王根林先生在拙作《商鞅及其學派》的書評裏，曾經說：「事實證明，用這個觀點來分析，許多前人聚訟不休、懸而未決的問題，都可以渙然冰釋。……改進治學方法，可以促使學術研究出現新的突破，這是本書給我們的有益的啟示。」（見本書《後記》）筆者撰述本書，也以「立體式」的研究方式爲基礎，將中文系的古籍辨僞學和哲學系

的思想研究結合在一起，庶幾乎開闢一條新途徑，以更深一層的方式來研究先秦諸子。書中若有未妥善之處，尚祈海內外學人不吝指正。

一九九一年三月自序於香港中文大學

下列各書經常徵引，茲詳列其出版社及出版日期；書中出現時，不另說明。

胡適之先生：《中國古代哲學史》，一九六八年臺北商務印書館再版，在《國學基本叢書》內。

錢賓四先生：《先秦諸子繫年》，一九五六年香港大學出版社。

梁啟雄先生：《韓子淺解》，一九八二年北京中華書局。

潘重規先生：《韓非著述考》（論文），發表於《香港大學五十週年紀念論文集》內，一九六六年。

容肇祖：《韓非子考證》，中央研究院歷史語言研究所單刊乙種之三，一九七二年臺北臺聯國風出版社再版。

陳奇猷：《韓非子集釋》，一九六三年臺北世界書局翻印本。

陳啟天：《增訂韓非子校釋》，一九七二年臺北商務印書館重版。

邵增華：《韓非子今註今譯》，一九八六年臺北商務印書館三版。

周勳初：《韓非子札記》，一九八○年江蘇人民出版社。

鄭良樹：《商鞅及其學派》，一九八七年臺北學生書局。

韓非之著述及思想

目　錄

周　　序…………………………………………………………Ⅰ

自　　序…………………………………………………………Ⅶ

前　　編…………………………………………………………1

第一章　緒　論…………………………………………3

第二章　分　論…………………………………………11

第一節　初見秦………………………………………………11

第二節　難言…………………………………………………16

第三節　愛臣…………………………………………………22

第四節　主道・揚權…………………………………………26

第五節　有度…………………………………………………37

第六節　二柄…………………………………………………65

第七節　八姦…………………………………………………81

第八節　十過…………………………………………………85

第九節　孤憤…………………………………………………108

第十節　和氏…………………………………………………118

第十一節　姦劫弒臣……………………………………………129

第十二節　亡徵…………………………………………………141

第十三節　三守・詭使…………………………………………152

第十四節　六反・八說…………………………………………162

第十五節　八經…………………………………………………168

第十六節　人主…………………………………………………178

第十七節　備內・南面・飾邪…………………………………183

第十八節　解老・喻老…………………………………………196

第十九節　說林…………………………………………………244

第二十節　觀行・安危・守道・用人・功名・大體…………262

第二十一節　儲說………………………………………………277

第二十二節　難…………………………………………………324

第二十三節　難勢・問辯・問田・定法・說疑………………350

第二十四節　忠孝・心度・制分………………………………360

第三章　結　論……………………………………………366

後　　編………………………………………………………371

第一章　緒　論……………………………………………373

第二章　分　論……………………………………………375

第一節　韓非著述及其思想的第一期…………………………375

一、專志勤學……………………………………………………375

二、繽紛的少年色彩‥‥‥‥‥‥‥‥‥‥‥‥‥‥‥378

　㈠　儒家的薰陶漬染‥‥‥‥‥‥‥‥‥‥‥‥‥378

　　1.　對孔子的讚賞‥‥‥‥‥‥‥‥‥‥‥‥‥378

　　2.　對儒家人物的肯定‥‥‥‥‥‥‥‥‥‥‥379

　　3.　對古聖賢的崇敬‥‥‥‥‥‥‥‥‥‥‥‥380

　　4.　對詩、書的尊重‥‥‥‥‥‥‥‥‥‥‥‥380

　㈡　對《老子》的嚮往‥‥‥‥‥‥‥‥‥‥‥‥381

　㈢　超群出眾的才情‥‥‥‥‥‥‥‥‥‥‥‥‥382

　　1.　結構嚴謹‧組織周備‥‥‥‥‥‥‥‥‥‥383

　　2.　說理綿密‧詞藻典麗‥‥‥‥‥‥‥‥‥‥385

　　3.　博采舊聞‥‥‥‥‥‥‥‥‥‥‥‥‥‥‥388

　　4.　憤世情懷‥‥‥‥‥‥‥‥‥‥‥‥‥‥‥389

三、討論課題——廣拓‥‥‥‥‥‥‥‥‥‥‥‥‥391

　㈠　君臣——含有儒家影子的理論‥‥‥‥‥‥‥392

　　1.　為君之道‥‥‥‥‥‥‥‥‥‥‥‥‥‥‥392

　　2.　為臣之道‥‥‥‥‥‥‥‥‥‥‥‥‥‥‥398

　　3.　君臣關係‥‥‥‥‥‥‥‥‥‥‥‥‥‥‥401

　㈡　治國——尚未面目全現的系統‥‥‥‥‥‥‥406

　　1.　御宮閨‥‥‥‥‥‥‥‥‥‥‥‥‥‥‥‥407

　　2.　御大臣‥‥‥‥‥‥‥‥‥‥‥‥‥‥‥‥408

　　3.　御百姓‥‥‥‥‥‥‥‥‥‥‥‥‥‥‥‥414

　㈢　傳統文化——溫情的否定‥‥‥‥‥‥‥‥‥419

　　1.　道德‥‥‥‥‥‥‥‥‥‥‥‥‥‥‥‥‥420

　　2.　歷史‥‥‥‥‥‥‥‥‥‥‥‥‥‥‥‥‥423

　㈣　現實社會——激情的批判‥‥‥‥‥‥‥‥‥426

1. 人性 ……………………………………… 426

2. 社會 ……………………………………… 434

3. 國家 ……………………………………… 437

第二節　韓非著述及其思想的第二期 ……………… 442

一、博聞善説 ………………………………………… 442

二、悲愴的情懷 ……………………………………… 453

三、討論課題——深掘 ……………………………… 461

　㈠ 歷史——演動的歷史觀 ……………………… 461

　㈡ 治國——密不透風的治國手段 ……………… 472

　　1. 法 ………………………………………… 472

　　　a. 權威性 ……………………………… 476

　　　b. 普遍性 ……………………………… 477

　　　c. 客觀性 ……………………………… 480

　　2. 術 ………………………………………… 482

　　　a. 衆聽 ………………………………… 484

　　　b. 查核 ………………………………… 485

　　　c. 行密 ………………………………… 488

　　　d. 用詐 ………………………………… 488

　　　e. 防微 ………………………………… 490

　　3. 勢 ………………………………………… 492

　　　a. 先天的處勢 ………………………… 492

　　　b. 後天的造勢 ………………………… 494

　　　c. 積極的用勢 ………………………… 496

　㈢ 社會——演進的社會觀 ……………………… 499

　　1. 現時社會情況 ………………………………… 500

2.　整治現時社會 ……………………………………504

3.　理想的新社會 ……………………………………506

㈣　力斥諸家——雜學必滅的理論…………………514

1.　抨擊的原因 ………………………………………514

2.　抨擊的對象 ………………………………………517

第三節　韓非著述及其思想的第三期………………520

一、討論課題——歸要………………………………520

㈠　治國的最高境界…………………………………520

1.　君道——道 ………………………………………520

2.　制臣之道——法、術 ……………………………528

㈡　自我掌握的無神論………………………………536

㈢　變法………………………………………………538

二、文采繽紛…………………………………………540

三、鬱結的情懷………………………………………550

第三章　結　論……………………………………564

餘　　編………………………………………………573

第一章　愛國捐軀——韓非被害………………575

第二章　豐富的遺作——流傳及編纂………586

後　　記………………………………………………603

前　編

第一章 緒 論

　　《韓非子》,《漢書·藝文志》著錄五十五篇,與《乾道》本及今本合,是先秦子書保存得最完善的一部著作。王先愼《集解》後附有《韓非子佚文》二十二條,長短不一,約一千字之譜;陳奇猷《集釋》後亦錄佚文三條,約六十餘字;則此書在流傳的過程中似乎亦遭散佚殘缺之厄。然而,細審這二十五條佚文,與篇內文字合者有八條,王先愼蓋一時疏忽,誤作佚文,此陳奇猷已言之矣;此外,根據陳奇猷的考訂,似據篇內文字略作改寫者有兩條,似篇內異文者有七條,似類書誤爲韓文者有六條,然則,可以確實肯定爲本書佚文的,只不過兩條四十餘字而已。因此,說本書是先秦子書保存得最完善的一部著作,應該是沒有差錯了。

　　五十五篇《韓非子》保存得非常完善,並不保證其中不滲雜着一些他人的著作,而在劉向編訂的時候誤入書內。王應麟《漢書藝文志考證》引沙隨程氏說:「非書有《存韓篇》,故李斯言非『終爲韓不爲秦』也。後人誤以范睢書廁於其書之間,乃擧韓之論,《通鑑》謂非『欲覆宗國』,則非也。」可知至少在宋代的時候,已經有人懷疑一些篇章是他人著作誤入書內了。

　　民國以後,隨着疑古風氣的興盛,這種懷疑就越來越多了;比如胡適之先生在《中國哲學史大綱》裏就說:

　　……可見《韓非子》決非原本,其中定多後人加入的東西。依我看來,《韓非子》十分之中僅有一、二分可靠,其餘都是加入的。

那可靠的諸篇如下：《顯學》、《五蠹》、《定法》、《難勢》、《詭使》、《六反》、《問辯》。此外，如《孤憤》、《說難》、《說林》、《內外儲》雖是司馬遷所舉的篇名，但是司馬遷的話是不很靠得住的。我們所定的這幾篇，大都以學說內容為根據。大概《解老》、《喻老》諸篇另是一人所作。《主道》、《揚摧》諸篇又另是一派法家所作。《外儲說左上》似乎還有一部分可取，其餘的更不可深信了。

如果根據胡先生的推斷的話，則五十五篇之中，只有《顯學》、《五蠹》、《定法》、《難勢》、《詭使》、《六反》及《問辯》等七篇為可靠的作品，佔不到百分之十三，其他四十八篇都是「後人加入的東西」；宜乎胡先生慨嘆地說：「十分之中僅有一、二分可靠，其餘都是加入的。」

對本書作全面性研究的，始於容肇祖；他撰有《韓非子考證》，對各篇章的真偽作了相當詳盡及深入的考訂。踵其事者是梁啓雄，他在《韓非淺解》的《前言》裏，對這個問題也作了一些分析。此外，陳啓天著《增訂韓非子校釋》，在各篇的《考證》之下，也論及該篇的作者問題。底下是三家對各篇真偽的看法的對照表：

家別＼真偽＼篇名	初見秦	存 韓	難 言	愛 臣	主 道	有 度
容	偽	部分偽	可 疑	待 考	偽	偽
梁	偽	部分偽	無大問題	無大問題	思想同	偽
陳	偽	部分偽	真	真	不能無疑	可 疑

二柄	揚權	八姦	十過	孤憤	說難	和氏
待考	僞	待考	待考	眞	可疑	待考
輯合韓文而成	思想同	無大問題	思想文字有不同	眞	眞	無大問題
仍可視爲眞	不能無疑	眞	可疑	眞	眞	眞

姦劫弑臣	亡徵	三守	備內	南面	飾邪	解老
部分僞	待考	待考	待考	待考	待考	僞
無大問題	無大問題	無大問題	無大問題	無大問題	無大問題	局部有問題
部分僞	殆無可疑微有可疑	未詳	眞	眞	不無可疑	不無可疑

喻老	說林	觀行	安危	守道	用人	功名
僞	可疑	待考	待考	待考	待考	待考
無大問題	眞	思想文字有問題	思想文字有不同	思想文字有問題	思想文字有不同	思想文字有不同
或僞	眞	不無可疑	未詳	可疑	可疑	思想合

大體	內儲	外儲	難	難勢	問辯	問田
待考	可疑	可疑	眞	眞	眞	僞
思想文字有不同	眞	眞	似眞	似眞	無大問題	局部有問題
疑僞	眞	眞	眞	眞	眞	僞

定 法	說 疑	詭 使	六 反	八 說	八 經	五 蠹
眞	待 考	眞	眞	眞	待 考	眞
似 眞	無大問題	無大問題	無大問題	無大問題	無大問題	眞
眞	眞	眞	眞	思想無可疑	思想絕無可疑	眞

顯 學	忠 孝	人 主	飭 令	心 度	制 分
眞	眞	眞	作者未詳	眞	待 考
似 眞	思想文字有不同	輯合韓文而成	僞	無大問題	思想文字有問題
眞	可疑	可疑	僞	不無可疑	不無可疑

從這個對照表，我們即可以觀察得出，三家對於各篇眞僞的看法有相當大的歧異；試讀下列統計數字：

容肇祖：全僞、部分僞、疑僞者十四篇

　　　　眞者十三篇

梁啓雄：全僞、部分僞、有問題者十二篇

　　　　眞、無大問題、思想同、似眞者三十篇

陳啓天：僞、部分僞、不無可疑、可疑者二十篇

　　　　眞、可視爲眞者二十四篇

容肇祖考訂僞作者有十四篇，陳啓天却認爲有二十篇；但是，容肇祖肯定爲眞著者只十三篇，陳啓天却二十四篇；容、陳倆人似乎各站一極端，而梁啓雄似乎居二者之間，可見三家看法差異之大了。

　　除非我們不知道《韓非子》書中的篇章含有眞僞的問題，否則在

研究或探討韓非的思想之前，勢必對這些篇章有所鑑定；情形就如研究歷史必須鑑別史料的眞僞、考察古代社會必須研究出土文物的年代一樣，才能得出一些比較客觀的結論。因此，對於三家說法以及其他各家單篇的說法作通盤性的整理和重探，實在是研究韓非其人及其思想的一個重要工作。

　　爲甚麼三家的看法會有如此大的歧異呢？是不是他們的考訂工作已經失去了某種「可信」的程度呢？根據個人的淺見，最大的問題是出在於──他們對眞僞的標準無法盡量客觀化。梁任公在《要籍解題及讀法》裏說：

> 太史公述韓非書，標擧《孤憤》、《五蠹》、《內外儲》、《說林》、《說難》爲代表，則此諸篇當爲最可信之作品，最少亦太史公認爲最可信。吾儕試以此諸篇爲基礎，從文體上及根本思想上研究，以衡量餘篇，則其孰爲近眞，孰爲疑僞，亦有可言者⋯⋯。

從文體及思想方面來探討篇章的眞僞有時的確有困難，因此，有的學者採用，有的却或者放棄了。然而，梁任公這段話却頗有啓發性；如果根據幾篇可靠篇章的共同詞彙、用語及語法，來考察其他篇章呢？一個人的詞彙、用語及語法基本上都有其一貫的連續性，旁人頗難模仿及僞造的。因此，以可靠篇章的共同詞彙、用語及語法來衡量其他各篇，鑑定其眞眞僞僞，也許是比較客觀的標準之一。

　　本部分卽通過這些比較客觀的標準的追尋和建立，一方面鑑別各篇的眞眞僞僞，一方面分別出它們的作成時代──韓非的早期、中期，或晚期。

＊　，　＊　　　＊　　　＊

　　韓非的生年及年壽，《史記》不載，司馬遷大概無法明說，因此，
後人議論頗多。近世學者對此問題，大略有底下三種推測：

㈠　生於公元前二八〇年、秦昭王二十七年、韓釐王十六年

　　主張此說者以錢賓四先生爲代表；錢先生在《先秦諸子繫年考辨》
卷四裏說：「韓非與李斯同學於荀卿，其使秦在韓王安五年。翌年見
殺，時斯在秦已十五年。若韓、李年略相當，則非壽在四十、五十之
間。」錢說完全建立在「韓、李年略相當」的基礎上；若此說可信，
則韓非死於秦時年壽可得四十有八。

㈡　生於韓釐王初年

　　主張此說者爲陳千鈞；陳奇猷《韓非生卒年考》引陳說云：「據
本書《問田篇》堂谿公與韓非同時，據《外儲說右上》堂谿公又與昭
侯同時，大約堂谿公在昭侯時年尚輕，不過二、三十歲，及其與韓非
談論時已九十餘歲，則其時韓非不過二十餘歲，大約韓非之年較長於
李斯，其被殺時已六十餘歲，約生於韓釐王初年。」若此說可信，則
韓非得壽六十有三。

㈢　生於韓襄王末年

　　陳奇猷力主此說，他在《韓非生卒年考》裏說：「據《韓非傳》知
秦王見《孤憤》、《五蠹》之書不知爲誰人所作，問之李斯，李斯即
以韓非對，則李斯必係與韓非同學於荀卿時已見韓非之書，不然，李
斯入秦後，秦、韓遠隔，即或可見傳來之韓非書，亦不能知爲韓非作。
據《李斯傳》李斯欲西入秦而辭荀卿，則李斯讀韓非書當在始皇前一

或二年以前。是韓非之學於李斯入秦前已大有成就，其年齡當可能爲五十歲左右之人。準此推算，韓非被害當在六十五歲左右。又堂谿公既曾與韓昭侯對答，以堂谿公生於昭侯初年計算，至昭侯末約二十五歲，至韓釐王末約八十五歲，是年韓非在二十五歲以上，韓非以此時與堂谿公對問，於時代亦合。故韓非卒年六十五而生於韓襄王末年之說，信而有徵。」若從陳說，則韓非得壽在六十五歲以上矣。

三說孰是孰非，在新資料出現之前，頗難論定；遍覽其他諸家，以傾向第一說者居多，而陳奇猷「生於韓襄王末年」說，附同者極少。在考訂全書各篇之眞僞、作成時代及其思想之拓展時，有關其出生年代及年壽之長短等問題，關係並不大，所以，我們採取眾人接受的第一說，不重新考訂及解說了。

如果韓非生於公元前二八〇年、韓釐王十六年、秦昭王二十七年，到李斯秦莊襄王三年（據《史記・李斯列傳》）入秦，則已三十四歲矣。韓非、李斯都是荀卿的學生，他們何時受學，今已不可明考；然而，李斯離開荀門入秦，必定在他學業「完成」之時，那是可以肯定的了。韓非何時離開荀卿，史不明載；爲了研究上的方便，我們姑且假定韓非也在秦莊襄王三年、韓釐王二十六年之前後，與李斯同時或前後離開荀門，「完成」了他的學業。循此假說，我們將韓非受學荀卿至學業完成的前三十四年，命爲他的「早期階段」；韓非有不少的著作，就完成於這個階段之內。

韓釐王崩於三十四年，那年，《呂氏春秋》正好完成，秦始皇八年。韓釐王晚年，三晉已經無法支撐強秦銳利的攻勢，山東六國已經陷入沒有希望的絕境了；而韓國地小兵弱，又毗鄰狼秦，更是危在旦夕，隨時有覆亡的可能。作爲韓國貴公子，又兼有積極改革政治的思想的韓非，他應該知道得最清楚，却偏偏不被韓王錄用；所以，從韓

釐王二十七年、秦始皇元年韓非三十五歲，至韓釐王三十四年、秦始皇八年韓非四十二歲這八年之間，應該是韓非最痛苦的一段時間，也是他最憂國憂民的一段時間。在這段時間內，以「善著書」聞名的他，勢必完成不少篇章，所以，我們將這八年訂為他的「中期階段」。

自韓王安即位於公元前二三八年、秦始皇九年之後，韓國已經是黃昏的太陽了。韓非於韓王安六年、秦始皇十四年出使秦廷（此據《始皇本紀》及《六國年表》，《韓世家》繫於去年），旋即被害於獄中。自韓王安元年至六年，為時六年，我們訂為韓非的「晚期」；在這段時間內，韓非當然也寫了一些文章。

＊　　　　＊　　　　＊　　　　＊

本編除了研究《韓非子》各篇章的真偽，對歷代學者各種說法重新參訂及評估，俾便得出一個比較合理的結論之外；同時，也進一步利用一些比較客觀的標準，鑑定這些篇章的作成時代——早期、中期或晚期，俾便在後篇探討韓非思想時，瞭解其拓展過程。

第二章　分　論

第一節　初見秦

　　本篇和《戰國策・秦策一・張儀說秦王》章極為相似；《戰國策》章首有「張儀說秦王曰」數字，其他幾乎都與本篇雷同。有關二篇先後的關係及作者問題，歷代學者爭議甚多，茲歸納各家說法如下：

㈠　以為出於韓非之手者

1. 吳師道、盧文昭、顧廣圻及張文虎等謂篇中述儀後事，《秦策》誤為張儀作。

2. 陳祖犛謂韓非說以先舉趙而後亡韓，乃緩韓之急，其亡韓卽所以存韓，故此云亡韓，與《存韓篇》實不抵觸❶。

3. 鄧思善謂「非有意為秦，而秦方慮六國合縱，故言破縱。《五蠹篇》於合縱連橫俱極詆諆，是篇言破縱而未主連衡，固與《五蠹》合……存韓伐趙，亦破縱之一法，意與《初見秦》合」❷。

4. 松皋圓以為此言亡韓者，以見韓非不黨於宗國，入說之道，似有不得不然者矣❸。

5. 高亨以為本篇列舉秦破趙、破魏、破楚及五國入齊事，而未明言破韓，是非為祖國諱；且非急於用事，果得志於秦，必不難於滅韓矣❹。

6. 張心澂謂「《初見秦》所敍之事在張儀死後，其所指責者有關范雎，而蔡澤爲雎所薦，可證明非儀作，非雎作，亦非澤作；而爲非書之首篇，當爲非作」❺。

7. 陳奇猷擧出五證，謂「此篇當出於韓非，但與《存韓篇》時間不同，情勢不同，其有矛盾之處，乃必然之表現，不足證明其不出於韓非」❻。

8. 嚴靈峯謂「除某些歷史事實容有出入或少數文字略有訛誤外，大體可以確定《初見秦篇》乃係韓非所自作。若依韓非入秦後的上書次序而言，則此三篇的次序似應由《難言》開始，作：《難言》、《存韓》、《初見秦》，順序排列」❼。

㈡ 以爲出於張儀之手者

1. 梁啓超謂篇首言成從以與秦爲難，明爲蘇秦合從時形勢，而爲張儀說秦惠王之詞❽。

2. 胡適之先生謂「《初見秦篇》乃是張儀說秦王的話，所以勸秦攻韓，韓非是韓的王族，豈有如此不愛國的道理」❾。

㈢ 以爲張儀作而韓非襲用之者

1. 尹桐陽《韓非子新釋》有此說。

㈣ 以爲出自范雎之手者

1. 沙隨程氏謂既有《存韓篇》，故李斯言非終爲韓不爲秦，此篇有擧韓之論，乃范雎書也❿。

㈤ 以爲出自蔡澤之手者

1. 容肇祖謂《存韓篇》言韓未舉，而《初見秦篇》言亡韓甚易，彼此矛盾，若《存韓》爲眞，則《初見秦篇》卽非出於韓非，而實爲蔡澤說秦王書❶。

2. 劉汝霖據《初見秦篇》所載長平之役及圍邯鄲之事，斷定此篇必作於公元前二五七年以後；又云：「自這年到秦昭王之死，不過七年的工夫。這七年之中，東方說客到秦國而見於史書的，我們僅見到蔡澤一人，所以假定這篇是蔡澤或蔡澤之徒所作，有最高的可能性。」❷

3. 陳啓天謂篇中所言秦事，皆在昭王之時；又七稱「大王」，皆指昭王，因斷非出韓非之手，亦非張儀所作，以蔡澤之說爲可信❸。

4. 錢賓四先生就篇中所言史實、措辭、語氣等，考訂其非韓非所著，云「近人有疑爲蔡澤或澤之徒爲之者，殆或近是」❹。

㈥　以爲出自呂不韋之手者

1. 郭沫若舉出五個證據，證明「《初見秦篇》的著作權實在是應該劃歸呂不韋」，又謂「假使改收在《呂氏春秋》裏面作爲附錄，倒是更合適的」❺。

2. 繆文遠附同郭說，云：「郭說是，今依之繫此章於赧五十九年（當秦昭王五十一年）。」❻

㈦　以爲出自李斯之手者

1. 曾繁康例舉四個理由後，說：「《初見秦篇》之文，旣與李斯少年時代之歷史相合，復與李斯政策相同，而韓非所著書之流傳，亦有與李斯著作相混合之可能。……故疑《初見秦篇》爲

李斯之所作也。」**⓱**

2.鄧廷爵云：「然則《初見秦》的作者又可能是誰呢？我們認爲，
這個歷史人物不是別人，正是那身爲布衣卿相，佐秦始皇兼幷
六國、統一天下的李斯。」並舉出四個理由證明之**⓲**。

(八) 未肯定出自於誰人之手者

1.《四庫全書總目提要》謂韓非著書，皆在未入秦之前；入秦後，
未必有閒暇。且《存韓》一篇終以李斯駁非之議，及斯上韓王，
其事與文皆爲未畢。以爲名爲非撰，實非非所手定也**⓳**。

2.太田方謂篇中有親齊、燕語，乃從人爲齊、燕說秦**⓴**。

3.蔣伯潛謂「又有攙入他人之言論者，則《初見秦》是也」**㉑**。

4.張公量據史實考訂其非張儀所作，亦非韓非所作**㉒**。

5.梁啓雄云：「本篇雖是《韓子》的首篇，但本篇作者不是
韓非。」**㉓**

6.諶貽祝云：「若以上論斷不錯的話，《初見秦篇》所涉及之歷
史事件，最晚者勢必推至秦王政十三年；該篇的成文年代就當
在秦王政十三年以後，它的作者也就只能是秦王政時或更晚的
人了。」**㉔**

7.周勳初云：「看來韓非確是不大像《初見秦》的作者。……韓
非死前不久還在千方百計地想『存韓』，而《初見秦》中則又
主張滅韓，思想上也有不合拍處。」**㉕**

在討論本篇的作者時，有一個問題必須先涉及：本篇是因襲自
《戰國策》？還是《戰國策》因襲自本篇？如果本篇因襲自《戰國策》
的話，那麼，本篇作者極可能就不是韓非了。

筆者曾經比較了這兩篇文章，發現《戰國策•張儀說秦王》章的

時代比本篇早；換句話說，本篇極可能是後人從《戰國策》或其原始本抄錄進《韓非子》。最重要和最強的證據是：本篇行文比《戰國策》詳細、清楚及淺白；當本篇在因襲《戰國策》時，發現語意不清、文句不易曉、誤文譌字的地方，就增加文字、修改文句、修訂錯字，甚至意補許多句子，以期達到比較理想的境地。如果說本篇在前，試問《戰國策》何必把本來清楚、通順、正確的文字改作含糊、不易曉、錯誤呢？㉖

　　因此，無論本篇的作者是張儀、范睢、蔡澤、呂不韋或李斯等其他人，只要它是因襲自《戰國策》，它極可能就不是韓非所著的，它就不應該被編進本書之內了。

附　註

❶　見陳著《韓非別傳》，發表於《光華大學半月刊》二卷四期。

❷　見鄧著《讀容肇祖先生〈韓非的著作考〉志疑》，原文發表於《國立中山大學語言歷史學研究所週刊》第二集第二十四期，又見於《古史辨》第四冊。

❸　見《韓非子纂聞》。

❹　見高著《韓非子初見秦篇作於韓非考》，刊於《古史辨》第四冊內。

❺　見《僞書通考・子部・法家類》。

❻　見陳著《韓非子集釋》。

❼　見嚴著《論初見秦篇爲韓非所自作》，在《無求備齋學術論集》內，一九六九年臺灣中華書局出版。

❽　梁著《要籍解題及其讀法》。

❾　見《中國哲學史大綱》。

❿　見王應麟《漢書藝文志考證》引。

⓫　見《韓非子考證》。

⓬　見劉著《韓非子初見秦篇作者考》，在《古史辨》第四冊內。

⓭　見陳著《韓非子校釋》。

⓮ 見錢著《先秦諸子繫年》卷四。

⓯ 見郭著《韓非子初見秦篇發微》，在《靑銅時代》內，一九五七年北京科學
出版社。

⓰ 見繆著《戰國策考辨》頁三一至三三，一九八四年北京中華書局。

⓱ 見曾著《韓非子初見秦篇作者之推測》，刊於《責善半月刊》第一卷第一期
內。

⓲ 見鄧著《關於韓子初見秦的作者與韓非之死》，刊於《學術月刊》一九八二
年第三期內。

⓳ 見《子部‧法家類下》。

⓴ 見《韓非子翼毳》。

㉑ 見《諸子通考》。

㉒ 見張著《張儀入秦說秦辨偽》，刊於《禹貢半月刊》第四卷第二期。

㉓ 見梁著《韓子淺解》。

㉔ 見諶著《初見秦篇成文年代質疑》，發表於《光明日報》一九六二年二月十
四日《史學》版內。

㉕ 見周著《韓非子札記》，頁三四二至三四三內。

㉖ 有關這方面的考證，請參看拙作《戰國策研究》第八章《今本之殘闕與輯補》，
頁一〇七至一三一；臺北學生書局一九八六年第三版。

第二節　難　言

　　這是一篇組織嚴密、對仗工整的短篇作品；全文約七百餘字。有
關作者問題，歷來學者有正、反二說。

　　最早明言肯定韓非的著作權的是梁任公，他認爲本篇「蓋非早年
上韓王之書」❶；大概因爲篇首發端有「臣非非難言也」、篇中有
「臣非之所以難言而重患也」及篇末有「願大王熟察之」等句，故有
此說耳。

他的弟弟梁啓雄雖然肯定韓非的著作權，不過，意見却有不同；他說：

> 本篇寫臣對君言說之難。從論恉上看，和《說難篇》略同。……
> 從體裁上看，和《說難篇》略異。……司馬遷在《報任安書》中
> 說：「韓非囚秦，《說難》、《孤憤》。」那末，說不定《說難》、
> 《難言》二篇都是韓非囚秦時寫的，似是用來抒寫孤獨憤悶的心
> 情的作品❷。

認爲本篇是韓非晚期囚秦時所寫的，情形和《說難》相同。陳啓天也
認爲是囚秦時的作品，他說：

> 本篇稱「臣非」者二處，又稱「大王」者二處，且其意重在「難
> 言而重患」，蓋非在秦時獄中上秦王書也。以稱大王，故知其爲
> 上秦王書。以書意重在難言而重患，故知其在獄中。以在獄中，
> 故辭不暇擇，意未能盡，惟求秦王熟察免禍而已。《迂評‧注》
> 云：「此亦爲初見秦之詞，憤悶孤抗，故其文連類曠肆，感念特
> 奇。」斯言得之。至前人謂本篇爲上韓王書者甚多，則以其未之
> 深考耳❸。

陳啓天把梁任公意見背後的「臣非」、「大王」提出來，和司馬遷
「韓非囚秦，《說難》、《孤憤》」結合在一起，於是，將「上韓王書」
改成「獄中上秦王書」，和梁啓雄的看法不謀而合。

對著作權持相反意見的，最早是容肇祖；他說：

《難言》一篇，開首即說：「臣非非難言也。所以難言者，言順比滑澤，洋洋纚纚，然則見以為華而不實；……時稱《詩》、《書》，道法往古，則見以為誦。此臣非之所以難言而重患也。」這篇，全為虛套的話，所以要說的話，全未說出。……我以為拿這篇和《孤憤》比，則一切實而一虛浮。如果以為韓非之言，則這篇之末，必有脫簡，否則必為殘稿。這種殘斷廢棄的篇章，不能完全無疑也❹？

容肇祖認為本篇可疑之點有二：一、全篇虛浮；二、殘脫；因此，他認為「文著非名似尚有可疑者」❺，不敢肯定韓非的著作權。容氏的說法，頗能影響後來學者。

劉汝霖從另一個角度來觀察問題，他說：

此篇乃後人倣《說難》而作。《說難》本私人研究說人之難，雖有批評人主之語，口氣尚合；《難言》則抄作臣下之上書，即大不宜，如「以智說愚必不聽」、「愚者難說」、「至言忤於耳而倒於心，非聖賢莫能聽，願大王熟察之也」等語，豈臣對君所當說？況書中只要求准其說，卻不曾說明所說者為何，亦不類言事之書。故此篇乃後人偽造❻。

他認為篇內行文對君主有不遜的口氣，而且又「不曾說明所說者為何」，不像是有事要說的人，所以，是「後人」「抄作」《說難》而成。

上述正、反兩種意見，實際上在內容上也有歧異。否決韓非的著作權的，有的態度不敢太堅決，如容肇祖；有的明說是後人所偽，如劉汝霖。肯定是韓非所作的也有不同看法，有的認為是他早年上韓

王書，如梁任公；有的認爲是晚期上秦王書，如陳啓天及梁啓雄。總而言之，本篇的著作權及作成時代，眞是到了衆說紛紜的境地。

晚近有兩位學者，對本篇作者的問題能提出新的證據。第一位是潘重規先生，他說：

> 根據本篇的內容，分明是一篇上書。而《史記·本傳》說：「非見韓之削弱，數以書干韓王，韓王不能用。」所以任公先生以爲《難言》、《愛臣》、《飾邪》三篇「蓋非早年上韓王之書」。這篇書編次在《初見秦》、《存韓》二篇之後，都是上書。而《初見秦》、《存韓》、《難言》則是編者加上的篇名。我想任公先生推測爲上韓王書是不錯的。而且《說難篇》可能就是由這篇上韓王書的思想發展而成的❼。

潘先生認爲本篇的編次在《初見秦》及《存韓》之後，前兩篇都是「上書」的作品，那麼，本篇於理而言也應當是「上書」的作品了；此其一。《初見秦》、《存韓》及《難言》的篇題都是編者所加；前兩篇既是上書之作，後一篇性質也應當相同；此其二。因此，潘先生認爲「任公先生推測爲上韓王書是不錯的」。第二位學者是周勳初，他說：

> 《難言》和《說難》主題相同，都是論述進說困難的文章。《難言》是一篇上韓王書，文中希望愚暗的君主能夠豁除進言的障礙，從歷史上忠國之士慘遭禍害的悲劇中吸取教訓，言辭很懇切，文筆也還生動，但結構很簡單，在韓非的作品中算是一篇淺近的作品。比起《說難》那樣縝密透徹的論文來，只能算是尚未成熟的

作品了。《難言》中有許多吹捧儒家人物的話，如說「仲尼善說而匡圍之」，稱孔丘為「賢」「大夫」；又說「宓子賤」「不鬥而死人手」，「宰予不免於田常」，認為他們都是「世之仁賢忠良有道術之士也」。他還提到進說之時「殊釋文學，以質信言，則見以為鄙；時稱《詩》、《書》，道法往古，則見以為誦」，認為這也是「難言」中的一些不正常情況。這樣評價儒家人物，在韓非書中還是少見的。應該說，這是韓非早期的思想，那時他還沒有與儒家徹底決裂，因而留下了這些舊的痕迹。《難言》應該是他的早期作品❽。

周氏認為本篇言辭懇切，文筆生動，但是，結構却很簡單，「在韓非的作品中算是一篇淺近的作品」；另一方面，本篇對儒家人物推崇備至，是韓非晚期思想所沒有的，所以，他認為本篇「應該是他的早期作品」。

筆者認為潘先生所提的意見很值得重視。本篇既編排在《初見秦》及《存韓》之後，篇題也和它們一樣都是後人所加，那麼，很明顯的本篇和前二篇不但性質相近，而且極可能就是同一批材料。因此，其作者應當和《存韓》相同，都是韓非本人。至於說作成時代，筆者認為周勳初的說法比較符合事實；從它結構的簡單及對儒家的推崇，它應當是韓非早年上韓王的文章，和晚期上秦王的《存韓》相較，恰好是一早一晚了。

筆者願意再舉另一種證據，來補充潘、周的說法。

本篇作者很重視文學，他說：「殊釋文學，以質性言，則見以為鄙。」王先謙曰：「殊釋，猶棄絕。」作者認為，遊說人主若摒棄文學，徒以質樸為說，那就鄙陋不堪了；可見作者很重視文學了。本篇

作者也很重視《詩》、《書》及先王之道，他說：「時稱《詩》、
《書》，道法往古，則見以爲誦。」作者說，遊說時稱《詩》、《書》，
道往古，就會被認爲是能夠誦說舊事；可見作者對《詩》、《書》及
先王之道抱着肯定的態度了。作者又說：「皆世之仁、賢、忠、良、
有道術之士也，不幸而遇悖亂闇惑之主而死。」在這裏，作者肯定了
仁、賢、忠、良的價值。作者又說：「仲尼善說而匡圍之，管夷吾實
賢而魯囚之，故此三大夫，豈不賢哉！而三君不明也。」推崇孔子及
管仲。如果韓非這篇文章是獄中上秦王書的話，會是這樣子嗎？秦始
皇是法家的厲行者，秦自商鞅變法之後，對儒家、詩書、文學，乃至
工商，都一摒在禁絕之例❾，秦始皇繼承此傳統，更加以發揚光大；
那麼，韓非上給秦王書，會是一篇讚揚《詩》、《書》、推崇孔子、
讚賞先王之道及儒家價值觀念的作品嗎？如果獄中上書的目的是在尋
求寬釋，那麼，韓非豈是一個「善著書」（司馬遷語）的人！秦始皇
讀罷此書，效果恐怕會適得其反了。因此，筆者認爲本文應當是韓非
早年上韓王之書，揣其內容，才比較合理。

剩下來還有兩個疑慮，必須清理。

第一個是本篇和《說難》的關係。司馬遷說：「韓非囚秦，《說
難》、《孤憤》。」梁啓雄及陳啓天由於司馬遷這兩句話，連帶地也
認爲本篇和《說難》、《孤憤》一樣的，也是「囚秦」之作。這樣的
推理相當不合邏輯，因爲本篇和《說難》沒有必然的關係，由「《說
難》作於囚秦」而聯想甚至斷定「《難言》作於囚秦」，似乎不可靠；
何況司馬遷《報任安書》這一段文字，許多學者都認爲是他老人家
「興來之筆」，與史實不完全相符。筆者認爲，周勳初主張本篇是早
年結構簡單之作，《說難》是晚期改寫後成熟之作，應該比較接近事
實。

第二個本篇「臣非」及「大王」用詞的看法的澄清。梁任公認爲是上韓王書，背後的證據大概是篇內有兩個「臣非」及一個「大王」；陳啓天却利用它們證明「蓋非在秦時獄中上秦王書也」，梁啓雄說同。到底孰是孰非？「臣非」指韓非自己應該沒有問題；然而，「大王」指韓王呢？還是秦王？實際上，根據篇內文字，我們無法知道此「王」指的是誰；陳啓天認爲此乃「上秦王書」，肯定此「王」乃秦王，恐是附會之詞，未必可信。

附　註

❶　見梁著《要籍解題及其讀法》。

❷　見梁著《韓子淺解》篇內解題。

❸　見陳著《增訂韓非子校釋》，頁二九九《考證》內。

❹　見容著《韓非子考證》，頁四六。

❺　同上。

❻　余未見劉書，本節過錄自張心澂《僞書通考》頁七七九內。

❼　見潘著《韓非著述考》。

❽　見周著《韓非子札記》，頁一二九至一三○。

❾　有關秦國禁絕《詩》、《書》、文學、儒家及工商，可參閱拙著《商鞅及其學派》。

第三節　愛　臣

本篇只有三百餘字，是一篇很短的小品文。

梁任公最先對本篇的作者表示意見，他在《要籍解題及其讀法》中說：「蓋非早年上韓王之書，多對於時事發言。」不但肯定韓非的著作權，而且進一步認爲是他早期的作品。容肇祖將本篇列爲「未定

爲誰作的篇章而姑俟續考者」❶，他說：

> 《愛臣》一篇，開首數句用韻，似與韓非通常所作文體不一致。
> 開首所說如下：「愛臣太親，必危其身；人臣太貴，必易主位；
> 主妾無等，必危嫡子；兄弟不服，必危社稷。」這種「必定」的
> 語氣，真所謂「無參驗而必之者」。《愛臣》又說：「臣聞千乘
> 之君無備，必有百乘之臣在其側，以促其民而傾其國；萬乘之君
> 無備，必有千乘之家在其側，以促其民而傾其國。」這些話很像
> 脫胎於《孟子》。……《愛臣》又說：「是故諸侯不博大，天子
> 之害也；群臣之太富，君主之敗也。……昔者紂之亡，周之卑，
> 皆從諸侯之博大也；晉之分也，齊之奪也，皆以群臣之太富也。
> ……是故大臣之祿雖大，不得籍威城市？黨與雖眾，不得臣士卒。
> 故人臣處國無私朝，居軍無私交，其府庫不得私貸於家。」這些
> 話，疑像是漢初人說的❷？

根據容氏的看法，本篇「與韓非通常所作文體不一致」，語氣、思想
也與韓非不同，所以，他懷疑是漢初人所寫的。

　潘重規先生對容氏所提出的三個理由完全否決。關於第一點，他
說：「我以爲作者屬文，文筆並非一成不變。我們不能據李義山流暢
清麗的四六文，懷疑他詰屈聱牙的古文爲僞作。即如《荀子》全書說
理，而《成相》、《賦篇》，即是韻文。至於文中有『必定』的語氣，
《韓非子》中更是常見，如《五蠹篇》……又《顯學篇》……這兩篇
都是確被公認爲韓非之作的，所以我們不能舉有『必定』語氣，作爲
非韓子所作的證據。」關於第二點，他說：「《韓非子》有脫胎於《孟
子》的話，這層也不能作爲懷疑的理由。因爲孟子是韓非以前的大思

想家，雖然韓非學術自成一家，但他的言論，總不能不受前人有形無形的影響。」關於第三點，他說：「這也是無據之言。漢初人與韓非相去幾何，又何嘗不可說漢初人的話像韓非呢！所以，這點理由也還是不能成立的。」❸總而言之，他完全不同意容氏的三點意見。

陳啓天比較偏向於梁任公的說法，他在《考證》裏說❹：

> 《秦策》載韓非譏姚賈爲梁之大盜，趙之逐臣。《史記》又載非之死秦，由於李斯、姚賈害之。因此，陳千鈞遂以篇首所謂「愛臣太親，大臣太貴」等語，乃指李斯、姚賈而言。是以本篇爲非上秦王書，此又一說也。然非以使節入秦，不久又下獄，其勢似未便上此書。如認此書出於韓非，則上韓王之說較爲可信矣。

在這段文字裏，他轉錄了陳千鈞的看法；根據陳氏的意見，本篇應當是韓非晚期的作品，文中所謂「愛臣太親，大臣太貴」，乃暗指他的政敵李斯及姚賈而言。如果這個說法成立的話，那麼上書說就有兩個解釋：梁任公認爲是早年上韓王書，陳千鈞認爲晚期上秦王書。至於陳啓天本人，則比較偏向於梁說。

筆者個人認爲，本文應該如梁任公所說的，是韓非本人所寫的，而且還是他早年的作品。

韓非師事荀卿，早期的作品留着荀卿的影子，這些，在一些相關的篇章裏將會討論到。實際上，從《韓非子》其他的篇章裏，我們還看到孟子的影子；《六反》云：

> 今上下之接無子父之澤，而欲以行義禁下，則交必有郄矣。且父母之於子也，產男則相賀，產女則殺之。此俱出父母之懷袵，然

男子受賀，女子殺之者，慮其後便，計之長利也。故父母之於子也，猶用計算之心以相待也，而況無父子之澤乎！今學者之說人主也，皆去求利之心，出相愛之道，是求人主之過於父母之親也，此不熟於論恩詐而誣也，故明主不受也。

孟子提倡仁義，極力反對利，《梁惠王》云：「王何必曰利，亦有仁義而已矣。王曰何以利吾國，大夫曰何以利吾家，士庶人曰何以利吾身，上下交征利，而國危矣。」但是，《六反》却極力提倡利，反對義和愛，甚至於以「今學者之說人主」來暗指孟子；據此，韓非在寫《六反》時肯定是讀過孟子書的，否則，他一定不會提出「長利」的見解來和孟子針鋒相對。

被容肇祖肯定爲韓非所作的《忠存》也頗受孟子的影響；該篇第二段云：

記曰：「舜見瞽瞍，其容造焉。」孔子曰：「當是時也，危哉！天下岌岌，有道者，父固不得而子，君固不得而臣也。」臣曰：……妻帝二女而取天下，不可謂義；仁義無有，不可謂明。《詩》云：「普天之下，莫非王土；率土之濱，莫非王臣。」信若《詩》之言也……。

這段話其實也和《孟子》很有關係；《萬章》載咸丘蒙問孟子曰：「……舜南面而立，堯帥諸侯北面而朝之，瞽瞍亦北面而朝之。舜見瞽瞍，其容有蹙。孔子曰：『於斯時也，天下殆哉，岌岌乎！』……《詩》云：『普天之下，莫非王土；率土之濱，莫非王臣。』」從取義、用詞、文句及引《詩》的相同，可知《忠孝》的作者的確受過

《孟子》的影響了。

　　本篇有一段話說：

　　臣聞：千乘之君無備，必有百乘之臣在其側，以徙其民而傾其國；萬乘之君無備，必有千乘之家在其側，以徙其威而傾其國。

正如容肇祖所說的，這段話很明顯的是受了《孟子》「萬乘之國，弑其君者必千乘之家；千乘之國，弑其君者必百乘之家」的影響；無論是取義和用詞，都逃不開孟子的影子。因此，筆者認爲本篇應當和《六反》相同的，都是韓非早年的作品。

附　註

❶　見容著《韓非子考證》，頁五七。
❷　同上，頁五七至五七ｂ。
❸　見潘著《韓非著述考》。
❹　見陳著《增訂韓非子校釋》，頁八三七。

第四節　主道·揚權

　　《韓非子》五十餘篇文章中，《主道》及《揚權》❶兩篇的情形相當特殊：第一、它們通篇押韻，讀起來像一首長詩❷；第二、它們充滿了黃老思想，甚至於徵引黃帝的話，使人覺得是黃老的言論❸。雖然《主道》排在第五，《揚權》排在第八，中間相隔了兩篇，不過，這兩個共同點幾乎完全一致的。因此，在研究這兩篇作品時，馬上就會想起一個問題：它們是不是同一位作者？

容肇祖《韓非子考證》在討論此問題時，曾作過正面的肯定；他說：

最有趣的，是兩篇所說的「虎」，可以互相參看。《主道》說：「不謹其閉，不固其門，虎乃將存。不慎其事，不掩其情，賊乃將生。弒其主，代其所，人莫不與，故謂之虎。……散其黨，收其餘，閉其門，奪其輔，國乃無虎。……」《揚權》說：「主失其神，虎隨其後。主上不知，虎將為狗。主不蚤止，狗益無已。……主施其法，大虎將怯。主施其刑，大虎自寧。法刑苟信，虎化為人，復反其真。」這樣的說「虎」，很可以證明《主道》、《揚權》兩篇是同出一源，而俱非韓非所作。

容肇祖認為兩篇同時以「虎」比喻人臣，不但是「最有趣的」，而且可證「同出一源」；撇開「俱非韓非所作」的問題不談，容肇祖兩篇「同出一源」的說法應該是可靠的。

其實，這兩篇文章除了將人臣比喻為虎相同之外，還有用詞、語義及句型相同的例子；試讀下文所臚列者：

《主　道》	《揚　權》
1　故虛靜以待令。 　　虛靜無事。	虛以靜後。 虛靜無為，道之情也。
2　有言者自為名，有事者自為形。 　　形名參同。 　　同合刑名。	形名參同，用其所生。 形名參同，上下和調也。 參名異事，通一同情。
3　君乃無事焉。	上乃無事。

4	去好去惡，臣乃見素。 去舊去智，臣乃自備。	故去甚去泰，身乃無害。 去智去巧。 故去喜去惡。
5	明君無為於上。	故上下無為。
6	靜退以為寶。	⋯⋯主之寶也⋯⋯臣之寶也。

這六個例子，有的是用詞相同，如一及六；有的是語義及用詞都相同，如一、二、三及五；有的是句型相同，如四；似此諸多相同點，應該不會是偶然的。

從表面上看，兩篇文章都通篇押韻；從內涵上來觀察，它們用詞、語義、句型相同者竟達七個（包括容氏所舉者）之多，而且，都充滿了黃老思想；從編排上來說，《主道》在第五，《揚權》在第八，相距非常近；兩篇文章既具有這麼多的血肉關係，那麼，它們出自同一作者的可能性應該非常高了。

　　＊　　　　　＊　　　　　＊　　　　　＊

就《韓非子》全書而言，《主道》及《揚權》是最富黃老思想的兩篇文章了。容肇祖在《韓非子考證》裏，將它們和《解老》、《喻老》列在一起，題為「黃老或道家言混入於韓非子書中者」，認為這四篇文章內容及思想非常相似；楊日然撰有《韓非子思想的特色及其歷史意義》❹，將這四篇文章歸為一類，題作「韓非後學晚期之作品中雜揉黃老思想者」，也認為四篇內容、思想是非常一致的；可見《主道》及《揚權》富黃老思想，已獲學術界公認了。

《解老》及《喻老》兩篇情況比較特殊；正如篇題所揭示，它們旨在詮釋《老子》，為《老子》各種思想作疏證，因此，說它們充滿黃老思想❺，似乎是必然的。《主道》及《揚權》兩篇呢？怎麼知道

它們有黃老思想的傾向呢？

　　《主道》及《揚權》兩篇受《老子》一書的影響相當深，從其所採用的詞語、句型及語義與《老子》相近相同的事實來看，即可以窺見一斑了。試讀下列對照表：

㈠　詞語相同

　　1.老子十六章：致虛極，守靜篤。

　　　　　三十七章：道常無爲。

　　　主道：故虛靜以待令……虛則知實之情，靜則知動者正。

　　　揚權：虛靜無爲，道之情也。

　　2.老子六十二章：道者……善人之寶。

　　　　　六十七章：三寶……一曰不敢爲天下先。

　　　　　六十九章：輕敵幾喪吾寶。

　　　主道：人主之道，靜退以爲寶。

　　　揚權：主之寶也……臣之寶也。

　　3.老子三十九章：昔之得一者……。

　　　　　二十二章：聖人抱一爲天下式。

　　　揚權：用一之道……故聖人執一以靜。

　　4.老子十五章：故強爲之容。

　　　　　二十一章：孔德之容。

　　　揚權：獨道之容。

㈡　句型相同

　　1.老子五十二、五十六章：閉其門。

　　　主道：閉其門。

2.老子十二章：去彼取此。

　　二十九章：是以聖人去甚去奢去泰。

　主道：去好去惡……去舊去智。

　揚權：去甚去泰……去智去巧……去喜去惡。

3.老子十五章：豫兮若多涉川，猶兮若畏四鄰。

　　十七章：猶兮其貴言。

　　二十五章：寂兮寥兮。

　主道：寂兮其無位而處，漻乎莫得其所。

(三) 語義相近

1.老子二十四章：自見者不明……其在道也。

　　三十五章：道之出言……視之不足見，聽之不足聞，用之
　　　　　　　不可既。

　主道：道在不可見，用在不可知……見而不見，聞而不聞，知
　　　　而不知。

2.老子五章：不如守中。

　揚權：事在四方，要在中央。

3.老子六十五章：民之難治，以其智多；故以智治國，國之賊；
　　　　　　　　不以智治國，國之福。

　揚權：聖人之道，去智去巧；智巧不去，難以為常。

4.老子二十五章：有物混成，先天地生……故道大。

　揚權：道者弘大而無形。

細讀上列對照表，即知《主道》及《揚權》不論在詞語、句型及語義方面，都深受《老子》的影響了。

　　《主道》及《揚權》既然與《老子》有如此密切的關係，和「黃

帝思想」又有何關係呢？說二篇和黃老思想有密切關係，這「黃」字是否有所確指？或竟是「論老及黃」而已？這是值得深究的一個問題了。

《揚權》就引了黃帝的話：「上下一日百戰。」❻並且加以發揮地說：「下匿其私，用試其上；上操度量，以割其下。」由於上下相試相割，所以，一日百戰，永無寧時。此《揚權》受黃帝思想影響之一也。

《揚權》又說：「事在四方，要在中央。聖人執要，四方來效。」主張四方的臣民都效命中央，而國君卽居中執要，緊緊地控制了全國。七十年代馬王堆漢墓出土的《十大經》，第一篇《立命》云：「昔者黃宗質始好信，作自爲象，方四面，傅一心，四達自中，前參後參，左參右參，踐立（位）履參，是以能爲天下宗。」文中所云「黃宗」卽黃帝；謂黃帝自立爲像，像有四面，自中心散達四方十二位，爲天下宗。《尸子》云：「子貢曰：古者黃帝四面，信乎？」所說的也相同。試問《揚權》所謂「事在四方，要在中央。聖人執要，四方來效」，不就是《立命》的「方四面，傅一心，四達自中……爲天下宗」的翻版嗎？此《揚權》受黃帝思想影響之二也。

《十大經》非常強調刑、名的思想，如《觀》云：「正名脩刑，執（蟄）蟲不出，雪霜復清……。」《正亂》云：「帝曰：謹守吾正名，毋失吾恒刑，以視（示）後人。」《姓爭》云：「……德則無有，昔（措）刑不當，居則無法，動作爽名，是以僇受其刑。」《行守》：「無刑無名，先天地生，至今未成。」《順道》：「欲知得失，請必審名察刑。」似此言論，可謂比比皆是。《主道》及《揚權》二篇在這方面也多所繼承，如《主道》云：「形名參同，君乃無事焉。」又云：「同合刑名，審驗法式。」《揚權》云：「上以名舉之，不知其

名，復脩其形。形名參同，用其所生。」又云：「形名參同，上下和調也。」又云：「周合刑名，民乃守職。」這些言論，應該是來自黃帝思想的；此二篇受黃帝思想影響之三也。

因此，說《主道》及《揚權》備受黃帝及老子的影響，應該沒有甚麼差錯了。

　　　　＊　　　　＊　　　　＊　　　　＊

有關這兩篇文章的著作權。自梁啓超以降，大部分都採懷疑的態度。梁啓超說：「《主道》、《揚權》多用韻（《孤憤》等篇絕無此體），文體酷肖《淮南子》。」❼ 胡適之先生說：「《主道》、《揚權》諸篇，又另是一派『法家』所作。」❽ 二家雖沒有明言，不過，他們否決韓非的著作權，似乎是很明顯的。

容肇祖在《韓非子考證》裏，就說得非常肯定了；他說：❾

> 《主道》一篇，疑是漢初道家的話。《史記‧太史公自序》述司馬談所論六家要指，以為道家「撮名法之要」，又說……。《主道》所說，就是這種「以虛無為本，以因循為用」「清虛以自守，卑弱以自持」的「君人南面之術」。……以上所說是「君人南面之術」，是主張虛靜，無事，無為於上，因能而使，使群臣守職，百官有常的，這是很合於《史記》和《漢書》所說的「道家」。……因為漢初的道家是「撮名法之要」的……我以為從內容看，似是漢初的道家。
>
> 《揚權》一篇，和《主道》文體及內容都相近。《主道》是有韻的。《揚權》亦是有韻的。《主道》是道家的話，《揚權》則道家的話更多。……我更疑心這篇即是黃老家言。……這樣的說「虎」，很可以證明《主道》、《揚權》兩篇是同出一源，而俱

非韓非所作。

容肇祖一則曰「而俱非韓非所作」，再則曰「疑是漢初道家的話」、「我更疑心是黃老家言」、「我以爲似是漢初的道家」，可知他不但認爲二篇不是韓非所作，而且恐怕還是漢代初年的作品呢。

周勳初撰有《韓非子篇目的新編排》❿，將《揚權》、《主道》、《解老》、《喻老》、《大體》及《觀行》歸爲一類，說：「過去一些疑古的人認爲這些文章不是韓非的作品。他們不了解，法家發展到韓非，標志著這個階級在政治思想上的成熟。……他繼承了黃老學派的思想，發展了樸素唯物主義和樸素的辯證法，爲哲學的發展作出了貢獻。」強烈地肯定了韓非的著作權，一反過去學者的觀點。

陳啓天著有《增訂韓非子校釋》⓫，其《例言》云：「韓非子之舊有篇次，稍嫌雜亂。茲依各篇內容重新編次，分爲十卷：以其最重要者置於前二卷，其不重要或確有可疑者，則置於後，以便閱者選讀。」陳啓天將二篇列入第七卷，云：「總之，（《主道》）本篇思想雖有取於道家，然其歸趨仍屬法家，實與韓非之旨無所不合，惟文體用韻，與他篇不類，究否出於韓非，不能無疑耳。」⓬又云：「本篇（《揚權》）文字思想最與《主道篇》相近，而與他篇不類，是否出於韓非，不能無疑，然韓非之思想體系，亦有道家成分，故又不能謂本篇思想與韓非全相反也。」⓭對於二篇的著作權，採取游離的態度，亦可見其難斷了。

到底這兩篇文章是否韓非親著呢？

筆者認爲，韓非的思想應該有前後兩期的演變。所謂前期，指的是與李斯同事荀卿門下的時期；那時候，他與李斯皆受荀卿的影響，思想上比較偏向於儒家，因此，對孔子頗多褒揚之辭。周勳初說：

　　韓非已是純正的法家人物，但他的有些作品還推崇孔子，稱贊孔子的忠實門徒曾參之流，可能就與荀況的思想狀態有關。看來韓非的思想也經歷着發展的過程。參照《五蠹》篇中所反映的情況來看，他的思想應當有前後期的不同。他的早期思想，或許還受荀況的影響，認為孔子是一個賢人；到他晚期，法家思想進一步發展之時，也就徹底否定孔子這樣一位儒家的祖師了。這樣分析，可以解釋韓非書中評價孔子的混亂情況❶。

周氏這個說法如果成立的話，那麼，傾向儒家應該是韓非思想前期的特徵了。

　　李斯於公元前二四七年、秦莊襄王三年辭別荀卿入秦，韓非大概也在此年離開荀卿；第二年，就是秦始皇元年了。自始皇元年至始皇十四年韓非死於獄中的十四年間，應該是韓非思想的中、後期。筆者認為，韓非接受《老子》思想的影響，應該是在他擺脫儒家思想的中、後期裏。梁啓雄在《韓非淺解·前言》❶裏說：

　　老子主張「無為」，所謂「無為」是取消仁、義、禮、智、法、令來「以輔萬物之自然而不敢為」。韓子也講「無為」，但是，所謂「無為」是君主處勢、立法、抱術、任用臣吏而不自己去作。所以韓子在《主道篇》說：「明君之道，使智者盡其慮，而君因以斷事，故君不窮於智；賢者敕其材，君因而任之，故君不窮於能。」在《外儲說右下》說：「聖人不親細民，明主不躬小事。」這是韓子把道家的「無為論」引申成為法家的「無為論」。

這是韓非接受《老子》思想後，對法家思想另行鎔鑄創新；筆者認為，

當韓非受學於荀卿門下時，形勢上不可能接受《老子》影響，思想發展上也不可能開拓出如此成熟的奇葩。

　　上述推論如果不差的話，那麼，我們似乎可以將韓非的思想分爲前後期：在前期裏，韓非還在荀卿的影響之下，對儒家產生敬意；到了後期，韓非已獨立成家，不但集法、術、勢之大成，而且，也將《老子》的思想引進法家來；而前後期的分界線，大概以秦始皇元年爲準。

　　如果韓非二十歲開始著書立說，又設若韓非生於公元前二八〇、秦昭王二十七年❶；那麼，從公元前二六〇年韓非二十歲至公元前二四七年（莊襄三年），共得十三年，此韓非思想之前期也。自公元前二四六年（始皇元年），至公元前二三三年（始皇十四年)韓非逝世，共得十三年，此韓非思想之後期也。在韓非二十六年的著述與哲學生命中，前十四年傾向於儒家，後十三年偏重於《老子》，這是前後二期之不同特徵。

　　因爲《主道》及《揚權》內容含有黃老思想，就懷疑它們非韓非的親著，甚至於將其寫作時代下移至漢代初年，恐怕是相當武斷的作法。誠如梁啓雄所說的：

　　《主道》、《揚權》二篇的文體都是韻文體，跟韓子書其他各篇不同。兩篇的思想，跟韓子的思想體系無不同。兩篇中文字的含義，如「名」「形」「衡」「道」「常」「賞」「罰」「虛」「靜」「參」，跟韓書他篇字義多相同。如果根據「文體」不同一個方面，而不管其他兩個方面，就判斷這二篇不是韓子的作品，那是片面看問題了。何況「思想」和「文字」兩個方面的重要性又遠超過「文體」一個方面呢？我現在再舉一個旁證：荀子書有《成相》和《賦篇》，都是韻文體，和荀書其他各篇的文體都不同；

但由於思想體系相同，所以沒人懷疑《成相》、《賦篇》是偽篇。《主道》、《揚權》之在韓書，和《成相》、《賦篇》之在荀書一樣；以彼例此，《主道》、《揚權》似乎不是偽作。

實際上，兩篇不但在思想上深受黃老的影響，在押韻、用字、句型上也深受《老子》的影響；如果根據韓非思想斷期的特徵來推測的話，二篇成書於韓非的後期應該是可以成立的。梁啓超等先生否決韓非的著作權，容肇祖甚至下移至西漢初年，恐怕不符事實了。

附 註

❶ 舊本「攏」作「權」，陳奇猷《韓非子集釋》云：「作攏是。《莊子·徐无鬼》：『則不可謂有大揚攏乎？』……亦作揚攏，可證。」謂篇題當作「揚攏」。梁啓雄《韓子淺解》作「揚攏」，云：「『揚攏』或『揚攏』雖見於《莊子·徐无鬼》、《淮南·俶眞》、《漢書·敍傳》，都是『約略』意。《廣雅》：『揚攏，都凡也。』用作本篇標題似不恰當。我研究本篇文，『權』字似合二義：㈠權柄，表現在『權不欲見』、『聖人執要』、『聖人執一』等句上。㈡權衡，表現在『物者有所宜，材者有所施』、『因而任之』、『上操度量以割其下』等句上。《揚權》的直譯：是『高舉權柄』；它的意譯，是『崇尙和稱揚君權』。這樣解釋，和古本舊注的意思大略相同。」謂篇名當作「揚權」。本文從梁說，正文全作「揚權」，引文則隨諸家，或作「揚攏」，或作「揚權」。

❷ 周勳初〈韓非子篇目的新編排〉云：「〈揚攏〉、〈主道〉是兩篇哲理詩。」該文在周著《韓非子札記》內。

❸ 容肇祖《韓非子考證》第八章說：「我更疑心這《揚攏》卽是黃老家言。」（頁四十四）。

❹ 楊著見國立臺灣大學《法學論叢》第一卷第二期，頁二六一至二六七內，一九七二年四月出版。

❺ 《解老》若干章節則充滿儒家思想，陳澧《東塾讀書記》卷十二云：「其解

『仁』、『義』、『禮』三字之義，則純乎儒者之言，精邃無匹。」（《諸子》條）所云甚塙。

❻　容肇祖認爲《揚權》引黃帝之言，應該是「上下一日百戰，下匿其私，用試其上，上操度量，以割其下」數句，而不是一句而已；說見容著頁四十三背。

❼　見梁著《要籍解題及其讀法》，頁九十九。

❽　見胡著《中國哲學史大綱》，頁三六六。

❾　見容著頁四十二背至四十四背。

❿　見周著頁三四二至三四八。

⓫　臺灣商務印書館一九七二年四月二版。

⓬　同上書，頁六八五。

⓭　同上書，頁六九六。

⓮　見周著，頁一二九。

⓯　見梁著《韓子淺解・前言》內。

⓰　此根據錢賓四先生；錢說見《先秦諸子繫年考辨》第四卷〈李斯韓非考〉內。

第五節　有　度

《有度》在《韓非子》中爲第六篇，篇幅不算太長。全篇共分五段，是一篇體系相當完整的政治論文。有關它各段的內容，周勳初曾加以分析，茲轉錄如次❶：

全文可分五段：第一段引楚、齊、燕、魏四國之事作例證，說明「奉法者強則國強，奉法者弱則國弱」；第二段講君主必須以法爲準則擇人量功；第三段講臣下應奉公守法，反對儒家的道德說教；第四段講君主不必親自察看百官而應任勢用法，自然安定太平；第五段言法的神聖，能使貴不輕賤，上下有別。

誠如周氏所云，這是一篇組織嚴密、首尾貫通的佳作，很能夠闡發法家任勢用法的思想。然而，本篇的著作權，迄今却無法解決。在討論韓非思想的時候，它一直是一種障礙，使人疑慮困擾。

　　最早對本篇著作權加以懷疑的，應該是註解本書的王先愼了。他在第二段「故臣曰：亡國之廷無人焉」下注云：「此篇多本《管子·明法篇》。」原來本篇第二段自「故審得失有法度之制者，加以群臣之上」以下，至該段結束「故主讐法則可也」爲止約三百五十餘字，無論用字及造句，都與《管子·明法篇》非常相近。王先愼比勘《管子》及本篇後，認爲本篇出自《管子》；換句話說，本篇縱使是韓非所著，也部分抄襲自《管子》。王先愼態度很含蓄謹愼，不過，他肯定是懷疑過其著作權。

　　正式對本篇的作者加以否決的，應該是胡適之先生。他在《中國哲學史大綱》裏說❷：

> 第六篇《有度》說荆、齊、燕、魏四國之亡，韓非死時，六國都不曾亡，齊亡最後，那時韓非已死十二年了。可見《韓非子》決非原本，其中定多後人加入的東西。依我看來，《韓非子》十分之中僅有一、二分可靠，其餘都是加入的。

胡先生認爲本篇首段云：

> 荆莊王幷國二十六，開地三千里，莊王之泯社稷也，而荆以亡。
> 齊桓公幷國三十，啓地三千里，桓王之泯社稷也，而齊以亡。
> 燕襄王以河爲境，以薊爲國，襲涿、方城，……襄王之泯社稷也，而燕以亡。

魏安釐王攻趙救燕，取地河東，攻盡陶、魏之地……威行於冠帶之國；安釐死而魏以亡。

四節皆云荊、齊、燕、魏相率亡國；四國之亡，都在韓非逝世八年之後，那麼，本篇怎麼會是韓非手寫的呢？胡先生此說，頗爲學界所贊同。容肇祖認爲「這是證明《有度》一篇不是韓非所作的狠好的證據」❸，梁啓雄在本篇《題解》裏說：「此段中最成問題的是『荊……齊……燕……魏……今皆亡國』一句。考《史記・六國表》，魏滅於秦王政廿二年，楚滅於廿四年，燕滅於廿五年，齊滅於廿六年，而韓非在秦王政十四年已死，『亡國』之『國』若非訛衍，則本段或本篇作者必是秦王政廿六年以後的人（擇采近人舊說）。」不但贊同胡先生的說法，而且也將其說採入自己的著作內。

附和胡先生的說法的容肇祖，除了徵引胡先生的意見外，自己也提出一個證據；他說❹：

> 《有度》一篇，是主張「去私曲，就公法」，自然是一位法家所作，而好稱述先王，便和韓非的思想不同。韓非《五蠹》說：「明據先王，必定堯舜者，非愚則誣也。」《有度》則說……這樣的「明據先王」，韓非所謂「非愚則誣」的，決不是韓非所作。

他認爲本篇雖然也主張「去私曲，就公法」，表面上是法家著作，不過，本篇好稱述先王，這是「非愚則誣」的一種做法，與韓非的主張不相合。因此，它是「他家言法」者的作品，「決不是韓非所作」。

截至這個時候，否決本篇著作權的重要證據不外有兩個：胡先生提出的「韓非未見四國滅亡」，以及容肇祖「本篇述先王的作風與韓

非相違」。前者扣住史實，眞僞分明，非常具體；後者屬於思想及作風，略爲抽象，不過，也是個相當堅強的證據。

有關這兩個證據的可靠性及準確性，後來的劉汝霖曾經有過很好的評論。對於「韓非未見四國滅亡」，他說❺：

> 胡適疑此篇言及荆、齊、燕、魏之亡，在韓非死後，必非非作。細究本篇原文，實不然。所說荆莊王、齊桓公、燕襄王（燕無襄王，當爲昭王）、魏安釐王死後，其國皆尚未亡。若因三百年前之君死，便說到後來亡國，未免不近情理。本篇所謂亡，非滅亡，乃衰微之意。本篇後面又言「亡國之廷無人焉。廷無人者，非朝廷之衰也；家務相益，不務厚國；大臣務相尊，而不務尊君；小臣奉祿養交，不以官爲事」，可見非所說之亡國，非國家滅亡，乃政治紊亂，大臣專政，君權不行。《孤憤》言「人主所以謂齊亡者，非地與城亡也，呂氏弗制，而田氏用之。所以謂晉亡者，亦非地與城亡也，姬氏不制，而六卿專之也」，政權下移，卽與亡國相等，故呼之爲「亡國」。用此二字證明《有度》爲後人僞造，理由甚薄弱。

劉汝霖將本篇「亡國」解釋爲「非國家滅亡，乃政治紊亂，大臣專政，君權不行，政權下移」，雖然未必完全是作者的本意，不過，却與韓非的思想相符，劉汝霖引本篇下文及《孤憤》的文字，就是最好的證據了。《韓非子》有《亡徵》，云：

> 凡人主之國小而家大，權輕而臣重者，可亡也。……亡徵者，非曰必亡，言其可亡也。……

可見在韓非的思想裏，不一定眞是國家滅亡才稱「亡國」；只要「其可亡也」，有了「亡徵」，即可稱爲「亡國」了，這正是劉氏所說的「乃政治紊亂，大臣專政，君權不行，政權下移」的意思了。儘管我們無法完全知道這個說法是否本篇作者的原意，不過，本書部分篇章將「其可亡也」的現象當作「亡國」，却是不爭的事實；如果本篇「亡」字的意思也只是「其可亡也」的話，那麼，胡先生「韓非未見四國滅亡」的證據恐怕就會動搖，「理由甚薄弱」了。堅持本篇爲韓非親著的學者，就經常繼承劉汝霖的論點，反駁胡先生的說法。

　　對於「本篇述先王的作風與韓非相違」，劉汝霖也有所論述；他說：

　　從他方面觀之，韓非可靠諸篇中，皆反對效法先王，如《五蠹》「故舉先王言仁義者盈庭，而不免於亂」，《顯學》「故明據先王，必定堯舜者，非愚則誣也」，而《有度》五次稱先王，與韓非思想根本不同，可知爲他人作❻。

這個論說，實際上是容說的再版；「《有度》五次稱先王，與韓非思想根本不同，可知爲他人作」云云，只是將容氏的意見說得更肯定一點而已。

　　晚近的梁啓雄撰有《韓子淺解》，他在本篇的《題解》裏說❼：

　　此段中最成問題的是……考《史記·六國表》魏滅於秦王政廿二年……則本段或本篇作者必是秦王政廿六年以後的人（擇采近人舊說）。此外，本篇自篇中以後，文句又多與《管子·明法篇》文同。似是秦漢間法術家的文章，一邊混入《韓子》書，一邊又被

抄入《管子・明法篇》。

很明顯的，梁氏這段題解有兩個來源；前一部分「作者必是秦王政廿六年以後的人」來自胡先生，雖然他根據《史記》考訂一番，却沒甚麼新義；後一部分「文句多與《管子・明法篇》文同」顯然來自王先愼，不過，他頗能推出新說，認為「似是秦漢間法術家的文章」，以兩傳的方式同時被編進《管子》及《韓非子》。

以上所論的，都是王先愼以下否決本篇作者的各家；計王先愼、胡適之、容肇祖、劉汝霖及梁啓雄五家，所提證據有三。第一、本篇部分文字與《管子・明法》相近相同，它可能抄自後者；王先愼倡其說，梁啓雄加以發揮。第二、本篇首段言及四國滅亡，非韓非所及見；胡適之先生最先提出此說，容肇祖及梁啓雄皆附同之。第三、本篇好稱述先王，與韓非思想不符；容肇祖先言之，劉汝霖肯定之。五家三說，都認為本篇不是韓非的原著。

與此論點完全相反，認為本篇仍然是韓非所作的，也頗有人在。

陳奇猷在本篇的《注》裏說❽：「臣，韓非自稱，不必對帝王之自稱也。或據此即斷為韓非上帝王書，非。」陳氏雖然沒有說明本篇為誰所作，不過，細讀他的案語，即知他是原案的維持者了。

對胡先生及容肇祖的論點提出全面反駁的，應該是潘重規先生了。對於「韓非未見四國滅亡」，潘先生說：

> 我以為《有度篇》荆、齊、燕、魏之亡，是說荆、齊、燕、魏有亡國之道，並非如胡先生認為是敍述荆、齊、燕、魏已滅亡。試看《有度篇》敍述魏國的情形說……我們知道魏安釐王死後，魏國並沒有亡，不過安釐王之後的景湣王和王假兩朝，已經是亡國

的現象了。其餘的荆、齊、燕，也應該作同樣的解釋。試就《韓子》本書來比較，《有度》所說四國之亡，只是《亡徵篇》所說的亡。《亡徵篇》說……。因為國有可亡之徵，就叫做亡國，所以《初見秦篇》說……。因為國有可亡之徵，就叫它的國君為亡君，所以《八姦篇》說……。以上所舉的「亡國」、「亡君」分明是國並未亡，因其有亡之徵，有亡之實，所以叫它為「亡國」「亡君」。荆、齊、燕、魏國雖未亡，却具有同樣的情況，所以徑自稱它為亡。卽在《有度篇》中，本來也解釋得很明白，它說……；這段話是它自己說明了它之所謂「亡國」，只是「精神之亡」，也只是「亡徵之亡」❾。

潘先生不但根據《初見秦》及《八姦》等的說法，證明所謂「亡國」不一定是國家真正滅亡；而且又從本篇提出內證，證明只要「精神亡」就是「國亡」；論證之堅強，比劉汝霖更進一步。關於「述先生作風與韓非相違」，他說：

首先，我們應看清韓非發言的原意。韓非指斥據先王定堯舜為愚誣的話，是見於《顯學篇》（容先生引作《五蠹篇》，恐是誤記）《顯學篇》說……這番話，目的是在駁斥儒墨二家之學。儒墨二家俱道堯舜，而取舍不同，自然不免互相抵觸，互相水火，韓非正是利用儒墨間的矛盾，作為攻擊儒墨的利器。……就以《五蠹篇》而論，這篇是被公認為韓非所作的，然而《五蠹篇》卽有引用先王的話，它說……。其實《有度》一篇極論「以法治國」，正是韓非一貫的主張，無論從思想文詞各方面來觀察，都不能說是偽作❿。

潘先生認為《五蠹》等皆稱引先王的話，可見「明據先王」也是韓非的一種作風；此外，《顯學》「明據先王，必定堯舜者，非愚則誣」，乃韓非別有所指，不可視爲其正常的態度。因此，他認爲「胡、容二氏所疑爲僞的，並不見其可疑」；換句話說，本篇作者應當維持原案：韓非親著。

＊　　　　　＊　　　　　＊　　　　　＊

周勳初寫了一篇《有度辨》❶，很仔細地討論本篇作者的問題。這篇不算太長的論文，大致上可以分成兩個部分；前一部分綜述前人對「亡」字的解釋，並且自己對「先王」一詞提出一些疑問和看法；第二部分是周文精華所在，對本篇爲韓非所著提出新證據。

前文已經指出，本篇第二段自「故審得失有法度之制者」至「故主讎法則可也」止約三百五十餘字，與《管子・明法》非常相近，幾乎是一篇文章的兩個版本而已。周氏所提出的三個證據，就完全從這裏出發；茲逐條評述如次。

第一、本篇是一篇體系完整的政治論文，而《管子・明法》卻「內容單薄」；周氏說❷：

> 《有度》是一篇體系完整的政治論文……全文首尾貫通，層次井然，組織嚴密，文風一致。再從全書來看，《有度》筆鋒犀利，嚴峻峭拔，與韓非其他文章風格也一致。相反，《明法篇》內容單薄，只在《有度》中第二段「擇人」、「量功」那一部分之前加上了開頭一段。因此，在《明法篇》的基礎上鋪衍成《有度》，可能性很少；在《有度》的基礎上節錄成《明法》，倒是大有可能。而且《明法篇》獨有的那一段文字之中，開頭幾句話：「所謂治國者，主道明也；所謂亂國者，臣術勝也。」就不大像是韓

非之前純正法家的思想。因為「術」是君主獨掌的權術，作為先秦地主階級的思想，為了鞏固新建政權，無不極力強調君主的威勢，他們主張君主獨掌權術，「操殺生之柄，課群臣之能」，從不提出甚麼「臣術」的問題。《有度》曰：「古者世治之民，奉公法，廢私術，專意一行，具以待任。」《明法》中有不同的提法，說明此文寫成較晚。劉向《說苑》中有《臣術》一章，「臣術」的提法或許就起於漢代。

周氏認為本篇「體系完整」、「首尾貫通」，而《管子‧明法》却「內容單薄」，似乎有拼湊的痕跡，因此，「在《明法篇》的基礎上鋪衍成《有度》，可能性很少；在《有度》的基礎上節錄成《明法》，倒是大有可能」。

實際上，周氏這個說法頗為主觀；本篇固然體系完整，首尾貫通；《管子‧明法篇》也段落謹嚴，論證分明。茲將《明法》各段內容簡述如下：

段落	起　　　　　訖	字數	內　容　提　要
1	只有四句，即「所謂治國者，主道明也；所謂亂國者，臣術勝也」。	十八字	為本文的序言，也是全文的綱領，下文各段皆本此而發。
2	始於「夫尊君卑臣」，至「專授則失」止。	三十餘字	論君臣共道或專受一臣，則國失國亂；蓋主已不明治道，而臣已擅有其術。本段亦承上段而論之。

3	自「夫國有四亡」，至「以法治國，則舉錯而已」止。	一百餘字	論亡國之四原因，而歸根究底，只在一件「法之不立」之上；下半段云：「是故先王之治國也，不淫意於法之外……」，可知「治國」所要「明」的「主道」就在一個「法」字，所以說：「威不兩錯，政不二門，以法治國。」
4	自「是故有法度之制者」始，至「則民務交而不求用矣」止。	六十餘字	論法之益，並論國君釋法之弊；其論點也與首段相應。（自本段開始，與《韓非子‧有度篇》重複）
5	自「是故官之失其治也」，至「故官失其能」止。	約二百字	論群臣釋法任私術，則必為國君及國家帶來禍害；前段論國君釋法之弊，本段論群臣釋法之弊，上下相承，其前後相應如此。本段以「官之失其治也」起句，以「官失其能也」結束，照應謹嚴如此。
6	自「是故先王之治國也」始，至全篇結束。	七十餘字	總結全篇，論治國任法之功效及其影響。

根據上文的提要，可知《明法》也是「體系完整，首尾貫通」，其「內容」完全不「單薄」；周氏所論者，恐怕頗有問題。

周氏又云：「《明法篇》『所謂治國者，主道明也；所謂亂國者，臣術勝也』，就不大像韓非之前純正法家的思想。」這個說法，也相當主觀和武斷。我們已經知道，根據思想來判斷作品的時代，有時並

不準確❸；胡適之先生在批評錢賓四先生關於《老子》的成書時代時，曾經說過：

> 思想線索是最不容易捉摸的。如王充在一千八百多年前，已有了很有力的無鬼之論；而一千八百年來，信有鬼論者何其多也！……最奇怪的是一個人自身的思想也往往不一致，不能依一定的線索去尋求。……我們明白了這點很淺近的世故，就應該對於這種思想線索的論證稍稍存一點謹慎的態度。尋一個人的思想線索，尚且不容易，何況用思想線索來考證時代的先後呢❹！

胡先生這個說法是頗有道理的，周氏恐怕就犯上了這個毛病。

第二、《管子·明法》之前有《任法篇》，它們是相同的一組文字。周氏認為《任法》應當是漢代的作品，所以《明法》的時代應該很晚。他說：

> 從《任法篇》的內容看，反映的思想意識，不是早期的法家思想，可能已是漢代的作品。如文中有云：「……聖君則不然，守道要，處佚樂，馳騁弋獵，鐘鼓竽瑟，宮中之樂，無禁圍也。」在商、韓等人的作品中，就沒有這種鼓吹享樂的思想。……文中還說：「所謂仁義禮樂者，皆出於法，此先聖之所以一民者也。……群臣不用禮義教訓，則不祥。」這種觀點，有糅合儒法的傾向，可能也要到漢代才能出現。如果這些論證可以成立的話，那麼根據《任法篇》的寫作年代，也可推斷《明法篇》的出現不可能太早❺。

《任法》和《明法》是不是相同的一組文字，實在很難說；至少我們缺乏明確的內證。即使二篇爲相同的一組文字，它們是不是完成於相同的時代，也是很難說的。《任法》完成於漢代，與《明法》作成於何時恐怕沒有什麼必然的關係。周氏此說即使成立的話，至多也只能當作是「旁證」。

　　第三、《管子》書中有《明法解》，對《明法》作了詮釋性的解說。《明法解》曾大量應用《韓非子》的文字，周氏認爲：

> 這些文字，顯然是從《韓非子》中脫胎出來的，但文字顯得通俗
> 淺顯了。其他出於《韓非子》而文字略作改動者尚多。可見《管
> 子》這書的內容很複雜，裏面一些年代早的文章，韓非曾經閱讀
> 過；裏面一些年代晚的文章，則又參考了韓非的文章。例如《管
> 子》中《明法》的一組文字就曾參考過《韓非子》中的文字。
> 《明法》是節錄《有度》而成的，《明法解》是採擇了《韓非子》
> 中許多文章的論點和文字而寫成的❻。

周氏認爲《明法解》採擇《韓非子》許多文字，那麼，《明法》與《韓非子·有度》文字雷同，就應該是「《明法》節錄《有度》而成」了。筆者認爲，這樣推論是有問題的。《明法解》詮釋了《明法》，固然可以證明《明法》在前，《明法解》在後；但是，《明法解》詮釋了《明法》，並不一定說《韓非子·有度》一定在《明法》之前呀！《韓非子·有度》在《明法》之後，《明法解》依然可以詮釋《明法》；《明法解》詮釋《明法》與《有度》在《明法》之前之後，應該是兩個問題，恐怕沒有甚麼必然的關係。至於說《明法解》採擇了許多《韓非子》的文字，恐怕與《有度》在《明法》之前之後，更沒有太

大的關係了。總而言之，周氏的三個證據都相當勉強，無法使我們信服。

對於本篇著作權採取不太肯定的態度有梁任公及陳啓天二人。梁任公說：「《有度》以下，則非所自著，然有無附益，尚難具判也。」❶陳啓天說：「本篇襲《明法篇》，抑《明法篇》襲本篇，殊難斷言。本篇除用詞有先王之語外，其思想尚無與韓非不合者。」❶態度及論斷都比較不肯定。

＊　　　　＊　　　　＊　　　　＊

到底是《韓非子・有度》轉抄《管子・明法》呢？還是《管子・明法》抄錄《韓非子・有度》？首先，筆者認爲不是《韓非子》抄《管子》或者《管子》抄《韓非子》，那麼簡單的問題而已。如果我們深入研究，就發現某一篇在「抄」另一篇時，是經過融化整理，將對方的文字思想都盡可能地轉化爲自己的血肉，而不是生吞活剝地一味「抄襲」而已。

我們可以從兩個角度來證明這個說法。

第一個角度：我們從二文重複的部分來考察。爲了本節及下文的討論，先將二文重複的文字製成一個對照表：

明法篇、有度篇重複文字對照表（上行爲《明法》，下行爲《有度》）

1	是故　　　有法度之制者，　　　　　　不可巧以詐僞； 　故審得失有法度之制者，加以群臣之上，則主不可欺以詐僞； 　　有權衡之稱者，　　　　　不可欺以　　輕重。有 審得失有權衡之稱者，以聽遠事，則主不可欺以天下之輕重。 尋丈之數者，不可差以長短。

2	今主釋法　以譽進能，則臣離上而下比周矣；　以黨舉官，則民 今　　　若以譽進能，則臣離上而下比周　；若以黨舉官，則民 務交而不求用　　矣。 務交而不求用於法　。
3	是故官之失　其　　治也。是主以譽為賞，以毀為罰也，然則 故官之失能者其國亂；　以譽為賞，以毀為罰也，　則 喜賞惡罰之人離　公道而　行私術矣。比周以相為匿。 好　賞惡罰之人釋公　行，行私術　，比周以相為　也。
4	是忘主死　交以進其譽。　　　　　　　故交眾者 　忘主　外交以進其　與，則其下所以為上者薄矣。　交眾 　譽多，外內朋黨，雖有大　姦，其蔽主多矣。 　與多，外內朋黨，雖有大過　，其蔽　多矣。
5	是以　忠臣　死於非罪，而　邪臣　起於非　功。 　　故忠臣危死於非罪，　姦邪之臣安利　於　無功。 　　　所死　者非　　罪， 忠臣　危死而　不以其罪，則良臣伏矣；姦邪之臣安 　　　　所起者非功也。 利不以　　　功，　則姦臣進矣；此亡之本也。
6	然　　則　人臣者　　　重私而輕公　矣。 　若是則群　臣　廢法而行私重，輕公法矣。
7	十　至私　人之門，不一至　於　庭；百慮其家，　　不一圖 　數至　能人之門，不壹至主　之廷；百慮　私家之便，不壹圖 　　國。屢數雖多　，非　以尊君也；百官雖具，非　以任國也。 主之國。屢數雖　眾，非所以尊君也；百官雖具，非所以任國也。

	此之謂　國 然則主有人主之名，而實託於群臣之家也。故臣曰：　　　亡國之 　無人。 廷無人焉。
8	國　無人者，非朝　臣之衰也。家與家務於相益，不務　尊君 廷無人者，非朝廷　之衰也。家　務　相益，不務厚國 也。大臣務相貴　而不　任國，小臣持　祿養交，不以官為 ；大臣務相　尊，而不務尊君；　小臣　奉祿養交，不以官為 事。故官失其能。 事。　　　　此其所以然者，由主之不上斷於法，而信下為 之也。
9	是故先王之治國也，　使法擇人，不自舉也；使法量功，不自度 　　故　　　　　明主使法擇人，不自舉也；使法量功，不自度 也。故能　匡而不可弊，敗　而不可飾也，譽者不能進，而誹者 也。　能者　不可弊，敗者　不可飾，　譽者不能進，　非者 不能退也。然則君臣之間明別，明別則　易治也。　主雖不身下 弗能退，　　則君臣之間明　辯　　而易治，　故主 為，而守　法為　之可也。 　　　　讐法　則　可也。

仔細閱讀這個對照表，我們發現無論是《明法》或《有度》，它們「抄襲」對方時，在增減或改易文字，分別都表現得非常整齊劃一；似此情形，為例有三。

第一、第二節《明法》云：「則民務交而不求用矣。」《有度》在「求用」下增「法」字；第六節《明法》云：「人臣者重私而輕公矣。」《有度》「輕公」下增「法」字。從《有度》的立場來看，「法」字是作者所增；從《明法》的立場來看，少一「法」字却是作者所減。無論是減或者增，它們分別都處理得通篇整齊劃一。

第二、第四節《明法》「是忘主死交以進其譽」及「故交衆者譽多」，《有度》兩「譽」字皆改作「與」；然而，第二節《明法》「今主釋法以譽進能」、第三節「是主以譽爲賞」及第九節「譽者不能進」，《有度》對此三個「譽」字却不作任何改易。原來前兩個「譽」作「黨與」解，後三個「譽」作「聲譽」解，所以，《有度》才有此更易。無論是《有度》改《明法》，或是《明法》易《有度》，它們分別都改易得通篇整齊劃一。

第三、第七節《明法》「不一至於庭」、「不一圖國」，《有度》皆作「不壹至主之庭」、「不壹圖主之國」；《明法》「非以尊君也」、「非以任國也」，《有度》皆作「非所以尊君也」、「非所以任國也」；二文在增減之際，分別都顯得非常整齊劃一。

這三個例子，都是就二文相重複的部分來觀察問題。我們發現，單從這部分的結構來看，它們分別都能夠「自成風格」，將對方的文字句子融化爲自己的血肉，沒有顯出絲毫的「破綻」。

第二角度；我們從二文本身來觀察。

如果將這兩部分分別擺進它們的篇章去，情形又會怎樣呢？我們發現，當《明法》那部分文字擺進《明法》去，將《有度》那部分文字擺進《有度》去的時候，它們分別與該篇其他段落更加切合劃一。爲了說明這一點，茲各舉一證以論之。

第一、《明法》在連詞方面，通篇都用「故」、「是故」、「是」

及「是以」；其中，「是故」五見 ⑲，「故」四見，「是」二見，
「是以」一見。在五個「是故」裏，四個散見於與《有度》重複的文
字裏，一個出現於與《有度》未重複的首三段文字裏；可見前後篇的
作者應該是相同的一個人，所以，連詞才通篇一律。《有度》的情形
就不相同了，通篇用了十九個「故」，未出現「是故」、「是」及
「是以」；在這十九個「故」裏，六個見於與《明法》重複的文字裏，
另外十三個散見於其他各段；可見《有度》也應該是相同的一個人所
寫的，所以，連詞才能「自成風格」，通篇一律。最值得注意的是，
《明法》四個「是故」及一個「是以」，都被《有度》的作者改易爲
「故」；如果不是爲了融化爲自己的血肉，作者何必如此改易呢？

　　第二、從《有度》來觀察，我們發現《有度》一共用了六個「亡」、
兩個「亡國」。其中，一個「亡」、一個「亡國」見於與《明法》重
複的文字裏，另外五個「亡」及一個「亡國」散見於其他各段；可知
作者措詞用字非常劃一。最值得注意的是，《明法》「此之謂國無人」，
《有度》改作「故臣曰：亡國之廷無人焉」；若不是爲了配合全篇的
用字措詞，何勞如此呢？

　　無論從二文重複的部分來觀察，或是個別從它們文章本身來觀
察，我們發現它們分別都「自成風格」，並不是一味「抄」而已。換
句話說，這兩篇文章固然有一前一後的分別，不過，當某一篇的作者
在「抄」對方時，他不只是「抄」而已，相反的，他把對方的文字融
化，然後，再用自己的詞彙撰寫出來，才造成今天「文字相近相同，
風格獨立有別」的情形。爲了分別於「抄」，姑且把這種關係稱爲
「因襲」。

　　現在，我們來討論第二個問題：到底如王先愼所說的，《有度》
因襲《明法》呢？還是如周勳初所說的，《明法》因襲《有度》呢？

換句話說，是《明法》在前呢？還是《有度》在前？

　　根據個人的淺見，是《明法》在前，《有度》在後。理由可分五點來討論。

　　第一、《明法》全篇約五百字，與《有度》重複的約三百五十字，與《有度》未重複的約一百五十字；換句話說，在這篇短文裏，大部分的文字都與《有度》重複。《有度》全篇頗長，約一千五百餘字，比《明法》多兩倍。在此千五百字中，與《明法》重複的只有三百五十餘字，佔全篇約百分之二十三；換句話說，對《有度》而言，它與《明法》重複的只佔少部分文字而已。如果是《明法》因襲《有度》的話，爲甚麼作者只因襲《有度》一小部分的文字而已呢？《有度》長達千五百字，爲甚麼只因襲其中的三百五十餘字呢？按照常理來說，既然因襲人家的文章，何不乾脆多錄一些呢？眞是令人疑惑。如果說《有度》因襲《明法》，那事情就比較合理了。《有度》已經將《明法》大部分的文字「呑」進去，再也沒其他文字可「呑」了；這是因襲他人文章比較常見的現象，也是人之常情。

　　第二、仔細閱讀上文「重複文字對照表」，即可發現一種現象：在二文重複的文字裏，《有度》比《明法》長了一些。根據對照表來看，二文增減的文字主要有：

　　第一節：《有度》「審得失」爲《明法》所無（二處）；《有度》
　　　　　　「加以群臣之上」「以聽遠事」「則主」及「天下之」，
　　　　　　皆《明法》所無。
　　　　　　《明法》「有尋丈之數者，不可差以長短」，爲《有度》所無。
　　第二節：《有度》「於法」爲《明法》所無。
　　第四節：《有度》「則其下所以爲上者薄矣」，爲《明法》所無。
　　第五節：《有度》「忠臣」、「則良臣伏矣；姦邪之臣安利不以

功」及「此亡之本也」，皆爲《明法》所無。

第六節：《有度》「廢法而行」爲《明法》所無。

第七節：《有度》「然則主有人主之名，而實託於群臣之家也」，
　　　　爲《明法》所無。

第八節：《有度》「此其所以然者，由主之不上斷於法，而信下
　　　　爲之也」，爲《明法》所無；而《明法》「故官失其能」，
　　　　却又爲《有度》所無。

第九節：《明法》「是故先王之治國也」，爲《有度》所無。

細讀上文諸條，卽知除了第一節、第八節的第二條及第九節《明法》
文字比《有度》多之外，其他各條都是《有度》文字比《明法》增多。
實際上，《明法》只有三百五十餘字，而《有度》却是四百個字，可
知《有度》文字的確比《明法》長了一些。

　是《明法》的作者根據《有度》加以「減省」而成爲《明法》呢？
還是《有度》在《明法》的基礎上「添增」而成《有度》呢？周勳初
說：「在《明法》的基礎上鋪衍成《有度》，可能性很少；在《有度》
的基礎上節錄成《明法》，倒是大有可能。」爲甚麼從《有度》節錄
成《明法》就「大有可能」？從《明法》鋪衍成《有度》就「可能性很
少」？筆者認爲，這兩者的可能性都同時存在，只在於那一邊能提出
堅強的證據而已。周勳初所以那樣主張，是因爲《明法篇》「內容單
薄」，顯然這是個很主觀的理由，何況前文已證明周說之不確。

　要解決這個問題，莫便於比較二文措辭遣字的深和淺、明確和含
糊，藉以判斷其時代之先後。

　考《明法》一共出現了五個「譽」字；它們是：

㈠今主釋法以譽進能。（尹《注》：比周於下，所以求譽。）

㈡是主以譽爲賞。（尹《注》：以毀譽爲賞罰。）

㈢是忘主死交以進其譽。

㈣故交衆者譽多。(尹《注》：爲交友致死，其譽自進。)

㈤譽者不能進。(尹《注》：雖譽之而不能進。)

《有度》對這五個「譽」字，却頗有所改動。第三個「是忘主死交以進其譽」，改作「忘主外交以進其與」，《舊注》云：「與，謂黨與也。」第四個「故交衆者譽多」，改作「交衆與多」；其他三個「譽」字維持不變。這裏五個「譽」字，第一、二及五個「譽」固然當作「毀譽」的「譽」來講；第三及第四個「譽」却應當作「黨與」的「與」來講。原來第二節「若以譽進能」及「若以黨舉官」是開啓下兩節的綱領；下文第三節卽應「若以譽進能」而言，故該節內「譽」字維持不變；下文第四節應「若以黨舉官」而言，故該節內兩「譽」字都改作「與」；其前後呼應，竟如此切合，可知《有度》將第三、四個「譽」改作「與」，是很有道理的。如果說《有度》在前，《明法》在後；那不是等於說把前後呼應及原本準確清楚的文字，改爲含糊不清、前後失去聯繫的文字了嗎？《明法》的作者會如此嗎？可能性是不高的。

有了這個證據，卽知《明法》在前，《有度》在後；換句話說，是《有度》在《明法》的基礎上「增添」爲篇幅較長的文章。

第三、如果對比這兩篇文章，就會發現一個現象：《明法》一些意義不太明確或者重複不整齊的文句，到了《有度》的時候，都改成意義明確、句子緊湊整齊的文句了。似此情形，有下列二例。

【例一】

《明法》第五節云：「是以忠臣死於非罪，而邪臣起於非功；所死者非罪，所起者非功也……。」在這裏，「死於非罪」「起於非功」，與「所死者非罪」「所起者非功」在意義上頗有重複之嫌。《有度》作

「故忠臣危死於非罪，姦邪之臣安利於無功。忠臣危死而不以其罪，則良臣伏矣；姦邪之臣安利不以功，則姦臣進矣……」，加了「則良臣伏矣」及「則姦臣進矣」兩句，則「忠臣危死而不以其罪」「姦邪之臣安利不以功」在文字上雖然與上文重複，但是，意義上却更轉深一層了。

【例二】

第七節《明法》云：「十至私人之門，不一至於庭；百慮其家，不一圖國。」首句六言，次句五言，末二句四言；句子並不十分整齊。《有度》作「十至私人之門，不壹至主之庭；百慮私家之便，不壹圖主之國」，皆六字爲句。

像這樣的情形，應該說是《明法》因襲《有度》呢？還是說《有度》因襲《明法》？由於《有度》用字比較明確清楚，句子也比較整齊，筆者認爲，應該是《有度》因襲了《明法》。

第四、《明法》保持了地區性的用字，《有度》缺乏此種色彩。《明法》云：

> 比周以相爲匿，……故能匿而不可蔽，敗而不可飾也，譽者不能管，而誹者不能退也。

文中兩個「匿」字最難解。對於第一個「匿」字，王念孫說：

> 此當讀「比周以相爲匿」爲句，「匿」與「慝」同。「比周以相爲慝」，猶言相比爲姦也。

俞樾說：

> 「匡」字亦當從後《解》作「愿」，言比周而為姦愿也。匡、愿
> 古字通。

二家皆已擺脫過去的誤讀誤解，給「匡」字作了相當理想的解釋。對
於後一個「匡」字，王念孫說：

> 「能」下本無「匡」字，後《解》作「能不可蔽而敗不可飾」，
> 《韓子·有度篇》作「能者不可蔽，敗者不可飾」，則無「匡」
> 字明矣。據尹《注》，亦無「匡」字。

認為「匡」字不當有。王說雖言之成理，但是畢竟有美中不足之處；
我們不禁要問：「故能匡而不可蔽」，何以憑空添個「匡」字呢？受
上一個「匡」字而誤衍嗎？相距那麼遠，顯然頗為不可能的。郭沫若
根據出土資料，有個很好的解說[21]：

> 「比周以相為匡」，《韓非·有度篇》作「比周以相為也」。準
> 此，可知「匡」乃「医」字之誤。秦文以「殹」為「也」。如
> 《詛楚文·告湫淵》「將之以自救也」，《告巫咸》及《告亞
> 駞》「也」字均作「殹」。秦《新郪虎符》「雖毋會符·行殹」，秦
> 《石鼓文》「研殹沔沔」，殹亦也字。殹從醫聲。「殹」既可用
> 為「也」，則「医」自可用為「也」矣。下文「能匡而不可蔽」，
> 彼「匡」字亦是「医」字之誤。《有度篇》作「能者不可蔽」。
> 「也」與「者」，古亦每相混用。……「比周以相為匡」，後
> 《解》「匡」字作「愿」；「能匡而不可蔽」，後《解》作「能
> 不可蔽」，竟刪去「匡」字；可見作《解》者非秦人，乃不通秦

語之漢人所爲也。

　　郭氏認爲兩個「匼」皆當作「医」，「医」是秦國地方性的文字，用作語助詞「也」；《有度》前一「匼」字作「也」，後一「匼」字作「者」，卽是最好的證據。郭氏此說非常正確，除了他所擧的《詛楚文》，在睡虎地秦墓竹簡裏，也經常看到「也」作「殹」，如《法律答問》第四則：「論各可殹？」第九則：「問乙論可殹？」第十則：「乙論可殹？」其例甚多。《明法》「匼」乃「医」之訛，「医」又爲「殹」之省。

　　反觀《有度》，前一「匼」作「也」，後一「匼」作「者」，就缺乏秦國地方的色彩。在這種情形之下，應該說《明法》因襲《有度》呢？還是《有度》因襲《明法》呢？筆者認爲，富地方色彩的《明法》比較「原始」，應該在前，用字比較「通俗」的《有度》在後，應該比較合理一些。

　　第五、《明法》及《有度》除了上文所討論的那些文字重複之外，實際上，《有度》最後一段許多句子及用字都與《明法》前一節相近相合；試讀下列對照表：

　1.《明法》：故夫滅、侵、塞、擁之所生，從法之不立也。
　　《有度》：在篇內用了四個「侵」字，云：「故法省而不侵。」「夫人臣之侵其主也。」「法審則上尊而不侵。」「上尊而不侵則主強。」其觀念及用字皆當本於《明法》。

　2.《明法》：是故先王之治國也，不淫意於法之外，不爲惠於法之內也，動無非法者，所以禁過而外私也。
　　《有度》：故明主使其群臣不遊意於法之外，不爲惠於法之內，

動無非法。法所以凌過遊外私也⋯⋯。

3.《明法》：威不兩錯，政不二門。

　《有度》：威不貸錯，制不共門。

4.《明法》：以法治國，則舉錯而已。

　《有度》：故以法制國，舉措而已矣。

我們先考察第一條，《明法》如果從《有度》四個有「侵」字的句子裏，要改寫成「夫滅、侵、塞、擁之所生」，應該是相當的困難，除了要很敏銳地把《有度》分散的四個句子「提煉」出一個「侵」字之外，還必須提出「滅」、「塞」及「擁」三個觀點，以便組合在一起。反過來說，《有度》採摘了《明法》四個觀點中的一個「侵」字，然後舖衍爲最後兩段的主題，不但比較容易，而且也比較合理。如果這個說法成立的話，那麼，後面三條的情形就很容易解釋了——《有度》因襲了《明法》。

　總結上文的討論，我們可以觀察得出，《有度》不但相當完整地因襲了《明法》的後截，使人一看即知「抄襲無疑」，而且，還採擷了《明法》前半截「侵」字的觀念及一些句子，以便舖衍爲最後兩段的文字。

　　　＊　　　　＊　　　　＊　　　　＊

　羅根澤在《管子探源》裏❹，曾經比較了《明法》及《有度》這兩篇文章，他的結論恰好與此相反。他說❺：

《管子》之視《韓非子》，文雖省而意未減。如《韓非子》云：「審得失有法度之制者，加以群臣之上，則主不可欺以詐僞；審得失有權衡之稱者，以聽遠事，則主不可欺以天下之輕重。」《管子》作「是故有法度之制者，不可巧以詐僞；有權衡之稱者，

不可欺以輕重；有尋丈之數者，不可差以長短」，兩文相較，《管子》文省意豐（多「尋丈」一喻），《韓非子》文繁意儉。且《韓非子》兩事皆用「欺」，《管子》則用「巧」、「欺」、「差」三字以避重複，知為作《管子》此文者據《韓非子》而潤色之也。《管子》大體文省，而於《韓非子》「以譽進能，其臣離上而下比周」之上，增「今上釋法」一句，則以如此意較完密。「比周以相為也」，《管子》易為「比周以相為匿」，亦較明顯。「忘主外交」，《管子》易為「忘主死交」。「外交」二字，在春秋戰國之時，多指與他國相交。上文為「比周以相為匿」，指國內臣工互交互匿，故「外交」實不若「死交」為妥。「若是，則群臣廢法而行私重，輕公法矣」，《管子》易為「然則為人臣者，重私而輕公矣」，實視《韓非子》簡明。有此諸證，故余以為《管子》鈔《韓非子》，而非《韓非子》鈔《管子》，知其年代最早在戰國之末焉。

羅氏此文所論，恐怕有許多地方值得商榷。

　　羅氏所謂「諸證」，實際上是五個證據。茲逐條討論如次：

　　第一證據：在第一節裏，《明法》用了三個排句，即「不可巧以詐偽」、「不可欺以輕重」及「不可差以長短」；《有度》只有兩句，即「不可欺以詐偽」及「不可欺以天下之輕重」。羅氏認為，《明法》作「巧」、「欺」及「差」，是作者有意「以避重複」，是作者根據《有度》加以「潤色」的，所以，羅氏說《管子》「文省而意豐」、《韓非子》「文繁而意儉」，是《明法》抄自《有度》，筆者認為，《明法》有三句排句，《有度》只有兩個；《有度》在因襲《明法》時刪省最後一句似乎比較容易，《明法》在因襲《有度》時增添一句

會比較麻煩，這是個比較合理的推測；爲甚麼羅氏一定要倒過來想呢？《管子》有三排句，應該是「文繁而意豐」；《韓非子》只有兩個，應該是「文省而意儉」；爲甚麼羅氏的想法恰好相反呢？筆者不明白。

第二證據：第二節《有度》云：「以譽進能，則臣離上而下比周。」《管子》其上有「主釋法」三字❷；羅氏認爲《管子》文義「較完密」，所以，《管子》抄自《韓非子》。羅氏這個推斷顯然過份主觀；正如前文所討論的，在此種情形之下，你可以說是《管子》「增補」《韓非子》，也可以說是《韓非子》「刪省」《管子》，無法作個明確而肯定的論斷。另一方面，前文已經說過了，《有度》在文字上比《明法》長了許多；爲甚麼羅氏不根據那許多文字而說《韓非子》文義「較完密」，因襲《管子》；偏偏僅根據這三個字說《管子》「較完密」，因襲自《韓非子》呢？

第三證據：第三節《有度》云：「比周以相爲也。」《明法》作「比周以相爲匿」；羅氏認爲，《管子》文義「亦較明顯」，所以，《管子》抄自《韓非子》。實際上，「匿」是個錯字，前引郭沫若的文章已有說，所以，羅氏此證據不能成立，《管子》文義並不「較明顯」。

第四證據：第四節《有度》云：「忘主外交。」《明法》作「忘主死交」；羅氏認爲「外交」多指「與他國相交」，上文既云國內臣工互交互匿，則此文當以作「死交」爲妥當，所以，《管子》抄自《韓非子》。實際上，《明法》上文「比周以相爲匿」之「匿」字，乃是個錯字，上文並未言「國內臣工互交互匿」，羅說已失去根據；《明法》此處「忘主死交」之「死」字，亦爲「外」字之訛；王念孫云：

「忘主死交」，《韓子·有度篇》「死」作「外」，是也。故
《明法解》云：「群臣皆忘主而趨私佼」，外，外字相近，故
「外」譌作「夗」。尹《注》云「為交友致死」，非也。

王說如果成立的話，那麼，羅說這條證據就自動喪失了。

第五證據：第六節《有度》云：「若是，則群臣廢法而行私重，
輕公法矣。」《明法》作「然則為人臣者，重私而輕公矣」；羅氏認
為，《管子》比《韓非子》「簡明」，所以，《管子》抄錄自《韓非
子》。筆者認為羅說亦嫌武斷；為甚麼簡明的文章一定時代比較晚呢？
換句話說，刪省的文章的時代一定比較晚嗎？為甚麼不是增補的文章
比較晚呢？羅氏沒有加以解釋。

檢討了羅氏五條證據後，我們發現，它們都不具說服力，無法使
我們贊同他的意見。

$$*　　　　*　　　　*　　　　*$$

《有度》既然出自《明法》，《明法》誠如郭沫若所說，當是秦
國的文章，那麼，《有度》的寫作地點應該在秦國了。篇內稱楚國者
凡六見，守皆避秦諱作「荊」，可見是流行於秦國的一篇文章❷，甚
至於很可能就是完成於秦國的一篇文章。《史記·秦始皇本紀》及
《六國年表》皆謂韓非於始皇十四年（公元前二三三年）入秦，旋即
死於獄中；在這麼短促的時間內，恐怕沒時間讀到《明法》；即使讀
到《明法》，恐怕也沒時間、沒心情因襲它而改寫為《有度》。因此，
筆者認為《有度》的作者恐怕不是韓非本人。

這個假設如果成立的話，那麼，本篇首段提到「四國滅亡」一事，
就不必如劉汝霖、潘重規及周勳初等先生汲汲於解釋「本篇所謂亡，
非滅亡，乃衰微之意」❷了。本篇既成書於秦國，也很可能不是韓非

所著，那麼，自不必強引韓非他篇的觀念來解說本篇「亡」字的含義。
實際上，「四國滅亡」一事，恐怕可以如胡先生的做法一樣，利用來
作爲本篇的斷代了。郭沫若說：

> 考魏亡於秦王政二十二年，楚亡於二十四年，燕亡於二十五年，
> 齊亡於二十六年，而韓非則死於十四年。故《有度篇》必作於秦
> 王政二十六年以後。

他正利用「四國滅亡」一事，斷定本篇作成於秦始皇二十六年以後，恐
怕頗有道理。

篇內許多觀點都自秦國出發，篇中又有「故臣曰」，因此，筆者
認爲本篇當是秦廷某國臣子上給秦始皇的一篇奏摺，作於始皇二十六
年以後。這個臣子當然是法家人物，他受《明法》的影響很深，與韓
非思想相距較遠。

附　註

❶ 周氏撰有《有度辨》，在周著《韓非子札記》內，本段文字見書內頁五五至
　五六。

❷ 見胡著《中國哲學史大綱》卷上頁三六五。

❸ 見容著《韓非子考證》頁四五 a。

❹ 同上，頁四五 a 至 b。

❺ 有關劉汝霖的評論，皆轉引自張心澂《僞書通考》內；本節在張書頁七七九。

❻ 同上。

❼ 梁說前文已有徵引，此處爲摘錄而已。

❽ 見陳著《韓非子集釋》，頁九六。

❾ 潘先生撰有《韓非著述考》，此節文字見八九至九十內。

❿ 同下，頁九一。

⑪　同❶。

⑫　同上，頁五五至五六。

⑬　拙著《古籍辨僞學》第六章曾論及此事，臺北學生書局出版。

⑭　胡先生此段話見於《評論近人考據老子年代的方法》一文內，在《古史辨》第六冊，頁三八七至四〇九。

⑮　同❶，頁五六至五七。

⑯　同上，頁五七。

⑰　見梁著《飲冰室專集・史記中所述諸子及諸子書錄考釋》，張心澂《僞書通考》頁七八〇至七八一。

⑱　見陳著《增訂韓非子校譯》，頁二四九《考證》部分。

⑲　其中「是忘主死交以進其譽」，「是」下當有「故」字，王念孫云：「『是』下當有『故』字，後《明法解》作『是故忘主死佼以進其譽』，是其明證也」俞樾說同。

⑳　見郭沫若、聞一多、許維遹合著《管子集校》，郭說在頁七六七至八頁。

㉑　見羅著《諸子考索》。

㉒　同上，頁四七七。

㉓　羅氏云：「《管子》增『今上釋法』。」案：《韓非子》本文句首已有「今」字，《管子》不必增；《管子》「上」當作「主」，羅氏誤。

㉔　見本書《餘編》第二章。

㉕　劉汝霖語。

第六節　二　柄

　　這是一篇短文，約一千言，分成三段。雖然是一篇短文，却存在着不少問題。

　　首先，是作者的問題了。梁任公最先對作者表示懷疑，他認爲本篇「頗有膚廓語」，又以爲「《二柄》、《八姦》、《十過》等，頗類《管子》中之一部分」❶；可惜甚麼叫「膚廓語」，他並沒有明說。

能夠提出明確證據來懷疑本篇作者的，應該是容肇祖；他說：

> 韓非《五蠹》多用「賞罰」對舉，而沒有用「刑德」對舉者。
> 《二柄》說：「明主之所導制其臣者，二柄而已矣。二柄者，刑
> 德也。何謂刑德？曰：殺戮之謂刑，慶賞之謂德。」這是使用名
> 詞微有不同。《顯學篇》說：「吾以此知威勢之可以禁暴，而德
> 厚之不足以止亂也。」又說：「不務德而務法。」《二柄》所說
> 的「德」是指慶賞說，疑與韓非的話微有差異。又《二柄》的話，
> 頗有與《主道》相同的，如《主道》說：「故群臣陳其言，君以
> 其言授其事，事以責其功。功當其事，事當其言則賞；功不當其
> 事，事不當其言則誅。明君之道，臣不得陳言而不當。」《二柄》
> 亦說：「為人臣者陳而言，君以其言授之事，專以其事責其功。
> 功當其事，事當其言則賞；功不當其事，事不當其言則罰。……
> 故明主之畜臣，臣不得越官而有功，不得陳言而不當。」又《主道》
> 說：「故曰：『去好去惡，臣乃見素；去舊去智，臣乃自備。』」
> 《二柄》說：「故曰：『去好去惡，群臣見素。』群臣見素，則
> 大君不蔽矣。」竊疑《二柄》和《主道》頗有相當的關係。❷

容氏認為：第一、本篇「刑德」對舉，韓非《五蠹》「多用『賞罰』
對舉」，這是用詞的不同；第二、本篇「德」指慶賞，和韓非《顯學》
不同，這是詞義的不同；第三、本篇一些句子和《主道》相同；所以，
容氏列本篇於「未定為誰作的篇章而姑俟續考者」之內。容氏這三個
證據都相當堅強，對後來學者很有影響，所以，很值得重視。

傅佛崖《校讀韓非子校釋初稿》❸說：「『刑德』二字，屢見於
《左傳》，又見於《論語》，則是『刑德』二字為春秋時之習用語，

而流傳於戰國者，故此用之以明賞罰。不過儒家言『德刑』，而法家言『刑德』，有先後之異耳。」傅氏的話似乎在回應容肇祖的說法；雖然他未能據「刑德」一詞來討論本篇的作者及其作成時代，不過，他指出「刑德」爲春秋時代語及儒、法詞序的不同，却頗富啓發性，值得在這裏提出來。

繼梁、容及傅之後，論及本篇作者的是陳啓天了。他說：

> 本篇思想，大體與韓非似無不合。惟以「刑德」稱「賞罰」，與他篇用詞不同。而篇中陳言授事去好去惡等語，又見於《主道篇》。因此《考證》謂本篇未定爲誰作，尚待續考。梁啓超且謂本篇頗類《管子》中之一部分。然以旨意衡之，仍可視爲韓非之作也。❹

實際上，陳氏除了綜合梁、容二家的意見外，自己並沒有甚麼新意。「本篇思想，大體與韓非似無不合」及「以旨意衡之，仍可視爲韓非之作也」這些肯定的話，和梁、容置疑的論點擺列在一起，顯得扞格不入，使人無所適從了。他想折衷正、反二說，却無法消除它們的矛盾。

梁啓雄說：「本篇文句多與《主道》、《揚權》、《內外儲說》語句相同，似是最後人采輯韓書各篇文纂集湊成的篇。」❺梁氏比容肇祖更進一步，認爲本篇文句除與《主道》相合之外，也和《揚權》及《內外儲說》相同，所以，他說：「似是後人采輯韓書各篇文纂集湊成的篇。」

容肇祖提出「韓非《五蠹》多用『賞罰』對舉，而沒有用『刑德』對舉者」，很值得我們注意。實際上，根據筆者的統計，《韓非子》

全書用「刑德」對舉的，只有本篇而已；試讀下表：

篇　名	「賞罰」對舉次數	「刑德」對舉次數	其他類似名詞對舉次數
初　見　秦	6		
主　　道	4		賞誅 2
有　　度	3		
二　　柄	2	10	賞罪 1
姦劫弒臣	3		賞誅 1
飾　　邪	3		賞刑 5、賞誅 1
解　　老	1		
喻　　老	1		
安　　危	1		賞誅 1
用　　人	5		賞罪 1
大　　體	1		
儲　　說	9		賞誅 1、賞罪 1
難	10		賞誅 4、賞刑 1
難　　勢	1		
定　　法			賞刑 1
說　　疑	3		
六　　反	8		
八　　說	1		
八　　經	14		
顯　　學	2		

五　蠹	3		
忠　孝	2		賞刑2
飾　令			賞刑3
心　度			賞刑4
制　分	1		賞刑9

這個統計表清楚地告訴我們，除本篇用「刑德」之外，《韓非子》全書都一律用「賞罰」；可見本篇之不尋常了。當然，「賞罰」和「刑德」可能是不同層次的名詞，誠如本篇云：「何謂刑德？曰：殺戮之謂刑，慶賞之謂德。爲人臣者，畏誅罰而利慶賞，故人主自用其刑德……。」可知誅、罰及慶、賞分別都在刑德之名下，刑德分別都比它們高一層。問題是除本篇之外，其他各篇都只論及賞罰，論及的篇數、次數也相當多，爲甚麼就沒有其他篇章論及更高一層的刑德呢？這就顯示出本篇的不尋常了。因此，容肇祖根據此點來懷疑本篇，是有其道理的。

傅佛崖曾經指出：「『刑德』二字，屢見於《左傳》，又見於《論語》，爲春秋時之習用語。」

考《論語》裏惟一同時提及「刑德」的，是《爲政篇》載孔子的話：「道之以政，齊之以刑，民免而無恥；道之以德，齊之以禮，有恥且格。」實際上，孔子是以「政」「德」對舉，以「刑」「禮」對舉，而「德」字的涵義也與本篇有很大的區別，所以，更正確地說，《論語》裏沒有「德刑」共同對舉的觀念。《左傳》「德刑」並舉及對舉有下列四條：

1.僖公七年：其德、刑、禮、義……。

2.宣公十二年：隨武子曰：……德、刑、政、事、典、禮不易，
　不可敵也……。……德、刑成矣；伐叛，刑也；柔服，德也。
　……政有經矣。……事不奸矣。……能用典矣。……禮不逆矣。
　德立，刑行，政成，事時，典從，禮順，若之何敵之？

3.成公十六年：德、刑、詳、義、禮、信，戰之器也。

4.成公十七年：御姦以德，御軌以刑。不施而殺，不可謂德；臣
　逼而不討，不可謂刑。德、刑不立，姦軌并至。

在這四條文字裏，第一、第二及三條都是德、刑與其他禮、義、政、
事等並舉，只有第四條才是德、刑對舉而已。因此，從《論語》及
《左傳》二書來考察，「德刑」對舉的觀念雖然在春秋時已出現，不
過，却並不流行；而且，正如傅氏所提示的，是「德」在前，「刑」
在後❻。

　　法家很有代表性的著作《商君書》，情形也與《論語》、《左傳》
有些相似。試讀下表：

1	《農戰》：一則可以賞罰進也，……故不待賞賜而民親上……不待刑罰而民致死……。	A
2	《去強》：重罰輕賞……重賞輕罰。興國行罰……行賞……。	A
3	《去強》：怯民使以刑必勇，勇民使以賞則死……。貧者使以刑則富，富者使以賞則貧。	B
4	《說民》：罰重爵尊，賞輕刑威。……故興國行罰則民利，用賞則上重。	A
5	《說民》：民勇則賞之……民怯則殺之……。	C

6	《説民》：故怯民使之以刑則勇，勇民使之以賞則死。	B
7	《説民》：故刑多則賞重，賞少則刑重。	B
8	《算地》：夫刑者所以禁邪也，而賞者所以助禁也。	B
9	《開塞》：故以智王天下者并刑，力征諸侯者退德。	
10	《開塞》：故效於古者，先德而治；效於今者，前刑而法；此俗之所惑也。	
11	《開塞》：治國，刑多而賞少。故王者刑九而賞一……。夫過有厚薄，則刑有輕重；善有小大，則賞有多少。	B
12	《開塞》：刑加於罪所終，則姦不去；賞施於民所義，則過不止。刑不能去惑而賞不能止過者，必亂。	B
13	《開塞》：故王者刑用於将過……賞施於告姦……。	B
14	《壹言》：以上之設榮名、置賞罰之明也。	A
15	《壹言》：賞罰斷而器用有度。	A
16	《壹言》：夫上設刑而民不服，賞匱而姦益多。故上之於民也，先刑而後賞。	B
17	《靳令》：以刑治，以賞戰……。	B
18	《靳令》：重刑少賞……重賞輕刑……。	B
19	《靳令》：故執賞罰以一輔仁者，心之續也。	A
20	《修權》：民信其賞則事功，下信其刑則姦無端矣。	B
21	《修權》：故上多惠言而不克其賞，則下不用；數加嚴令而不致其刑，則民傲罪。	B

22	《修權》：凡賞者文也，刑者武也。	B
23	《修權》：故賞厚而信，刑重而必……。	B
24	《賞刑》：聖人之為國也，一賞、一刑、一教。一賞則……，一刑則……，一教則……。故明賞不費，明刑不戮，明教不變。明賞……明刑……明教……。	B
25	《畫策》：刑不善，而不賞善。故不刑而民善……故不賞善而民善……。	B
26	《弱民》：以刑治，民則樂用；以賞戰，民則輕死。	B
27	《禁使》：人主之所以禁使者，賞罰也。賞隨功，賞隨罪。	A
28	《禁使》：夫賞高罰下……。	A

在《商君書》二十八條文字裏。以「賞罰」（ B 類者）對舉的佔了大部分，共十七條；其次是「賞罰」（ A 類者）對舉，共八條；「賞殺」對舉者（ C 類者）只有一條。據此，可知法家代表著作仍然以「賞刑」、「賞罰」及「賞殺」對舉，沒有「刑德」對舉的觀念。

惟一例外的有兩條，即第九條「以智王天下者并刑，力征諸侯者退德」及第十條「效於古者，先德而治；效於今者，前刑而法」；它們都出現在《開塞篇》。然而，仔細審覽這兩條文字，即可發現兩條文字裏的「德」字，其含義並非如本篇所說「慶賞」之類的「恩德」；換句話說，並非「刑」字的相對意義。《開塞》的「德」字，應當作「道德」、「德教」來講，所以，高亨翻譯作「依靠智慧做了帝王就放棄刑罰，依靠力量征服諸侯就拋掉德教」、「收效於古代的辦法是把道德擺在第一位，來實行德治；收效於現代的辦法是把刑罰擺在第一位，來實行法治」❼，那是完全正確的。其實，《商君書》裏的

「德」字都應當作「道德」、「德教」來講，《開塞》「天下行之，
至德復立。此吾以殺、刑之反於德，而義合於暴也」，固然如此；其
他《更法》「論至德者不和於俗」，《錯法》「德明教行⋯⋯」、「故凡明
君之治也，任其力不任其德⋯⋯」等，也莫不如此。因此，《開塞》
這兩句話，表面上看起來似乎是「刑」「德」對舉；實際上，只要深
入研究，情形就完全不是如此了。其所以對列一處，是作者行文的一
種湊合而已。

如果我們考察晚近馬王堆出土的《黃帝四經》❽，就可以發現，
本篇將「刑德」對舉，應該是法家中黃老學派的思想，和《黃帝四經》
有密切的關係，而不是韓非的作品。「刑」、「德」是《十大經》的
重要思想之一，試讀《十大經》內若干篇章的文字：

> 《觀》曰：不靡不黑，而正以刑與德。春夏為德，秋為刑。先德
> 後刑以養生。
> 又曰：敵者生爭，不諶（戡）不定。凡諶（戡）之極，在刑與德。刑
> 德皇皇，日月相望。
> 又曰：夫幷時以養民功，先德後刑，順於天。
> 《姓爭》曰：凡諶之極，在刑與德。刑德皇皇，日月相望⋯⋯。
> 又曰：天德皇皇，非刑不行；繆（穆）繆（穆）天刑，非德必傾（傾）。刑德相
> 養，逆順若（乃）成。刑晦而德明，刑陰而德陽，刑隱而德章（彰）。

這些文字，無不在強調刑、德這兩件相反對立的措施的意義和重要性，
說它們是黃老學派重要思想，實在一點也不過份❾。本篇既然強調刑、
德的重要，是人主「導制」群臣的二柄，那麼，它和法家黃老學派關
係之密切，可以不言而喻了。也許有人會問：只因為本篇和黃老學派

有密切關係，就可以證明它不是韓非的作品嗎？韓非在其他篇章內絕口不提「刑德」，偏偏只在《二柄》內提及，而且一口氣出現了十次，那不是很突兀嗎？如果正如許多學者在討論韓非思想時，將「刑德」列爲他重要思想之一的話，那麼，韓非會只在本篇內提出此思想而已嗎？其他數十篇作品爲甚麼絕口不提呢？這恐怕不是常理所應有的。

讓筆者再進一步闡明此道理。

根據馬王堆出土的《黃帝四經》來考察，「刑名」之學是黃老學派的重要思想；《經法》內提到「形（刑）名」的，有《道法》、《四度》、《論約》及《名理》等各篇；《十大經》提及的，有《觀》、《正亂》、《姓爭》、《成法》及《行守》等篇，可見「形名」是這批材料所熱衷討論的一項重要課題。唐蘭說：

> 看到了這本黃帝之言，主要講的是刑名之學，才知道刑名之言就是黃帝之言，說申、韓本黃、老，重點是在法家的黃而不在道家的老。……「刑名」之說，是從黃帝之言才開始有詳盡發揮的。古佚書四篇都講刑名之說，這一條線是貫串全書的。……可見用審名察形的辦法來明曲直，知得失，就可以立法，用法來治國，所以刑名之說是新的法家的主要論點。⑮

余明光也說：

> 在《四經》中有很多關於刑名的理論，其中尤其重視「正名」，重視「循名責實」。《經法》中說……以上所引，足證黃學對刑名法術之學的重視。認爲社會的秩序，社會的安全都靠法令維持的。所以只要制定好了法令條文，「謹守吾正名，毋失吾恒刑」。

即可依法而審曲直，據法而定是非。所以它特別強調立名和正
名。❶

唐及余二家的說法，都非常正確。

實際上，韓非也重視形名之學，而且也被認為是韓非重要思想之
一。《黃帝四經》的作成時代，以唐蘭「戰國前期之末到中期之初，
即公元前四〇〇年前後」之說比較可靠❷；如此說來，韓非形名之學
蓋導源自《黃帝四經》了❸。韓非在甚麼篇章裏提到形名之學呢？試
讀以下各條資料：

> 《主道》曰：有言者自為名，有事者自為形。形名參同，君乃無
> 事焉，歸之其情。……大不可量，深不可測，同合刑名。
> 《揚權》曰：上以名舉之，不知其名，復脩其形。形名參同，用
> 其所生。……君操其名，臣效其形。形名參同，上下和調也。……
> 周合刑名，民乃守職。
> 《難二》曰：人主雖使人，必以度量準之，以刑名參之。……以
> 刑名收臣，以度量準下……。

《主道》、《揚權》及《難二》三篇，肯定都是韓非的作品；他在三
篇文章裏同時討論了形名之學，可見他重視這股思想了。

根據這個例子來觀察，我們不禁要問：作為韓非重要思想之一的
「刑德」，為甚麼只在本篇論及而已呢？其他幾十篇作品為甚麼隻字
不提？這不是很奇怪嗎？這種現象，不但違背韓非著書之常例，也不
符合一般人的情理。

因此，筆者認為這篇文章不應該是韓非的作品，而是黃老學派的

材料。

＊　　　　＊　　　　＊　　　　＊

　　梁啓雄說：「本篇文句多與《主道》、《揚權》、《內外儲說》語句相同，似是後人采輯韓書各篇文纂集湊成的篇。」認爲本篇乃後人雜抄各篇而成，非韓非所自作。他在《淺解》裏，也時而註明一些文句和這些篇章的關係；如「此事互見《外儲右上・說一》」、「田常、子罕事又見本書《五蠹》中」及「以上論主道，多與《揚權》、《主道》二篇相同」等云云之類。以下是根據梁氏的說法，將本篇部分文字的出處臚列出來：

1. 本篇：故田常上請爵祿而行之群臣，下大斗斛而施於百姓，此簡公失德而田常用之也，故簡公見弒。

　《外儲說右上》：晏子對曰：「夫田成氏甚得齊民，其於民也，上之請爵祿行諸大臣，下之私大斗斛區釜以出貸，小斗斛區釜以收之。殺一牛，取一豆肉，餘以食士……。」

2. 本篇：子罕謂宋君曰：「夫慶賞賜予者，民之所喜也，君自行之，殺戮刑罰者，民之所惡也，臣請當之。」於是宋君失刑而子罕用之，故宋君見劫。

　《五蠹》：雖有田常、子罕之臣不敢欺也，奚待於不欺之士！

3. 本篇：故曰：「去好去惡，群臣見素。」群臣見素，則大君不蔽矣。

　《主道》：故曰：去好去惡，臣乃見素；去舊去智，臣乃自備。

　《揚權》：故去喜去惡，虛心以為道舍。

上述三個例子中，雖然第二條未必能夠成立；不過，第一條「上請爵

祿」二句，顯然和《外儲說》有關係；第三條「去好去惡，群臣見素」，恐怕也和《主道》有些關係，所以，梁說頗有道理。

這裏，再舉一個例子來補充梁氏的說法。

《主道》說：

> 不謹其閉，不固其門，虎乃將存，不慎其事，不掩其情，賊乃將生。弒其主，代其所，人莫不與，故謂之虎。處其主之側為姦臣，聞其主之忒，故謂之賊。……國乃無虎。……國乃無賊。

在《主道》裏，韓非顯然將有意篡國之臣子比喻為虎，而且將「虎」與「賊」列在一起；可知「虎」並不是一個好的比喻了。《揚權》說：

> 主失其神（舊注：失神，謂君可測知。），虎隨其後。主上不知，虎將為狗（陳奇猷注：主上既不知其為虎，有道術之士，明察其姦，懷其術而欲明其主，虎又將以猛狗之姿態出現以齕有道術之士。）。主不蚤止，狗益無已。虎成其群，以弒其母（陳注：此謂主不早止猛狗，則有道術之士不能進，人主將無覺悟之時，人主不覺悟，則猛狗無有已時，如是，則虎更可朋黨比周，成群而聚，以弒其君也。）……主施其法，大虎將怯；主施其刑，大虎自寧。……虎化為人，復反其真。

在這裏，韓非將人君比喻為母，將有意篡國的臣子比喻為虎；虎可僞飾為狗，招黨成群，以齕有道之士，最後，以虎的面目弒殺其母。這樣的比喻，和《主道》是完全切合的。《解老》說：

> 夫兕虎有域，動靜有時，避其域，省其時，則免其兕虎之害矣。

> 民獨知兕虎之有爪角也，而莫知萬物之盡有爪角也，不免於萬物
> 之害。

韓非雖然沒有將有意篡國者比喻爲兕虎，不過，他說：「民獨知兕虎
之有爪角也，而莫知萬物之盡有爪角也。」所謂「萬物」，應該包括
有意篡國者在內的。因此，《解老》兕虎有爪角之喻，並沒有與《主
道》及《揚權》相衝突。《外儲說右上》云：

> 故人臣執柄而擅禁，明爲己者必利，而不爲己者必害，此亦猛狗
> 也。夫大臣爲猛狗而齕有道之士矣，左右又爲社鼠而間主之情，
> 人主不覺，如此，主焉得無壅，國焉得無亡乎！

在這裏，韓非將執柄擅禁的臣子比喻爲猛狗；猛狗齕有道之士，主會
受壅塞，國會被滅亡。雖然「狗」和「虎」有一段距離，不過，既是
「猛狗」，《揚權》又說虎可僞飾爲狗，可見這個比喻也和前幾篇相
符合。

　　瞭解了韓非習慣於將臣子比喻爲猛狗、狗及虎之後，我們回過頭
來考察本篇了。本篇說：

> 夫虎之所以能服狗者，爪牙也，使虎釋其爪牙而使狗用之，則虎
> 反服於狗矣。人主者，以刑德制臣者也，今君人者釋其刑德而使
> 臣用之，則君反制於臣矣。……此簡公失德而田常用之也，故簡
> 公見弒。

在這裏，作者將人君比喻爲虎，群臣比喻爲狗。人君所以能制臣，因

為有刑德；若人君釋其刑德，則將反制於群臣；猶虎之有爪牙，可制群狗，若失其爪牙，則將反制於群狗矣。本篇作者將人君比喻為虎，將群臣比喻為狗，和前引《主道》及《揚權》等篇是多麼的不相同呀。梁啓雄謂本篇乃後人雜輯各文而成；本篇將人君比喻為虎，將群臣比喻為狗，和韓非自己的作品完全不合，也可以證成梁氏的說法 —— 本篇不是韓非本人的作品了。

《人主》有一段話說：

> 虎豹之所以能勝人執百獸者，以其爪牙也，當使虎豹失其爪牙，則人必制之矣。今勢重者，人主之爪牙也，君人而失其爪牙，虎豹之類也。宋君失其爪牙於子罕，簡公失其爪牙於田常，而不蚤奪之，故身死國亡。

這段文字和本篇非常相似；第一、它們都以「虎」及「虎豹」來象徵人君；第二、《人主》謂「勢重」是人君的爪牙，本篇說「刑德」是人君的爪牙，也有相似之處；第三、它們都同時舉「簡公」為例；因此，筆者認為這兩篇文章恐怕有關係。也許《人主》即出自本篇，並且受了《八說》「虎豹必不用其爪牙」的影響，在「虎」事上加「豹」，略加改寫發揮。

　　＊　　　　　＊　　　　　＊　　　　　＊

本篇計分三段，每段所論者都不相同；試讀下列各段的內容提要：

第一段	明主當自用刑、德二柄，以導制群臣。世主失二柄，則危亡。
第二段	人主當審合刑名，循名責實。
第三段	人主有二患：任賢及妄譽。

這三段文字，內容可以說完全不相當，而且也沒有連帶的關係；現在，却都安置於「二柄」的名義之下，如何適當呢？篇題是刑德二柄，但是，第二段論形名，第三段論人主二患，完全與刑德無關；這不是很蹊蹺嗎？筆者認爲，這三段文字恐怕原本是零散的材料，被人一時「合湊」在一起；後人乃根據篇首兩句話，題作「二柄」，不知其與第二、三段不合耳。

梁啓雄謂本篇是「纂集湊成」者，從各段內容來考察，的確有其道理；但是，也並不完全可靠。第二段論形名之學，第三段論任賢及妄舉爲人主之二患，都和韓非的思想相符；現在，僅憑著全篇各段文義不相連、第一段乃黃老之學，竟將與韓非思想相符的第二段及第三段加以否決，未免有些武斷了。因此，筆者認爲第二、三段恐怕是韓非寫作過程中的一些零散材料，第一段是黃老學派的作品，後人將它們湊合在一起，並且根據第一段題爲「二柄」。梁啓雄「纂集湊成」云云，應當從這個角度去瞭解，才比較符合事實。《愼子·內篇》云：

> 明王操二柄以馭之；二者，刑德也。殺戮之謂刑，慶賞之謂德。

第一段論刑德二柄，不但是黃老之學，也和《愼子》有密切的關係。這位湊合者，應該是一位法家的後學，湊合時代也應該比較早，大概在韓非逝世後不久的一段時間內。

附　註

❶　見梁著《要籍解題及其讀法》。

❷　見容著《韓非子考證》，頁五七 b 至五八 b。

❸　余未見傅氏此書，引自陳啓天《增訂韓非子校釋》，頁一七九《考證》。

❹　同上，頁一七九。

❺　見梁著《韓非淺解》，頁四三。

❻　《國語》全書「德刑」對舉者，只出現一條，在《晉語六》內，與《左傳》
　　成公十七年爲同一件事，故不具論；出現「賞罰」者，則有三條之多。

❼　見高亨《商君書譯注》，頁七六及七八內，北京中華書局出版。

❽　一九七三年末湖南長沙馬王堆出土帛書一批，內有《經法》、《十大經》、
　　《稱》及《道原》四種；唐蘭認爲卽《漢志・道家類》著錄之《黃帝四經》
　　四篇，見唐著《馬王堆出土老子乙本卷前古佚書的研究》，刊於《考古學報》
　　一九七五年第一期內。今從唐說。

❾　見高亨及董治安合撰〈十大經初論〉，刊於《歷史研究》一九七五年第一期
　　內；又見康立〈十大經的思想和時代〉，刊於《歷史研究》一九七五年第三
　　期內。余明光《黃帝四經與黃老思想》第二章第三節，亦論及此點；一九八
　　九年黑龍江人民出版社出版。

❿　同上。程武著〈漢初黃老思想和法家路線〉，也論及此點；程著在《文物》
　　一九七四年第十期內。

⓫　同❾，頁三六至三七。

⓬　有關《黃帝四經》的作成時代，衆說紛紜，當以唐蘭此說比較可靠。余明光
　　《黃帝四經與黃老思想》第一章第三節〈四經成書的年代〉，曾列舉證據支
　　持唐說，可參考。

⓭　陳奇猷認爲韓非形名之學導源自《愼子・內篇》，見所著《韓非子集釋》頁
　　一一三注❷內。竊疑韓非形名之學與《黃帝四經》、《愼子》皆有關係。

第七節　八　姦

　　本文篇幅中等，約二千餘言。陳啓天《提要》說：「本篇主旨在
說明人君防止人臣八姦之必要。全篇分爲三節：首節敍述人臣如何因
同牀、在旁、父兄、養殃、民萌、流行、威強、四方等八術以成姦；
次節言人君防止八姦之術；末節言不防止八姦則足以亡國。」❶言得

其實。

有關本篇的作者，最早提出異議的是梁任公，他說本篇「頗有膚廓語」，又認為它「頗類《管子》中之一部分」，認為著作權有問題。容肇祖繼承梁任公的意見，說：

> 《八姦》一篇，有與韓非見解不相合的地方，如說：「其於德施也，縱禁財，發墳倉，利於民者必出於君，不使人臣私其德。」案《五蠹》說：「今上徵斂於富人，以布施於貧家，是奪力儉而與侈惰也。而欲索民之疾作而節用，不可得也。」這是韓非不主張德施的見解。又《難二》「齊桓公飲酒醉」段說：「且夫發困倉而賜貧窮者，是賞無功也。論囹圄而出薄罪者，是不誅過也。夫賞無功，則民偷幸而望於上，不誅過，則民不懲而易為非，此亂之本也。」這種見解，顯然和《八姦》所說的「縱禁財，發墳倉」的見解不同了。梁啓超……不相信這篇為韓非所作的❷。

容氏舉出兩個證據，證明本篇「有與韓非見解不相合的地方」，因此，是一篇「未定為誰作的篇章」了。陳啓天則認為是「韓子早年之作」❸。

這是一篇結構很嚴密的文章，陳啓天說：「本篇條理清晰，句句有意義，而梁啓超謂其『有膚廓語』，蓋未之深考耳。」說得相當有道理。試讀下列附表：

第　　　一　　　段	第二段	第三段
一曰同牀。何謂同牀？ 曰：貴夫人，愛孺子……此必聽之術也。 　為人臣者內事之以金玉……此之謂「同牀」。	明君之於內也……。	

二曰在旁。何謂在旁？ 曰：優笑侏儒，左右近習……一辭同軌以移 主心者也。 　為人臣者内事之以金玉玩好……此之謂 「在旁」。	其於左右 也……。	聽左右之 謁。有左 右之交者 ……。
三曰父兄。何謂父兄？ 曰：側室公子……大臣廷吏……人主之所必 聽也。 　為人臣者事公子側室以音聲子女……此 之謂「父兄」。	其於父兄 大臣也… ……。	父兄大臣 上請爵祿 於上…… 。
四曰養殃。何謂養殃？ 曰：人主樂美宮室臺池……此人主之殃也。 　為人臣者盡民力以美宮室臺池……此謂 「養殃」。	其於觀樂 玩好也… ……。	
五曰民萌。何謂民萌？ 曰： 　為人臣者散公財以說民人……此之謂 「民萌」。	其於德施 也……。	
六曰流行。何謂流行？ 曰：人主者固壅其言談，希於聽論議……易 移以辯說。 　為人臣者求諸侯之辯士……此之謂「流 行」。	其於說議 也……。	
七曰威強。何謂威強？ 曰：君人者……則君不善也。 　為人臣者聚帶劍之客養必死之士……此 之謂「威強」。	其於勇力 之士也… ……。	

八日四方。何謂四方？ 曰：君人者……大國之所索……弱兵必服。 為人臣者重賦斂……此之謂「四方」。	其於諸侯 之求索也 ……。	吏偷官而 外交…… 。

上述附表告訴我們幾件事：第一、本篇第一段是一則結構很嚴密、行文很有條理的文字，如果用「嚴如兵陣，密不透風」來形容，恐怕很適合。第二段和第一段之間的關係，也非常嚴密緊湊，條條扣住第一段相應的文字。第三段表面上看起來略為鬆弛一點，不過，作者在該段內從正反兩面討論問題，無意緊跟前兩段的路線，所以，文字上的扣應當然不需要那麼謹嚴。總而言之，條理清晰、結構嚴密是本文的特點。第二、比照其他各則的文字，第一段第五則「曰」下應該有奪文，所奪的文字恐怕不在少數，也許在五、六句之間，今已無法補上，至為可惜。

像這麼一篇結構嚴密、條理清晰的文章，以筆者個人的淺見，應該是「善著書」的韓非所寫的。容肇祖根據思想內容與《五蠹》及《難二》不相符，判作「未定為誰作」，恐怕過慮了一些。陳啓天說：

> 《考證》以其與《五蠹篇》、《難二篇》非「布施於貧家」之旨相反，因疑本篇為偽託。然《五蠹篇》之言重在非布施，而本篇之言則重在德施必出於君，乃各明一義，似不得因此而疑之。不過本篇又有「進賢材」及「官賢」之語，或為韓子早年之作也❹。

陳啓天反駁容肇祖，可惜未能把意思寫得完全清楚。筆者認為，本篇應當是韓非早期之末、中期之前精力旺盛之作，蓋早年思想還未完全成熟，也未完全擺脫儒家的影響，所以，文中提出「縱禁財，發墳倉」的「德施」，也提出「進賢材」的構想。《難二》是中期的作品，《五

蠹》是晚期的作品，當然不會再有「德施」及「進賢材」這種主張了。容肇祖以晚期思想非議早期思想，固然不可信從；陳啓天爲「德施」另作解說，似可不必。

《說疑》有「五姦」，其思想且與《主道》「五壅」有相近之處；本篇論「八姦」，視《說疑》多三姦。

附　註

❶　見陳著《增訂韓非子校釋》頁一八六內。

❷　見容著《韓非子考證》，頁五八 b。

❸　同❶。

❹　同❶。

第八節　十　過

《十過》在《韓非子》書中排列第十，篇幅頗長。文章的第一段，先明列十過失，即行小忠、顧小利、行僻、好五音、貪愎、耽女樂、離內遠遊、不聽忠臣、內不量力及國小無禮，然後，又微引十個故事，對十大過失一一加以申明和論證。採用此種方式來寫作的，除《十過》外，尚有《七術》、《六微》、《八姦》及《安危》等，容肇祖說：「我以爲這篇體裁似《內儲說》的《七術》、《六微》。」❶說得非常正確。

有關本篇的作者，梁啓超最先提出討論。他說：「《十過篇》有膚廓語，頗類《管子》中之一部分，是否出於非手，不能無疑。」❷何謂「膚廓語」？與《管子》書中何部分相類？梁任公並未明說，不過，他對本篇作者的否定，却是無可懷疑的。劉汝霖所持的態度也如

此，而且討論得更明確，他說：

> 此篇不但意少辭費，與《五蠹》、《顯學》迥然不同。卽其思想，
> 亦與他篇不一致。如齊桓公問管仲，易牙何如，管仲謂易牙蒸其
> 子首而進之，其子弗愛，安能愛君，遂評桓公見弒，為不用管仲
> 之過。而《難一》亦引此故事，則評謂「然臣有盡死力以為其主
> 者，管仲將弗用也」、「以不愛其身度其不愛其君，是將以管仲
> 之不能死公子糾，度其不死桓公也。是管仲亦在所去之域矣」，
> 兩處衝突，必有一假。韓子的文章，本以壁壘森嚴著名，《十過
> 篇》多膚廓語，遠不如《難一》謹嚴，故可斷定《十過》為偽。
> 本篇又舉宜陽之戰譏笑本國，亦不類宗室口吻。 ❸

劉汝霖除了繼承梁任公「本篇多膚廓語」的意見之外，還提出兩個證
據，一個是有關管仲的評語與《難一》自相衝突，一個是第九過「內
不量力」內舉秦拔宜陽事不類韓非作為韓國宗室一份子的口氣，因此，
他認為這篇「意少辭費」的文章是篇偽作。

　　時代略晚的容肇祖在討論本篇時，却抱着比較謹愼的態度。除了
接納梁任公「有膚廓語」及「頗類《管子》中之一部分」的意見外，
他提出另外兩個證據。

> 我以為這篇體裁略似《內儲說》的《七術》、《六微》，而不像
> 是韓非所作。如說好五音之害，師曠鼓淸角後的情形：「一奏，
> 而有玄雲從西北方起。再奏之，大風至，大雨隨之，裂帷幕，破
> 俎豆，隳廊瓦，坐者散走。平公恐懼，伏于廊室之間。晉國大旱，
> 赤地三年。平公之身遂癃病。」這是漫引傳說，毫不加察，與韓

非說的「弗能必而據之者誣也」的思想相衝突。❹

他首先認爲本篇體裁與《內儲說》的《七術》、《六微》「略似」，所以，「不像是韓非所作」；其次，他認爲第四過「好五音」內描寫師曠鼓清角後的那一段文字「漫引傳說，毫不加察」，與韓非本人的作風相矛盾；所以，本篇當列入「未定爲誰作的篇章而姑俟續考者」❺。雖然他懷疑其著作權，不過，態度是相當謹愼的。

陳奇猷的見解及態度却與梁任公、劉汝霖等相反；他說❻：

或以此篇言禮言賢而疑其不出於韓非之手，斷爲儒家者流之作。殊不知韓非所謂禮，非儒家厚生送死之謂，而以行徑不違人情者爲禮。「禮爲義之文」、「禮所以飾其貌」（均詳《解老篇》），禮令人不相怨怒而無爭（《內儲說》上：「殷法刑棄灰於街者，夫棄灰於街必掩人，掩人，人必怒，怒必鬥。」蓋棄灰於街是行徑無禮於人也，故禁之）。至於韓非之所謂賢，亦非儒家行仁義施貧窮及隱居不仕者之謂，乃以富法術、守繩墨、精忠爲國者爲賢人（如《難言篇》舉管仲、商鞅、董安于等而曰：「此皆仁賢忠良有道術之士也。」《有度篇》：「賢者之爲人臣，北面委質，無有二心，順上之爲，從主之法。」皆可證）。或者不明韓非對於禮與賢之定義，遂以儒家言禮言賢而斷此篇爲儒家者流之作，誣矣。

蓋本篇言禮言賢的故事頗多，第三過「行僻自用，無禮諸侯」及第十過「國小無禮」皆言禮，第八過「過而不聽於忠臣」論賢，陳氏謂本篇論禮論賢的內容與他篇相符合，所以，當是韓非本人的作品，「斷此篇爲儒家者流之作，誣矣」。

《韓非子》的另一位注疏家陳啓天，在本篇的《考證》裏說：「要之，本篇旨趣，大體與韓非思想似無不合，然語多枝冗，則不能令人無疑也。」❼游離於正反兩說之間，沒有明確的論斷。

梁啓雄著有《韓非淺解》，在本篇的《題解》內，他比較偏向於梁任公及容肇祖的看法；他說：

> 本篇所列舉的十種過錯，和韓子的法術思想無密切關聯；所引述的歷史故事和所用的字，又跟他篇所說的所用的不同。因此，無論從思想體系上看，或者從記載和文字上看，本篇都有些問題。❽

梁氏該書卷首有《前言》一則，在《韓子書各篇眞僞考》項內，他將本篇列入「思想和文字與他篇都有點不同的篇」❾，並且作了與《題解》相似的論述。梁氏「從思想體系上看」及「從記載和文字上看」云云，大體上還是繼承前人的見解。

有關本篇的眞僞問題，能夠總結前賢的意見，並且加以補充及開拓的，要數最近的周勳初了。他撰有《十過篇的眞僞問題》❿；在這篇文章裏，他除了指出篇內若干故事與其他各篇所載者重複之外，並且詳細地分析了其中五個「有疑問」的故事。底下是各論點的簡單提要：

㈠第四故事「好五音」

周氏認爲「這個玄妙的故事，在《韓非子》全書中是絕無僅有的描寫。師曠奏『清徵』、『清角』，外界就有種種神異的反應。……韓非是傑出的唯物主義思想家，他反對迷信，不談神鬼，這裏怎麼又會宣揚神異了呢」？另一方面，他認爲這故事與陰陽家學說有關，韓非對陰陽家絕無好感，所以，「這段文

字不可能出之於韓非手筆」。

㈡第七故事「離內遠遊」

　　周氏認爲本故事和全書的基本思想有矛盾。「韓非一貫主張君
　　主抱法處勢以防姦，用術督責臣下，不主張憑借個人的力量
　　去監視他人，天下不得不爲己聽。……至於那種消極的『不離
　　內遠遊』的防姦，更說不上是甚麼治國的原則了。」另一方面，
　　本故事在情節上也出現了「很多問題」；「韓非對田成子的情
　　況很熟悉，不可能有這樣錯誤百出的記載的」。

㈢第八故事「不聽忠臣」

　　周氏認爲本篇說桓公「身死三月不收」，《說疑》作「桓公身
　　死七日不收」，二故事「基本事實有差異」。另一方面，本故
　　事與《難一》所載者的論點亦有出入；《難一》的論點，「確
　　是韓非的基本觀點」，本故事所云「就不像是韓非的觀點了」。

㈣第九故事「內不量力」

　　周氏認爲「韓非是忠於本國的宗室公子，看到自己國家的衰弱，
　　曾有『主辱臣苦』(《存韓》)的慨嘆，這裏不應該對宜陽失守抱
　　幸災樂禍的態度，以嘲諷的口氣出之」；另一方面，本故事把
　　歷史上的一些事實都「搞錯」了，「韓非對他本國不久之前發
　　生的事，不可能誤記；如果他對宜陽失陷這樣的大事還記得顛
　　三倒四，那倒是不可思議了」。

㈤第十故事「國小無禮」

　　周氏認爲「把叔瞻說成是曹國的臣子，不但與其他典籍上的記
　　載不同，而且與《喻老》中的記載也不同，顯係有誤」。

綜合上述五個論點，周氏最後說：「其中不但夾雜着一些明顯錯誤的
歷史事實，與其他篇中的故事或其他史書上的記載不合，而且思想上

也有完全對立的地方。這樣的一篇作品，就不大可能說是韓非的手筆了。《十過》應當是一篇夾雜進《韓非子》中去的他人的作品。」⓫審覽周氏的論證，儘管其中第一則前半部顯然繼承自容肇祖，第三及四則的前半部也與劉汝霖的說法有密切的關係，然而，他所發現的新見解，無疑的，却在前數家之上。

＊ ＊ ＊ ＊

本篇當如梁啓超、容肇祖及周勳初等人所云，不是韓非的親著？還是當如陳奇猷的看法，著作權當劃歸韓非本人呢？筆者認爲，周勳初已經提出相當堅強的證據，其非韓非的作品，大概可以成爲定說了。本文希望就周說的基礎上作些補充，進而加強他們的論證，肯定他們所作的成果。

本篇第一則討論「小忠」，作者引證了「司馬子反酒醺而斬」的故事來支持其觀點。有關「司馬子反酒醺而斬」的故事，誠如周勳初所指出的，「與《飾邪》中的記載相同」，與本書《飾邪》重複。仔細比較這兩則文字，發現其差異有下列若干處：

飾　　邪	十　　過
恭王傷	而共王傷其目
醺戰	醺戰之時
醉而臥	而醉
恭王欲復戰而謀事	共王欲復戰
恭王駕而往視之	共王駕而自往
寡人目親傷	不穀親傷
此行小忠而賊大忠者也	

表內所顯示的差異，實際上是相當微細的；比如本篇云「而共王傷其目」，比《飾邪》多「其目」一事，然而，《飾邪》下文云「寡人目親傷」，已經補充了前文之不足；又比如《飾邪》「醉而臥」、「恭王駕而往視之」，表面上比《十過》多了「臥」及「視之」二事，實際上《十過》「而醉」、「駕而自往」云云，已經將「臥」及「視之」的意思包括進去了；所以，二篇大致上都相合的。惟一差異的是,《飾邪》在諸多案語內多了一句話；試讀其案語：

> 故曰：豎穀陽之進酒也，非以端惡子反也，實心以忠愛之，而適足以殺之而已矣。此行小忠而賊大忠者也。故曰：小忠，大忠之賊也。

文中「此行小忠而賊大忠者也」十字，是本篇所沒有的。實際上，這十個字與「故曰：小忠、大忠之賊也」語義都重複，本篇沒有這十個字，不但不傷全段大義，反而顯得更加簡省了。

根據筆者的淺見，這兩則文字恐怕都和《呂氏春秋·權勳》有關係。《飾邪》的那一則暫且不談，這裏只討論本篇的這一則。試讀下列對照表：

	《十　　　　　過》	《呂　覽·權　勳》
1	昔者楚共王與晉厲公戰於鄢陵。楚師敗，而共王傷其目。	昔荊龔王與晉厲公戰於鄢陵。荊師敗，龔王傷。
2	酣戰之時，司馬子反渴而求飲，豎穀陽操觴酒而進之。子反曰：「嘻，退！酒也。」穀陽曰：「非酒也。」子反受而飲之。	臨戰，司馬子反渴而求飲，豎陽穀操觴酒而進之。子反叱曰：「訾，退！酒也。」豎陽穀對曰：「非酒也。」子反曰：「亟

		退！酒也。」豎陽穀又曰：「非酒也。」子反受而飲之。
3	子反之為人也，嗜酒而甘之，弗能絕於口，而醉。戰既罷，共王欲復戰，令人召司馬子反，司馬子反辭以心疾。	子反之為人也嗜酒，甘而不能絕於口，以醉。龔王欲復戰而謀事，使召司馬子反，子反辭以心疾。
4	共王駕而自往，入其幄中，聞酒臭而還，曰：「今日之戰，不穀親傷，所恃者司馬也，而司馬又醉如此，是亡楚國之社稷而不恤吾眾也，不穀無復戰矣。」於是還師而去，斬司馬子反以為大戮。	龔王駕而往視之，入幄中，聞酒臭而還，曰：「今日之戰，不穀親傷，所恃者司馬也，而司馬又若此，是忘荊國之社稷，而不恤吾眾也，不穀無與復戰矣。」是罷師而去之，斬司馬子反以為大戮。
5	故豎穀陽之進酒不以讐子反也，其心忠愛之而適足以殺之。故曰：行小忠則大忠之賊也。	故豎陽穀之進酒也，非以醉子反也。其心以忠之，而適足以殺之。故曰：小忠大忠之賊也。

仔細比較這兩則文字，可以發現《呂覽》的那一則略為繁多，而《韓非子》的那一則就略為簡省；比如第二段「子反曰：亟退，酒也。豎陽穀又曰：非酒也」一節十五字，是《韓非子》所無；第二段「而謀事」及第三段「視之」數字，也是《韓非子》所無。筆者認為《呂覽》應當是過錄自本則；在過錄之際，作者在「子反受而飲之」之前，增補「子反曰：『亟退！酒也。』豎陽穀又曰：『非酒也。』」一節十五字；又於第二段及第三段分別增入「而謀事」及「視之」數字。至於其他各情節及案語，則完全過錄自本則了。

　　同樣的情形也發生在本篇第二則故事「晉獻公欲假道於虞以伐虢」

裏；試讀下列對照表：

《十　　過》	《呂　覽·權　勳》
1　昔者晉獻公欲假道於虞以伐虢。荀息曰：「君其以垂棘之璧與屈產之乘，賂虞公，求假道焉，必假我道。」君曰：「垂棘之璧，吾先君之寶也；屈產之乘，寡人之駿馬也。若受吾幣不假之道，將奈何？」荀息曰：「彼不假我道，必不敢受我幣；若受我幣而假我道，則是寶猶取之內府而藏之外府也，馬猶取之內廄而著之外廄也，君勿憂。」君曰：「諾。」乃使荀息以垂棘之璧與屈產之乘，賂虞公而求假道焉。	昔者晉獻公使荀息假道於虞以伐虢。荀息曰：「請以垂棘之璧與屈產之乘，以賂虞公，而求假道焉，必可得也。」獻公曰：「夫垂棘之璧，吾先君之寶也；屈產之乘，寡人之駿也。若受吾幣而不吾假道，將奈何？」荀息曰：「不然。彼若不吾假道，必不吾受也；若受我幣而假我道，是猶取之內府而藏之外府也，猶取之內皂而著之外皂也，君奚患焉？」獻公許之。使荀息以屈產之乘為庭實，而加以垂棘之璧，以假道於虞而伐虢。
2　虞公貪利其璧與馬而欲許之。宮之奇諫曰：「不可許。夫虞之有虢也，如車之有輔。輔依車，車亦依輔，虞、虢之勢正是也。若假之道，則虢朝亡而虞夕從之矣。不可，願勿許。」虞公弗聽，遂假之道。荀息伐虢之還，反處三年，興兵伐虞。又剋之。	虞公濫於寶與馬而欲許之，宮之奇諫曰：「不可許也。虞之與虢也，若車之有輔也。車依輔，輔亦依車，虞、虢之勢是也。先人有言曰：『脣揭而齒寒。』夫虢之不亡也恃虞，虞之不亡也亦恃虢也。若假之道，則虢朝亡，而虞夕從之矣。奈何其假之道也？」虞公弗聽，而假之道。荀息伐虢，克之；還反伐虞，又克之。

| 3 | 荀息牽馬操璧而報獻公，獻公說曰：「璧則猶是也；雖然，馬齒亦益長矣。」 | 荀息操璧牽馬而報獻公，獻公喜曰：「璧則猶是也，馬齒亦薄長矣。」 |
| 4 | 故虞公之兵殆而地削者何也？愛小利而不慮其害。故曰：顧小利則大利之殘也。 | 故曰：小利，大利之殘也。 |

仔細比較這兩則文字，可以發現《呂覽》的那一則略為繁多，而《韓非子》的那一則就略為簡省；茲分析如下：

第一、《呂覽》第一段多了「使荀息」及「不然」二事；從情理上推測，應該是《呂覽》在過錄時，有意加以增補了。似此增補，於全篇大義而言，幾乎沒甚麼影響。

第二、《呂覽》第一段云：「使荀息以屈產之乘為庭實，而加以乘棘之璧與屈產之乘」，語序小有不同；大概《呂覽》在過錄之際，變更其語序，而猶維持其本來之含意。似此變更，於全則大義而言，也沒甚麼影響。

第三、最值得注意的是《呂覽》第二段所載宮之奇的話：「先人有言：脣揭而齒寒。」❶這幾個字是《韓非子》所沒有的。到底沒有這幾個字的《韓非子》在前呢？還是有這幾個字的《呂覽》在前？易而言之，是本篇過錄自《呂覽》，還是《呂覽》過錄自本篇？考《公羊傳》及《穀梁傳》僖公二年載此事，宮之奇諫語內亦有「脣亡齒寒」之語，可見這句話不但是古代習用的成語❸，而且宮之奇當年的確用過這句話來勸諫虞公。《史記・晉世家》載此事云：「宮之奇曰：…虞之與虢，脣之與齒；脣亡則齒寒。」《新序・善謀》載此事，云：「宮之奇諫曰：……語曰：脣亡則齒寒矣。」二書時代雖晚，然亦可證明

當年宮之奇確曾用過此句成語。宮之奇用此成語既是當年的事實,那麼,本篇在過錄《呂覽》時似乎不該加以刪省;比較合理的推測是:本篇在前,《呂覽》後來過錄此故事時,發現缺此成語,乃另為補上。

第四、《呂覽》在這成語之後,接着尚有「夫虢之不亡也恃虞,虞之不亡也亦恃虢也」十七字。這十七字與該成語息息相關,是《呂覽》作者所增補的;本篇既無此成語,當然就缺少此十七字了。

第五、本篇最後一段案語內,有「故虞公之兵殆而地削者何也?愛小利而不慮其害」兩句二十字,《呂覽》在過錄之際,將之省略了。

除了上述兩則故事提供線索,讓我們對本篇作成時代作出若干推測之外,我們還可以從另一個角度來觀察此問題。

本篇「楚」字出現的次數頗多,有:

楚共王與晉厲公戰於鄢陵

楚師敗

是亡楚國之社稷而不恤吾眾也

楚靈王為申之會

因賂以名都而南與伐楚

是患解於秦而害交於楚也

楚王聞之懼

以南鄉楚

其為楚害必矣

視楚之起卒也

韓使人之楚

楚王因發車騎

以名救我者楚也

> 聽楚之虛言
>
> 韓君令使者趣卒於楚
>
> 公子自曹入楚
>
> 自楚入秦
>
> 而迫於晉、楚之閒

一共十八次。其中，爲首的三個卽見於「司馬子反酒酣而斬」之內。

值得注意的是，「司馬子反酒酣而斬」內的三「楚」字，《呂覽》一概作「荊」；爲甚麼會有這種現象呢？有三個可能性：第一、《十過》在前，始皇八年《呂覽》在過錄時，避秦諱改「楚」作「荊」；第二、《呂覽》在前，《十過》在過錄時，也許寫作地點不在秦國，所以，囘改爲「楚」；第三、互不相影響，《呂覽》在秦境內完成，故避秦諱，《十過》在秦境之外完成，故字作「楚」。

二書有關「司馬子反酒酣而斬」及「晉獻公欲假道於虞」既然如此相近，說它們不相影響似乎不太可能，所以，第三個假設恐怕不能成立。《韓非子》全書「楚」、「荊」互用的篇章頗多❹，可見作者在過錄他書時，未必經過囘改的手續，本篇自不能例外，所以，第二個假設大概也不能成立。比較合理的解說是——本篇在前，《呂覽》在後。

另一方面，《韓非子‧喻老》亦載「晉獻公假道於虞以伐虢」之事，文中宮之奇亦引成語「脣亡而齒寒」以諫虞公。《喻老》爲韓非親著之一，他在徵引此故事時，保留了這句成語；本篇無此成語，作風略有不同，恐怕作者另有其人。

本篇開首云：「十過：一曰行小忠則大忠之賊也，二曰顧小利則大利之殘也。」其下乃舉司馬子反及假道伐虢二故事爲說；既論利，又論忠，思想頗有衝突矛盾之處。韓非思想自成體系，雖有前後期的

差別，也自有其發展的脈絡可尋，不容如此矛盾衝突的。陳奇猷說：「或者不明韓非對於禮與賢之定義，遂以儒家言禮、言賢而斷此篇爲儒家者流之作，誣矣。」實際上，這兩段論利論忠的文字既不符合儒家者流的觀點，也不能當作法家的言論；它們思想不精純，應當是雜家者流的文字。即以《權勳》而言，開首起段就說：「利不可兩，忠不可兼。不去小利，則大利不得；不去小忠，則大忠不至。故小利，大利之殘也；小忠，大忠之賊也。」其下乃舉司馬子反及假道伐虢二故事；無論文字或思想，幾乎與本篇相合。本篇首兩段論利論忠，當是雜家的文字；這也就是爲甚麼《呂氏春秋》在《權勳》裏據以編撰成文，而具有雜家特色的《淮南子》在《人間》裏完全抄錄進去，包括故事本身及其所寄託的觀點，而不忌諱前後兩段在思想上的矛盾衝突了。

　　　＊　　　　　＊　　　　　＊　　　　　＊

　　本篇在採錄各類故事時，似乎有一個很大的特點：長篇累牘，爲他篇所罕見。

　　《韓非子》書中採錄故事的篇章，無論是通篇純粹故事的，或者是部分故事部分議論的，爲數相當多。通篇純粹故事的有《說林》上、下等篇，故事佔大部分、議論佔小部分的有《解老》、《喻老》、《內外儲說》及《難》一、二、三、四等篇；故事少，議論多的，篇數更多；因此，《韓非子》一書在撰寫的過程中，無論就其整體或個別篇章而言，都採錄了大量的故事文字。

　　《十過》開卷第一段爲提綱挈領式的議論文字，首標「十過」之後，即將十過的名目按序臚列一過，長者每目十幾二十字，短者不足十字。第二段以後，即按照十過的次第，各舉一故事加以論證，計十大段，每段皆以「奚謂……？」爲始，並以「故曰……。」作結。全

篇結構謹嚴，寫作方法簡易，說理清透俐落。本書的六篇《儲說》，基本上也採用這種寫作方式及結構來完成，可見其體例並不特別新鮮。

惟獨最引人注意的是，本篇在採錄各類故事時，竟然長篇累牘，繁富蕪雜，爲其他各篇所罕見。爲討論上的方便，先將它們臚列下來：

1. 小忠——司馬子反酒醊而斬
2. 小利——晉獻公假道於虞以伐虢
3. 行僻——楚靈王無禮徐君
4. 好音——衛靈公好五音
5. 貪愎——知伯索地
6. 女樂——戎王耽女樂
7. 離內遠遊——田成子遊於海
8. 不聽忠臣——管仲諫齊桓公
9. 內不量力——秦攻宜陽
10. 國小無禮——重耳不傷釐負羈

上述十個故事，大致上可以分爲三類：

　　㈠短篇者——共得二篇，即第三「行僻」及第七「離內遠遊」；
　　　　　　　這兩個故事都只一百餘字，而且又不見於其他先秦
　　　　　　　古籍內。

　　㈡中篇者——共得三篇，即第一「小忠」、第二「小利」及第九
　　　　　　　「內不量力」；它們的長度都在二、三百字，而且
　　　　　　　又見於其他先秦古籍內。值得一提的是，先秦古籍
　　　　　　　內所載者與它們兩相比較，無論情節或文字，出入
　　　　　　　都不大。

　　㈢長篇者——共得五篇；即第一「好音」，約七百字；第五「貪
　　　　　　　愎」，約一千四百餘字；第六「女樂」第八「不聽

忠臣」及第十「國小無禮」，它們分別都在五百餘
字之譜。

根據這個統計，可知本篇所採錄的故事以長篇佔多數，中、短篇者各
佔少數；所謂長篇累牘，於此可見矣。

在上述五則長篇故事中，除了長達七百餘字的「衞靈公好五音」
不見於其他先秦古籍外❺，其他四則都有來有歷，是作者轉錄他書成
文者。最令人注意的是，作者在轉錄這四則故事時，幾乎是採取「長
篇累牘」的態度，不勝其「繁富蕪雜」，將若干相同篇裏最長的一則
抄錄進去，或者採取「截長補短」以集大成的方式轉錄進去，無視於
本書是一部哲學性的政治論著。似此做法，與本書其他各篇截然不同，
實在值得我們注意和重視。

茲依據此四則故事，逐一討論如次。

a．貪愎——知伯索地

「知伯索地」是個著名的歷史故事，《戰國策・趙策》、《魏策》
都徧載其事，漢代的《淮南子・人間篇》、《史記》韓、趙、魏《世家》
及《說苑・權謀》，也都載錄這則故事。以《韓非子》本書而論，除
本篇外，《初見秦》、《喻老》、《說林》上及《難》三也都記載了
這件事。因此，它是個流傳面很廣的著名故事。

在先秦古籍裏，要以本篇所載者最爲詳細，用字最多，情節最繁；
試讀下列對照表：

「知伯索地」內容與其他古籍對照表

1	昔者智伯瑤率趙、韓、魏而伐范、 中行，滅之……因令人請地於韓。 ……康子曰：「諾。」因令使者致	又見《戰國策・趙策》一

	萬家之縣一於知伯，知伯說。	
2	又令人請地於魏……宣子曰：「諾。」因令人致萬家之縣一於知伯。	又見《戰國策·趙策》一。《國策·魏策》一亦有，詳略、內容有異。（《說苑·權謀》有，與《魏策》同）
3	知伯又令人之趙，請蔡、皋狼之地，趙襄子弗與……君至，而行其城郭。	又見《戰國策·趙策》一
4	及五官之藏……居五日而城郭已治，守備已具。	《戰國策·趙策》此節作「案府庫，視倉廩」。
5	君召張孟談而問之曰：……有餘金矣。	又見《國策·趙策》一
6	號令已定，守備已具……士大夫羸病。	又見《國策·趙策》一
7	襄子謂張孟談曰：……襄子迎孟談而再拜之，且恐且喜。	又見《國策·趙策》一，無「且恐且喜」四字。
8	二君以約遣張孟談……君曰：「……兵之著於晉陽三年，今旦暮將拔之，而饗其利，何乃將其他心，必不然。子釋勿憂，勿出於口。」	又見《國策·趙策》一。《國策》「兵之著於晉陽……必不然」二十七字在下段「子置勿復言」之上。
9	明旦，二主又朝而出……智過入見曰：「君以臣之言告二主乎？」君曰：「何以知之？」曰：「今日二主朝而出……。」君曰：「子置，勿復言。」……君曰：「……則吾所得者少，不可。」	又見《國策·趙策》一。《國策》無「君以臣之言告二主乎？君曰：何以知之」一小節。

| 10 | 智過見其言之不聽也，出，因更其族為輔氏。 | 又見《國策・趙策》一，《國策》其下尚有「遂去不見……使張孟談見韓魏之君」一節。 |
| 11 | 至於期日之夜……國分為三，為天下笑。 | 又見《國策・趙策》一。 |

這個對照表清楚地告訴我們；本篇所載者與《戰國策・趙策》一頗為相近，不過，第四段一百五十餘字《趙策》一省為六個字，第六段無「且恐且喜」四字，第九段又缺少了一小節約十餘字；另一方面，第十段《趙策》一比本篇多了一小節五十餘字。總結這些差異，可得出下列的結論：第一、本則「知伯索地」在文字上及情節上都比《趙策》一繁富詳盡；第二、本則可能另有所本，也可能滙合了包括《趙策》一在內的幾批材料而寫成。

　　單是指出本則比《趙策》一所載者繁富詳盡還不奇特；如果將本則和本書其他各篇所載者相較，才會瞭解本則繁富的程度，確實使人驚訝。試讀下列統計表：

　　〔《韓非子》各篇載「知伯索地」文字統計表〕

　　《初見秦》——七十餘字；
　　《十過》——一千四百餘字；
　　《喻老》——三十餘字；
　　《說林》——一百六十餘字；
　　《難三》——一百十餘字。
在五則記述「知伯索地」的文字裏，以《喻老》最為簡省，《十過》

最爲繁富；後者竟爲前者的四十餘倍。用字比較多的《說林》，也只有《十過》的九分之一而已。據此，卽知本則的確是長篇累牘，不避繁富蕪雜了。

b. 女樂 —— 戎王耽女樂

「戎王耽女樂」也是個相當著名的故事，《呂氏春秋·不苟論》、《韓詩外傳》九、《史記·秦本紀》及《說苑·反質》都徧載其事。在此四部古籍中，以《說苑》所載者與本則最接近，惟《說苑》在本書之後，顯然過錄自本書。《史記》所述者，不過三幾句話，可略而不論；剩下的只有《呂氏春秋》及《韓詩外傳》了。試讀下列對照表：

「戎王耽女樂」內容與其他古籍對照表

1	昔者戎王使由余聘於秦，穆公問之……由余對曰：「……臣故曰：儉其道也。」	又見《呂覽·不苟》，略甚，且無穆公、由余之問答。 （又見《韓詩外傳》九，亦甚簡略）
2	由余出，公乃召內史廖而告之，曰：「寡人聞鄰國有聖人……」……君曰：「諾。」	又見《呂覽》，亦甚簡略。 （又見《韓詩外傳》，「內史廖」作「內史王繆」，所言亦甚略）
3	乃使史廖以女樂二人遺戎王……牛馬半死	又見《呂覽》，簡略尤甚。 又見《韓詩》，亦甚簡略。
4	由余歸，因諫戎王……兼國十二，開地千里。	又見《韓詩》，甚略。

這個表清楚地告訴我們,《呂覽》所載者實在太簡單,漢初《韓詩外傳》也是如此。在諸多「戎王耽女樂」故事中,以本則最爲繁富詳盡。

c. 不聽忠臣 ── 管仲諫齊桓公

「管仲諫齊桓公」的故事又見於《管子·戒》、《列子·力命》、《莊子·徐无鬼》、《呂氏春秋·貴公》及《知接》等先秦古籍內,漢代古籍如《史記·齊世家》及《說苑·權謀》也記載了此事,可知是一則很著名的故事。就先秦古籍而言,也以本則所載者最爲繁富詳盡;試讀下表:

「管仲諫齊桓公」內容與其他古籍對照表	
1	昔者齊桓公九合諸侯……。管仲老,不能用事,休居於家,桓公從而問之……曰:「鮑叔牙何如?」管仲曰:「不可……非霸者之佐也。」| 又見《管子·戒》、《列子·力命》、《莊子·徐鬼》及《呂覽·貴公》。
2	公曰:「然則豎刁何如?」管仲曰:「不可……其身不愛,又安能愛君?」| 又見《呂覽·知接》(又見《說苑·權謀》)
3	公曰:「然則衛公子開方何如?」管仲曰:「不可……其父母之不親,又能親君乎?」| 又見《呂覽·知接》
4	公曰:「然則易牙何如?」管仲曰:「不可……其子弗愛,又安能愛君乎?」| 又見《呂覽·知接》(又見《說苑》)

| 5 | 公曰：「然則孰可？」管仲曰：「隰朋可。……君其用之。」君曰：「諾。」 | 又見《管子》❿、《列子》、《莊子》及《呂覽・貴公》。 |
| 6 | 居一年餘，管仲死，君遂不用隰朋而與豎刁。……身死三月不收，蟲出於戶。 | 又見《呂覽・知接》（又見《說苑》） |

根據這個對照表，可知這故事在本篇之前實際上存在着兩個系統；它們是：

第一系統——管仲討論鮑叔牙及隰朋，即只包含第一及第五段的內容而已；《管子》、《列子》、《莊子》及《呂覽・貴公》屬之。

第二系統——管仲只討論豎刁、衞公子開方及易牙，即只包含第二、三及四的內容而已；《呂覽》及《說苑》皆屬之。

然而，我們所要討論的《十過》呢？這個對照表清楚地告訴我們，《十過》這則文字是包含了兩個系統，不避煩雜地將兩個系統滙合起來，使其內容更爲繁富及詳盡。

《韓非子・難一》也載有此事，云：

管仲有病，桓公往問之，曰：「仲父病，不幸卒於大命，將奚以告寡人？」管仲曰：「微君言，臣故將謁之。願君去豎刁，除易牙，遠衞公子開方。易牙爲君主味，君惟人肉未嘗，易牙烝其子首而進之……君妒而好內，豎刁自宮以治內……開方事君十五年，齊、衞之間不容數日行……願君去此三子者也。」管仲卒死，而

桓公弗行。及桓公死，蟲出戶不葬。

細讀此文，就知道它是屬於第二系統的；與本則相較，可謂簡略過甚矣。

d.　國小無禮——重耳不傷釐負羈

「重耳不傷釐負羈」的故事，除了見於《左傳》外，又見於《國語・晉語》四、《呂氏春秋・上德》、《淮南子・道應》、《人間》及《史記・晉世家》，可算是流傳面很廣的故事了。撇開《左傳》、《淮南子》及《史記》的不談，本則如果與《國語》、《呂覽》所載者相較，依然是本故事繁富詳盡；試讀下列對照表：

「重耳不傷釐負羈」內容與其他古籍相近對照表

1	昔者晉公子重耳出亡過曹，曹君袒裼而觀之。	又見《國語・晉語》四及《呂覽・上德》
2	釐負羈侍於前，釐負羈謂曹君曰：「……。」曹君弗聽。	
3	釐負羈歸而不樂，其妻問之……負羈曰：「……吾是以不樂。」	
4	其妻曰：「吾觀晉公子……子奚不先貳焉？」負羈曰：「諾。」	又見《國語》
5	乃盛黃金於壺……公子見使者，再拜受其餐而辭其璧。	又見《國語》
6	公子……過鄭，鄭君不禮……鄭君又不聽。	又見《國語》又見《呂覽》（頗簡略）

7	公子……入秦三年，秦穆公召群臣而謀……輔重耳入之于晉，立為晉君。	又見《呂覽》（甚簡略）
8	重耳卽位五年，舉兵而伐曹矣。因令人告釐負羈曰：「……」	
9	伐鄭，令人告鄭君曰：「……」鄭人聞之，率其親戚而保叔瞻之閭者七百餘家。此禮之所用也。	又見《國語》又見《呂覽》（與《國語》近，與《韓子》頗異）
10	故曹、鄭小國也……而迫於晉、楚之間……故曰：國小無禮，不用諫臣，則絕世之勢也。	

根據對照表，可知《國語》缺少第二、三、七、八及十數段，而《呂覽》所有的也不過第一、六、七及九等四段而已，而且其中第六、七兩段都比本則簡單得多；然則，本則的繁富詳盡，不是昭然若揭嗎？

經過上節的討論後，我們似乎可以如此作結論了。本篇在採錄各類故事時，以長篇累牘為其最大特色，這是本書其他篇章所沒有的現象。作為政治思想家的韓非，似乎無庸抱着這種不勝其繁蕪煩雜的態度，來採錄最長篇的故事，甚至於滙合諸資料使之成為最詳盡的故事。如果韓非有意保存資料，我們在其他各篇看到的情形是，先錄下其故事，然後再以「一曰」或「或曰」的方式，錄下類似的傳聞異辭，這是《難》、《解老》及《說林》等的作風。只有本篇，一反其他各篇的方式和作風，長篇累牘，不勝其繁富蕪雜，極盡其能地把最長的一則採錄進去，甚至滙集各資料成為最詳盡的一則，無視於本書之作為政治思想的理論專著。抱着這種態度及寫作方式的人，筆者認為恐怕

是另有其人，而不是韓非本人了。

　　　　＊　　　　　　　＊　　　　　　　＊　　　　　　　＊

　　本篇爲首的兩則故事在文字上既然有被《呂氏春秋》過錄的嫌疑，
那麼，它應該在始皇八年《呂覽》撰述之前的不久，由一位與雜家有
關係的人完成的。這位作者，不但與雜家有關係，而且也帶有點陰陽
家的思想，他宣揚鬼神迷信，對剛發生不久的歷史大事如宜陽失陷等
不太熟習，對於比較久遠的史實，如叔瞻、田成子的身份及齊桓公之
死等，也經常誤記；至於思想與《韓非子》其他篇章相互矛盾，更爲
數不少。這位作者，在過錄各類歷史故事時，其作風及方式別具一特
色，他不勝其繁富蕪雜，將資料中最長的一則錄入，甚至滙合幾批資
料於一處，使之成爲最詳盡完整的一則，似此作風和方式，與韓非以
「一曰」「或曰」的方式保存下傳聞異辭，或節引故事的重要情節，
意趣上有很大的不同，容肇祖譏他「漫引傳說，毫不加察」，實在很
有道理。而且，似此作風和方式，與韓非「弗能必而據之者誣也」的
態度是完全衝突的。因此，本篇不應該是韓非所作的，而是在始皇八
年前，由一位思想不純熟的學韓者所完成，他可能是韓非學生中有雜
家傾向者。

附　註

❶　見容著《韓非子考證》，頁五七ａ。

❷　見梁著《要籍解題及其讀法》。

❸　劉文過錄自張心澂《僞書通考》，頁七七九；余未見劉書。

❹　同❶。

❺　同❶，頁五七ａ。

❻　見陳著《韓非子集釋》，頁二〇五註二二內。

❼　見陳著《增訂韓非子校釋》，頁六五四內。

⑧ 見梁著，頁六五內。

⑨ 同上，頁八。

⑩ 周文在周著《韓非子札記》內。

⑪ 同上，頁六九。

⑫ 此文本作「脣竭而齒寒」，尹仲容曰：「舊本『揭』作『竭』，梁（玉繩）據《戰國策・韓策》改。」今據尹校改。本文所引《呂覽》，悉本尹氏《呂氏春秋校釋》。

⑬ 《戰國策・齊策》二云：「且趙之於燕、齊，隱蔽也，齒之有脣也。脣亡則齒寒。」《趙策》一曰：「臣聞脣亡則齒寒。」《韓策》二曰：「臣聞之，脣揭者其齒寒，願大王之熟計之。」皆云「脣揭則齒寒」，可見其習用於當日矣。

⑭ 有關《韓非子》及《呂覽》各篇避秦諱的問題，可參考本書餘編第二章。劉殿爵先生撰有《秦諱初探——兼就諱字論古書中之重文》，亦曾論及相同的問題；劉文刊於香港中文大學中國文化研究所《學報》第十九卷（1988）內。

⑮ 先秦古籍記述有關師曠的故事，為數頗多，如《國語・晉語》八、《左傳》襄公十八年、《逸周書・太子晉》等，然皆非本則所依據。《太平御覽》七六七引《莊子》佚文云：「師曠為晉平公作清角，一奏，有雲從西北起；再奏，大雨大風隨之，裂帷幕，破俎豆，墮廊瓦。平公懼，伏于室內。」與本則有相似之處，未詳是否本則所依據耳。

⑯ 《管子》本篇下文載管仲告戒桓公不可用豎刁、易牙及公子開方，惟行文方式與此不同，故不錄。

第九節　孤　憤

《韓非子》有《孤憤》，為今本第十一篇。有關此篇的作者，司馬遷很早已論及；《史記・韓非列傳》說：

於是，韓非疾治國不務脩明其法制，執勢以御其臣下，富國強兵，

而以求人任賢，反舉浮淫之蠹，而加之於功實之上，以為儒者因
文亂法，而俠者以武犯禁，寬則寵名譽之人，急則用介冑之士，
今者所養非所用，所用非所養，悲廉直不容於邪枉之臣，觀往者
得失之變，故作《孤憤》、《五蠹》、《內外儲》、《說林》、
《說難》十餘萬言。

很明顯的，司馬遷已認定本篇爲韓非所親著了。

司馬遷這段文字的若干句子皆有所本；「以爲儒者因文亂法，而
俠者以武犯禁」，本《五蠹》「儒以文亂法，俠以武犯禁」；「寬則
寵名譽之人，急則用介冑之士，今者所養非所用，所用非所養」，本
《五蠹》「國平養儒俠，難至用介士，所利非所用，所用非所利」及
《顯學》「國平則養儒俠，難至則用介士，所養者非所用，所用者非
所養」；司馬遷在序論這幾篇文章時，採取明引及化用的方式轉錄了
《韓非子》的若干文句，除了肯定《五蠹》及《顯學》二篇的著作權
外，也許有意暗示《孤憤》、《內外儲》、《說林》及《說難》等篇
之作者，亦非韓非本人莫屬了。

司馬遷《韓非列傳》又說：「人或傳其書至秦，秦王見《孤憤》、
《五蠹》之書，曰：『嗟乎！寡人得見此人，與之游，死不恨矣。』
李斯曰：『此韓非之所著書也。』」根據司馬遷的記載，秦始皇及李
斯也肯定地認爲本篇的作者就是韓非本人。

歷代研究《韓非子》的學者們，對本篇的著作權大致上都無異議。

對本書各篇的著作權曾作通盤性的考察的容肇祖，在論及本篇的
作者時，卽採取正面的態度。根據他的考訂，本篇「可證爲韓非作」
的，有下列三個理由：

第一、《史記》載秦王、李斯皆謂《孤憤》及《五蠹》爲韓非所

著，「這是司馬遷的話，一定當日有這種的傳說。這是說秦王見《孤憤》、《五蠹》之書，或者秦王所見祇是見了這兩篇。《五蠹》既爲無疑的眞，這篇《孤憤》想亦有相當的不假」❶。

第二、《孤憤》所論重人、近習、私門的弊病，就是《五蠹》所說的五蠹之一。

第三、《孤憤》所用的名辭和《五蠹》及《顯學》所用的名辭，相同的頗不少，如重人、私門、當塗、近習、國地與私家、外權、法術、智士、參驗、私劍，都與二篇相合。

有了這三個理由，容肇祖認爲「狠可以證明《孤憤》一篇確爲韓非所作」，因此，他將本篇歸入「思想與韓非合而又有旁證足證爲韓非所作者」的標題內，與《難》四篇並列。陳啓天著《韓非子校釋》，亦謂本篇爲韓非所作，即採納容氏的說法。

梁啓雄撰有《韓子書各篇眞僞考》❷，也認爲本篇爲韓非的眞著，他說：「司馬遷在《韓非傳》說……而漢學者的話，總比較可信。我現在就暫定這十篇作爲韓子書中的眞作品。」❸他的論證，完全建立在司馬遷之上。

周勳初在《韓非子篇目的新編排》一文內❹，將本篇與《說難》、《難言》、《和氏》、《人主》及《問田》各篇並列爲一組，云：

這一組文字表明法家的政治立場。法家人物韓非……堅持自己的政治立場，……對君主身邊的「貴重之臣」作了深刻的揭露和無情的申斥，對「法術之士」的艱危處境作了周密的分析，對自己的政治態度作了明確的申述。據考據《人主》一文抄襲的痕迹很明顯，可能不是韓非的作品。《問田》中稱韓非爲「韓子」，應

該是韓非的後學的記錄。這些作品雖有可能不是韓非的手筆，但從思想內容來說，則是明白無疑的法家著作。

周勳初對本篇的作者似乎抱着不太肯定的態度，他將本篇與其他五篇列爲一組，有「可能不是韓非的手筆」之嫌。

＊　　　　＊　　　　＊　　　　＊

容肇祖根據本篇與《五蠹》及《顯學》用詞相同的「內證」，認爲本篇是韓非所親筆，立論可說非常堅強。思想可以模仿，但是，詞語恐怕就不是旁人所能模仿了。筆者在閱讀這三篇文章後，發現還有下列一些例證，可補容氏之說：

1.貨賂

《五蠹》：行貨賂而襲當塗者則求得……積於私門，盡貨賂，而用重人之謁……。

《孤憤》：其修士不能以貨賂事人……貨賂不至，則精辯之功息……。

（除《八說》外，本書他篇皆不用此詞）

2.學士

《顯學》：今世之學士語治者……而上之所養，學士也。耕者則重稅，學士則多賞……。

《孤憤》：學士不因，則養祿薄禮卑，故學士爲之談也。

（本書他篇皆無此詞）

3.公法

《五蠹》：操官兵，推公法而求索姦人……。

《孤憤》：其可以罪過誣者，以公法誅之……。

（《有度》亦有此詞，他篇皆無之）

4.燭

《五蠹》：以脩明術之所燭❺，雖有田常、子罕之臣，不敢欺也……。

《孤憤》：不能燭私……且燭重人之陰情，人主不能越四助而燭察其臣……。

（「燭」當作「察」、「照」解；本書除此二篇及《儲說》、《難》用此字外，他篇皆用「察」字，如《用人》云：「不察私門之內。」即與本篇「不能燭私」同義。）

5.當世

《五蠹》：以疑當世之法而貳人主之心。

《孤憤》：故當世之重臣……。

上述五例，雖然爲數並不多，却可以看出本篇與《五蠹》、《顯學》之間的「血肉關係」；然則，它們皆屬同一作者，蓋可無疑了。

除了用詞相同之外，本篇與《顯學》還有一個共同點——它們都受《孟子》的影響。《顯學》云：

　　漆雕之言義，不色撓，不目逃，……。

非常明顯的，作者在這裏明用了《孟子・公孫丑》「北宮黝之養勇也，不膚撓，不目逃」的文字；《顯學》又有一小段話云：

　　今有人於此，義不入危城，不處軍旅，不以天下大利易其脛
　　一毛……。

試讀《孟子・盡心》「楊子取爲我，拔一毛而利天下，不爲也」，可知《顯學》的作者化用了《孟子》文字；上舉二例，都是《顯學》受孟子書影響的證據。本篇云：

　　萬乘之患，大臣太重；千乘之患，左右太信；此人主之所公患也。

顯然的，韓非這幾句話也暗用了《孟子・梁惠王》「萬乘之國，弒其君者，必千乘之家；千乘之國，弒其君者，必百乘之家」的意旨；其受《孟子》之影響，亦無可疑。《孤憤》及《顯學》既然都受《孟子》的影響，那麼，它們自然有可能是同一位作者了。
　　本篇與《五蠹》也有一個共同點——它們都是複筆的論文。司馬遷說韓非「善著書」，《韓非子》單筆的篇章不在少數，然而，幾篇可靠的作品如《難言》、《主道》、《說難》及《五蠹》等篇，却都是辭藻優美、工整駢儷的複筆，證明司馬遷說得很有道理。本篇也屬於複筆的論文，如果和《五蠹》相比勘的話，即可發現在句子的結構上，彼此之間有下列幾方面的相近相似之處：
　　1. 句末、句首用辭重疊

《孤憤》：人臣循令而從事，案法而治官，非謂重人也；重人也者，無令而擅為……。

《五蠹》：故行仁義者非所譽，譽之則害功；工文學者非所用，用之則亂法。……故事私門而完解舍，解舍完則遠戰，遠戰則安。行貨賂而襲當塗者則求得，求得則私安，私安則利之所在……。

2.總結前文的合詞法

《孤憤》：智術之士明察，聽用……能法之士勁直，聽用……故智術、能法之士用……是智、法之士……。

《五蠹》：今兄弟被侵必攻者廉也，知友被辱隨仇者貞也；廉、貞之行成，而君上之法犯矣。……不事力而衣食則謂之能，不戰功而尊則謂之賢；賢、能之行成，而兵弱而地荒矣。

3.句首用字重複

《孤憤》：是以諸侯不因則事不應……百官不因則業不進……郎中不因則不得近主……學士不因則養祿薄禮卑……。

《五蠹》：其言古者為設詐稱……其帶劍者聚徒屬……其患御者積於私門……。

4.句末用字重複

《孤憤》：……其數不勝也；……其數不勝也；……其數不勝也；……法、術之士操五不勝之勢……。

《五蠹》：……而高慈惠之行；……而信廉愛之說；……而美薦
紳之飾；……而貴文學之士；……而養遊俠私劍之屬。

5.句型重複

《孤憤》：其可以罪過誣者，以公法而誅之；其不可被以罪過者，
以私劍而窮之。……故其可以功伐借者，以官爵貴之；其可借以
美名者，以外權重之……。
《五蠹》：以其有功世爵之，而卑其士官也；以其耕作也賞之，
而少其家業者也；以其不收也外之，而高其輕世也；以其犯禁也
罪之，而多其有勇也。

6.句子並儷

《孤憤》：主利在有能而任官，臣利在無能而得事；主利在有勞
而爵祿，臣利在無功而富貴；主利在豪傑使能，臣利在朋黨用私。
《五蠹》：賞莫如厚而信，使民利之；罰莫如重而必，使民畏之；
法莫如一而固，使民知之。

這些相近相似處，從常理來推測，應該是一個人所為的。如果再配合
前論的各項證據，那麼，這些相近相似恐怕就不是巧合的了。

　　總而言之，本篇應當如司馬遷所言、容肇祖所證，為韓非本人的
親著。

　　　　　　＊　　　　　　＊　　　　　　＊　　　　　　＊

　　本篇篇題，當作何解？縱觀全文，不見有「孤憤」二字，更不見

有任何解說。《舊注》云：「言法術之士，既無黨與，孤獨而已，故其材用，終不見明。卞生既以抱玉而長號，韓公由之寢謀而內憤。」解「孤」爲「孤獨」，釋「憤」爲「內憤」；謂其抱材而不見用，如卞生長號孤泣，內憤不已，故云「孤憤」耳。

《史記·索隱》云：「孤憤，憤孤直不容於時也。」謂「孤」當是「孤直」；又謂韓非所以「憤」，乃因性秉孤直，不能容納於當時之人也。《史記·正義》云：「孤憤，臣、主暗昧，賢良好孤直，不得意，故曰孤憤。」張守節亦將「孤」字解爲「孤直」；由於己性孤直，而當朝臣、主暗昧，故賢良自然不得意，此憤懣之所由生也。

據此，司馬貞及張守節皆認爲「孤」字當作「秉性孤直」、與外界枘鑿難通解，有意將憤懣的責任歸於韓非自己性格之上。與《舊注》謂「孤」爲無黨與的「孤獨」，將憤懣的責任歸於外界的環境，顯然頗有不同了。由於賢良秉性喜好孤直，與暗昧的君臣無法相投合，故不得意而憤懣；此司馬貞及張守節之說也。由於法術之士堅持原則，無法突破當朝人士，故勢力孤單，黨與薄弱，雖材懷隨和，終不見明於世，只有內憤長泣了；此《舊注》之說也。二說之不同，於此可見了。

梁啓超云：「本篇言純正法家與當塗重人不相容之故及其實況，最能表示著者反抗時代的精神。」解說略爲簡單；然有「不相容」三字，似乎比較偏向於司馬貞及張守節的說法。

本篇篇題當如司馬貞、張守節之說？或當如《舊注》之說？二說前後頗有歧義，甚可斟酌。要瞭解何說正確，最佳的方法莫如省察全篇的內容了。根據梁啓雄的劃分，本篇計分八段；各段內容大略如下：

第一段：法、術之士循令從事，案法治官；重人無令擅爲，虧法利私。

第二段：法、術之士與重人、當塗之人勢不兩立。

第三段：當塗之人利用內、外的關係，蒙蔽人主。

第四段：當塗之人操五勝之資，法、術之人操五不勝之勢，故法、術之士必不敵當塗之人，而被摒棄於政治圈之外。

第五段：重人執柄獨斷，其國必亡。

第六段：人主常與左右品論賢智，此賢智者之所羞也。

第七段：人主常聽取左右之意見，致使修、智之士被廢棄。

第八段：修、智之士恥於與當塗者為伍，故人主愈不能得修、智之士，而國家必定愈危削，此當塗者之大罪也。

根據此八段的內容，一則如第三段所說「當塗之人利用內、外的關係，蒙蔽人主」，二則如第四段所說「法、術之士必不敵當塗之人，而被摒棄於政治圈外」，三則如第七段所說「致使修、智之士被廢棄」，那麼，本篇篇題的含義當如《舊注》之說，謂法術之士被摒於政治圈外，勢孤力單，黨與薄弱，無法見明於世，以致於內憤而終了。

本篇第三段有幾句話說：「法術之士欲干上者，非有信愛之親，習故之澤……處勢卑賤，無黨孤特。」謂法術之士雖心存改革，但是，終因缺乏信愛之親及習故之澤，而陷於勢單力孤的境地。《廣雅·釋詁》云：「特，獨也。」孤特，即孤獨無援之義。《姦刼弒臣》云：「是以主孤於上，而臣成黨於下。」謂主上孤燭，臣下成黨；「孤」亦作「勢單力孤」解，可為證。《舊注》解釋篇題「既無黨羽，孤獨而已」云云，蓋即根據篇內第三段之言而立說也。

又案：前引第三段「處勢卑賤」，乾道本「處勢」作「處世」，諸家皆謂當作「處勢」，王先慎云：「作『勢』是。此對官爵貴重言，不當作『世』。」劉文典云：「王校是也。古語處勢，猶今言地位。《莊子·山木》：『處勢不便，未足以逞其能。』《新序·雜事篇》：

『處勢不便故也。』其義並同。乾道本作『世』者，後人不知『處勢』二字之義，妄改之也。《難三》：『夫處勢而不能用其有。』勢，乾道本並作『世』，並淺人所改。」陳奇猷、陳啓天及梁啓雄等皆是其說。

考本書言「處勢」者頗多，如《外儲說右上》、《難》一、三及《八說》諸篇，皆有此詞。惟本文云「處世卑賤，無黨孤特」，義亦可通；蓋謂法、術之士處於當世之時，位甚卑賤，既無黨羽，又甚孤燭，無法見用於世也。

附　註

❶　見容肇祖著《韓非子考證》第八頁內。

❷　梁啓雄《韓子淺解》內有《前言》，《韓子書各篇眞僞考》卽在《前言》之內。

❸　見梁啓雄著《韓子淺解・前言》第五及六頁。

❹　此文在周著《韓非子札記》第三四二頁至三四八頁內。

❺　梁啓雄《淺解》云：「燭，照也，是動詞。……用術來察姦邪，就像用燭來照黑暗似的。」

第十節　和　氏

《韓非子》五十五篇中，以《五蠹》及《顯學》兩篇最爲可靠，容肇祖曾經根據《史記・韓非列傳》秦始皇語、《李斯列傳》載秦二世及李斯引韓非語，證明二篇皆韓非所著❶；周勳初甚至根據篇內的史實，證明《五蠹》是韓非「三十歲」「中期以後」的作品❷；容、周二說，大致上都很正確。

司馬遷在《韓非列傳》及《報任安書》裏一再指出，《孤憤》也

是韓非親手寫的一篇文章。容肇祖根據其思想、用辭與《五蠹》、《顯學》相合❸，證明司馬遷說法的正確；筆者也舉出用詞相同的另外幾個例子，以及句型、語法的相同，補充容氏的說法❹。《孤憤》為韓非之作品，看來也應沒問題。

容肇祖在考訂《孤憤》與《五蠹》、《顯學》的關係時，曾經舉出十個共同用辭；筆者在補充容說時，也舉出另外五個；綜合起來，它們是：

一、《五蠹》與《孤憤》共有辭語

重人、私門、當塗、近習、國地與私家、外權、法術、智士、私劍、貨賂、公法、燭、當世。

二、《顯學》與《孤憤》共有辭語

參驗、學士

上述十六個辭語（「國地與私家」應析為二），應該是韓非的習慣用語，是他人難以模仿及因襲的。

如果以共同辭語作為主線，將採用它們的篇章貫穿起來，我們就會發現，擁有關連的篇章並不止上述三篇而已。試讀下列統計表：

共同詞語	出　現　篇　章（篇章後數字，為該辭出現次數；未註者為一次）
重　人	孤憤(8)、五蠹、姦劫弒臣(3)、外儲說右上(4)
私　門	孤憤(2)、五蠹(2)、和氏、亡徵、外儲說右下(2)、人主(3)
當　塗	孤憤(5)、五蠹、三守、人主(4)

近　習	孤憤(2)、五蠹、和氏、姦劫弒臣、三守(2)、難三、詭使(2)、八經(2)、人主(5)
私　家	孤憤、五蠹(2)、八經
法　術	孤憤(8)、五蠹、和氏(5)、姦劫弒臣(5)、難三、人主(5)
智　士	孤憤(2)、五蠹、姦劫弒臣、八說(2)
私　劍	孤憤(2)、五蠹(3)、人主
貨　賂	孤憤(2)、五蠹(3)、八說
燭	孤憤、五蠹、內儲說上、外儲說左上、難三
當　世	孤憤、五蠹(2)、姦劫弒臣(3)、難一
參　驗	孤憤、顯學、姦劫弒臣(2)、亡徵
法　禁	五蠹(2)、亡徵(2)、六反(2)、八說
智　者	孤憤、內儲說上、外儲說左上、詭使、八說(7)、人主
學　者	顯學、五蠹(2)、姦劫弒臣(2)、三守、外儲說左上(5)、六反(2)、八說

這個統計表清楚地告訴我們，與《孤憤》、《五蠹》及《顯學》使用共同辭語的篇章，計有下列各篇：

1.《和氏》：私門、近習、法術(5)

2.《姦劫弒臣》：重人(3)、近習、法術(5)、智士、當世(3)、參驗(2)、學者(2)

3.《亡徵》：私門、參驗、法禁(2)

4.《三守》：當塗、近習(2)、學者

5.《儲說》六篇：燭(2)、智者(6)、重人(4)、私門(2)

6.《難》四篇：近習、法術、燭、當世

7.《詭使》：近習(2)、智者

8.《六反》：學者(2)、法禁(2)

9.《八說》：智士(2)、貨賂、法禁、智者(7)、學者

10.《八經》：近習(2)、私家

11.《人主》：私門(3)、當塗(4)、近習(5)、法術(5)、私劍、智者

上文開列的十一篇（《儲說》原為六篇，今作一篇計：《難》同），都有一個共同點：它們至少擁有兩個或兩個以上的辭語和《孤憤》、《五蠹》及《顯學》相同；相同最多的是《姦劫弒臣》，共有七個辭語十七見；最少的是《詭使》及《八說》，分別有兩個辭語三見。相同辭語僅有兩個兩見以下的篇章，為數也不少，本文一概從略。

　　這十一篇作品（《儲說》六篇及《難》四篇，皆作一篇計），由於出現了不少與《孤憤》、《五蠹》及《顯學》相同的辭語，它們與《孤憤》、《五蠹》及《顯學》同屬韓非的原著，可能性應該是相當高的。筆者下文討論到《儲說》時，曾說：「《儲說》六篇在文章的組織上都相當嚴密，在法理的討論上更是純正，應該是戰國時代法家一名傑出學者所編寫，而且，也應該是他傾力而又精心的作品，無論在材料的蒐羅上，或是各項主題的編排上，以及傳聞故實的選汰上，他都費過很大的心機，也花了一段相當漫長的時間……像這樣的一個人，以當日的情形來說，應該是韓非其人了。」在討論到《難》時，曾經說：「這篇筆記式的論著，從它對孔子及管仲的敵視的態度來考察，應該是韓非晚年的作品……它所代表的，應該是韓非晚年的思想。」❺這些結論，都是得自其他不同的資料和角度；今天，如果從用詞相同這點來考察，上述的結論依然還是站得住腳的。

　　　　　＊　　　　　　＊　　　　　　＊　　　　　　＊

《和氏》是《韓非子》書中頗為簡短的一篇，全文僅三段；梁啓雄說：「本篇首段是一個寓言體的故事，用卞和喻法術之士，用刖足喻法術之士的不幸遭遇，用玉璞喻法術。」❻對本篇的內容，有個相當簡要的概括。

有關本篇的作者，容肇祖認為「未定為誰作的篇章而姑俟續考者」；他說：

> 《和氏》一篇，有說及商君變法，是說錯的。其說如下：「商君教秦孝公以連什伍，設告坐之過，燔《詩》、《書》而明法令……。」案「燔《詩》、《書》而明法令」是秦始皇并天下後，李斯上議始實行的，不是由於商君。說一事錯誤，也曾有一事為之背景，而燔《詩》、《書》在李斯以前無有也。故《和氏》一篇，我很疑非韓非所作❼。

認為商君「燔《詩》、《書》」為李斯之前所未有，韓非不應當致誤如此，所以，「很疑非韓非所作」。陳啓天不同意容氏的意見，說：

> 商君曾否燔《詩》、《書》雖無旁證，但商君反對《詩》、《書》，則為不可爭之事實，參閱《商君書》即知。因其反對《詩》、《書》，遂至有燔《詩》、《書》之傳說。韓非未加深考，逕取傳說著之於文，此種事例，在《韓非子》書中實數見不尟也。若僅以此而疑其為偽，則證據未免過於薄弱矣❽。

認為商君反對《詩》、《書》，因而有燔《詩》、《書》的「傳說」；韓非即據此「傳說」入書，未必真有此事。

　　首先，我們應該討論一下具爭論性的一句話 ——「商君燔《詩》、《書》而明法令」。

　　《史記・秦始皇本紀》云：「三十四年……始皇下其議，丞相李斯曰：……臣請史官非秦記，皆燒之；非博士官所職天下敢有藏《詩》、《書》百家語者，悉詣守尉雜燒之……。」（《李斯列傳》略同）韓非卒於始皇十四年，下距三十四年焚書尚有二十年；本篇若是韓非所作，他何由知道始皇會在三十四年焚書呢？他怎麼能夠將自己看不到的史實加在商鞅的身上呢？

　　如果同意容氏的說法，那麼，很自然的就會認為本篇應該作成於始皇三十四年焚書之後；換句話說，是此年以後的法家人士在撰寫本文時，將始皇焚書的史實強加在商鞅的身上。這個想法對不對呢？筆者認為，這個想法其實也不正確。

　　本篇說：「今人主之於法術也，未必和璧之急也，而禁群臣士民之私邪，然則有道者之不僇也，特帝王之璞未獻耳。……則法術者，乃群臣士民之所禍也……則法術之士，雖至死亡，道必不論矣。」作者汲汲於進獻自己的謀略，幾乎完全洋溢在字裏行間；如果秦已一統天下，作者恐怕就不會有此情形了。本篇又云：「當今之世，大臣貪重，細民安亂，甚於秦、楚俗，而人主無悼王、孝公之聽……」作者既然說「甚於秦、楚之俗」，可見那時楚國尚未滅亡、秦國尚未一統天下。據此兩端，即知本篇斷不會是始皇三十四年焚書以後之作了。

　　本篇會不會是始皇十四年韓非卒後、三十四年焚書前這段時間內完成的呢？這個假設其實也解決不了本篇記述「商君燔《詩》、《書》」的問題。因為本篇只有在三十四年後完成，作者才有機會親聞焚書的事；在此年限以前完成的話，與在始皇十四年前完成者，對「焚書」一事而言，實際上並沒有分別——都沒可能聞見焚書之事。

實際上，誠如陳啓天所說的，《商君書》充滿了敵視《詩》、《書》的言論；試讀下列三則文字：

> 《算地》：故事《詩》《書》、談說之士，則民游而輕其君；事處士，則民遠而非其上……。
>
> 《農戰》：《詩》《書》、禮、樂、善、修、仁廉、辯、慧，國有十者，上無使守戰。國以十者治，敵至必削，不至必貧。國去此十者，敵不敢至，雖至必却。
>
> 《靳令》：六蝨：曰禮樂，曰《詩》《書》，曰修善、孝弟，曰誠信、貞廉，曰仁義，曰非兵、羞戰。國有十二者，上無使農戰，必貧至削。

王先愼引《困學紀聞》云：「《史記‧商君傳》不言燔《詩》、《書》，蓋《詩》《書》之道廢，與李斯之焚無異也。」認爲廢《詩》《書》，與焚《詩》《書》無異；此文云「燔《詩》《書》」，實際上就是「廢《詩》《書》」了。陳奇猷說：

> 以《商鞅傳》及《商君書》推之，鞅治秦而焚書之事，似爲事實。蓋商鞅之治，在使民喜農而樂戰，而《詩》《書》者，乃儒家之典籍，《詩》《書》不廢，能使民逸而爲儒生，實爲法家所忌，故《商君書‧壹言》曰：「賤游學之人。」韓非雖出自儒家，亦極詆儒者「以文亂法」，宜鞅之治秦而焚《詩》《書》矣。《五蠹篇》曰：「明主之國，無書簡之文，以法爲敎；無先王之語，以吏爲師；無私劍之悍，以斬首爲勇。」與此言焚《詩》《書》亦合。韓非與商鞅同流，故本商鞅立說。第鞅法行於秦僅十八年，

鞅於孝公二十四年被戮，其法卽廢，而秦本為西戎之地，文學不盛，藏《詩》《書》者亦鮮，故雖燔《詩》《書》而影響甚微，人民亦不深非，故史闕而不載耳❾。

認為「秦本西戎，文學不盛，藏《詩》《書》者亦鮮，故雖燔《詩》《書》而影響甚微，人民亦不深非，故史闕而不載」；換句話說，商鞅的確是焚了《詩》、《書》。

筆者認為商鞅是否焚《詩》、《書》，頗難論斷。韓非敵視《詩》、《書》，誠如陳奇猷所言者，却是不爭的事實。試讀下列兩則文字：

> 《難言》：時稱《詩》、《書》，道法往古，則見以為誦；此臣非之所以難言而重患也。
>
> 《姦刼弒臣》：且夫世之愚學，皆不知治亂之情；攝扶多誦先王之書，以亂當世之治……。

將誦習《詩》、《書》者視為「重患」，將先王之書當作惑亂治世的禍根，韓非敵視古書，於此可見了。《喻老》有一則故事說：

> 王壽負書而行，見徐馮於周塗，馮曰：「事者為也，為生於時，知者無常事。書者言也，言生於知，知者不藏書。今子何獨負之而行？」於是，王壽因焚其書而舞之。

《喻老》雖然不是韓非的作品❿，不過，和《老子》及法家學派却很有關係：「王壽焚書」的故事，很可能深刻地影響了韓非，韓非本人極可能因為敵視《詩》、《書》，進而擁有焚《詩》、《書》的意念。

　　另一方面，李斯是韓非在荀卿門下的同學，建議秦始皇焚書的，就是李斯其人；那麼，韓非也擁有焚《詩》、《書》的意念，恐怕並不令人感到意外。如果當年韓非也受秦始皇重用，他說不定也參加了「焚書」的建議呢。

　　從各方面來觀察，商鞅焚書也許值得斟酌，然而，韓非本人擁有焚《詩》、《書》的意念，恐怕可能性相當高。因此，韓非在撰寫本篇時，有可能把這個意念強加在商鞅的身上，認為商鞅已經有過「燔《詩》《書》」的行動了。後人不察，根據「商君燔《詩》《書》」這句話，或以為商鞅確有此事，或以為焚《詩》《書》當在始皇三十四年，本篇焉得出言如此，進而成為本篇作成時代的關鍵處，恐怕都因為未能領悟這句話的來龍去脈有以致之。

　　澄清了「商君燔《詩》《書》」所造成的誤解後，接下來應該進入主題了——本篇和韓非的關係。根據個人的淺見，本篇的著作權應屬韓非本人；理由有三：

　　第一、本篇若干辭彙和韓非本人的著作相合

　　誠如本節前文所指出的，本篇一些辭彙如「私門」、「近習」及「法術」，都和韓非幾篇可靠的作品相符合，這是證明本篇為韓非所作的證據之一。

　　第二、本篇的特別用語與韓非本人的著作相符

　　本篇云：「主用術則大臣不得擅斷，近習不敢賣重。……當今之世，大臣貪重，細民安亂，甚於秦、楚之俗……。」文中兩個「重」字的用法相當特別。舊《注》在「大臣貪重」下云：「大臣虧法而行私惠，所以成其重也。」對於「重」字，未加解釋。梁啓雄在《淺解》裏說：

賣重，指君主左右親近的人，貪圖私利，洩露了君主的秘密。這樣，就出賣了君主的權勢❶。

《說難》云：「與之論細人，則以爲賣重。」梁啓雄云：

> 賣重，《史記》引作「鬻權」。「重」字無「權」的古訓，但歸納《和氏》「近習不敢賣重」、「大臣貪重」、《人主》「勢重者人主之爪牙也」、《喻老》「制在己曰重……勢重者人君之淵也」，《外儲說右下》「勢重盡在於啓也」，確含「權」義。《和氏》及《人主》二篇都說：「近習不敢賣重。」歸納文義，「賣重」似謂君主左右親近的人，貪圖私利，出賣君主的機密；這樣，就是出賣了君主的權勢❷。

梁啓雄根據司馬遷引《說難》「賣重」作「鬻權」，又歸納本篇及《人主》，認爲「重」當作「權」字解，「出賣君主的權密，就是出賣了君主的權勢」。《人主》、《喻老》及《外儲說右下》四個「重」字皆有「權」的含義，恐怕必須斟酌；不過，《說難》「賣重」、《和氏》及《人主》「近習不敢賣重」的三個「重」字，包含有「權」字的意義，應該是確解。

司馬遷將《說難》全文錄入《韓非傳》內，承認它是韓非的作品；《說難》對於「重」字的特別用法，又見於本篇，可見本篇也應當與《說難》一樣，是同一位作者了。

第三、本篇撰述的意旨和《說難》有相輔相因之處

有關《說難》的內容，梁啓雄曾經有過簡單扼要的說明：「韓非子指出游說之士發言之難，及其遭遇之險，是一篇反映出人情世故和

君主心理的作品。」❸至於本篇呢？筆者認爲，它正是《說難》的「重彈」。

　　本篇首段是一則寓言，作者全篇的思想就全在此則寓言內。作者說：

> ……然猶兩足斬而寶乃論，論寶若此其難也。……則法術之士雖至死亡，道必不論矣。……則法術之士，安能蒙二子之危也而明己之法術哉！此世所亂無霸王也。

作者云「難」，云「死亡」，云「危」，不外在強調：法術之士如果要向時君獻謀略，明法術，必須冒「死亡」之「危」險，才能有所成功，其「難」度可知矣。情形就如卞和獻玉一般，三獻其璞而身殘足廢，美玉方見天日。如此說來，無論法術之士，或是游說之士，若有意向時君獻謀略，明法術，發言時的困難以及發言後的遭遇，眞非常人所能逆料的。

　　根據上文的分析，卽知本篇和《說難》在內容及主題上，有相輔相因之處了。

　　本篇雖然未觸及韓非的核心思想，不過，在辭彙及特別用語上與韓非本人的著作相合，其撰述意旨又與《說難》有相輔相因之處，所以，筆者認爲應該是韓非本人的作品。

附　註

❶　見容著《韓非子考證》，頁一至二 a。

❷　見周著《韓非子札記》，頁一二六至七。

❸　同注❶，頁八 b 至十一 b。

❹　見前一節。

❺　見本編第二十二節。

❻　見梁著《韓子淺解》，《和氏》內之《題解》。

❼　同注❶，頁五六 b 至六十 a。

❽　見陳著《增訂韓非子校釋》，頁二九三《考證》內。

❾　見陳著《韓非子集釋》，頁二四三注㉒內。

❿　見本編第十八節。

⓫　同注❻，頁九九內。

⓬　同上，頁九一內。

⓭　同上，頁八九。

第十一節　姦劫弒臣

　　本篇在《和氏》之後，爲《韓非子》書中第十四篇之作品。有關其作者，容肇祖曾經就其思想及內容與《五蠹》、《顯學》及《難》等篇相互比勘，發現「很相接近」，因而認爲「可以說是韓非所作」、「很可以證明爲韓非所作」❶。陳啓天謂「本篇思想，殆無與韓非不合者」❷，梁啓雄認爲本篇是「沒有多大問題的篇章」❸，也都附同容氏的說法。

　　根據前節所臚列的，本篇與韓非幾篇可靠作品相同的辭彙有：重人、近習、法術、智士、當世、參驗及學者；其中，有些辭彙是數見的。這些共同辭彙清楚地告訴我們，本篇與《五蠹》及《顯學》等篇應該是相同的一位作者。如果再將容肇祖所提出的「內容很相接近」配合起來觀察的話，那麼，本篇之爲韓非所親著，應當是可以肯定的了。

　　儘管本篇作者已被肯定；不過，篇內若干章節却出現了眞僞的問

題。

第一個章節問題見於第四段，即始於「處非道之位」，止於「非明主弗能聽也」，約三百九十餘字；陳奇猷說：❹

> 或謂此節疑原為《和氏篇》之一部分而錯入於本篇。其證有三：一、本節所言置於本篇，不如置於《和氏篇》，較與上下文為適切貫通。二、本節有「此商君之所以車裂於秦，而吳起之所以枝解於楚者也」之語，似為申述《和氏篇》所謂「然而枝解吳起而車裂商君者何也」。三、本篇在元、明時或誤合於《和氏篇》，其後劃分為兩篇，又未將本節劃入《和氏篇》中，致有此混淆。案：或說是。然謂本篇在元、明時或誤合於《和氏篇》則不然，此篇之與《和氏篇》合當在宋以前，蓋乾道本之七、八兩葉已據他本補入，而藏本直缺此兩葉之文，則《和氏篇》與此篇合當在乾道以前無疑。

陳奇猷贊同或人的看法，認為本篇第四段「原為《和氏篇》之一部分而錯入於本篇」。

第二個章節問題見於最後一段，始於「諺曰：厲憐王」，終於最後一句，約三百三十餘字；容肇祖云：❺

> 《姦劫弒臣》的末段，「諺曰：厲憐王」以下，亦見於《戰國策·楚策》和《韓詩外傳》卷四，俱作為孫子（荀卿）與春申君書。則這段必非韓非本文，而是從他書矗入。

本段與《戰國策·楚策》四及《韓詩外傳》四相同，容肇祖認為本段

「必非韓非本文，而是從他書羼入」。陳啓天說：「末節亦見《楚策》、《韓詩外傳》，俱作孫子與春申君書，而疑末節非韓非本文，乃從他書羼入。……本篇所可疑者爲『處非道之位』一節，與上下文不貫，蓋《和氏篇》所錯入耳。」❻完全接受陳、容二家的意見。

首先，讓我們討論第一個章節上的問題。

陳奇猷及或人認爲本篇第四段應當是《和氏》的錯簡；根據個人的淺見，恐怕並不如此。這裏，對他們所提出的三點理由逐一加以評論。

造成或人認爲第四段是《和氏》的錯簡的最大理由是：本篇在元、明時或誤合於《和氏》。由於本篇與《和氏》原爲一篇，後來劃分時，未將原本屬於《和氏》的第四段劃歸過去，所以，才造成今天第四段仍然遺留在本篇裏的情形。陳奇猷認爲本篇與《和氏》誤合在一起，至遲宋代已如此；換句話說，陳氏更認爲原屬《和氏》的第四段至遲在宋代已經「誤入」本篇了。

其實，只要把《道藏》本《韓非子》兩篇誤合的情形認眞地翻閱一過，就會發現他們的說法相當脆弱。《道藏》本《韓非子》卷四第十一頁出標題「《和氏》第十三」，卷五第一頁出標題「《亡徵》第十五」，可知《道藏》本在傳鈔的過程中，遺漏了「《姦劫弒臣》第十四」一篇。據此，可知《和氏》及《姦劫弒臣》原本是兩篇，《道藏》及其他「元、明」本合爲一篇，乃是傳鈔者之誤；換句話說，是後人誤合二篇爲一，並非一篇而後人強分爲二。

其次，從傳鈔遺漏的情形來考察，也可以發現他們的說法是相當牽強的。《道藏》本《和氏》云：

夫珠玉，人主之所急也，和雖獻璞而未美，未爲王之可以得安也，

必曰：「我以忠信事上……。」

在「未爲王之」及「可以得安也」之間，《道藏》本遺漏了《和氏》第二段（自「害也，然猶兩足斬而寶乃論」始，幾佔第二段之絕大部分）及第三段（全段），也遺漏了《姦劫弒臣》第一段的前半部（自首句至「故左右知貞信之不」）；陳奇猷他們所謂「《和氏篇》之一部分而錯入於本篇」的第四段，其實並不在《道藏》本遺漏的範圍之內，中間還相隔着第二及第三段。如果因爲《道藏》本遺漏了本篇第一段的前半部，就認爲本篇第四段原本是《和氏》的錯簡，那麼，第四段之前的第三段、第二段及第一段的後半部，不是更應該爲《和氏》的錯簡？只因《道藏》本遺漏了《和氏》的後半部及本篇首段的前半部，就認爲本篇第四段是《和氏》的錯簡；似此推論，實在很難令人理悟及信服。

或人及陳奇猷的第二個理由「本節有『商君車裂，吳起枝解』，似爲申述《和氏篇》『枝解吳起而車裂商君者何』」，恐怕也很難成立。《難言》云：「吳起收泣於岸門，痛西河之爲秦，卒枝解於楚；公叔痤言國器，反爲悖，公孫鞅奔秦。」論及公孫鞅及吳起的事，與本篇及《和氏》相同；可見商鞅及吳起乃本書習見的典故。竊疑《和氏》及本篇並言商君車裂及吳起枝解，恐怕沒有甚麼關連的意義。《和氏》云：「然而枝解吳起而車裂商君者，何也？大臣苦法而細民惡治也。」謂大臣苦法、小民惡治，故商君及吳起乃遭橫禍；本篇云：「君臣之相與也，非有父子之親也，而群臣之毀言，非特一妾之口也，何怪夫聖賢之戮死哉！此商君之所以車裂於秦，而吳起之所以枝解於楚者也。」謂商君、吳起被橫禍，乃「群臣之毀言」。前後相較，所引用之典故雖然相同，但是，所論述的意旨却有差別，怎麼可以說本

篇商、吳故事是在「申述」《和氏》呢？陳奇猷及或人第二理由也不能成立，於此可以概見了。

至於第一個理由，「本節所言置於本篇不如置於《和氏篇》，較與上下文爲適切貫通」；純粹是主觀的判斷，更不能成立了。

接下來，讓我們來討論第二個章節上的問題——最後一段，並非韓非的文字。

「諺曰厲憐王」一則三百三十餘字，的確又見於《戰國策・楚策》四及《韓詩外傳》四；這三則文字，到底有何關係？那一則是祖本？《韓非子》是否本諸《戰國策》？爲了深入研究，今列表對照如下：

1												
（韓非）					諺	曰：	厲	憐王。	此不恭之言
（國策）孫子	爲書	謝		曰：	癘人	憐王。	此不恭之
（韓詩）孫子因僞	喜謝	之鄙	語曰：	癘	憐王。	此不恭之
也。雖然，古無虛諺，不可不	察也。	此	謂	刧殺死
語也。雖然，	不可不審察也。	此	爲刧栽死
語也。雖	不可不審 也。非比	爲刧殺死
亡之主言 也。
亡之主言 也。
亡之主 者也。

2								
人主無法術以御其臣，雖長年 而美	材，
夫人主	年少而 矜 材，無法術以知姦，
夫人主	年少而 放 ，無法術以知姦，
大臣猶將得勢，擅事 主斷 ，而各爲其私急。而恐父兄
則大臣 主斷國 私
卽大臣 以專斷圖 私

	豪傑之士借人主之力以禁誅於己也。故弒　賢長而立幼弱，廢 　　　　　　　　　　　　以禁誅於己也。故弒　賢長而立幼弱，廢 　　　　　　　　　　　　以禁誅於己也。故　捨賢長而立幼弱，廢
	正的　　而　立不義。 正適　　而　立不義。 正　　直而用　不善。
3	故春秋記之　曰：「楚王子圍將聘於鄭，未出境，聞王　病 　春秋記之　曰：「楚王子圍　聘於鄭，未出境，聞王　　病 故春秋　之志曰：「楚王子圍　聘於鄭，未出境，聞王疾，
	而反，因入問病，　以其冠纓絞王而殺之，　遂自立也。齊 　反，　　問疾，遂以　冠纓絞王　殺之，因　自立也。齊 　返，　　問疾，　遂以　冠纓絞王而殺之，因　自立　。齊
	崔杼，其　妻美，而莊公通之，數如崔氏之室。及公往，崔 崔杼　　之妻美，　莊公通之，　　　　　　　　　　崔杼 崔杼　　之妻美，　莊公通之，
	子之徒賈舉　　　率崔子之徒而攻之。　公入室，請與之分 　　　帥其群黨　　　　　而攻　。莊公　　請與　分
	國，崔　子不許，公請　自刎於廟，崔　子又不　聽。　公乃 國，崔杼　不許，　欲自刎於廟，崔杼　　不許　。莊公 　　崔杼　不許，　欲自刎於廟，　　　　　　莊公
	走　，踰於北　牆。賈舉射公，中其股，公墮，崔子之徒 走出，踰於　外牆，　射　中其股，　　　　　遂殺 走出，踰於　外牆，　射　中其股，　　　　　遂殺

以戈斫公而死之，而立其弟景公。」
之　　　　　　　　　而立其弟景公。」
　　　　　　　　　　而立其弟景公。」

4　近　之所見，李兌之用趙也，餓主父百日　　　而死；
近代　所見，李兌　用趙　，餓主父　於沙丘，　百日而
近世　所見，李兌　用趙　，餓主父　於沙丘，　　百日而

　　　　卓齒之用齊也，擢閔王之筋，懸之　　廟梁，宿　昔而
殺。卓齒　用齊　，擢閔王之筋，懸　於其廟梁，宿夕　而
殺之。卓齒　用齊　，擢閔王之筋而懸之於　廟，宿　昔而

死。
死。
　殺之。

5　故　屬雎癰腫　疽瘍，上比於春秋，　　　未至於絞頸　射
　夫癘雖癰腫胞疾　，上比　　　前世，未至　絞　纓射
　夫癘雖癰腫痂疕　，上比　　　遠世，未至　絞頸　射

股也；下比於近　世，未至餓死擢筋　也。故　劫弒　死亡
股　；下比　近代　，未至　擢筋而餓死也。夫劫弒　死亡
股也；下比　近世　，未至　擢筋　餓死也。夫劫　殺死亡

之君　，此其心之憂懼　，形之苦　痛也，必甚於屬矣。
之主也，　心之憂勞，形之　困苦　，必甚於癘矣。
之主　，　心之憂勞，形之苦　痛　，必甚於癘矣。

由此觀之，雖「屬懥王」可也。
由此觀之，癘雖　懥王　可也。
由此觀之，癘雖　懥王　可也。

據上表可知：

第一、《國策》及《外傳》都將這則文字當作《孫子》的作品，開首第一句：「孫子爲書謝。」《國策》卽其明證。《韓非子》無此一句，與二書不同。據此，可證《國策》與《外傳》比較接近，《韓非子》與二書獨異。

第二、在文字詳略方面，也可以證明《國策》及《外傳》比較接近，《韓非子》與二書不同；其例有三：

1.第一節《韓子》有「古無虛諺」，《國策》及《外傳》略；

2.第二節《韓子》有「猶將得勢」及「而恐父兄豪傑之士借人主之力」，《國策》及《外傳》略；

3.第三節《韓子》有「將」、「因入」、「數如崔氏之室。及公往」、「公墜」及「崔子之徒」，《國策》及《外傳》略。

這三個例子不但證明《韓非子》在文字上比較詳細，並非本諸《國策》，也證明《國策》及《外傳》比較接近。

第三、在行文次第方面，《國策》及《外傳》也比較接近，《韓非子》反而與二書不同；其例有三：

1.第二節《韓子》云：「人主無法術以御其臣，雖長年而美材。」《國策》及《外傳》「無法術」句皆在「美材」（《國策》作「矜材」，《外傳》作「放」）之下，與《韓子》不同。

2.第四節《韓子》云：「餓主父百日而死。」《國策》及《外傳》皆作「餓主父於沙丘，百日而殺之」，有「於沙丘」三字，「百日」在後，「死」作「殺之」。

3.第五節《韓子》云：「未至餓死擢筋也。」《國策》及《外傳》「餓死」皆在「擢筋」之下，與《韓子》不同。

上述三例，皆可證明《國策》與《外傳》比較接近，而《韓子》則與

二書相距較遠。

第四、在情節方面，《國策》及《外傳》也很接近，《韓子》反而與二書相距得遠；其例有二：

1.第三節《韓子》云：「崔子之徒賈舉率崔子之徒而攻之。」《外傳》無此事，《國策》作「崔抒帥其群黨而攻」，與《韓子》不同。《外傳》此處無此事，則上下文不連貫，蓋有所殘奪耳。疑《外傳》此處亦當與《國策》相合，與《韓子》不同❼。

2.第三節《韓子》云：「公墜，崔子之徒以戈斫公而死之。」《國策》及《外傳》作「遂殺之」（《外傳》略「之」字），比《韓子》簡省。

在情節內容方面，例二可證明《國策》與《外傳》相近；例一《外傳》如有奪文，所奪者且與《國策》相近，則內容情節方面可得二例矣。

雖然這三篇文章彼此之間有其內在的連繫，比如說第二節《韓子》云：「廢正的而立不義。」《國策》同，《外傳》「立不義」作「用不善」；此《國策》與《韓子》相合，與上述推論相違。又比如第五節《韓子》云：「形之苦痛也。」國策「苦痛」作「困苦」，《外傳》與《韓子》合；似此情形，又與上述推論相違。不過，就其全篇來觀察，《國策》與《外傳》相合之處佔絕大部分；換句話說，《韓非子》與二書不同者佔絕大多數，所以，我們的結論應該是：《韓詩外傳》極可能出自《國策》，而《韓非子》和《國策》恐怕只有「共同祖本」的關係，彼此沒有直接的淵源。

其實，《國策》及《外傳》在「謅曰厲憐王」之後，尚有一小節文字，與《荀子‧賦》相合，為《韓非子》所沒有的；試讀下列附表：

1	(國策)　因為賦曰:「寶　珍　隋　珠,不知佩兮。　　褘　布　與
	(外傳)　因為賦曰:「　琁　玉　瑤珠,不知珮　。　　雜　布　與
	(荀子)　　　　　　　琁　玉　瑤珠,不知佩也。　　雜　布　與
	絲　,不知異兮　。閭妹　、子奢　,莫　知媒兮。　嫫母
	錦,不知異　　。閭　娵、子　都,莫之　媒　,　嫫母、力
	錦,不知異　也。閭　娵、子奢　,莫之　媒也。　嫫母、力
	求之,又　　甚喜之兮　。以　瞽為明,以聾為聰,以　是為
	父,　　　是之　喜　　。以盲　為明,以聾為聰,以　是為
	父,　　　是之　喜　也。以盲　為明,以聾為聰,以　危　為
	非,以吉為凶。嗚呼上天,曷維其同。」
	非,以吉為凶。嗚呼上天,曷維其同。」
	安　,以吉　凶。嗚呼上天,曷維其同。」
2	《詩》曰:「上天　甚神　,無　以療　也。」❽
	《詩》曰:「上　帝甚　蹈,無自　療焉　。」
	(《荀子》不引《詩》)

這個附表清楚地告訴我們,《國策》及《外傳》相近,同時,也和《荀子》有關係;至於《韓非子》,由於缺少此一小節,可知距離二書較遠。

容肇祖說:「這段必非韓非本文,而是從他書羼入。」容氏所謂「他書」,可以有兩種解釋,一種是指《戰國策》,一種是指比《韓子》及《國策》更早一些的古籍。如果是前者的話,根據上文的討論,顯然是不能成立的;如果是後者的話,那麼,「非韓非本文」這句話的意義又是甚麼呢?除非我們有辦法證明最後一段是後來傳鈔者所附入,否則,如果是韓非本人根據一部早一些的古籍抄入,就如《戰國

策》的編撰者根據此古籍抄入一樣，那麼，它算作是「非韓非本文」嗎？算作「從他書竄入」嗎？顯然不是。因此，有關本篇最後一段的真偽問題，以目前現有的資料來說，我們只有「默認」它是本篇的原文，別無其他選擇了。

本篇章節上的兩個問題既已被清除，那麼，本篇之作爲韓非可靠的作品應該更沒有問題了。

也許進一步可以探測本篇的寫作年代；是韓非早年所完成的？還是晚年所寫的？根據個人的淺見，應該是他早年的作品；理由有二：

第一、本篇對管仲的態度

韓非對管仲的態度，有「早年贊頌」及「晚期詰難」兩個截然不同的作風；有關這一層，筆者在討論《難》時將會提出來。本篇在論及管仲時，說：

> 伊尹得之湯以王，管仲得之齊以霸，商君得之秦以強，此三人者，
> 皆明於霸王之術……此之謂足貴之臣。……故有忠臣者，外無敵
> 國之患，內無亂臣之憂，長安於天下，而名垂後世，所謂忠臣也。

對管仲一生的事迹諸多肯定和贊頌，顯然的是受荀卿的影響，其爲韓非早年作品的烙印，似乎可據此而定論了。

第二、本篇對治國方式的認識

本篇對治國方式的認識和分類，很值得我們注意；它說：

> 治國之有法術賞罰，猶若陸行之有犀車良馬也，水行之有輕舟便
> 楫也，乘之者遂得其成。伊尹得之湯以王，管仲得之齊以霸，商
> 君得之秦以強，此三人者，皆明於霸王之術，察於治強之數，而

> 不以牽於世俗之言……。湯得伊尹，以百里之地立為天子；桓公
> 得管仲，立為五霸主，九合諸侯，一匡天下；孝公得商君，地以
> 廣，兵以強……。

很明顯的，韓非將治理國家分為三種類型：王道、霸道及強道。實際
上，韓非這個說法恐怕淵源自他的老師荀卿；荀卿在《王制》裏說：

> 王奪之人，霸奪之與，強奪之地。奪之人者臣諸侯，奪之與者友
> 諸侯，奪之地者敵諸侯。臣諸侯者王，友諸侯者霸，敵諸侯者危。
> 用強者……彼霸者不然……彼王者不然……。

韓非不但因襲了荀卿治國的「三分法」，而且，連名稱也相同。似此
情形，應該是韓非思想還沒有完全「獨立」以前的早期作品。

根據上述兩個理由，筆者認為本篇應當是韓非早期的作品。

附　註

❶　見容著《韓非子考證》，頁二七 a 至二九 b。

❷　見陳著《增訂韓非子校釋》，頁二一三內。

❸　見梁著，頁六內。

❹　見陳著，頁二五九。

❺　見容著，頁二九 b 至三十 a。

❻　見陳著，頁二一三。

❼　《韓詩外傳》殘奪的現象頗多；如第三節《國策》云：「崔杼不許。」《外
　　傳》即無此事，此不當省，《外傳》蓋殘奪耳。

❽　《戰國策》此處結尾引《詩》，蓋後人據《外傳》補入耳。王念孫曰：「《外
　　傳》每章之末必引《詩》為證，若《戰國策》則無此例也。《詩》曰以下三
　　句，蓋後人取《外傳》附益之耳。」其說甚是。

第十二節 亡 徵

　　《亡徵》在《姦劫弒臣》之後，是一篇結構頗為特別的作品。作者一連提出四十七項「……可亡也」的亡國徵兆，最後，才總結地說：「亡徵者，非曰必亡，言其可亡也。……」可謂氣貫日月，勢如山河，雄偉難當之極了。

　　有關本篇的作者，容肇祖列為「未定為誰作的篇章而姑俟續考者」，云：

> 《亡徵》一篇，有一點我覺得是微有可疑的，如說：「不為人主之孝，而為匹夫之孝；不顧社稷之利，而聽主母之令；女子用國，刑餘用事者，可亡也。」把人主之孝和匹夫之孝分說，似受《孝經》天子、諸侯、卿大夫、士、庶人五等之孝的學說的影響。❶

認為是一篇作者「微有可疑」的篇章，陳啟天附同其說。❷梁啟雄則將本篇與《南面》、《說疑》及《和氏》等其他十七篇列在一起，認為是「沒有多大問題」的篇章❸。

　　潘重規先生在《韓非著述考》裏，曾經反駁了容肇祖的說法；他說：

> 案：《史記·仲尼弟子列傳》：「孔子以曾參為能通孝道，故授業作《孝經》。」又案《呂覽·察微篇》已引《孝經》，則《孝經》必是韓非以前儒家典籍，韓非行文屬辭有受《孝經》影響之處，並不能作為非韓非所作的理由。

潘先生當然肯定韓非的著作權的。周勳初在論及本篇的作者時，說：

> ……這裏說的「人主之孝」和「匹夫之孝」，有儒家影響的嫌疑。
> 《孝經》中《諸侯》、《卿大夫》、《士》、《庶》四章分論諸
> 侯之孝、卿大夫之孝、士之孝與庶人之孝，這裏似乎套用了儒家
> 的用語。孝是儒家特別重視的道德規範，一般說來，先秦的純正
> 法家不大談論孝道，這或許也是《亡徵》作於早期的緣故。❹

雖然繼承了容肇祖的意見，不過，他却從另一角度來觀察問題，所以，
認爲本篇是韓非「早期」的作品。

　　周勳初認爲本文是韓非「全面的總結」了許多國家興敗存亡的原
因的一篇傑作，篇內所提到的各種亡徵，不但在歷史裏可以舉出相應
的例證來，而且，「在韓非本人的著作中，就保留着這方面的許多例
子」；❺ 在此理解之下，周先生撰寫了一篇《亡徵史實例證》，根據
篇內論及的四十七種亡徵，將歷史上及本書內相應的例證一一爬梳出
來，藉以印證文內的說法。盡管周先生說：「當然，韓非提出的某一
『亡徵』，也不一定就指某一具體事件，這裏可能概括着許多同類的
例子，後人自然無法一一追溯他的本意。」❻ 不過，周先生這篇文章
對讀者及研究者，都有莫大的裨益，值得我們在這裏加以肯定。

　　本篇所論亡徵大部分都可以在歷史裏找到根據和法理淵源，不過，
我們所最感興趣的是「韓非本人著作中」在這方面的「許多例子」。
這些內在的連繫，是追探本篇著作權的重要證據之一。這裏，將周先
生所爬梳到的內證，按亡徵的先後次第，逐一臚列如下：❼

　　1.如葉都大而國小，民皆有背心；見《難三》。《愛臣》曰：
　　　「昔者紂之亡，周之卑，皆從諸侯之博大也。」

2. 如魯穆公使衆公子或宦於晉，或宦於荆，犂鉏以爲遠水難救近火；見《說林》上。

4. 如吳王築如皇之臺，掘淵泉之池，爲越所伐；見《外儲說·左上·說三》。

5. 如燕將劇辛鑿龜策攻趙，無功而社稷危；見《飾邪》。

6. 如趙襄主聽王登之言而舉中章、胥己，中牟之人棄其田耘、賣宅圃而隨文學者邑之半；見《外儲說·左上·說四》。鄭子都以慶建爲賢而受蒙蔽，燕子噲以子之爲賢而危及國家；見《難四》。

7. 如齊、魏之君不明，鉅、屠乃費金璧而求入仕；見《外儲說·左下·說四》。

9. 如智伯索地韓、魏，仍不滿足，又索地於趙，三國乃聯合滅之；見《十過》。

10. 如鄒衍用陰陽家說敗壞燕國政治，造成燕之中衰；見《飾邪》。

11. 如智伯泄漏智過之言於魏宣子、韓康子，不聽忠言而覆過；見《十過》。《三守》曰：「人臣有議當途之失、用事之過、舉臣之情，人主不心藏而漏之近習能人，使人臣之欲有言者不敢不下適近習能人之心，而乃上以聞人主。然則端言直道之人不得見，而忠直日疏。」

12. 如齊桓公不聽管仲諫告，獨行其意，信用豎刁、易牙與衞公子開方，因而被害；見《十過》。

13. 如恃齊而不聽宋，齊攻荆而宋滅曹；荆恃吳而不聽齊，越伐吳而齊滅荆；許恃荆而不聽魏，荆攻宋而魏滅許；鄭恃魏而不聽韓，魏攻荆而韓滅鄭；見《飾邪》。

15. 如齊人歸附田成子而不附齊景公，景公不知用勢以除之；見

《外儲說・右上・說一》。

16.如魏惠王不用公孫鞅；見《難言》。楚懷王不聽陳軫忠告而受欺於
張儀；見《戰國策・秦策二》。

23.如衞獻公約大臣孫林父、寧殖共食，耽於演射而使二卿受餓；
使師曹教嬖妾琴藝，鞭打師曹而仍使之主歌；結果爲孔林文所
逐；《八經》曰：「僇辱之人近習曰狎賊，其患發忿疑辱之心
生。」

24.如齊簡公兩用田成、闞止而被殺，魏國兩用犀首、張儀而西河
之外亡；見《說林》上。衞州吁重於衞，擬於君，卒殺其君而
奪之政；見《內儲說下・說五》。《八經》曰：「大臣兩重提
衡而不踦曰卷禍，其患家隆刼殺之難作。」

30.如焚太子商臣起宿營之甲攻殺楚成王；見《內儲說下・說五》。

33.如公叔相韓而親齊，恐王之相公仲，乃使齊、韓約而攻魏，納
齊軍以刼其君；見《內儲說下・說二》。

34.如齊景公之弟公子尾、公子夏得齊民，擬於公室；見《外儲說・
左上・說一》。

35.如衞侯出欲削褚師聲子，褚師乃與群臣作亂逐衞侯；《難四》
曰：「明君不懸怒，懸怒，則罪臣輕舉以行計，則人主危。」
《八經》曰：「藏怒持罪而不發曰增亂，其患徼幸妄舉之人起。」

39.如司城子罕掌刑殺之威，一國歸焉，遂刼宋君而奪其政；見
《外儲說・右下・說一》。

42.如宋襄公與楚人戰於涿谷上，標榜仁義，不乘有利時機攻擊敵
人，爲楚所敗；見《外儲說・左上・說五》。

43.如宋之少主慕孝名，由母執政，宋令尹見有機可乘而謀常用宋；
見《說林》下。

根據周先生的歸納，可知本篇在《儲說》、《說林》、《八經》、《難》、《難言》、《飾邪》、《十過》及《三守》等篇可找到許多例證。這一事實當然不能夠讓我們肯定地說，本篇就是作者在這八篇作品的基礎上撰述成文，不過，本篇和這八篇作品多少都有一些內在的關係，恐怕是不爭的事實。

　　本文表面上來看，似乎只有四十七種亡徵，然而，仔細分析的話，就可以發現並不止於此數而已。每項之下，一般上都只開列了一種亡徵；然而，有的却開列了兩種，有的甚至於三種；因此，四十七項之下，並不止於四十七種亡徵。試讀下列統計表：

項次	內　　　　　　　　　　　　　　　　容	種數
1	(1)大權旁落	1
2	(2)輕視法禁、(3)恃交援	2
3	(4)修文學習言談、(5)商賈外困	2
4	(6)縱聲色、(7)暴用民力、(8)浪費國家資源	3
5	(9)迷信神巫	1
6	(10)獨聽、不參驗	1
7	(11)賣官鬻爵	1
8	(12)君主優柔寡斷	1
9	(13)饕貪好利	1
10	(14)好辯說濫文麗、(15)不用法	2
11	(16)漏泄機密	1
12	(17)剛愎自用、(18)自信過强	2
13	(19)恃大國欺近鄰	1
14	(20)外民偵機密、(21)干國政	2

15	⑵過份信賴其相	1
16	⑵用外客以陵故常、⑵用人但聞聲名，不求實功	2
17	⑵輕太子，重庶子	1
18	⑵自驕不納諫、⑵不明己力而輕鄰敵	2
19	⑵不處卑、不畏強、⑵無禮大鄰、㉚拙外交、㉛貪愎無禮	4
20	㉜太子已置，娶強敵為後妻	1
21	㉝優柔寡斷	1
22	㉞出君在外，國內更置、㉟質太子未反而易子	2
23	㊱無禮大臣、㊲錯戮小民、㊳親近挫辱刑戮之人	3
24	㊴大臣太重、㊵父兄太強、㊶內黨假借外國勢力，以爭國內利益	3
25	㊷玩物喪志、㊸聽婢妾之言	2
26	㊹無禮大臣父兄、㊺勞苦百姓，殺戮不辜	2
27	㊻屢變法令	1
28	㊼無守戰之備而輕攻伐	1
29	㊽經常易主，嬰兒為君、㊾大臣專制、㊿大臣黨外人割土待交	3
30	⑸太子集黨，與大國交，形成強勢	1
31	⑸心急妄動	1
32	⑸多怒，不教民而好戰	1
33	⑸貴臣相妬，外交內鬥	1
34	⑸君不肖而側室賢、⑸太子輕而庶子伉、⑸官吏弱而人民桀	3
35	⑸藏怒而弗發，懸罪而弗誅	1
36	⑸將軍太重，邊官太尊	1

37	(60)後宮淫亂	1
38	(61)後妻賤而嬖妾貴、(62)太子卑而庶子尊、(63)相室輕而典謁重	3
39	(64)大臣太重且聚黨、壅塞主斷	1
40	(55)私門之官用、(66)貴私行而賤公功	2
41	(67)貧富不公平	1
42	(68)好以仁義自飾	1
43	(69)女子及宦官用事	1
44	(70)不依法術行事	1
45	(71)不肖者用事，無功者貴	1
46	(72)父兄大臣潛越	1
47	(73)公壻公孫無禮百姓	1
四十七項所論亡徵種數：		73

根據表內所列的七十三種亡徵，大致上我們可以將它們歸納為下列七大項目：法律、國君、內廷、大臣、游談商賈、人民及其他。其細目如下所列：

　　Ａ、法律(2)、(46)、(70)、(15)

　　Ｂ、國君

　　　　Ｂ一、國君性格

　　　　　　Ｂ－１：貪利(31)、(13)

　　　　　　Ｂ－２：憂柔寡斷(33)、(12)、(58)

　　　　　　Ｂ－３：剛狠驕妄(17)、(18)、(26)、(27)、(10)、(28)

　　　　　　Ｂ－４：心急妄動(52)

　　　　Ｂ二、國君私生活

　　　　B二1：後宮淫亂(43)、(60)、(9)

　　　　B二2：縱聲色(6)、(42)

　　　B三、國君處理政務

　　　　B三1：無禮臣屬(31)、(44)、(73)、(36)

　　　　B三2：無禮鄰國(30)、(19)、(27)、(29)

　　　　B三3：漏泄機密、浪費資源(8)、(16)

　C、內廷

　　　C1：內廷及適庶處置不當(32)、(25)、(35)、(51)、(55)、(56)、(61)、
　　　　　(62)

　　　C2：父兄太強(72)、(40)

　D、大臣

　　　D1：信寵太專(22)、(39)

　　　D2：大臣專制(1)、(64)、(49)、(72)、(50)、(59)

　　　D3：恃外(54)、(3)、(23)、(41)

　　　D4：用私(24)、(65)

　　　D5：用人不當(71)、(63)、(69)、(20)、(21)

　　　D6：賣官鬻爵(11)

　E、游談商賈

　　　E1：修文學、習言談(4)、(68)、(14)

　　　E2：商賈亂國(5)

　F、人民

　　　F1：暴用民力(45)、(7)

　　　F2：好戰(47)、(53)

　　　F3：暴辱人民(37)、(38)

　　　F4：人民鷙桀(57)

G、其他

　　G 1：貧富不均(67)

　　G 2：更置新君(34)

　　G 3：君爲嬰兒(48)

上述七大項目二十七小目，大致上來說，就是本篇所提出的各種亡徵及其類別了。

　　《韓非子》其他篇章當然也論及亡國的徵兆，就如周先生可以從其他篇章裏舉出許多例子來比證本篇一樣，我們也可以從其他篇章追尋出相同的論點來比附本篇，作爲本篇的相應文字。這裏，將這些篇章和本篇的相應論點列出一份關係表：

〔《韓非子》各篇與《亡徵》所論各點關係表〕

八　姦　篇	亡　徵　篇
同　牀	B二1、B二2
在　旁	B二1、C1
父　兄	C1、C2、D1、D2
養　殃	B二1、B二2
民　萌	
流　行	E1、D2
威　強	
四　方	B一1、B三2、B三3、F1

十　過　篇	亡　徵　篇
行　小　忠	B一2

顧　小　利	B—1
行僻自用，無禮諸侯	B—3、B三2
好　五　音	B二2
貪愎喜利	B—1、B—3
耽於女樂	B二2
離內遠遊，忽於諫士	B二2、D5
不聽忠臣，獨行其意	B—3、D5
內不量力，外恃諸侯	B三2、D3
國小無禮，不用諫臣	B三2、D5

愛　臣　篇	亡　徵　篇
愛臣太親	D1
人臣太貴	D1
主妾無等	C1
兄弟不服	C2

三　守　篇	亡　徵　篇
明　劫	
事　劫	D1、D2、D3、D5
刑　劫	

備　內　篇	亡　徵　篇
大信其子	
大信其妻	C1、C2
大信其臣	D1

內　儲　説　下	亡　徵　篇
權借在下	D 2
利異外借	C 1、C 3、D 5
託於似類	D 2
參疑內爭	D 2、D 3
利害有反	B－1、D 4
敵國廢置	D 3、D 5

如果將此六表和《亡徵》的內容相比較，我們就會發現：第一、這六個表分別都只討論《亡徵》某一部分的論點，比如《三守》只在討論《亡徵》的「大臣」一項，《十過》比較偏重於討論「國君」一項；因此，它們都顯得比較零碎片斷。第二、這六篇文章無論觸及的是甚麼範圍，就某個範圍本身而言，也都沒有本篇所論的完整和深入，比如《愛臣》論「愛臣太親」及「人臣太貴」，只觸及大臣太信寵、太尊貴而已，省略了大臣專制及恃外兩件事。據此兩端以觀之，即知《亡徵》在總論各種亡國徵兆時，不但涵蓋面非常廣，有意含容所有篇章的論點，而且，是一篇相當有系統、有策劃的論文了。

本篇提出的七十三種亡國徵兆，不但可以在本書其他各篇找到例證，而且，這七十多種亡國徵兆的論點，也幾乎包容了本書其他各篇的論點，甚至於比其他各篇來得周密和深入；像這樣的一篇文章，個人的淺見認為，應該是韓非本人所寫的，而且應該是他入秦前的晚期作品。

容肇祖懷疑本篇受《孝經》的影響，時代應該很晚；潘重規先生根據《呂覽》及《史記》，認為「《孝經》必是韓非以前的儒家典籍」，

否決了容氏的見解。周勳初受容氏的影響，認爲本篇「或許」是韓非「早期」的作品。筆者認爲，本篇寫作最大的意義卽在於總結他自己許多篇章所提出的亡國徵兆，因此，才一口氣提出四十七項七十三種觀點；像這樣的一篇文章，不太可能是韓非早期的作品，反而應該是在他完成了許多篇章後的晚期所總結撰述的。

附 註

❶ 見容著，頁六十 a 。

❷ 見陳著，頁一一六。

❸ 見梁著卷首《前言》內，頁六。

❹ 見周著，頁一三一。

❺ 同上，頁一〇一內。

❻ 同上。

❼ 四十七個亡徵中，無法覓得內證者，則闕其次第。

第十三節　三守・詭使

《三守》是很短的一篇作品，兩段，約四百餘字；篇內出現韓非的習慣用語「當塗」、「近習」、「學者」及「用事」等。

容肇祖認爲本篇「微有可疑」；他說：

> 《三守》一篇，內容是說大臣專擅的弊害，比之《孤憤》，殊欠嚴密
> 與周至。篇末說：「三守完則三劫者止，三劫止則王矣。」亦太
> 直率急遽而無分寸。這是微有可疑的。❶

何謂「殊欠嚴密與周至」，容氏並未說明；「三守完則三劫者止，三

劫止則王矣」，是否會「太直率急遽而無分寸」，亦極可能智仁不同；如此立論，殊難令人信服。因此，潘重規先生在他的大著內說：「《三守篇》辭義，均與韓子思想相合，並無可疑之處。」❷ 以同樣的方式駁詰容說，可謂以子之矛攻子之盾了。

本篇首段論三守，三守不堅持，則劫殺乃萌生矣。何謂三守？梁啓雄在篇首有個簡要的說明，茲依梁說臚列如次，並將相應的文字附入，以利省覽：

內 容 提 要	解 説 文 字
守持着超越左右的蒙蔽傾聽端直之言的君術	人臣有議當途之失，用事之過，舉臣之情，人主不心藏而漏之近習能人，使人臣之欲有言者不敢不下適近習能人之心，而乃上以聞人主，然則端言直道之人不得見，而忠直日疏。
守持着超越左右的誹譽主動地愛利人和憎惡人的主威	愛人不獨利也，待譽而後利之；憎人不獨害也，待非而後害之；然則人主無威而重在左右矣。
守持着殺生奪予的君權，不使大臣侵移	惡自治之勞憚，使群臣輻湊用事，因傳柄移藉，使殺生之機奪予之要在大臣，如是者侵。

第一守是強調心藏機要，不可漏洩給左右近習者；這一點，和《亡徵》第十一個亡徵「漏洩而無藏，不能周密而通群臣之語者，可亡也」相應。《二柄》云：「人主自用其刑、德，則群臣畏其威而歸其利矣。……今人主非使賞罰之威利出於己也，聽其臣而行其賞罰，則一國之

人皆畏其臣而易其君，歸其臣而去其君矣。」與第二守強調人主堅守愛惡之心及第三守強調堅守殺生奪予之權正相呼應。據此，可知本篇所說的三守，與其他篇章有「血脈相通」之處。

第二段論三劫，即明劫、事劫及刑劫。茲比照首段，列表如下：

明劫	人臣有大臣之尊，外操國要以資群臣，使外內之事非己不得行，雖有賢良，逆者必有禍，而順者必有福。然則群臣莫敢忠主憂國以爭社稷之利害。人主雖賢，不能獨計，而人臣有不敢忠主，則國為亡國矣。此謂國無臣。國無臣者，豈郎中虛而朝臣少哉！群臣持祿養交，行私道而不效公忠，此謂明劫。
事劫	鬻寵擅權，矯外以勝內，險言禍福得失之形，以阿主之好惡。人主聽之，卑身輕國以資之，事敗與主分其禍，而功成則臣獨專之。諸用事之人，壹心同辭以語其美，則主言惡者必不信矣。此謂事劫。
刑劫	至於守司囹圄，禁制刑罰，人臣擅之，此謂刑劫。

根據作者的說法，如果人君不能堅守着心藏機要，那麼，大臣「外操國要以資群臣」，群臣就「莫敢忠主憂國」，「行私道而不效公忠」；此謂明劫。如果人主不能堅守愛惡的主動權，那麼，群臣就「鬻寵擅權，矯外勝內」，甚至於主言惡，群臣卻「壹心同辭以語其美」；此謂事劫。如果人主不能堅守殺生奪予，則此權將落入臣下手中；此謂刑劫。很明顯的，作者對「刑劫」一事說得非常簡單，容肇祖「殊欠嚴密與周至」，可能就是指這一點而言。

本篇第一段末云：「三守不完，則劫殺之徵也。」第二段末云：「三守不完，則三劫者起；三守完，則三劫者止。」兩段之間相互呼應，前後緊扣，於此可見。最後，作者又說：「三劫止塞，則王矣。」

可謂本文的結論。

　　《荀子・臣道》云：「不邮國之臧否，偷合苟容以持祿養交而已耳。」「持祿養交」是《荀子》的習語，《榮辱》云：「以相群居，以相持養。」《議兵》云：「則高爵豐祿以持養之。」所謂「持養」，即「持祿養交」之縮語。本篇第二段云：「群臣持祿養交。」亦襲用了這個習語。

　　綜合上文所論，筆者個人認爲，由於若干習語和韓非作品相合，本篇應是韓非的作品。本篇在組織結構上雖然相當嚴密，不過，也有「殊欠周至」之處；在用語方面，也受過《荀子》的影響；從這兩點來推測，本篇應當是韓非早期的作品了。

＊　　　　＊　　　　＊　　　　＊

　　《詭使》是中等篇幅的作品，根據梁啓雄的意見，全篇共分五段。陳啓天說：「《迂評》云：『詭者，相反也。』使，謂使民治國之道。上之所貴，下之所欲，俱與所以爲治之道相反，是曰詭使。簡言之：詭使，即反於治也。」❸梁啓雄說：「《淮南・注》：『詭，違也。』《大戴記・注》：『使，舉也。』詭使，謂思想與行動上的矛盾，……是一篇揭露社會現象和政治現象多方面矛盾的作品。」❹對篇題的解說雖然略有差異，不過，都能符合全篇的主旨。

　　有關本篇的作者，歷來學者率無異義。容肇祖將它列入「從學說上推證爲韓非所作者」，梁啓雄列入「沒有多大問題的篇章」，都承認本篇爲韓非所著。陳啓天說：「本篇理論，全與韓子根本思想相合。文中所批評之政情，亦合於韓子生前之實況。字句雖間有脫誤，然其明繩墨，切事情，更非韓非莫辦。」❺完全肯定韓非的著作權。

　　這是一篇立論非常謹嚴、組織非常綿密的佳作，值得在此加以分析。

第一段是本篇的綱領，作者說：

> 聖人之所以為治道者三：一曰利，二曰威，三曰名。夫利者所以
> 得民也，威者所以行令也，名者上下之所同道也。非此三者，雖
> 有不急矣。今利非無有也而民不化上，威非不存也而下不聽從，
> 官非無法也而治不當名。三者非不存也，而世一治一亂者，何也？
> 夫上之所貴與其所以為治相反也。

韓非認為，治國三大道的利、威、名，是人人皆知的，然而，爲甚麼
還會有一治一亂的現象呢？因爲居上者所重視的和社會上所重視的恰
好相反，換句話說，卽上下的價值觀念相衝突。

第二段分成兩部分。第一部分自「夫立名號」始，至「是故下之
所欲常與上之所以爲治相詭也」止；第二部分自「今下而聽其上」始，
至「則謂之陋」止。第一部分討論幾個價值觀念上下相矛盾的名號——
高、賢、重、忠、烈士及勇夫。它們的價值標準隨着統治者和社會群
衆的差異而有所不同；而社會群衆都認爲它們比經濟利益更重要，所
以，追逐者甚多，因而更加擴大上下的歧見，造成一條無法彌合的大
裂縫。造成此現象的原因，主要是在上者無法貫徹政治上的價值標準，
聽任在下者的價值標準逐漸脹膨坐大，甚至影響及左右了統治者。所
以，在本部分結束時，作者說：「故世之所以不治者，非下之罪，上
失其道也——常貴其所以亂而殘其所以治，是故下之所欲常與上之所
以爲治相詭也。」到了第二部分，作者提出一些有利於治國的人士，
他們理應得到統治者的重視和獎掖，但是，由於價值標準的差異，社
會群衆恰好給他們另一種名號——窶、愚、怯、不肖及陋，因而在社
會上沒有地位，也不受統治者的重視。

　　第三段，作者還在名號矛盾上發揮論點。所謂正、廉、齊、勇、愿、仁、長者、師徒、有思、疾、智、聖、大人、傑這十四種名號，絕大部分都是無益於國家，❻但是，社會群衆却讚揚他們，許與美善的名號，因此，追逐者日益增多，形成上下的矛盾。作者說：「下漸行如此，入則亂民，出則不便也。」本段和前段第二部分恰好相反爲義，因此，有些註釋者將本段併入前一段，當作第二段來讀。

　　到了第四段，作者筆鋒一轉，討論治國的另外兩大道——利和威。所謂威，卽統治者行使國家政令；如果統治者在行使政令時，無法完全落實在國家的利益上，那麼，社會群衆對政令的含義就會有所誤解了，因此，國家權威就面臨威脅和腐蝕；作者舉出五個例子——私行義者尊、諜險讒諛者任、陂知傾覆者使、巖居非世者顯、危世者近習。這些無益於國者能夠得到尊顯的地位，都因爲政令的矛頭沒有對準他們——破其群以散其黨，反而坐大他們的社會地位和經濟利益。所謂利，卽藉以得民的經濟利益；如果統治者的經濟利益無法落在有益於國者的身上，那麼，統治者所得到的，將是一批無益於國的群衆——刻畫爲末者、優笑酒徒者、順辭者、以倖偷世者、避徭賦者、大臣無功者、閒居之士，他們不但誤導社會的趨勢，而且間接等於鼓勵國家動亂。作者結束本段時說：「上以此爲敎，名安得無卑，位安得無危！」

　　討論過名、利、威三條治國大道之後，作者寫了最後的第五段。在這段裏，作者提出「立法廢私」四個字，認爲在貫徹名、利、威三大道時，必須用法廢私，舉凡「私學」、「私詞」、「私意」、「私惠」、「私欲」及「私道」，全都應該禁塞，讓國家及統治者都在法律之內運作。

　　從上文的分析中，卽知本篇立論非常謹嚴，論述也非常有條理、有層次，絕不是一篇平凡之作。

另一方面，本篇在用詞方面相當統一，而且有其連續性，值得我們重視。試讀下列各詞出現的統計表：

出現次數 詞 段數	第一段	第二段	第三段	第四段	第五段
名	3	5	1	5	3
威	3	3	0	4	0
利	3	3	2	4	0
私	0	1	1	3	12
法	1	3	0	3	9
反世	0	0	乖世 1	反逆世 1	2
二心私學	0	1	私學 1	1	3

這個統計表告訴我們兩件事：第一、重要的詞大致上都在各段出現過，顯示出作者在用詞方面有其連續性；第二、含義相同的詞相當統一，不但分佈於各段，而且定義也相同；這些，都顯示出本篇論點的集中及組織的綿密和完整了。

本篇既然在立論方面如此謹嚴細緻，在組織方面如此綿密完整，應該是一位善於撰著者所寫的；司馬遷稱韓非「善屬文」，本篇思想與韓非完全相合，用詞也與其作品相一致，那麼，難道不是韓非所寫的嗎？

本篇既然被肯定爲韓非所寫的，那麼，是韓非早期的作品呢？還是晚年的作品？也許我們可以作一些推測。

第一、本篇沒批評儒家，却批評了「忠」和「仁」

本篇沒有任何論點評及儒家，第三段云：「私學成群謂之師徒。」未必是批評儒家；同段說：「先爲人而後自爲，類名號言，氾愛天下，謂之聖。」從韓非對墨家的批評來看，「私學成群謂之師徒」極可能是批評墨家。然而，本篇對儒家的兩個重要思想却「點名批判」，云：

> 法令所以爲治也，而不從法令爲私善者，世謂之忠。……寬惠行德謂之仁，……下漸行如此，入則亂民，出則不便也。上宜禁其欲，滅其迹而不止也，又從而尊之，是敎下亂上以爲治也。

「忠」及「仁」都是儒家的重要思想，韓非在沒有「正面」批評儒家之下，却「暗地裏」批評了儒家兩個重要思想；似此態度，應該可以被解釋爲：本篇不是韓非以法家正統自居、對儒家大張撻伐的晚期所寫的，也並不完全是在荀卿門下，完全膺服儒家思想的早年所寫的，很可能是離開荀卿後一段時間、思想漸趨獨立時的作品。

第二、本篇沒評及工商

本篇批評了各階層及各品流的人，包括高士、勇士、忠臣、仁人、長者、尊者、師徒、富者等等，但是，却沒評及工商階層；第四段說：

> 倉廩之所以實者耕農之本務也，而縶組綿繡、刻畫爲末作者富。

仔細推敲這幾句話，作者似乎有意批評工商界，然而意思却不十分明顯。試閱《五蠹》的文字：

> 夫明王治國之政，使其商工、游食之民少而名卑，以寡趣本務而趨末作。今世近習之請行則官爵可買，官爵可買則商工不卑矣，姦財貨賈得用於市則商人不少矣；……其商工之民，修治苦窳之器，聚弗靡之財，蓄積待時而侔農夫之利。此五者，邦之蠹也。……

韓非不但猛烈抨擊工商，而且還列為五蠹之一，這種態度和本篇相差得非常遠。工商界為法家仇視的對象，可說是法家自來的傳統，打從商鞅開始，就已經抱着這種態度，商鞅親自編寫的《墾令》，就有許多裁抑商人的言論，❼因此，工商界可以說是法家勢不兩立的「敵人」。本篇對工商的態度既然和傳統法家不相合，也和《五蠹》有很大的差異，那麼，本篇的寫作期不應該與中期以後完成的《五蠹》同時，而應該是在離開荀門的短期內，還沒完全習染法家思想時所寫的，才比較合情理。

第三、本篇沒批評帶劍者，却批評了「勇」及「勇夫」

本篇沒評及帶劍者；這一點，和《五蠹》又有很大的差別。試讀《五蠹》的文字：

> 俠以武犯禁……犯禁者誅，而群俠以私劍養……廢敬上畏法之民，而養遊俠私劍之屬……其帶劍者聚徒屬，立節操，以顯其名而犯五官之禁……此五者，邦之蠹也。

《五蠹》猛烈批評帶劍者，而且將之列為五蠹之一。本篇也有類似的言論：

刑罰所以擅威也，而輕法不避刑戮死亡之罪者，世謂之勇夫。……
有令不聽從謂之勇……。

作者評及「勇」及「勇夫」，這些勇夫不曾「以武犯禁」，不曾「帶
劍」，不曾「立節操以顯其名」，更不成為「群俠」，他們只是「輕
法」及「不避刑戮死亡之罪」，只是「不聽從」而已；可知在本篇裏，
作者所批評的和《五蠹》在程度上有相當大的差別。換句話說，在作
者撰述本篇時，腦海裏還沒對這批帶劍者產生惡劣的印象，所以，只
指斥他們「輕法」、「不聽從」及「不避刑戮死亡之罪」；到了中期
以後，在他撰寫《五蠹》時，才猛烈地對他們加以抨擊，並且列為五
蠹之一。

　　根據以上種種跡象來推測，本篇應當是韓非離開荀門後的作品，
和中期以後撰寫的《五蠹》及《顯學》等，在時間上有一段相當的距
離。

附　註

❶　見容著，頁六十。

❷　見潘著，頁九二。

❸　見陳著，頁一〇四《釋題》內。

❹　見梁著，頁四二一篇首《題解》內。

❺　見陳著，頁一〇四《考證》內。

❻　就中第十種名號「損仁逐利謂之疾」恐有誤，因為它的類型與其他十三種不
　　協調一致。

❼　有關商鞅在這方面的言論，可參看拙作《商鞅及其學派》，頁二三二
　　至五內。

第十四節　六反・八說

《六反》是篇幅比較長的一篇作品。《顯學》云：「愚誣之學，雜反之行，明主弗受也。」雜，即雜亂；反，即乖悖；本篇所謂六反，即六種乖悖的事件。

本篇與《顯學》及《五蠹》有共同用語，以常理來推測，應該是韓非的作品。容肇祖列入「從學說上推證爲韓非所作者」類之內❶，梁啓雄說是「沒有多大問題的篇章」❷，所論都很合理。

容肇祖根據本篇思想與《五蠹》及《顯學》相合，論斷本篇爲韓非所著。本篇卷首曾批評貴生之士，云：「畏死遠難，降北之民也，而世尊之曰：貴生之士。」韓非在《顯學》也批評此類人，云：「今有人於此，義不入危城，不處軍旅，不以天下大利易其脛一毛，世主必從而禮之，貴其智而高其行，以爲輕物重生之士也。」本篇所謂「畏死遠難，降北之民」，即《顯學》「義不入危城，不處軍旅」之義；本篇所謂「世尊之」，即《顯學》「世主必從而禮之，貴其智而高其行」之謂；「貴生」，即「重生」；是知本篇與《顯學》有相合之處矣。可補容說。

本篇在結構組織上，似乎有不連貫的地方。所謂六反，套用梁啓雄的話：「韓子指出社會上有六種『姦僞無益』的人，可是這六種人反而被世人和世主尊重和稱譽了。同時，又有六種『耕戰有益』的人，可是這六種人反而被世人和世主輕視和詆毀了。」❸即分別指出六種「姦僞無益」及「耕戰有益」之人；然而，韓非只在爲首的第一段內討論這些人，第二段以後，所談的是法禁的重要、重刑厚賞的正確以及賦稅的推行等問題，和六反沒有太直接的關係，所以，在組織上頗有鬆弛的感覺。陳啓天說：

本篇前後三段，於結構上似不甚連貫。然毀譽與賞罰之所以相反
者，正由人主聽言觀行之不得其法，是首段與末段相應矣。次段
論點雖集中於「重刑」與「輕刑」之辯難，然由首段賞罰與毀譽相反
之問題，進於次段刑之輕重問題，可謂為進一層說法。又人主信
輕刑說者，亦由其聽言觀行不得其法，是末段與次段亦相應矣。❹

　　陳啓天的說法雖然有道理，不過，若如陳氏之說，則韓非於其他幾種
乖違的事件都應當加以討論，不應該只論及「賞罰與毀譽相反」及「刑
罰輕由於聽言觀行不得法」而已。據此，即知此篇首段與第二段以下
在結構組織上頗有脫節之感，而陳啓天的說法不能完全相信了。實際
上，首段對各矛盾現象縷述得非常精細，第二段以下即分別討論法禁、
重刑厚賞及賦稅等其他問題；這些問題，有時觸及第一段小部分內容，
看起來似乎有關連，實際上並非完全如此。

　　本篇既是韓非的作品，那麼，作於早期？或是晚期呢？我們可以
從幾個角度來推測。

　　第一、本篇和《詭使》的關係

　　本篇首段列舉了六種「姦偽無益」及「耕戰有益」的人，和《詭
使》第二段六種「無益於治」者、五種「有益於治」者，第三段十四
種「宜禁」者及第四段十二種「逆世」者，在文章結構上很相似。除
此之外，兩篇文章對這些人物所下的定義也有許多相同相近之處；比
如：

　　①本篇：**偽詐之民也，而世尊之曰：辯智之士。**

　　　《詭使》：**險躁反覆謂之智。**❺

「反覆」就是「偽詐」，「險躁」也與「偽」義近，可知二篇作者對
「智」所下的定義非常接近。

②本篇：寡聞從令，全法之民也，而世少之曰：樸陋之民。

　《詭使》：無二心私學，聽吏從教者，則謂之陋。

「寡聞」和「無二心私學」義近，「從令」和「聽吏從教」義同，可知二篇作者對「陋」所下的界說幾乎相同。

③本篇：重命畏事，尊上之民也，而世少之曰：怯懦之民。

　《詭使》：敬上畏罪，則謂之怯。

「畏事」和「畏罪」義甚近，「尊上」即是「敬上」，可知二篇對「怯」的界說相同。

④本篇：行劍攻殺，暴激之民也，而世尊之曰：磏勇之士。

　《詭使》：有令不聽從謂之勇。……輕法不避刑戮、死亡之罪
　　者，世謂之勇夫。

「暴激之民」就是「輕法」及「有令不聽從」的另一說法，「行劍攻殺」和「不避刑戮死亡之罪」義也甚近，可知二篇對「義」所下的定義也是相同的。

　根據前文的比較，即知本篇在列舉某些人物時，對他們所下的界說和《詭使》非常接近，甚至於完全相合。

　第二、本篇對各類人物的劃分

　誠如前文所云，本篇曾分別列舉了六種「姦僞無益」之人及六種「耕戰有益」之人；他們是：

姦僞無益者				耕戰有益者			
貴	生	之	士	失	計	之	民
文	學	之	士	樸	陋	之	民
有	能	之	士	寡	能	之	民
辯	智	之	士	愚	戇	之	民
磏	勇	之	士	怯	懦	之	民
任	譽	之	士	諂	讒	之	民

這十二種人，如果和《五蠹》所批評的五種人「學者、帶劍者、言談者、患御者及商工」相比較的話，我們會發現，它們相似之處實在不多。「文學之士」也許和「學者」有些相似，「礪勇之士」可能和「帶劍者」相近，其他貴生、有能、辯智等等，就非《五蠹》所能概括了。根據這一點來推測，本篇的寫作時期應該不會和《五蠹》相距甚近，才比較合情理。

本篇對各類人物的劃分顯得有些零碎，和《商君書》將「國害」分為八種、十種及十二種有些相似。❻此外，「辯」及「任譽」這兩類人都是來自《商君書》的《說民》(《農戰》及《去強》亦皆有「辯」這類人)，「樸」字更是《商君書》的常用字。因此，筆者認為，本篇有受《商君書》影響的可能。

第三、本篇對儒家及老子的態度

本篇對儒家有推崇的地方，周勳初說：「《六反篇》中說：『上治懦而行修者曾、史也。』……這裏是把曾參看作高尚的典型而加以肯定。」❼韓非早期由於接受了荀卿的影響，其作品都有崇儒的思想，曾參是儒家重要人物之一，史魚也是孔子讚賞的人物❽，所以，早期的韓非都崇敬他們，周勳初說：「這些作品或許都產生於早期。」認為本篇也是韓非早期的作品。

本篇曾經引述了老子的話，並加以批評，值得我們留意。原文如下：

老聃有言曰：「知足不辱，知止不殆。」夫以殆辱之故而不求於足之外者，老聃也，今以為足民而可以治，是以民為皆如老聃也。故桀貴在天子而不足於尊，富有四海之內而不足於寶。君人者雖足民不能足使為天子，而桀未必以天子為足也，則雖足民，何可

以為治也！

仔細推敲這段文字，即知韓非對老子這兩句話有所非議：為了避免屈辱和危險，老子認為必須降低個人的慾望；韓非認為個人的慾望不但很難降低，而且也不可能得到滿足，夏桀貴為天子、富有四海，尚者不滿足，當政者又如何使普通老百姓像夏桀一樣呢？何況夏桀還不以此為滿足呢！韓非認為，除非人人像老子，而且，也只有老子才能做到「知足」及「知止」。據此，即知韓非對老子這兩句話有所不滿，認為對治理國家沒甚麼幫助。

韓非在他思想獨立成家以後，對老子一書抱着非常崇敬的態度。本篇對老子有所不滿，不應該是他獨立成家以後所應有的態度。

本篇和《詭使》關係密切，而且在編排的次序上又緊跟在《詭使》之後，《詭使》既是韓非早期的作品，那麼，本篇也極可能是他同期的作品了。從本篇對儒家及老子的態度來觀察，又從本篇在人物分類上與《五蠹》的距離來觀察，愈加肯定上述推斷的正確了。

有關《八說》的作者，容肇祖比較了本篇與《五蠹》、《顯學》的內容思想，「狠有相一致的」❾，所以，認為「更可以證明《八說》是出於韓非所作」❿。梁啓雄將它列入「沒有多大問題的篇章」，而陳啓天則完全肯定韓非的著作權了。

本篇在組織上非常謹嚴，在思想上也和韓非相合，所以，應該是韓非可靠的作品。

本篇第一段的寫作方式和書內其他篇章有相似之處；試比較下列各則文字：

《八說》：為故人行私謂之不棄，以公財分施謂之仁人……此八

者，匹夫之私譽，人主之大敗也。反此八者，匹夫之私毀，人主之公利也。人主不察社稷之利害，而用匹夫之私譽，索國之無危亂，不可得矣。

《六反》：畏死遠難，降北之民也，而世尊之曰「貴生之士」……此六民者，世之所譽也。……此六者，世之所毀也。姦僞無益之民六而世譽之如彼，耕戰有益之民六而世毀之如此，此之謂六反……。

《八姦》：凡人臣之所道成姦者有八術……凡此八者，人臣之所以道成姦，世主所以壅劫，失其所有也，不可不察焉。

這三段文字都有兩個共同點：第一、它們都把所要說的道理條縷爲若干要點，以要點的方式逐一提出，給人一種既明晰又具體的感覺；第二、要點提出之後，又反覆加以申論，務必做到道理清楚、說服動人的境地。似此寫作方式，應該都是同一位作者才合理。如果再配合上字詞、思想與《五蠹》及《顯學》相符的關係的話，那麼，本篇之爲韓非所作，應該是沒有問題。

附　註

❶　見容著第三章，頁十五 b 至十七 a 。

❷　見梁著卷首《前言》內。

❸　見梁著，頁四二七。

❹　見陳著，頁八十八。

❺　原文「反覆」上有「佻」字，王先愼曰：「『佻』文衍文，『險躁反覆』四字爲句。」今從之。

❻　參見拙作《商鞅及其學派》，頁一四四。

❼　見周著，頁一三〇。

⑧ 《論語・衛靈公》載孔子讚美史魚云：「直哉！史魚。邦有道如矢，邦無道如矢。」

⑨ 見容著，頁十七 a 內。

⑩ 同上，頁十八 b。

第十五節　八　經

本篇分成八節，每節都有小題，內容也都不相同。韓非喜愛將主題相關的幾個短篇組織成一篇長文，有時冠上小題，使節與節之間有明顯的區別，如《內儲說》上下；有時僅以「經一」、「經二」及「經三」等題於各節之前，節與節之間的劃分也還一目瞭然，如《外儲說》各篇；有時僅在卷首作一簡單的總論，隨後即各節以序繫之，不作小題，亦不冠以「經一」、「經二」及「經三」等字樣，使節與節之間的劃分不太顯著，如《八姦》、《十過》及《三守》等各篇。本篇分八節，節前皆有小題，各節的劃分非常顯著，應該屬於第一類的文章。

篇內各節的小題，各本頗有歧異，各家對個別小題的安排和擬撰，也有不同的意見。試讀下列圖表：

題名＼節次 家	1	2	3	4	5	6	7	8
乾道本	因情	主道	起亂	立道	參言	聽法	類柄	
乾道本舊注	一曰：收智	一曰：結智	一曰：亂起					
太田方本	因情	主道	起亂	立道	意補「周密」	參言	聽法	類柄

松皋圓本	因情	主道	起亂	立道	主威	參言	聽法	類柄
陳奇猷本	因情	主道	起亂	立道		參言	聽法	類柄
梁啓雄本	因情	主道	起亂	立道	類柄	參言	聽法	主威
陳啓天本	因情	主道	起亂	立道	周密	參言	任法	類柄

茲分析及說明此表如下：

　　第一、《乾道》本《舊注》於「因情」下云：「一曰：收智。」於「主道」下云：「一曰：結智。」於「起亂」下云：「一曰：亂起。」除「起亂」與「亂起」字移義同之外，「結智」及「收智」皆與原來小題有很大的不同。第一節小題作「因情」，蓋撮取首兩句「凡治天下，必因人情」而爲之；然而，節中云：「智力不用則君窮乎臣。」有一「智」字，《舊注》謂小題一作「收智」，也許與此句有關係。第二節小題作「主道」，蓋摘取最末一句「上不因君而主道畢矣」中「主道」二字而成；然而，節中一則云「是以事至而結智」，再則云「結智者事發而驗」，可見《舊注》所見一本作「結智」，恐怕有相當的來歷。據此，可知本篇一、二小題原本並不十分穩定，各本略有差異。

　　第二、趙用賢本第八節有小題「主威」二字，《迂評》本及凌本同；陳奇猷云：「蓋此節之目已層移於上，致此節無目，趙氏見節首有『主威』二字，遂摭之以補目於此。殊不知本節乃言人臣行義分主之威而類於主威，非人主之威也，故『主威』二字，實非本節之義。」❶據陳氏說法，「主威」二字乃趙本所加，非原題矣。

第三、乾道本最末一節無小題，據上文七節來推測，此節小題蓋已缺奪。根據學者們的看法，缺奪的小題恐怕不是最末的第八節，而是中間的第五節；換句話說，第五節「參言」二字應當屬第六節，第六、七節「聽法」、「類柄」分別應當屬第七及八節，而第五節的原題則早已缺奪。陳奇猷、陳啓天乃至日本學者太田方、松皋圓等人，都持此一看法。因爲第五節小題缺奪，後人乃將底下的小題順上移動，所以，才造成乾道本第八節無小題的現象了。

第四、由於第五節小題缺奪，學者們採取各種不同的處置方法。陳奇猷索性讓它空白，說：「此節目未知所當作。」❷太田方根據首句「明主其務在周密」，另補「周密」二字，陳啓天從之。松皋圓則將趙用賢第八節小題「主威」上移於此。四家之中，以松皋圓的作法最不妥當；蓋太田方及陳啓天將第五節改題「周密」，猶有首句「明主其務在周密」及節中「周密而不見」爲根據；松皋圓將趙本末節小題「主威」上移於此，不但節內全無「主威」一詞，失其根據，亦與全節文義不相符合。陳奇猷說：「『主威』二字與此節義亦不洽。」所說甚塙。

第五、處置方法最特別的，應該是梁啓雄了。梁氏第八節小題根據趙本，訂爲「主威」；第五節小題則根據乾道本，將第七節的「類柄」上移；其他「參言」及「聽法」就依次下移一節。爲甚麼將第五節的小題改作「類柄」呢？梁氏說：

> 「類」，是《禮記・學記》「知類通達」的「類」，注：「知事義之比也。」「柄」，是《禮記・禮運》「禮者，君之大柄也」的「柄」，注：「柄所操以治事。」本節言「以一得十者下道也，以十得一者上道也，明主兼行上下，故姦無所失」，是拿法作為

治事的把柄，「以類度類」地周知國內的姦情。因此，「類柄」二字疑是本節的節目，錯亂到第七節的末尾。❸

其說是否正確，尚待斟酌。

第六、第七節原題「類柄」，諸家皆將第六節原題下移於此，作「聽法」；惟陳啓天作「任法」，云：

「任法」二字，各舊本均作「聽法」；蓋以誤置於前節，而前節所言又與任法無涉，後人遂又以前節首句有「聽」字，而誤改「任」字為「聽」字耳。如作「聽法」，又與本節所言不甚相符，「聽」字宜依本節文義改為「任」字。「任法」二字，在本書中亦為一成語也。❹

是否正確，亦有待商榷。

到底應該以那一家的小題為是呢？他們又有何根據呢？試讀下表：

小　題	節　內　與　小　題　相　關　的　文　句
1　因情	凡治天下，必因人情。
2　主道	則臣上不因君而主道畢矣。
3　起亂	其患賊夫酖毒之亂起。　卽亂之道，臣憎則起外若眩，臣愛則起內若藥。
4　立道	參伍之道。　此之謂條達之道。　太田方曰：「立參伍、條達之道。」
5　主威	明主……怒見則威分。
周密	其務在周密。　周密而不見

6	參言	聽不參則無以責下，言不督乎用則邪說當上。
7	聽法	官之重也，毋法也。
	任法	明主之道，取於任。　官之重，毋法也。
8	主威	行義示則主威分。尊私行以貳主威。
	類柄	

根據此表，可作如下的分析：

　　第一、根據爲首四節來觀察，小題的用字絕大部分都來自該節之內，儘管《乾道》本第一小節一本作「收智」，第二小節一本作「結智」，大致上也都沒有違背這個原則。因此，第五節小題「參言」，各家都認爲與內容不合，是有其道理的，但是，應當改題甚麼呢？却有不同的說法。太田方及陳啓天補題爲「周密」，陳奇猷云：「太氏見本節首有『周密』二字，而擴以爲目，亦未見其宜。」❺加以非議。竊以爲補題「周密」，至少與首句及節中「周密而不見」有關係，乃不得已中的一個辦法，而且也符合小題的原則。松皐圓補題「主威」，雖然節中也出現此二字，不過，二字相距頗遠，而且也不成句子，可見補題「主威」就不太恰當了。至於梁啓雄的「類柄」，儘管自成一說，却與小題的原則不太符合。

　　第二、第八節的小題有二說。太田方、松皐圓、陳奇猷及陳啓天皆作「類柄」，然而，節內並無此二字，全書也無此一詞。陳奇猷解釋說：「類者，類似也。行義者分威類於人主之柄，故曰類柄。」❻雖然有意自成一說，但是，與小題原則相違。梁啓雄則根據節內首句「行義示則主威分」，從趙用賢本訂小題作「主威」，頗見乾脆。根據小題原則而言，應當以梁啓雄的作法爲適當。

　　第三、第七節各家改題爲「聽法」，節內無此詞；陳啓天改作

「任法」，節內亦無此詞。

歸納上文各點，筆者認爲各節小題當作：

1	2	3	4	5	6	7	8
因 情	主道或結智	起 亂	立 道	周 密	參 言	聽 法	主 威

接下來我們要討論本篇的作者了。

最早論及本篇的作者，應當是容肇祖了。他將本篇列入「未定爲誰作的篇章而姑俟續考者」之內，❼云：「《八經》一篇，疑未能定。」❽對本篇的著作權，不敢有所決定。陳啓天的態度就比較傾向於正面，他說：「本篇在思想上絕無疑點，但在文字上則稍有脫誤。……其他各節，俱合於韓子思想，絕無可疑云。」❾陳氏雖未明言本篇爲誰所作，不過，體會他的語氣，並且看他將本篇列在第二卷之內，❿可知他心目中是將本篇當作韓非的作品的。態度更加強烈的，應該是梁啓雄了；他將本篇和《南面》、《說疑》及《問辯》等十七篇列在一起，認爲是「沒有多大問題的篇章」。⓫

筆者認爲，本篇應當是韓非本人的作品。除了陳啓天從思想方面論斷及前第十節所論與《五蠹》、《顯學》用詞相同的理由之外，還可以從另外兩個角度來觀察這個問題。

A 從用詞相同來論證

本篇若干詞彙和韓非其他篇章相同，是值得注意的一件事；底下是例證：

1. 一聽——本篇《主道》云：「一聽而公會。」《內儲說》上有「一聽」一節，首句云：「不一聽則愚智不分。」⓬

2. 家隆——本篇《起亂》云：「其患家隆劫殺之難作。」《愛臣》

云：「將相之後主而隆家。」家隆、隆家，義同詞亦同。

3.主道——本篇有「主道」一節，《韓非子》有《主道》。

4.詭使——本篇《立道》云：「詭使以絕黷泄。」《內儲說》上
云：「詭使數見，久待而不任……。」篇內又有「疑詔使」一
節。又有《詭使》。

5.倒言——本篇《立道》云：「倒言以嘗所疑。」《內儲說》上
云：「倒言反事以嘗所疑，則姦情得。」此條不但用詞相同，
意思也相同。

6.參伍——本篇《立道》云：「參伍之道。」「參伍」乃韓非習詞，
《揚權》云：「參伍比物。」《孤憤》云：「不以參伍審罪過。」
《備內》云：「偶參伍之驗以責陳言之實。」《內儲說》下云：
「參伍既用於內。」《難三》云：「不察參伍之政。」皆其比。

7.深一——本篇《立道》云：「深一以警衆心。」《內儲說》上
云：「深知一物，衆隱皆變。」深一，即「深知一物」之簡語。

8.易慮——本篇《立道》云：「泄異以易其慮。」《亡徵》云：
「……如是則群臣易慮……群臣易慮者……。」易慮，即「易
其慮」之簡語。

9.相室——本篇《立道》云：「相室約其廷臣。」此詞屢見於本
書，《孤憤》云：「而相室剖符。」《亡徵》云：「相室輕而
典謁重。」《說林》上云：「其相室曰：」內儲說下云：「好
外則相室危。」《外儲說‧左上》云：「相室諫曰。」皆其例。

根據上述的例證，得知本篇若干詞彙同時出現在《儲說》、《揚權》、
《孤憤》、《備內》、《詭使》、《難》、《主道》、《亡徵》及
《說林》等篇章之內。這些篇章，除《備內》之外，其他各篇都可證
明是韓非本人的作品。⓭本篇若干詞彙既然和它們相合，那麼，本篇

也應該是同一位作者所撰寫的。

　　B 從句義相同 來論證

　　除了用詞相同之外，本篇和他篇也同時出現句義相同的句子。底下是例證：

1.本篇《主道》云：「與其用一人，不如用一國。」

　　《難三》云：「夫物衆而智寡，寡不勝衆，智不足以偏知物，故因物以治物；下衆而上寡，寡不勝衆，君不足以偏知道，故因人以知人。」本篇所云簡要，《難三》所云比較詳細，意思却相同。

2.本篇《主道》云：「故智力敵而群物勝，揣中則私勞，不中則有過❶。……事成則君收其功，規敗則臣任其罪。」

　　《主道》云：「有功則君有其賢，有過則臣任其罪。」本篇所云較詳細，《主道》則較簡略；除句義相同之外，一些用字也相合。

3.本篇《主道》云：「聽不一則後悖於前，後悖於前則愚智不分。」

　　《內儲說上》云：「不一聽則愚智不分。」❶《內儲說》云云，為本篇的濃縮，語義皆同。

4.本篇《起亂》云：「知臣之異利者王，以為同者劫，與共事者殺。」

　　《孤憤》云：「臣主之利相異者也。主利在有能而任官，臣利在無能而得事；主利在有勞而爵祿，臣利在無功而富貴；主利在豪傑而使能，臣利在朋黨用私。」上述兩則文字都在強調「臣主異利」這一事實；前者說明其利害的效應，後者說明其利害的差異，互為補充。

　　《內儲說》下有「利異外借」一節，云：「君臣之利異，故人

臣莫忠，故臣利立而主利滅。」亦與本篇同義。

5.本篇《起亂》云：「所畏之求得，所愛之言聽，此亂臣之所因也。」

《八姦》云：「大國之所索，小國必聽。為人臣者，事大國而用其威。」即此篇所謂「所畏之求得，此亂臣之所因也」。《八姦》又云：「貴夫人，愛孺子，託於燕處之虞，乘醉飽之時，而求其所欲，此必聽之術也；為人臣者內事之以金玉，使惑其主。」即此篇所謂「所愛之言聽」之義。❻

6.本篇《主道》云：「反論以得陰姦。」❼

《內儲說》下云：「事起有所害，必反察之，是以明主之論也，國害則省其利者，臣害則察其反者。」本篇云「反論」，《內儲說》云「反察」，皆所以追索姦害也。

7.本篇《聽法》云：「言不督乎用則邪說當上。」

《六反》云：「明主聽其言必責其用。」此乃從正面言之；《外儲說・左上》云：「人主之聽言也，不以功用為的，則說者多棘刺、白馬之說。」此乃從反面言之；皆與本篇同義。

8.本篇《起亂》云：「亂之所生六也：主母、后姬、子姓、弟兄、大臣、顯賢。」

《八姦》云：「八姦：同牀、在旁、父兄、養殃、民萌、流行、威強、四方。」前後所舉的例子，有許多吻合之處。

根據上述例證，可知本篇若干句子和他篇有意義相同之處；這些他篇，包括了《難》、《主道》、《儲說》、《孤憤》、《八姦》及《六反》等。除了《八姦》，其他各篇都是韓非所著。❽本篇一些句子的意義既然與它們相合，那麼，於理而言，本篇的作者也應該和它們相同的。

　　從上述兩個角度來觀察，再配合上陳啓天的意見及第十節所舉的例子，筆者認爲本篇的著作權應當歸韓非本人所有，才合情合理。

附　註

❶　見陳著，頁一〇三九《注》十四內。

❷　同上，頁一〇二八《注》十二內。

❸　見梁著，頁四五七。

❹　見陳著，頁一七四《注》一內。

❺　見陳著，頁一〇二八《注》十二內。

❻　見陳著，頁一〇三九《注》十四內。

❼　見容著第十三章。

❽　同上，頁六二 b。

❾　見陳著，頁一五〇內。

❿　陳書分十卷，比較可靠的作品一般上都列在前幾卷，編在後幾卷者，僞託性比較高。

⓫　見梁著《前言》，頁六。

⓬　太田方曰：「『一』上脫『不』字。」今從之。

⓭　梁啓雄認爲《備內》也是「沒有多大問題的篇章」，見梁著《前言》。

⓮　梁啓雄曰：「《集解》『有』作『在』，今據日本《纂聞》、《解詁》等本改。」今從梁改。

⓯　原本無「不」市，據太田方校補。

⓰　此據陳奇猷爲說，見陳著頁一〇一〇注十三內。

⓱　本作「論反」，從俞樾校移。

⓲　梁啓雄認爲《八姦》是「沒有多大問題的篇章」，容肇祖則認爲「未定誰作的篇章而姑俟續考者」。

第十六節　人　主

　　本篇只是一篇一千個字以內的小論文，陳奇猷析爲兩段，梁啓雄分爲三段。

　　有關本篇的作者，兩位日本學者都持異論，松皋圓說：「此篇多與《孤憤》、《二柄》、《和氏》諸篇相同者，蓋出後人之所附託也。」太田方說：「此篇多用《愛臣》、《二柄》、《孤憤》、《五蠹》、《備內》諸篇語，亦後人之增耳。」❶ 都認爲本篇乃後人雜纂《孤憤》及《二柄》等篇內語而僞託者。受此影響的學者，爲數頗多。陳奇猷云：

　　本篇文勢實與各篇不類，且用辭亦甚特殊，如：一、「大臣太貴，左右太威」，《愛臣篇》作「愛臣太親，人臣太貴」，以「太親」與「太貴」對舉，義較長，蓋「太威」與「太貴」實無分別。二、「法術之士莫時得進用，人主莫時得論裁」，《孤憤篇》作「法術之士莫道得進，而人主莫時得悟乎」，此文改「進」爲「進用」猶可通，而改「悟」爲「論裁」，「論裁」二字殊晦澀。三、「推功而爵祿，稱能而官事」，《孤憤篇》有「見功而爵祿」一語，此改「見」爲「推」尚可通，但配一句爲「稱能而官事」，「官事」二字殊不辭。此皆抄襲者竄改之痕迹，則此篇不出於韓非之說，信而有徵。❷

陳奇猷根據日本學者的啓示，舉出本文與《愛臣》、《孤憤》重複的三個例子，並且作了詳細的比較，認爲本篇改易字眼及措辭「實無分別」、「殊晦澀」、「殊不辭」，因而斷定「此篇不出於韓非之說，信而有徵」。陳啓天則說：

本書早有脫佚，本篇蓋出於後人增輯，以足五十五篇之數者。首節乃節取《愛臣》、《備內》、《二柄》三篇之辭意而成，如「大臣太貴」見於《愛臣》；「萬乘之主，千乘之君」，見於《愛臣》、《備內篇》；爪牙之喻與田常、子罕之事，見於《二柄篇》。次節自「且法術之士」至「人主之明塞矣」，辭意多同於《孤憤》、《和氏》兩篇。篇尾所言關龍逢、比干、子胥之事，雖與《和氏篇》所言吳起、商鞅之事不同，亦不過易其事而仿其意耳。《和氏篇》言蒙二子之危，而此篇言當三子之危，則節取之跡，尚未全泯也。❸

陳啓天比陳奇猷更進一步，他把首節及次節個別句子的出處具體地舉出來，並且說明篇尾關龍逢、比干及子胥之事，雖然和《和氏》不同，不過，也只是後人「易其事而仿其意」罷了；所以，他認爲「本篇蓋出於後人增輯，以足五十五篇之數者」。梁啓雄說：

本篇節取《孤憤》、《和氏》、《愛臣》各篇語，略加竄改，雜纂成篇，似是後人增輯的篇。❹

梁氏只是一則簡單的按語，未曾舉例爲證，蓋撮合諸家的意見而已。上述三家，都受日本學者的影響，認爲本篇乃後人增輯之作。

　　容肇祖持相反的意見，認爲本篇是韓非的親著；他說：❺

《人主》一篇和《孤憤》是很符合的。《孤憤》是就士或人臣求用的一方面說，而《人主》則專就人主用人方面爲言。就內容看，《孤憤》既爲秦始皇所見之書，則《人主》亦爲韓非所說的話。

《人主》的內容有與《顯學》合的……。《人主》和《孤憤》相符合的話頗多，今列舉於下……。這很可證明《人主》和《孤憤》同是一人所作，而都屬於韓非的著作。

容氏不但舉了六、七條例子來證明本篇與《孤憤》、《顯學》內容語義相合，而且認爲《孤憤》是「就士或人臣求用的一方面說」，本篇則「專就人主用人方面爲言」，兩篇具有表裏相補的作用，所以，「都屬於韓非的著作」了。

本篇到底應該是韓非的親著呢？還是如大部分學者所說的，是綴合其他各篇而成的？首先，我們檢討前一說的正確性；試讀下表：

【本篇與他篇文句相似相同對照表】

1. 本　　篇：大臣太貴，左右太威也。

《愛臣》：愛臣太親，人臣太貴。

2. 本　　篇：萬乘之主，千乘之君。

《愛臣》：千乘之君……，萬乘之君……。

3. 本　　篇：虎豹之所以能勝人執百獸者，以其爪牙也，當使虎豹失其爪牙，則人必制之矣。今勢重者，人主之爪牙也，君人而失其爪牙，虎豹之類也。宋君失其爪牙於子罕，簡公失其爪牙於田常，而不蚤奪之，故身死國亡。

《二柄》：夫虎之所以能服狗者，爪牙也，使虎釋其爪牙而使狗用之，則虎反服於狗矣。……於是宋君失刑而子罕用之，故宋君見劫。田常徒用德，而簡公弒；子罕徒用刑，而宋君劫。

4. 本　　篇： 且法術之士與當途之臣，不相容也。

《孤憤》： 是智法之士與當塗之人，不可兩存之仇也。

5. 本　　篇： 主有術士，則大臣不得制斷，近習不敢賣重……。

《和氏》： 主用術則大臣不得擅斷，近習不敢賣重。

6. 本　　篇： 則法術之士奚得進用，人主奚時得論裁？故有術不
必用，而勢不兩立，法術之士焉得無害？

《孤憤》： 故法術之士，奚道得進，而人主奚時得悟乎？故資
必不勝，而勢不兩立，法術之士焉得不危？

7. 本　　篇： 故君人者非能退大臣之議，而背左右之訟，獨合乎
道言也。

《和氏》： 人主非能倍大臣之議，越民萌之誹，獨周乎道言也……。

8. 本　　篇： ……則法術之士，安能蒙死亡之危而進說乎？此世
之所以不治也。

《孤憤》： 故法術之士，安能蒙死亡而進其說？

《和氏》： ……則法術之士雖至死亡，道必不論矣。……則法
術之士，安能蒙二子之危也，而明己之法術哉！此
世所亂無霸王也。

9. 本　　篇： 今近習者不必智，人主之於人也或有所知而聽之，
入因與近習論其言，聽近習而不計其智，是與愚論
智也。其當途者不必賢，人主之於人或有所賢而禮
之，入因與當途者論其行，聽其言而不用賢，是與
不肖論賢也。故智者決策於愚人，賢士程行於不肖，
則賢智之士奚時得用，而主之明塞矣。

《孤憤》： 人主之左右不必智也，人主於人有所智而聽之，因
與左右論其言，是與愚人論智也。人主之左右不必

賢也，人主於人有所賢而禮之，因與左右論其行，是與不肖論賢也。智者決策於愚人，賢士程行於不肖，則賢智之士羞，而人主之論悖矣。

10.本　　篇：……則賢智之士，孰敢當三子之危而進其智能者乎？此世之所以亂也。

《和氏》：……則法術之士，安能蒙二子之危也而明己之法術哉！此世所亂無霸王也。

上述十個例證清楚地告訴我們兩件事實：一、本篇不少句子的確和《愛臣》、《二柄》、《孤憤》及《和氏》等篇相近相同；二、本篇所引證的例子，不但取錄這些篇章，甚至於取材自這些篇章而加以改寫，比如「宋君失其爪牙於子罕，簡公失其爪牙於田常」，應是取材自《二柄》相應的文字，然後略加改寫及發揮而已。

本篇既然如日本學者所說的，是拼湊其他各篇文字而成者，那麼，容肇祖所謂「本篇與他篇語義相合」，當然是意料中的事，何況相合的那些篇章就是本篇取錄的篇章。

檢驗前後兩種說法，我們發現前一說法比較合理，也比較接近事實；卽本篇乃拼湊各篇而成者。這位拼湊者是誰呢？筆者認爲，不會是韓非本人，應該是學韓者或其他後人。

附　註

❶　俱見陳著頁一一二○內。

❷　同上。

❸　見陳著，頁七八七。

❹　見梁著，頁五一○。

❺　見容著，頁二十ａ至二十二ａ。

第十七節　備內・南面・飾邪

　　《備內》大約只有九百餘字，是一篇很短的文章。梁啓雄將「徭役多則民苦」以下二百餘字劃爲第二段，與前半截六百餘字分開，云：「《備內篇》文，似止於此。下文論人臣藉權勢以『犯法爲逆』，與本篇文恉不相蒙，或是他篇的錯簡誤附於此。」詳審兩段之內容，梁說恐怕有些道理。

　　容肇祖懷疑本篇非韓非所作，他說：

　　《備內》一篇，雜有陰陽家言，如説：「故日月暈圍於外，其賊在內。備其所憎，禍在所愛。」這是可疑的❶。

容氏所指摘的「日月暈圍於外」，又見於《戰國策・趙策四》之內；當時有此成語，作者引成語以證己說，不可說是作者自己的思想。陳啓天說：「不知此蓋成語，又見《趙策》；本篇引之以證備內之必要，非以其爲陰陽家言而取之也。」❷其說甚塙。潘重規先生說同。

　　排除了容氏的疑慮後，我們應該從正面來肯定韓非的著作權了。

　　本篇在若干方面，有與韓非作品相符合之處；如：

　　⑴本篇云：「偶參伍之驗。」參伍，乃韓非習詞。《揚權》云：「參伍比物。」又云：「參之以比物，伍之以合虛。」《孤憤》云：「不以參伍審罪過。」《內儲說下》云：「參伍既用於內。」《難三》云：「參伍之政。」《八經》云：「參伍責怒……參伍之道。」除《八經》作者無法斷定外，其他四篇都是韓非的作品。本篇有此詞，與韓非作品相合。

(2)本篇云：「衆端以參觀。」衆端參觀，是韓非考核臣下的幾種方法之一。《內儲說上》云：「七術：一曰：衆端參觀。」即其明證。《難三》云：「術者，藏之於胸中以偶衆端而潛御群臣者也。」《八說》云：「察衆端而觀失。」除《八說》作者未定之外，《難三》及《內儲說》皆韓非所著，亦皆論及此御臣之方法；可證本篇論考核臣下之方法與韓非相合。

(3)本篇云：「故李兌傅趙王而餓主父。」李兌餓主父，乃韓非習用的典故。《姦劫弒臣》云：「李兌之用趙也，餓主父百日而死。」《喻老》云：「主父生傳其邦……而以身輕於天下……是以生幽而死。」《外儲說右下》云：「李兌用趙餓主父也。」《難一》云：「主父一用李兌，減食而死。」上引四文，都是韓非可靠的作品，都用了主父餓死的故事；本篇也用此典故，與韓非作品相符。此外，本篇用「麗姬殺申生而立奚齊」的故事，又見於《內儲說下》；「王良愛馬、御馬」的故事，又見於《喻老》（即王於期）、《外儲說右上》、《右下》及《難勢》；情形也與此相同。

(4)本篇首段云：「故《桃左春秋》。」俞樾謂「左」當是「兀」字之誤；桃兀春秋，即《孟子》所謂《檮杌春秋》；孫人和謂《桃左春秋》當是百國《春秋》之一種，劉知幾《史通・六家篇》春秋下引《墨子》曰：「吾見百國《春秋》。」（今《墨子》無此文）即其書也❸。二說儘管有所不同，本篇作者引春秋類之書，蓋無可置疑。本篇第二段云：「《春秋》所記。」《姦劫弒臣》云：「故《春秋》記之曰……上比於《春秋》。」《內儲說上》云：「《春秋》之記曰……。」《外儲說右上》云：「在子夏之說《春秋》也……《春秋》之記臣殺君、子殺父者……。」上引三文，皆韓非作品；可知韓非好引《春秋》書。本篇引此類書爲說，和韓非嗜好相合。

根據上文所論，可知本篇在用詞、用典、引書及思想等方面，都頗能與韓非作品相符合。本篇既然沒有偽作的破綻，而與韓非作品有相符合之處，因此，筆者認為從常理上而言，應當劃歸韓非所著者為宜。

本篇討論備內的各種問題，梁啓雄解題說：「內，指宮內后妃和嫡子等。備內，謂防備后妃和嫡子被姦臣利用來劫君弒主。」防備后妃及嫡子被姦臣所利用，是韓非《八姦》的一部分；換句話說，本篇所討論的，只是《八姦》的一小部分而已。如果從這個角度來觀察，本篇可能是韓非早期的作品；以後，他見聞廣、經歷多，才兼合其他幾種「姦」在一起，寫了一篇包羅很廣的《八姦》了。

本篇第二段除梁啓雄「與本篇文恉不相蒙」之外，文字前後倒移、注文滲入正文的問題也相當嚴重，陳奇猷已有所辨正。

＊　　　　＊　　　　＊　　　　＊

與前一篇《備內》相同的，《南面》也是一篇小品文，大約八、九百字而已。

容肇祖認為作者「疑未能定」❹，梁啓雄則列入「沒有多大問題」的篇章內❺。陳啓天說：「本篇論思想不出法家範圍，可推為韓非所作。」❻說法與梁啓雄接近。潘重規先生說：「此篇說人君宜以法制御臣下，不可任人臣以制人臣，內容極為深刻，應該出自韓非之手。」❼從內容判斷其作者，比各家更進一步。

筆者認為，本篇當如梁、陳及潘所云，為韓非本人的作品。除了他們舉出思想內容與韓非相合之外，下列兩類證據也值得注意：

第一、詞義用法相同

本篇云：「主誘而不察，因而多之。」這個「多」字，當從陳奇

猷及梁啓雄作「誇獎」、「稱贊」解，是個意義比較特別的字。陳奇
猷說：「本書用『多』字，多爲『誇獎』之意。如《說難篇》：『彼
自多其力。』猶言彼自誇其力。《亡徵篇》：『國亂而自多。』猶言
國亂而自誇其治。皆其例。」❽《說難》及《亡徵》都是韓非的作品。
「多」皆作「誇獎」解。本篇「多」字含義與彼相同，可證其作者亦
當與彼相同。

　　本篇云：「無道得小人之信矣。」陳奇猷說：「小人，卽《亡徵
篇》『刑戮小民』之『小民』，亦《和氏篇》『細民惡治』之『細民』，
卽謂一般人民。不以法制大臣之威，無由得人民信任其君。」❾陳說
甚塙。本篇「小人」卽《亡徵》之「小民」，卽普通人民之謂，亦卽
《和氏》之「細民」，與有道德意義之「小人」完全不同。《亡徵》
及《和氏》都是韓非的作品，本篇「小人」詞義與它們相合，可證本
篇亦與它們同一位作者了。

第二、寫作方式相同

　　本篇自「說在商君」以下，採用「說在……」的寫作方法，其方
式與《儲說》相同，顧廣圻曰：「自『說在商君』云云以下句例，全
與本書《內儲說・七術・六徵》、《外儲說左・右》四篇之經相同。」❿
其說甚塙。《儲說》是韓非的作品，本篇寫作方式與彼相合，可知其
作者也應當相同了。

　　因此，筆者認爲本篇應當是韓非的作品。

　　本篇自「不知治者」以下約二百三、四十字，或謂與本篇無關，
是他處之錯簡。陳啓天曰：「論結構，則不甚一貫，以末節文體與
《儲說》相同，而與前二節不相類也。末節蓋《儲說》之脫簡，宜別
於前二節以觀之。」⓫卽認爲「不知治者」以下二節，文體與本篇不

同，乃《儲說》之錯簡。

　　詳細審閱本篇，可發現本篇實際上包含三個主題：第一段自首句至「此之謂明法」，論明法；第二段自「人主之誘於事者」，至「小功成而主亦有害」（梁啓雄分為兩段），論循名責實；第三大段自「不知治者」至末句，論變法之重要；三個主題雖然不同，但是，都是人君南面最迫切的課題，所以，都列在本篇之內。誠如陳奇猷所說的：「考此篇首節言明法，次節言責實，此節言變法，皆為君人者之要務。」❷所言非常正確。本篇最後一段的內容既然與篇題相合，那麼，它當然就不應該是其他篇章的錯簡了。

　　竊疑本篇為韓非的未完稿。

　　最後一段云「說在商君之內外……」、「是以愚戇窳墮之民……」、「故貪虎受阿諛……」、「故鄭賈非載旅……」、「故鄭人不能歸……」，似此寫作方式，與《儲說》幾乎完全相合。大概韓非在完成前面說理性的文字後，擬再繼續以《儲說》的寫作方式，舉例加以申論說明，可惜沒有竟功。《外儲說左下·經五》最末一條云：

　　鄭縣人賣豚，人問其價，曰：「道遠日暮，安暇語汝。」

此則故事，恐怕與本篇最後一句「故鄭人不能歸……」有關係；因為所謂「不能歸」，恐怕與「道遠日暮」有關。此說若成立的話，那麼，本篇「故鄭人不能歸」的史例，也許就是《外儲說》「鄭人賣豚」的故事了。王先慎在《外儲說》裏說：

　　此條不見上《經》，疑《南面篇》文錯簡在此。

無論「鄭人賣豚」是不是《南面》的錯簡；當韓非在撰述這篇文章時，他的基本材料恐怕大致上已經準備妥當了，所以，才把各種史例以一句的方式題舉在文末，作爲申論說明的例證了。

陳奇猷說：「此節之末與此節之間有脫文，遂見其不相屬耳。又此下當附有所舉史事之詳文，而今脫之。」❸認爲篇末所附的各種史事，由於殘奪，才完全看不見了。儘管這個說法有其可能性，不過，筆者並不太同意。如果韓非原稿已完成，今本篇末之殘缺，完全由後人鈔寫或流傳所遺失，那麼，總計商君、愚戇窳墮之民、貪虎、鄒賈及鄭人等五則，所殘失的文字恐怕就相當可觀了。《韓非子》共五十五篇，還不見殘失如此可觀的文字的例子呢。

也許此篇是韓非入秦前的未完稿，後來被害於秦，所以無法完成了。

本篇提到「在商君之內外」，一些學者都認爲「內外」即《商君君》的《外內》；這是個不可靠的說法，說詳拙作《商鞅及其學派》一書內。

＊　　　＊　　　＊　　　＊

《飾邪》是一篇爭論頗多的文章。

梁任公說：「蓋非早年上韓王之書，多對於時事發言。」肯定爲韓非早年的作品。劉汝霖最先提出異議，他說❹：

> 本篇專說國有常法，有常法就能使臣民盡死力。但細看來，純粹是摭拾法家常談以敷衍成篇。韓非不稱先王，已見《有度篇》的考證。此篇五次稱先王，引先王之法，與韓非子的思想不合，很有疑難。本篇又說：「趙又嘗鑿龜數筴而北伐燕，將劫燕以逆秦，兆曰大吉。始攻大梁，而秦出上黨矣。兵至釐，而六城拔矣。至

陽城，秦拔鄴矣。龐援揄兵而南，則鄴盡矣。」考《史記》，秦
拔鄴在始皇十一年（前二三六），去韓非的死，僅有三年的工夫。本篇又
說到鄴盡，邯鄲在漳水上，鄴盡就是邯鄲最危急的時候，似乎這
篇的作者，見到趙國的滅亡。本篇又說：「初時者，魏數年東鄉，
攻盡陶衛，數年西鄉，以失其國。」可以知道本篇的作者見到趙
魏的滅亡。趙國滅於始皇十九年（前二二八），魏國滅於始皇二十
二年（前二二五），韓非早已死了，所以本篇決不是他所作了。

除了從內容來論斷之外，他還根據篇內所載史實，認為本篇載及
魏、趙的滅亡，所以，「決不是」韓非所作。容肇祖繼承劉汝霖的路
線，再提新證據；他說：

> 《飭邪篇》有說：「秦拔鄴。」秦拔鄴在始皇十一年，韓非死在
> 始皇十四年，則梁啓超所謂「韓非早年上韓王之書」，非是。這
> 篇屢說先王，亦有說的和韓非見解一致的，如說⋯⋯又有說的和
> 漢初道家合的，如說：「故先王以道為常，以法為本。」又有主
> 張要法先王的，如說：「故先王賢佐盡力竭智。故曰公私不可不
> 明，法禁不可不審，先王知之矣。」這種混雜的思想，亦是可疑
> 的⓭。

容氏先根據「秦拔鄴」的史實，駁倒梁任公的說法；再根據篇內各種
不同思想，證明本篇思想「混雜」，所以，對於其作者「是可疑」的。
　　時代比較晚的陳啓天，不但對前人的說法提出修正，而且也提出
其他可疑之點；他說：

「郭盡」乃謂鄴之城堡盡陷，非謂趙亡。「以失其國」，乃謂地削，非謂魏亡，故此點尚不足以證本篇之偽。本篇之最可疑者，約有二端：其一為既屢稱先王矣，又非言先王者，是不免矛盾矣。其二為所述司馬子反之故事，又見於《十過篇》，而文亦全同。《十過篇》既不無可疑，則此篇亦難斷言其出於韓非也❶。

儘管他認為「郭盡」及「以失其國」並非趙、魏之亡，不可作為本篇偽作的證據，不過，他却提出另外兩個可疑的地方：屢稱先王及司馬子反的故事，所以，結論依然是反面的──「難斷言其出於韓非」。

　　再次對劉汝霖的說法提出修正的，是潘重規先生；他說：

……以上的說法，認為本篇作者曾見到趙魏的滅亡，這話是不確的。篇中說秦拔鄴，是趙悼襄王九年（秦王政十一年）的事，故說：「趙以其大吉，地削兵辱，主不得意而死。」又「龐援揄兵而南，則郭盡矣」，……也在悼襄王卒以前。這證明作者上書時趙並不曾滅亡。篇中又說：「初時者，魏數年東鄉攻盡陶衞，數年西鄉以失其國。」攻盡陶衞是魏安釐王的事（見《有度篇》），「數年西鄉以失其國」是魏景湣王事，也只是指景湣王失地，並非說魏國滅亡。據目前追說，所以持加「初時者」一詞。至於篇中有引先王的話，這也並無充份的理由（詳前《有度篇》所說）。所以我認為這篇乃是韓非在秦始皇十一年以後上韓王的書奏……❶。

根據潘先生的考訂，本篇所舉史實都在始皇十四年韓非逝世以前，所以，應該是韓非的作品。周勳初說：

《飾邪》也提到了許多歷史事件，其中說到「趙又嘗鑿龜數策而
北伐燕，將劫燕以逆秦，兆曰：『大吉。』始攻大梁而秦出上黨
矣；兵至釐而六城拔矣；至陽城，秦拔鄴矣；龐援榆兵而南，則
郭盡矣」，《史記·趙世家》：「〔悼襄王〕九年，趙攻燕，取
貍、陽城。兵未罷，秦攻鄴，拔之。」《六國年表》同年記「秦
拔我閼與、鄴，取九城」。《飾邪》所記就是這事，時在公元前
二三六年，下距韓非之死僅三年。由此可以推斷《飾邪》的寫作
年代當在公元前二三六 ——二三三年之間 ❶。

周氏所舉的史實和潘先生相同，所以，他的結論實際上也就包含了潘
先生的意見——作於公元前236～233年之間。梁啓雄則認爲本篇爲
韓非所著，「沒有多大問題」。

　　由於本篇所舉史實，正反兩方各有不同的解釋，所以，僅根據這
些史實來研究其作者及其作成時代，未免有仁智互見、無法了斷的情
形。因此，筆者擬從另一個角度來考察這個問題。

　　本篇曾引錄了司馬子反的故事；誠如陳啓天所說，其內容與《十
過》「文亦全同」。筆者即藉此故事來討論本篇的作成時代。

　　司馬子反的故事，除見於本篇及《十過》之外，又見於《呂氏春
秋·權勳》。在討論《十過》的作成時代時，我們曾經比較了這兩則
文字，結論是：《呂覽》司馬子反的故事乃過錄自《十過》；換句話
說，《十過》應當是秦始皇八年《呂覽》成書之前的作品。那麼，《飾
邪》的司馬子反的故事呢？作成於《十過》之前？還是作成於《呂覽》
之後呢？

　　爲了討論這個問題，我們將這三則文字逐句對照如下：

《十過》：十過：一日行小忠則大忠之賊也……

《呂覽》：

《飾邪》： ……小忠不可使主法。

昔者楚共王與晉厲公戰於鄢陵，楚師敗而共王傷其目， 酣戰之時
昔 荊龔王與晉厲公戰于鄢陵，荊師敗，龔王傷， 臨戰，
　　荊恭王與晉厲公戰于鄢陵，荊師敗，恭王傷 酣戰，

　司馬子反渴而求飲， 豎穀陽 操 觴酒而進之。子反 曰：
　司馬子反渴而求飲， 豎陽穀 操 觴酒而進之。子反叱曰：
而司馬子反渴而求飲，其友豎穀陽奉 卮 酒而進之。子反 曰：

「 嘻， 退！ 酒也。」 穀陽 曰：「非酒也。」
「呰！ 退！ 酒也。」豎陽穀對曰：「非酒也。」子反曰：「
「 去之！此酒也。」豎穀陽 曰：「非 也。」

　　　　　　　　子反受而飲之。子反之
盃退，酒也。」豎陽穀又曰：「非酒也。」子反受而飲之。子反之
　　　　　　　子反受而飲之。子反

為人也，嗜酒而甘之， 弗能絕 於口，而醉。 戰既罷，共王
為人也，嗜酒 甘 而不能絕 於口，以醉。 戰既罷，龔王
為人 ，嗜酒，甘之， 不能絕之於口， 醉而臥。 恭王

欲復戰， 令人召司馬子反，司馬子反辭以心疾。共王駕而
欲復戰，而謀事，使 召司馬子反， 子反辭以心疾。龔王駕而
欲復戰 而謀事，使人召 子反， 子反辭以心疾。恭王駕而

自往， 入其幄中，聞酒臭而還，曰：「今日之戰，不穀
　往視之，入 幄中，聞酒臭而還，曰：「今日之戰，不穀
　往視之，入 幄中，聞酒臭而還，曰：「今日之戰， 寡人目

親傷，所持者司馬也。而司馬又醉如此！是亡楚國之社稷而不恤吾
親傷，所持者司馬　，而司馬又　若此！是亡荊國之社稷而不恤吾
親傷，所持者司馬　。　司馬又　如此！是亡荊國之社稷而不恤吾
眾也。不穀　無與復戰矣！」於是還　師而去。　　斬司馬子反以
眾也。不穀　無與復戰矣！」於是　罷師而去　之，斬司馬子反以
眾也。　寡人無與復戰矣！」　　罷師而去　之，斬　子反以
為大戮。故　豎穀陽之進酒　，不以讒　子反也。　其心　忠愛
為大戮。故　豎陽穀之進酒也，非以　醉　子反也，　其心以忠
為大戮。故曰豎穀陽之進酒也，非以端　惡子反也，實　心　忠愛
之而適足以殺之。　　故曰：　　　　「行小忠
之而適足以殺之。　　故曰：　　　　　小忠
之而適足以殺之而已矣。故曰：此行小忠而賊大忠者也。　小忠
則大忠之賊也。」
大忠之賊也。」
大忠之賊也。若使小忠主法……。

根據這個對比，我們可以發現幾件事實：

第一、本篇的文字基本上來自《呂覽》，例如《呂覽》「龔王傷」，本篇作「恭王傷」；《呂覽》「龔王欲復戰而謀事」，本篇作「恭王欲復戰而謀事」，其例甚多，不勝枚舉。故事結尾時，《呂覽》云：「故曰：小忠，大忠之賊也。」本篇亦有此句，可見本篇來自《呂覽》。

第二、《呂覽》乃秦作品，必須避秦諱，所以，在過錄《十過》時，改「楚共王」之「楚」作「荊」；本篇非秦作品，但是，字也作「荊」，可見它受《呂覽》的影響了。

第三、《十過》篇首有：「十過：一曰行小忠則大忠之賊也。」

結尾又云：「故曰：行小忠則大忠之賊也。」考本篇故事結尾云：「此行小忠而賊大忠者也。故曰：小忠、大忠之賊也。」一則故事竟然有兩個重覆相同的案語，其累贅可知矣。原來本篇作者同時參考了《十過》及《呂覽》，所以，第一案語過錄自《十過》，第二案語過錄自《呂覽》，才造成二案語並存的現象。

第四、本篇故事之前云：「……小忠不可使主法。」其後又云：「若使小忠主法……。」很明顯的，這兩句話是前後互相呼應的；而司馬子反的故事插在中間，正是作者列舉史實以證明其陳詞「小忠不可使主法」。似此文章結構，很容易使我們得出一個結論：司馬子反的故事是作者轉錄自他書，「小忠不可使主法」及「若使小忠主法」前後相呼應，正是這個轉錄手續所留下的「斧鑿之痕」。

本篇司馬子反故事既然基本上過錄自《呂覽》，而且，也受了《十過》的影響，是不是就非韓非所作呢？答案當然不是絕對的。因為韓非在始皇八年以後，就可以看到《呂覽》，更不要說作成時代比《呂覽》更早的《十過》了。

本篇屢稱先王，和韓非思想似乎不太一致；又應該怎麼解決呢？梁啓雄說：

> 《飾邪篇》一再稱「先王」，就有人認為「稱先王」的思想跟韓子的思想體系不合，所以斷定《飾邪篇》是偽作。可是，在最可靠的《五蠹篇》中，也有「先王勝其法不聽其泣」的「先王」字樣（其他各篇也有，現在就不多舉了）。其實「先王」一詞，固然可以指上古德治主義的前王，也可以指中古法治主義的前王，辨偽的人那能根據篇中一點局部性的毛病，就否定了整篇的全部呢？⑱

梁說相當平實，很值得考慮。根據篇內所載史實，本篇當作成於始皇十一年（236B.C.）至十四年（233B.C)之間，和韓非受害的時間非常接近；因此，筆者認為，本篇應當是韓非晚期的作品。

另一方面，本篇司馬子反故事基本上抄錄自《呂覽》，而且也受《十過》的影響，以「善著書」稱著的韓非，竟把兩書的案語完全過錄在一起，更留下抄錄手續的「斧鑿痕跡」。從以上種種跡象來推測，筆者懷疑本篇是韓非在匆促之間寫成的。

本篇一共出現了十個「荊」字，分散在各段之內，韓非並非秦人，無需避諱。筆者懷疑是韓非在入秦後才完成的；在那裏，他有機會讀到《呂覽》，以及比《呂覽》更早的《十過》，在匆促之間完成本篇。

梁啓雄說：「漢人王充在《論衡・十筮篇》說：『韓非《飾邪》之篇，明已效之驗，毀卜訾筮，非世信用。』可見漢人所見韓書古本已有《飾邪篇》，所說的『毀卜訾筮』，跟今本內容正合，所以這篇不像『偽作』。」[20]周勳初說同。《論衡》謂《韓非子》有《飾邪》，並不能證明其作者必定韓非其人，因為到漢朝時，《韓非子》此書已編纂完成，《飾邪》自在書中，所以，王充的說法是很自然的。梁、周提出《論衡》，至多只是個旁證而已。

附　註

❶　見容著《韓非子考證》，頁六十至六十背。

❷　見陳著《增訂韓非子校釋》，頁一九五。

❸　參見陳奇猷著《韓非子集釋》，頁二九三，注❷內。

❹　同注❶，頁六十背。

❺　見梁著《韓非淺解》中之《前言》，頁六。

❻　同注❷，頁一二六。

❼　見潘著《韓非著述考》。

❽　同注❸，頁三○一注⓯內。

❾　同上，頁二九九，注❼內。

❿　見本篇末句注文。

⓫　同註❷，頁一二六。

⓬　同注❸，三○六注⓯內。

⓭　同上。

⓮　劉說在容著《韓非子考證》，頁六十背內。

⓯　同上，頁六十一背。

⓰　同注❷，頁二○○。

⓱　見潘著《韓非著述考》，頁九六。

⓲　見周著《韓非子札記》，頁一二七。

⓳　見梁著《韓非淺解‧前言》，頁六。

⓴　同上。

第十八節　解老‧喻老

在《韓非子》五十餘篇文章中，《主道》、《揚權》❶、《解老》及《喻老》四篇是自成一個體系；其中，前兩篇着重在套用黃老思想架構發揮法家御臣任法的各種主張，後兩篇着重於解釋喻說《老子》的經文，是《韓非子》全書中最富黃老思想的一組文章了。

在這一組文章裏，《解老》及《喻老》的著作權是晚近學者爭論最激烈及最分歧的兩篇。最先對這兩篇文章的著作權產生懷疑的，應該是胡適之及梁啓超兩位先生了。胡先生曾經說過：「以學說內容爲根據，大概《解老》、《喻老》諸篇，另是一人所作。」❷所謂「另是一人」，當然就不是韓非本人了。梁任公也說過：「本篇爲本書中次要的一篇，以韓非哲學根本思想歸本於黃老也。」❸因爲著作權發生問題，所以，《喻老》「爲本書中次要的一篇」了。由於胡、梁二人

對二篇的懷疑無法提出充分的證據，所以，他們否決韓非著作權的態度還是相當含糊，只能說「大概」及「次要」而已，並不敢十分肯定和論斷。

容肇祖於一九二七年完成《韓非的著作考》❹，在他討論到《解老》及《喻老》時，態度比前人激烈，論斷也比前人肯定了。他說：

> 這兩篇是否韓非所作，當生疑問。……《解老》、《喻老》是解釋微妙之言。韓非一人不應思想這樣的衝突，可證非彼所作。考《史記·韓長孺列傳》說韓安國嘗受《韓子雜家說》於騶田生。田生究為何人？未可確定。漢高誘序《淮南子》舉方術之士往歸於淮南王者，內有田由一人，疑即騶田生。田由是道家，《韓非子》內道家之說，如《解老》、《喻老》等，疑即田生之說。蓋淮南王既誅，田生亦死，後人混田生之說於《韓非子》書中亦未可知？今以《解老》的話與《淮南子》比看，有相同者，……。《解老篇》所說的道，和《淮南子·原道訓》相同。《淮南子》一書為田由一班人所作，《解老篇》或者也出於田生呵？❺

容肇祖不但認為二篇不是韓非的作品，甚至認為《解老》的思想和《淮南子·原道》相同，所以，《解老》應該是淮南王賓客「一班人」中的田生所作；容氏態度之激烈，論斷之肯定，在胡、梁二氏之上。

八年後，容肇祖修訂這本著作，易名為《韓非子考證》❻。有關《韓非子》這兩篇作品，在論證方面略有增補；他如此說❼：

> 老子所說「道」，虛無恍惚，《解老》說道……又說道……；這是《老子》的《大傳》。然而，韓非《五蠹》卻是反對這種微妙

之言。《五蠹》說……《忠孝》亦說……。《五蠹》所說：「微妙之言。」卽《忠孝》所說「恍惚之言，恬淡之學。」《老子》說：「古之善爲士者，微妙玄通，深不可識。」又說：「道之爲物，惟恍惟惚。惚兮恍兮，其中有象；恍兮惚兮，其中有物。」然則妙微之言與恍惚之言，分明是指《老子》的學說。韓非一方面指斥老子的學說，一方面爲《老子》學說作解釋，這種的思想的衝突，似是不可能的。……這樣的衝突是不能並存，如果《五蠹》一篇可確信是韓非所作，則《解老》必非韓非之言，這是可以說的。此外，《解老》和《五蠹》的內容，尚有兩點明顯的衝突……。《解老》旣然和《五蠹》的思想內容根本上不能一致，我以爲似乎不是韓非所作……。

容肇祖認爲《解老》及《喻老》在內容思想方面，與《韓非子》其他篇章如《五蠹》、《忠孝》等有所衝突矛盾，因此，它們「不能同出於一人」之手。《韓非子考證》出版時，他維持了原來「黃老或道家言混入於《韓非子》書中者」的篇題，可見他對自己的論斷的堅持了。

馮友蘭對這個問題却抱着比較游離的態度。他說：

今《管子》書中，有《內業》、《白心》諸篇，《韓非子》書中，有《解老》、《喻老》諸篇，雖此等書皆後人所編輯，然可想知原來法家各派中，皆兼講道家之學也。❽

旣說二篇是「後人所編輯」，又說「原來法家各派中，皆兼講道家之學」，可知馮氏對這一問題，並不願有太明確的論斷。

陳啓天於一九四〇年刊行《韓非子校釋》❾；有關這兩篇文章的

作者，態度就比較堅決了。他說：

> 自司馬遷以韓非之學歸本於黃老，舊日論者遂多信本篇《解老》
> 出於韓非本人。《迂評》云：「申韓之學，出於老氏，故作《解
> 老》。」即其一例。但近人漸有疑之者，如胡適謂本篇為另一人
> 所作……容肇祖更詳證其不出於韓非……，總之，本篇為道家說，
> 而非法家說，不無可疑……。⓾
>
> 本篇《喻老》既名為《喻老》，則道家之意味多，法家之意味少。
> ……要之，本篇與前篇均在發明《老子》，不類純法家言，或非
> 韓非所作也。⓫

云「本篇為道家說，而非法家說，不無可疑」，又云「不類純法家言，
或非韓非所作」，雖然無法舉出新的證據，不過，陳氏附和胡、容等
人的意見，卻非常顯著。

郭沫若於一九四四年撰成《韓非子的批判》⓬；在討論到《解老》
及《喻老》時，他說：

> 《韓非》書中本有《解老》及《喻老》二篇，所解所喻者同於今
> 本《老子》。但近來有人疑這兩篇不是韓非所作，因而懷疑韓非
> 學說也未必本於老子，這問題是值得討論的。《解老》與《喻老》
> 在我看來可能不是一個人所作，因為這兩篇的筆調、思想、對於
> 老子語的解釋都不相同，甚至連所引用的底本也有文字上的出入。
> 因而與儒家思想太接近的《解老》一篇大約可以除外，而在思想
> 體系上與《六微篇》及韓非全書相符合的《喻老》，實在是無法
> 除外⓭。

揣摩郭氏這段文字，他的論點大概如下：第一、二篇不是一人所作，
因爲它們的筆調及思想，所用《老子》底本、解釋等都不相同；第二、
《喻老》在思想體系上與《韓非子》全書相符，肯定是韓非所著，而
《解老》由於與儒家思想太接近，應在《韓非子》全書之外。很顯然
的，在論及二篇的著作權時，郭氏肯定了《喻老》，否決了《解老》，
見解與胡、容等人不相同。

　　蔣伯潛於一九四六年撰成《諸子通考》❹；第十三章《法家之書
——商君書、韓非子及其他》云：

　　韓非之書，十九爲其自著，且作於入秦之前，但亦有記其入秦後
　　之言論，而爲後人所輯述者，如《存韓》是也。……即《解老》、
　　《喻老》二篇，疑亦羼入……❺。

認爲二篇爲後人所輯入，作者斷非韓非本人。蔣氏於此文底下，又有
按語云：

　　《解老篇》爲《老子》之解釋，絕似西漢經師解釋諸經之故訓。
　　所解之《老子》語，見今本《老子》第十四、三十八、四十六、
　　五十、五十三、五十四、五十八、五十九、六十、六十七各章，
　　不見於今本《老子》者僅一條。《喻老篇》引古時遺聞軼事以説
　　明《老子》，絕似《韓詩外傳》；所喻説之《老子》語，見今本
　　《老子》第二十六、二十七、三十三、三十六、四十一、四十六、
　　四十七、五十二、五十四、六十六、七十一各章。《喻老》之體
　　裁，又極似《淮南子》之《道應訓》；且二篇所説《老子》語，
　　無重複者。疑《喻老》與《道應》本爲一篇，漢初崇尚黃老，尊

《老子》爲「經」，爲之作「傳」、作「說」錄於《漢志》者，已有四種，疑《解老》、《喻老》及《道應》本爲《老子》之「傳」或「說」，而後來羼入韓非及《淮南》者。《史記》言韓非之學歸本黃老，而司馬談從習道論之黃生又祖述韓非，豈《解老》、《喻老》即黃生所作之《老子傳》，或《老子說》歟？此臆度如果不謬，則《韓非》之纂輯成書，當在西漢之初矣❶。

蔣氏不但否決了韓非的著作權，甚習認爲二篇與《淮南子‧道應》皆爲西漢經師的作品，與《漢志》所載其他解《老》作品的性質相同，而且《喻老》與《道應》原本尚是同一篇章，只可惜到了西漢的時候，《喻老》與《道應》被離析爲二，一篇入《淮南子》成爲《道應》，一篇與《解老》同時編入《韓非子》成爲《喻老》，才造成今天的局面。因此，蔣伯潛下文又說：「元明刊本，間有佚文，今本反較完全。但《初見秦》、《解老》、《喻老》三篇，劉向校定之五十五篇中，不知已羼入否。如彼時尚未羼入，則今本雖仍爲五十五篇，已佚其三矣。」❶認爲《初見秦》、《解老》及《喻老》三篇並非《韓非子》原有的篇章，而是在《韓非子》亡佚了三篇之後，淺人所「羼入」的。

容肇祖說過：「今以《解老》的話，與《淮南子‧原道訓》比較，則知《解老》所說頗有和《淮南子》相合的地方。」❶蔣伯潛也許得到容氏的啓示，才有此新說耳。不過，蔣氏將《解老》易爲《喻老》，將《原道》易爲《道應》而已。

自胡、容二氏之後，蔣伯潛可以說是懷疑二篇著作權最激烈的一位學者了。容肇祖懷疑《解老》爲淮南王劉安賓客之一的田生所著，蔣伯潛懷疑《喻老》與《道應》原爲一篇，其後一析爲《道應》入淮南王之《淮南子》；二說皆涉及淮南王劉安，此其相似之處。容肇

祖懷疑二篇皆成於西漢，於《韓非子》編纂時雜入者；蔣伯潛懷疑二篇皆非《韓非子》原書所應有，蓋《韓非子》於流傳過程中散佚三篇，後人乃補入《初見秦》及此二篇，以足五十五篇之數，此蔣說異於容說之處。蔣氏顯然的是得到容氏的啓發，於《淮南子》中又見《道應》與《喻老》在內容及寫作方式上有許多相同之點，於是，乃更進一步創「《道應》及《喻老》爲一篇」及「二篇皆後人補入以足五十五篇之數」的新說耳。

自此以後，二篇的著作權就一直成爲懸而無法斷決的問題。學者們在涉及這兩篇文章的作者時，都很難作出比較明確的解說。比如梁啓雄在《韓子淺解》❶的《前言》裏，就這麼說：

> 《韓子書》很多篇都呈現着道家思想，司馬遷也説：「非……喜刑名法術之學，而其歸本於黃老。」根據這些，韓子曾作過解釋《老子》的著作是有可能的。可是，《解老篇》從第三節「仁者，謂其中心欣然愛人」以下，接着「義者……」、「禮者……」、「君子爲禮」一連四節，都是儒家思想（其他各節也流露出一些）。這些思想跟他的思想體系不合。此外，在「工人數變業」一節說「治大國而數變法則民苦之」，和他的「法與時轉則治」的主張不同。因此，《解老篇》的中段似有後人的補充作品插入，這就是「真僞辨」的問題。但不能因這局部性的問題就懷疑《解老》整篇全是僞作；同時不能因爲《解老篇》是有名的好篇就不肯承認它的毛病❷。

梁啓雄認爲韓非確曾注解過《老子》，但是，今傳《解老》中許多章節「都是儒家思想」，和他的主張不符合，另一方面，我們也不能因

此而認定《解老》「整篇全是僞作」。很明顯的，梁啓雄採取相當謹慎的態度，認爲《解老》是「篇中局部有問題」及「本篇中間確實像有後人的作品夾雜在其間」的篇章。

當然，主張維持現狀或者主張二篇皆爲韓非本人所作的，也大有人在。

陳奇猷撰《韓非子集解》❷，對二篇的作者問題一直保持緘默，大概是維持現狀的主張者。王靜芝撰有《韓非釋老兩篇繹探》❷，文中云：

> 關於這兩篇，後世論者多以爲不應該是韓非書中所有。因韓非是法家，沒有解釋老子《道德經》的理由。疑爲後人羼入；指這兩篇爲韓非書外之文，不必視爲韓非學說的有關部分，而逕可剔除。其實不然。韓非之學與老氏之學，本來相通。司馬遷在《韓非傳》中已有顯明的記述，指韓非之學「歸本於黃老」。因此，韓非自有解釋老子之書的道理。……我們探討韓非一書，絕不能放棄了這釋老的兩篇。這兩篇，不僅是韓非釋老，而且是韓非借釋老而發揮韓非自己的思想❷。

在這課題上比較能夠提出新證據及新見解的，要算周勳初了。他在《韓非作品年代的推斷》❷裏說：

> 韓非已是純正的法家人物，但他的有些作品還推崇孔丘，稱讚孔丘的忠實門徒曾參之流，可能就與荀況的思想狀態有關。看來韓非的思想也經歷着發展的過程。參照《五蠹篇》所反映的情況來看，他的思想應當有前後期的不同。他的早期思想，或許還受荀

況的影響，認爲孔丘是一個賢人；到他晚期，法家思想進一步發展之時，也就徹底否定孔丘這樣一位儒家的祖師了。這樣分析，可以解釋韓非書中評價孔丘的混亂情況。……《解老》、《喻老》也是同一主題的一組作品，但二者之間存在着一些異點。《喻老》用歷史傳説故事作爲比喻解釋《老子》中的哲理，純屬法家思想體系。……《解老》中的這幾段文字無論從用詞語或解説方式等方面看，還沒有跟儒家劃清明確的界限，不能清楚而具體地灌注進法家的思想，用法家獨有的詞滙加以表達，因此才會有這樣混淆不清的事發生。據此可以推斷，《解老》可能是韓非早期的作品，《喻老》應當是韓非後期的作品㉕。

周勳初認爲韓非思想有前後期的不同；前期受荀卿的影響，傾向於儒家；後期以法家正統自居，「徹底否定」了儒家思想。《解老》有儒家思想，「可能是韓非早期的作品」；而《喻老》「純屬法家思想體系」，「應是韓非後期的作品」。換句話說，周氏認爲二篇皆韓非本人所著，《解老》是他前期的作品，《喻老》是他晚年所寫的，作成時代有所不同而已。

趙海金著有《韓非子研究》㉖，云：「夫《解老》、《喻老》二篇體例各殊，《解老》概以義釋《老子》，《喻老》概以事釋《老子》，故應分論之。……由思想之體系上觀之，《解老》乃屬道家之範疇；非惟與《韓非子》其他各篇無何關連；抑且有與韓非思想相反者。…《喻老》在思想上既與韓非相合，且在所引人物與事例上，與其他各篇相關連，似不容輕於置疑也。」所云與過去學者相同。

維持現狀或主張皆爲韓非本人所作的，當然還有其他各家。王靜芝以司馬遷「歸本於黃老」說明作者爲韓非本人，可以說是最常見的

「傳統證據」了。周勳初將它們析分爲前、後期作品，是這一說法裏最能提出新證據的一家。其他各家，本文就一概省略了。

㈠　《喻老》與《道應》的關係

　　蔣伯潛懷疑《喻老》和《道應》原爲一篇，是《老子》一書的「傳」或「說」；他說：

> 《喻老》之體裁又極似《淮南子》之《道應訓》，且二篇所説《老子》語無重複者，疑《喻老》與《道應》本爲一篇。……本爲《老子》之「傳」或「説」，而後來羼入《韓非》及《淮南》者。

蔣氏懷疑《喻老》和《道應》原本是一篇作品，其理由有二：兩篇的體裁「極似」，此外，「二篇所說《老子》語無重複者」。無可否認的，《喻老》和《道應》的體裁在表面上看來，的確是極其相似；分別徵引歷史故事，詮釋比喻老子的文字。在此體裁「極似」的情形之下，如果「所說《老子》語無重複」的話，蔣氏的懷疑是有成立的可能的。

　　實際上，根據筆者個人的考察和研究，蔣說是沒有什麼根據的。

　　首先，蔣說「二篇所說《老子》語無重複者」就不是事實了。試讀下列一則《喻老》的文字：

> 勢重者，人君之淵也。君人者勢重於人臣之間，失則不可復得也。簡公失之於田成，晉公失之於六卿，而邦亡身死，故曰：「魚不可脫於深淵。」賞罰者，邦之利器也，在君則制臣，在臣則勝君。

君見賞，臣則損之以為德；……故曰：「邦之利器，不可以示人。」

再讀《道應》一則文字：

昔者司城子罕相宋，謂宋君曰：「夫國家之安危，百姓之治亂，在君行賞罰。夫爵賞賜予，民之所好也，君自行之；殺戮刑罰，民之所怨也，臣請當之。」宋君曰：「善。……」國人皆知殺戮之制專在子罕也，大臣親之，百姓畏之。居不至期年，子罕遂劫❸宋君，而專其政。故《老子》曰：「魚不可脫于淵。國之利器，不可以示人。」

很明顯的，《喻老》徵引簡公及晉公的故事喻說《老子》「魚不可脫於深淵」及「邦之利器，不可以示人」，《道應》徵引司城子罕的故事詮釋《老子》「魚不可脫于淵。國之利器，不可以示人」；所徵引的故事盡管不相同，但是，所詮說的却都是《老子》第三十六章的文字，只不過《喻老》多一個「深」字，「國」作「邦」而已。然則，蔣氏怎麼能夠說「二篇所說《老子》語無重複者」呢？

似此重複的例子，並不止於上述一則而已。試再讀《喻老》下列一則文字：

空竅者，神明之戶牖也。耳目竭於聲色，精神竭於外貌，故中無主。中無主，則禍福雖如丘山，無從識之。故曰：「不出於戶，可以知天下；不闚於牖，可以知天道。」此言神明之不離其實也。……白公勝慮亂，罷朝，倒杖而策銳貫頤，血流至於地而不知，

鄭人聞之曰：「頤之忘，將何為忘哉！」故曰：「其出彌遠者，其智彌少。」此言智周乎遠，則所遺在近也。

《喻老》作者此段文字，旨在詮釋《老子》第四十七章「不出於戶，可以知天下；不闚於牖，可以知天道」及「其出彌遠者，其智彌少」；《道應》對這幾句話也加以詮釋了，試讀其文字：

白公勝慮亂，罷朝而立，倒杖策，錣上貫頤，血流至地，而弗知也。鄭人聞之曰：「頤之忘，將何不忘哉！」此言精神之越於外，智慮之蕩於內，則不能漏理其形也，是故神之所用者遠，則所遺者近也。故《老子》曰：「不出戶以知天下，不窺牖以見天道。其出彌遠，其知彌少。」此之謂也。

《喻老》在解說時，將《老子》這幾句話分開兩處，分別用不同的文字加以詮釋，這是與《道應》惟一差異之處；至於所解《老子》文字，簡直完全相同了。然則，蔣氏「二篇所說《老子》語無重複者」云云，怎麼是事實呢？

蔣說「二篇所說老子語無重複」既非事實，那麼，蔣氏所假設《喻老》及《道應》是同一篇作品當然就不可能成立了。

其實，我們還可以舉出其他證據來否決蔣氏的說法。

第一類證據：二篇的故事及所解《老子》文有重複之處

就以前引「白公勝慮亂」的故事為例。《道應》的作者利用這故事來詮釋《老子》「不出戶以知天下，不窺牖以見天道。其出彌遠，其知彌少」四句話；但是《喻老》卻不是這個樣子，試讀下列摘錄文字：

空竅者，神明之戶牖也。……故曰：「不出於戶，可以知天下；不窺於牖，可以知天道。」……趙襄主學御於王子期，俄而與於期逐，三易馬而三後。……白公勝慮亂，罷朝……故曰：「其出彌遠者，其智彌少。」……故曰：「不行而知。」……故曰：「不見而明。」……故曰：「不為而成。」

原來《喻老》的作者所要解說的是《老子》四十七章的全章，而「白公勝慮亂」的故事，只是章內「其出彌遠者，其智彌少」兩句話的說辭而已。如果二篇原本是同一作品的話，「白公勝慮亂」何以同時出現於二處呢？即使同出二處不嫌重複的話，何以又有如此解說上的差異呢？

《喻老》及《道應》同時又有「王壽負書而行」的故事；試讀《喻老》的文字：

王壽負書而行，見徐馮於周塗，馮曰：「事者為也，為生於時，知者無常事。書者言也，言生於知，知者不藏書。今子何獨負之而行？」於是王壽因焚其書而舞之。故知者不以言談教，而慧者不以藏書篋，此世之所過也，而王壽復之，是學不學也。故曰：「學不學，復歸眾人之所過也。」

再讀《道應》的文字：

王壽負書而行，見徐馮於周，徐馮曰：「事者應變而動，變生於時，故知時者無常行。書者言之所出也。言出於知❸，知者不❷藏書。」於是王壽乃焚書而舞之。故老子曰：「多言數窮，不如

守中。」

《喻老》利用「王壽負書而行」的故事來解說《老子》六十四章「學
不學，復歸眾人之所過也」；《道應》則利用這故事來註解《老子》
第五章的「多言數窮，不如守中」；如果二篇是同一作者所寫的同一
篇作品的話，怎麼會有這種現象呢？顯然的，蔣說不符事實了。

第二類證據：二篇在徵用《老子》時，作風完全不同。

《喻老》在解說《老子》文字時，顯得比較精細，試讀下列一則
文字：

> 天下有道，無急患……故曰：「却走馬以糞。」
> 天下無道，攻擊不休……故曰：「戎馬生於郊。」
> 翟人有獻豐狐玄豹之皮於晉文公……故曰：「罪莫大於可欲。」
> 智伯兼范、中行而攻趙不已……故曰：「禍莫大於不知足。」
> 虞君欲屈產之乘與垂棘之璧……故曰：「咎莫憯於欲得。」
> 邦以存為常，霸王其可也。……故曰：「知足之為足矣。」

《喻老》的作者在這裏徵引了「却走馬以糞」、「戎馬生於郊」、
「罪莫大於可欲」、「禍莫大於不知足」、「咎莫憯於欲得」及「知
足之為足矣」等六句話；這六句話，都是老子第四十六章的經文。《老
子》四十六章云：

> 天下有道，却走馬以糞；天下無道，戎馬生於郊。罪莫大於可欲。
> 禍莫大於不知足，咎莫大於欲得。故知足之足，常足。

將《喻老》所引的經文和《老子》原文相比較，即知《喻老》幾乎將
該章全引進去了；換句話說，《喻老》的作者在解說《老子》時，有
「全章訓解」的傾向。

反觀《道應》，情形就完全不是如此了。作者引用任何歷史故事，
只在對《老子》的片言隻語作解釋而已；即使在不同處對《老子》同
一章作解說，拼湊起來，合而觀之，也無法將《老子》某一章的全文
解釋完畢。《道應》引用了五十二則歷史故事，解說了《老子》五十
二處的經文；其中，以《老子》第二十七章解說得最多，一共出現了
三次。這裏，就以第二十七章為例：

> 昔者公孫龍在趙之時，謂弟子曰：「人而無能者，龍不能與遊。」……
> 故老子曰：「人無棄人，物無棄物，是謂襲明。」……
> 楚將子發，好求技道之士。楚有善為偷者，往見曰：「聞君求技
> 道之士，臣偷也，願以技齎一卒。」……故《老子》曰：「不善
> 人，善人之資也。」……秦皇帝得天下，恐不能守，發邊戍，築
> 長城……故《老子》曰：「善閉者無關鍵而不可開也，善結者無
> 繩約而不可解也。」……

這三則故事，並非前後連接在一處；換句話說，它們中間還穿插着其
他故事及《老子》經文，因而這三則故事乃分散於不同處。根據這樣
的處置情形來觀察，作者無意對《老子》經文有次序地作「全章訓解」，
似乎是可以肯定的。另一方面，依老子該章文字的前後次序，《道應》
這三則故事解說了「善閉者無關鍵而不可開也，善結者無繩約而不可
解也」、「人無棄人，物無棄物，是謂襲明」及「不善人，善人之資
也」三小節；《老子》二十七章云：

善行無轍迹，善言無瑕謫，善計不用籌算，善閉無關鍵不可開，
善結無繩約不可解。是以聖人常善救人而無棄人，常善救物而無
棄物，是謂襲明。善人，不善人之師；不善人，善人之資。不貴
其師，不愛其資，雖知大迷，此謂要妙。

將《道應》所引經文與《老子》原文相較的話，即知《道應》只解說
了二十七章一半的經文，另外一半就完全省略了。作者無意對《老子》
作「全章訓解」，於此可以斷言了。

　　第三類證據：二篇對《老子》的態度有差異

　　就如《喻老》的篇題所揭示者，《喻老》的宗旨完全是在解釋
《老子》，因此，篇內毫無例外地全部徵引了《老子》的經文。《道
應》就不是如此了，在五十四則歷史故事裏，除五十二則解說《老子》
之外，尚有一則解說《莊子》，一則解說《愼子》。徵引《莊子》文
字雖只一則，數量幾乎微不足道，但是對《道應》及《淮南子》全書而
言，意義却非常重大。王師叔岷在《淮南子與莊子》❸ 中已經說過：

《文選》江文通《雜體詩·注》、謝靈運《入華子岡詩·注》、
陶淵明《歸去來辭·注》、任彥昇《齊竟陵文宣王行狀·注》並引淮南
王《莊子略要》云……。張景陽《七命注》引淮南王《莊子后解》云
……。據此，則淮南王劉安乃精習《莊子》者。……高誘《淮南
鴻烈解·敍》稱劉安「與蘇飛……等八人，及諸儒大山、小山之徒，
共講論道德，總統仁義，而著此書。其旨近《老子》」；岷謂其旨尤
近《莊子》，全書明引《莊子》之文僅一見，即《道應篇》……
是也。暗用及發明《莊子》之文則極多……❸。

《淮南子》全書「暗用及發明《莊子》之文則極多」，「其旨尤近
《莊子》」，《道應》明引《莊子》文，正與全書宗旨相符合；然則，
《道應》對《老子》的態度，與《喻老》不是有差異了嗎？

正惟《道應》宗旨並非專意訓解《老子》，所以，引《老子》文
之前，都一律冠以「故《老子》曰」，與引《莊子》冠以「故《莊子》
曰」、引《愼子》冠以「故《愼子》曰」一律；《喻老》全篇旨在訓
解《老子》，所以，引《老子》文之前，只冠以「故曰」、「故曰」
而已。二篇對《老子》態度的差異，從稱引《老子》文之不同，已可
窺見了。

上文所討論的三類證據，無不是在說明《喻老》及《道應》二篇
之極不相似。蔣氏云：「《喻老》之體裁又極似《淮南子》之《道應
訓》。」二篇皆引用大量的歷史故事，也引用了不少的《老子》文字，
表面上看起來確實是「極似」，但是，細心考察及研究，「極不相似」
之處卻非常多。二篇在徵引《老子》文時，即有重複之處；二篇的寫
作態度及體裁作風，又有如此的差異，那麼，二篇怎麼會「本爲一篇
……而後來屬入《韓非》及《淮南》者」呢？蔣說不符事實及不可信
從，似乎可以肯定了。

㈡ 《解老》與《喻老》的關係

《解老》在《韓非子》書中排第二十，《喻老》排第二十一；二
篇皆爲《韓非子》重要的篇章。容肇祖說：「《解老》和《喻老》二
篇，都在《韓非子》一書中，《史記·韓非傳》說非『喜刑名法術之
學，而其歸本於黃老』，司馬遷這話的根據，或者就因爲《韓非子》
書中有《解老》、《喻老》二篇。」㉜可知二篇在《韓非子》書中的
份量了。

郭沫若很早就認爲二篇「可能不是一個人所作」，因爲二篇的「筆調、思想，對於老子語的解釋都不相同」，而且，《解老》「與儒家思想太接近」，《喻老》「在思想體系上與《六微篇》及韓非全書相符合」；換句話說，郭沫若有意離析二篇的著作權，認爲它們不是同一人所作的。梁啓雄認爲《解老》「篇文中局部有問題」、「似有後人的補充作品插入」，《喻老》「是《韓子》借用古今歷史故事來闡發《老子》思想的作品」❸；在梁啓雄的觀念裏，二篇之中，《解老》有一部分並非韓非本人所著，而是「後人補充插入」者。

這兩篇文章，到底是一個人所寫的呢？還是如郭沫若所說的，是兩個人的手筆。

根據個人的考察和研究，筆者同意郭沫若的看法，《解老》及《喻老》是不同人的手筆。其證據及理由，分論如下文。

第一、二篇解說《老子》方式的不同

有關二篇解說《老子》方式的不同，可分成兩項來討論。

a.　《解老》重在說理，《喻老》重在比喻

《解老》一共解說了十一章《老子》的文字，它們分別是一、十四、三十八、四十六、五十、五十三、五十四、五十八、五十九、六十及六十七❹；《喻老》一共解說了十二章《老子》文字，它們是二十六、二十七、三十三、三十六、四十一、四十六、四十七、五十二、五十四、六十三、六十四及七十一❺。所解章數之多寡，幾乎相等。

《解老》在解說《老子》文時，幾乎全是採用文字說理的方式；全篇解說《老子》十一章之中，只在開首解說第三十八章「愚之首也」、「前識者，道之華也而愚之首也」時，徵引了「詹阿坐，弟子侍」的一則故事外，其他解說《老子》各章毫無例外地都用文字說理。

《喻老》的情形恰好相反，作者雖只解說了十二章《老子》的文字，不過，其作者卻徵引了二十四則長短不一的歷史故事❻。試讀下表：

《喻老》解說老子各章徵引歷史故事一覽表

解說的篇章	徵 引 的 歷 史 故 事
四十六	翟人獻豐狐玄豹之皮 智伯兼范、中行攻趙 虞君欲屈產之乘
五十四	楚莊王勝晉於河雍
二十六	主父身輕天下
三十六	簡公失之於田成 晉公失之於六卿 越王入宦於吳 晉獻公將襲虞
六十三	白圭行隄 扁鵲見晉桓公
六十四	晉公子重耳出亡過鄭
五十二	紂為象箸 勾踐入宦於吳
七十一	越王不病宦 武王不病暑
六十四	宋鄙人得璞玉 王壽負書而行 宋人有為其君以象為楮葉者
四十七	趙襄主學御
四十一	楚莊王一鳴衝天
三十三	楚莊王欲伐越 子夏見曾子
二十七	周有玉版

這個附表清楚地告訴我們，《喻老》通篇幾乎都採用歷史故事來解說
《老子》文字，和《解老》以文字說理的方式完全不同。這是二篇最
差異的一點。

b. 《喻老》偏向於解說《老子》章中若干句，《解老》却偏向於解
　　說全章

　　二篇在解說《老子》時，態度上有很大的不同。《喻老》偏向
於解說《老子》章中若干文句，試讀下列「《喻老》解說《老子》文
字統計表」：

《喻老》解說《老子》文字統計表

章　　次	《老子》原章字數	本篇所解之字數
二十六	46	26
二十七	86	16
三十三	36	10
三十六	56	51
四十一	96	8
四十六	46	35
四十七	36	32
五十二	72	8
五十四	87	18
六十三	76	36
六十四	125	11
六十一	22	15

除了老子第三十六、四十六及四十七章之外，《喻老》對《老子》其
他九章的解說，可以說是只解釋了該章內的小部分文字而已；換句話

說，《喻老》重點只在解說各章章內的幾個句子，無意解釋各章的全部文字。

　　《解老》的情形恰恰好相反；作者偏向於解說《老子》各章的全部文字，而不是在解說章內的幾個句子而已。試讀下列「《解老》解說《老子》文對照表」：

《解老》解說《老子》文對照表

章次	《解老》所引《老子》文	《老子》原文（劃綫者為《解老》解釋之文句）
三十八章	上德不德。上德不德，是以有德。	<u>上德不德，是以有德</u>
		下德不失德，是以無德。
	上德無為而無不為也。	<u>上德無為而無以為</u>，下德無為而有以為。
	上仁為之而無以為也，上義為之而有以為也。	<u>上仁為之而無以為，上義為之而有以為。</u>
	上禮為之而莫之應，攘臂而仍之。	<u>上禮為之而莫應，則攘臂而仍之。</u>
	失道而後失德，失德而後失仁，失仁而後失義，失義而後失禮。	故<u>失道而後德，失德而後仁，失仁而後義，失義而後禮。</u>
	禮，薄也。夫禮者，忠信之薄也，而亂之首乎。	<u>夫禮者忠信之薄，而亂之首。</u>
	道之華也。愚之首也。前識者，道之華也，而愚之首。	<u>前識者，道之華，而愚之始。</u>
	大丈夫。處其厚不處其薄。處其實不處其華。去彼取此。	是以<u>大丈夫處其厚不處其薄，居其實不居其華。故去彼取此。</u>

五十八章		其政悶悶,其人醇醇。其政察察,其人缺缺。
	禍兮福之所倚。福兮禍之所伏。孰知其極。	禍,福之所倚;福,禍之所伏。<u>孰知其極?</u>
		其無正。政復其奇,善復為妖。
	迷。人之迷也,其日故以久矣。	<u>人之迷,其日固久。</u>
	方。廉。直。光。方而不割,廉而不劌,直而不肆,光而不耀。	是以聖人方而不割,廉而不害,直而不肆,光而不曜。
五十九章	治人。事天。治人事天莫若嗇。	治人事天,莫如嗇。
	夫謂嗇,是以蚤服。重積德。蚤服是謂重積德。	夫唯嗇,是謂早服,早服謂之重積德。
	無不克。重積德則無不克。無不克則莫知其極。	重積德則無不剋,無不剋則莫知其極。
	莫知其極,莫知其極則可以有國。有國之母,可以長久。	莫知其極,可以有國;有國之母,可以長久。
	柢。深其根。固其柢。深其根,固其柢,長生久視之道也。	是謂深根、固蔕、長生、久視之道。
六十章	治大國者若烹小鮮。	治大國若烹小鮮。
	以道莅天下,其鬼不神。非其鬼不神也,其神不傷人也。	以道莅天下,其鬼不神;非其鬼不神,其神不傷人。
	聖人亦不傷民。	非其神不傷人,<u>聖人亦不傷人。</u>
	兩不相傷。兩不相傷則德交歸焉。	夫兩不相傷,故得交歸。

四十六	天下有道,卻走馬以糞也。 天下無道,戎馬生於郊矣。	天下有道,却走馬以糞; 天下無道,戎馬生於郊。
	禍莫大於可欲。禍莫大於不知足。咎莫憯於欲利。	罪莫大於可欲,禍莫大於不知足,咎莫大於欲得。
		故知足之足,常足。
十四章	道,理之者也。 得之以死,得之以生,得之以敗,得之以成。	(疑爲《老子》佚文)
		視之不見,名曰夷;聽之不聞,名曰希;搏之不得,名曰微。此三者不可致詰,故混而為一。
		其上不皦,在下不昧。繩繩不可名,復歸於無物。
	無狀之狀,無物之象。	是謂無狀之狀,無物之象,是謂忽恍。
		迎不見其首,隨不見其後。執古之道,以語今之有。以知古始,是謂道已
一章	道之可道,非常道也。	道可道,非常道;名可名,非常名。
		無名,天地始;有名,萬物母。
		常無,欲觀其妙;常有,欲觀其徼。此兩者同出而異名。同謂之玄,玄之又玄,眾妙之門。

五十章	出生入死。生之徒也十有三者。生之徒十有三，死之徒十有三。	出生入死。生之徒十有三，死之徒十有三。
	民之生生而動，動皆之死地，亦十有三。	人之生，動之死地，十有三。
		夫何故？以其生生之厚。
	陸行不遇兕虎。入軍不備甲兵。善攝生。	蓋聞善攝生者，陸行不遇兕虎，入軍不被甲兵。
	兕無所投其角，虎無所錯其爪，兵無所容其刃。	兕無所投其角，虎無所措其爪，兵無所容其刃。
	無死地焉。	夫何故？以其無死地。
六十七章		天下皆謂我大，不肖。夫唯大，故不肖。若肖，久矣其細。
	不敢為天下先，吾有三寶，持而寶之。	我有三寶，持而寶之；一曰慈，二曰儉，三曰不敢為天下先。
	慈故能勇。儉故能廣。不敢為天下先，故能為成事長。	夫慈，故能勇；儉，故能廣；不敢為天下先，故能成器長。
		今捨慈且勇，捨儉且廣，捨後且先，死矣。
	慈於戰則勝，以守則固。	夫慈以戰則勝，以守則固。天將救之，以慈衛之。
五十三章	大道。貌施。	使我介然有知，行於大道，唯施是畏。
	徑大。	大道甚夷，而人好徑。
	朝甚除。	朝甚除，田甚蕪，倉甚虛。

	服文采。帶利劍。資貨有餘。服文采，帶利劍，厭飲食，而資貨有餘者，是謂盜竽矣。	服文綵，帶利劍，厭飲食，財貨有餘，是謂盜夸。
		非道也哉！
五十四章	拔。不拔。不脫。祭祀不絕。	善建者不拔，善抱者不脫，子孫祭祀不輟。
	修之身，其德乃真。脩之家，其德有餘。脩之鄉，其德乃長。修之邦，其德乃豐。修之天下，其德乃普。	脩之身，其德乃真；脩之家，其德有餘；脩之鄉，其德乃長；脩之於國，其德乃豐；脩之於天下，其德乃普。
	以身觀身，以家觀家，以鄉觀鄉，以邦觀邦，以天下觀天下。	故以身觀身，以家觀家，以鄉觀鄉，以國觀國，以天下觀天下。
	吾奚以知天下之然也？以此。	吾何以知天下之然？以此。

細讀這個對照表之後，就可以清楚地發現，除了第一及十四章之外，《解老》對《老子》的解說，幾乎偏向全章的解說。依解說先後次第而言，第三十八、五十九、六十、四十六、五十及五十四章作者都有意作全章的解說，是可以肯定的。似此偏向和態度，與《喻老》完全不相同。

由於《解老》偏向於解說《老子》個別篇章內的全章，因此，作者特別注意解釋章內某些語辭，有時對某些語辭及句子甚至不惜重複地加以解說申論。試讀下列統計表：

《解老》對老子語辭、文句重複解說統計表

三十八章	禮，薄也。　夫禮者，忠信之薄也。　愚之首也。　前識者，道之華也，而愚之首也。
五十八章	迷。人之迷也，其日故以久矣。
五十九章	治人。　事天。　治人事天莫如嗇。　重積德。　蚤服是謂重積德。無不克。　重積德，則無不克。　有國之母。有國之母。　有國之母，可以長久。　深其根。固其柢。固其柢，長生久視之道也。
六　十　章	兩不相傷。　兩不相傷，則德交歸焉。
五　十　章	生之徒，十有三。　徒。　生之徒，十有三。
五十三章	服文采。　帶利劍。　資貨有餘。　服文采，帶利劍，厭飲食，而資貨有餘者，是之謂盜竽矣。
三十三章	拔。不拔。

這種重複解釋的現象，在《喻老》解釋過的十二章《老子》裏，完完全全是看不到的。因此，二篇在解說《老子》的態度上有很大的不同，似乎是可以斷言了。

　　二篇既然都在解釋《老子》，那麼，爲甚麼在解釋方式及態度上有如此的不同呢？古人寫文章先完成作品，然後才按篇題，這是古人的習慣；「解老」及「喻老」既然是後來才按上的篇題，那麼，其作者一定是先有此不同解釋方式及態度的文章，然後，才定下篇題。如果是一個人完成的話，而目的都只在解釋《老子》，似乎就不需要採

用兩種不同的方式和態度了。無論如何，二篇在解釋《老子》時採用不同的方式及態度，是很值得重視的。

第二、二篇所解《老子》有重複之處

二篇在解釋《老子》時，有重複的篇章，甚至有重複的文句，這是最值得重視的地方了。試讀下列一覽表：

《解老》及《喻老》所解《老子》重複篇章一覽表

章次	《解老》所解《老子》	《喻老》所解《老子》
四十六章	天下有道，却走馬以糞。	（天下有道）却走馬以糞。
	天下無道，戎馬生於郊矣。	（天下無道）戎馬生於郊矣。
	罪莫大於可欲，禍莫大於不知足，咎莫憯於欲得。	（罪莫大於可欲）禍莫大於不知足，咎莫憯於欲得。
	（故知足之足，常足）	故知足之足，常足。
五十四章	（善建者）不拔，（善抱者不脫），（子孫）祭祀不輟。	善建者不拔，善抱者不脫，子孫祭祀不輟。
	脩之身，其德乃真；脩之家，其德有餘；脩之鄉，其德乃長；脩之於國，其德乃豐；脩之於天下，其德乃普。	（脩之身，其德乃真；脩之家，其德有餘；脩之鄉，其德乃長；脩之於國，其德乃豐；脩之於天下，其德乃普。）
	故以身觀身，以家觀家，以鄉觀鄉，以國觀國，以天下觀天下。	（故以身觀身，以家觀家，以鄉觀鄉，以國觀國，以天下觀天下。）
	吾何以知天下然？以此。	（吾何以知天下然？以此）

加括號者為《韓非子》該篇內未解釋之老子文句。

這個一覽表告訴我們，《解老》及《喻老》分別解釋了《老子》第四十六及五十四章，而且，還將兩章內相同的句子重複加以解釋；其中，尤以第四十六章重複得最多。換句話說，二篇在解說《老子》時，不但重複了《老子》某些篇章，而且還重複了某些篇章內的某些文句。如果說二篇是同一位作者的話，似乎就不應該有這種情形了。

　　第三、二篇對稱引《老子》的體例有差異

　　《喻老》在稱引《老子》時，毫無例外地，一概都冠以「故曰」二字；換句話說，《喻老》內凡是「故曰」以下的文字，都是《老子》的引文。根據筆者的統計，全篇一共出現了三十四次「故曰」，其中一次「故曰：白圭之行隄也塞其穴」，王先慎曰：「『曰』即『白』字之誤而複者。」及另一次「故曰：聖人蚤從事焉」，顧廣圻云：「『曰』字衍。《新序》『故聖人早從事矣』，其明證也。」都是誤衍之外；另外三十二次，毫無例外地，其下皆引《老子》文句。據此可知，《喻老》在稱引《老子》時，體例完全一致，可謂毫無例外矣。

　　《解老》在稱引《老子》時，體例就完全不相同了。根據筆的統計，一共有五種情形：

　　a.　以「故曰」引之者

　　在稱引《老子》時，冠以「故曰」，情形與《喻老》相同；如：

　　　故曰：上德不德，是以有德。
　　　故曰：上德無為而不為也。
　　　故曰：上仁為之而無以為也。

這種情形，一共出現了六十六次。此外，全篇中亦出現一次「是以曰」；

「是以曰」，即「故曰」，義同。

　b. 以「所謂者」引之者

　　在稱引《老子》時，前冠以「所謂」，後殿以「者」；如：

　　所謂「大丈夫」者……。
　　所謂「處其厚不處其薄」者……。
　　所謂「處其實不處其華」者……。

這種情形，一共出現了十二次。

　c. 以「書之所謂者」引之者

　　在稱引《老子》時，前冠以「書之所謂」，後殿以「者」、「也」
等；如：

　　書之所謂「治人」者……。
　　根者，書之所謂「柢」也。
　　書之所謂「大道」也者……。

這種情形，一共出現了三次。「書之所謂者」表面上看來與「所謂者」
有些相似，但是，作者稱《老子》為「書」；在他的心目中，《老子》
應該是一部非常重要的經典之作，才以「書」來專指《老子》了。這
是《喻老》所沒有的體例。

　d. 直引者

不必利用任何引文，直接寫出《老子》者；如：

「上德不德」，言其神不淫於外也。

這種情形，全篇出現了一次。

e. 其他

除上列四種引句外，尚有「故謂之……」（一次）、「者謂……」
（一次）、「之曰……」）（兩次）及「而謂之……矣」（二次）；上
述引句，也是《喻老》所不曾出現的。

根據上文的論述，可知二篇在稱引《老子》時，體例完全不相同；
《喻老》非常嚴謹和統一，《解老》則變化宏富，沒有一定的引句。
此外，《解老》稱《老子》爲「書」，是一種非常獨特的態度和體例，
最可證明二篇非同一作者。

二篇在解說《老子》的方式上旣完全不相同，引述《老子》的體
例又有那麼大的差異，在解說《老子》時又有篇章及文句上的重複，
那麼，其作者怎麼會相同呢？依常理而言，一位作者可以採用兩種方
式來撰述同一主體的文章，但是，當他在引述古籍時，要在不同的文
章內採用不同的體例和態度，似乎就有困難了，而且也無此需要。至
於說同是解說古籍的文章，作者在這篇文章內已解說了某章某句，作
者又何必在自己的另一篇文章內解說同一章及同一句呢？很顯然的，
只有在不同作者的情況下，上述種種現象才會產生。因此，筆者認爲
二篇並非同一作者。

㈡ 《喻老》的作者

雖然自胡適、容肇祖以下，學者們都經常懷疑本篇的作者，不過，
他們所持的證據並不十分堅強。胡適之先生只是輕輕一筆帶過。容肇

祖在討論《解老》時，舉了許多證據；在討論本篇時，却只說：「《喻
老》和《解老》都是解釋《老子》，如果韓非不喜歡微妙之言，則
《喻老》亦有非韓非作的可能❸。」他對《喻老》的懷疑，大概是受
《解老》的「牽連」。蔣伯潛的懷疑態度雖然非常激烈，但是，大致
上他是受容肇祖的啓示，把容氏的意見往深一層加以發揮而已。自此
以後，郭沫若、周勳初及王靜芝等各家就不再懷疑本篇的著作權了。
至於注解本篇的陳啓天等，只把過去學者們的意見稍微敍述一下，未
提出新見解。

在討論本篇的作者之前，我們必須先對本篇的思想及性質有所瞭
解。

誠如前文所論者，本篇與《淮南子・道應》在體裁及寫作方式上
非常接近——以歷史故事解說《老子》。根據筆者的統計，本篇一共
採用了三十二則歷史故事，有的片言隻語，有的首尾完整，而以後者
的歷史故事居多。作者每每於歷史故事結尾處，附上一則《老子》文
字，通篇一律如此。除了利用歷史故事解說《老子》之外，偶而作者
也採用「說理」性質的說明文來解說《老子》；惟數量不多，總計有
下列六則：

一、天下有道，無急患，則曰靜，遽傳不用，故曰：「却走馬以
　　糞。」天下無道，攻擊不休，相守數年不已，甲冑生機蝨，
　　燕雀處帷幄，而兵不歸，故曰：「戎馬生於郊。」

二、邦以存為常，霸王其可也；身以生為常，富貴其可也。不欲
　　自害，則邦不亡，身不死。故曰：「知足之為足矣。」

三、制在己曰重，不離位曰靜。重則能使輕，靜則能使躁。故曰：
　　「重為輕根，靜為躁君。」故曰：「君子終日行不離輜重也。」

四、賞罰者，邦之利器也，在君則制臣，在臣則勝君。君見賞，臣則損之以為德；君見罰，臣則益之以為威。人君見賞而人臣用其勢，人君見罰而人臣乘其威。故曰：「邦之利器不可以示人。」

五、有形之類，大必起於小；行久之物，族必起於少。故曰：「天下之難事必作於易，天下之大事必作於細。」是以欲制物者於細也。故曰：「圖難於其易也，為大於其細也。」

六、空竅者，神明之戶牖也。耳目竭於聲色，精神竭於外貌，故中無主。中無主，則禍福雖如丘山，無從識之。故曰：「不出於戶，可以知天下；不闚於牖，可以知天道。」此言神明之不離其實也。

在這六則文字裏，除了第四則之外，其他五則實際上只能說是「就《老子》解《老子》」，和韓非及韓非思想沒有必然的關係。換句話說，它們缺乏韓非思想的色彩和特質。至於第四則「勢重者，人君之淵也。君人者勢重於人臣之間，失則不可復得也」，是不是韓非的文字呢？其思想是不是韓非所專有呢？筆者認為，「人君重勢」的觀念固然為韓非思想之一，但是，前期法家早已擁有這種思想，不待韓非專美於後了。比如《商君書》，就不乏這種思想；試讀下列三則文字。

《算地》：夫治國舍勢而任談說，則身修而功寡。

《畫策》：聖人知必然之理，必為之時勢，故為必治之政，戰必勇之民，行必聽之令。……黃鵠之飛，日行千里，有必飛之備也；騏驎、騄駬，每一日走千里，有必走之勢也；虎豹熊羆，鷙而無敵，有必勝之理也。

《禁使》：凡知道者，勢、數也。故先王不恃其強而恃其勢，不
恃其信而恃其數。今夫飛蓬飄風而行千里，乘風之勢
也；探淵者千仞之深，懸繩之數也。故托其勢者，雖
遠必至；守其數者，雖深必得。今夫幽夜，山陵之大
而離婁不見；清朝日端，則上別飛鳥，下察秋毫。故
目之見也，托日之勢也。得勢之主，不參官而潔，陳
數而物當……故曰：……故先王貴勢。

這三篇文章雖不是商鞅的親著，不過，它們不失為商學派的重要作品
❸。它們重視人君恃勢而治、失勢而亂的思想，幾乎是商學派的特色
之一。韓非貴勢的觀念，其實是前有淵源的。因此，在瞭解「人君重
勢」的淵源之後，我們就可以知道「勢重者，人君之淵也。君人者勢
重於人臣之間，失則不可復得也」固然已被編在《韓非子》一書中，
但是，其作者的肯定性却未必完全「鐵案如山」。

其次，我們也許應該提出一個問題：除了上述七則「說理」性質
的說明文之外，本篇三十二則歷史故事與韓非其人及《韓非子》其書
有必然的關係嗎？如果這三十二則歷史故事及其《老子》引文「不幸」
被編進《淮南子·道應》裏，我們可以辨認出來嗎？仔細思索這個問
題，我們就會發現，本篇的作者問題是值得重新檢討的。

瞭解了本篇的思想及性質之後，筆者應該提出個人的看法了。

根據筆者個人的淺見，本篇不是《韓非子》書內所應有的篇章。
支持筆者這個結論的理由是：本篇對「國家」這一概念一律稱為「邦」，
與他篇稱「國」完全不同。試讀下列統計表：

《韓非子》各篇邦、國出現統計表

（篇名下前一數字爲「國」的出現次數，後一數字爲「邦」的出現次數）

1. 初　見　秦：13：0	28. 內 儲 說 上：24：0
2. 存　　韓：7：0	29. 內 儲 說 下：16：0
3. 難　　言：1：0	30. 外 儲 說 左上：32：0
4. 愛　　臣：4：0	31. 外 儲 說 左下：9：0
5. 主　　道：2：0	32. 外 儲 說 右上：23：0
6. 有　　度：16：0	33. 外 儲 說 右下：13：0
7. 二　　柄：2：0	34. 難　　一：12：0
8. 揚　　權：6：0	35. 難　　二：7：0
9. 八　　姦：10：0	36. 難　　三：17：0
10. 十　　過：29：0	37. 難　　四：3：0
11. 孤　　憤：14：0	38. 難　　勢：2：0
12. 說　　難：2：0	39. 問　　辯：1：0
13. 和　　氏：3：0	40. 問　　田：2：0
14. 姦劫弒臣：23：0	41. 定　　法：3：0
15. 亡　　徵：13：0	42. 說　　疑：31：0
16. 三　　守：9：0	43. 詭　　使：－
17. 備　　內：－	44. 六　　反：8：0
18. 南　　面：－	45. 八　　說：13：0
19. 飾　　邪：26：0	46. 八　　經：7：0
20. 說　林　上：10：0	47. 五　　蠹：22：1
21. 說　林　下：7：0	48. 顯　　學：6：0
22. 觀　　行：－	49. 忠　　孝：7：0
23. 安　　危：9：0	50. 人　　主：4：0
24. 守　　道：2：0	51. 飭　　令：9：0
25. 用　　人：6：0	52. 心　　度：6：0
26. 功　　名：2：0	53. 制　　分：8：0
27. 大　　體：1：0	

細讀上述統計表，即知除了《解老》及《喻老》之外，《韓非子》全書沒有例地都以「國」字來稱呼「國家」。《五蠹》出現一個「邦」字，可被視爲後人所誤改；其他各篇，一概沒有例外。本篇的情形怎麼樣呢？本篇提及「國家」的概念一共有十四次：

1. 夫治國者以名號爲罪。
2. 故邦亡身死。
3. 邦以存爲常，霸王其可也。
4. 則邦不亡，身不死。
5. 楚邦之法，祿臣再世而收地，唯孫叔敖獨在。
6. 此不以其邦爲收者，瘠也。
7. 邦者，人君之輜重也。
8. 主父生傳其邦……。
9. 而邦亡身死。
10. 賞罰者，邦之利器也。
11. 故曰：邦之利器，不可以示人。
12. 及公子返晉邦。
13. 此人遂以功食祿於宋邦。
14. 處半年，乃自聽政，所廢者十，所起者九，誅大臣五，擧處士六，而邦大治。

在這十四次提及「國家」概念的句子裏，第十一次爲《老子》引文，作者稱「國家」爲「邦」應該是因襲自《老子》本文之外，其他十三次都沒例外地將「國家」稱爲「邦」。今本第一次稱「國家」爲「國」，與其他十三次不同，乃後人所改，是顯然可知的。

這種情形強烈地反映了一個無法抹煞的事實：本篇不是《韓非子》原有的篇章。只有承認這個事實，才可以解釋這種很不尋常的現象——本篇稱「國家」爲「邦」，其他各篇皆稱爲「國」。

除此之外，還有兩件值得注意的事。

第一、在上述十四條引文中，第三條「邦以存爲常，霸王其可也」，《淮南子·詮言》作「國以全爲常，霸王其寄也」；第五條「楚邦之法，祿臣再世而收地，唯孫叔敖獨在」，《淮南子·人間》作「楚國之俗，功臣二世奪祿❸，惟孫叔敖獨存」；第十三條「此人遂以功食祿於宋邦」，《列子·說符》作「此人遂以巧食宋國」；《淮南子》是西漢的作品，《列子》的作成時代也比較晚，它們沒有例外地都將「邦」改爲「國」。

第二、第十二條「及公子返晉邦」，《韓非子·十過》也記載公子重耳出亡的事件，與本節相同。當它在提及公子重耳返國時，云：「此若反國。」字作「反國」，與本條「返晉邦」之作「返邦」不相同，可知本篇與《十過》並非一人所作了。

本篇既非《韓非子》書中原有的篇章，那麼，其作成時代應在何時呢？根據筆者個人的推測，應該在戰國之中葉，在《孟子》及《荀子》成書之前。

在西周時代，「國家」這概念幾乎都一概稱爲「邦」，絕少稱爲「國」。這一事實，從周代銅器裏就可以觀察得非常清楚了。試讀下列各資料：

盂鼎：在珷王嗣玟王作邦……易女邦嗣三白。
靜簋：……邦君射于大池。

克鼎：保辥周邦。

毛公鼎：邦將害吉。……命女辥我邦、我家内外……雝我邦小大
　　　　猷……我邦、我家。

彔伯簋：縣自乃且考，又爵于周邦。

豆閉簋：嗣宴俞邦君嗣馬弓矢。

茻伯簋：翼自也邦……我亦弗宽言邦。

弔向簋：……莫保我邦、我家。

默鐘：廿又六邦。

齊鎛：……于齊邦。

邾公華鐘：龕邦是保。

晉公盦：□□□邦……□□晉邦……宗婦楚邦。

封簋：用保乃邦。

陳侯午錞：保又齊邦。

盠方彝：萬年保我萬邦。

蔡侯鐘：定均庶邦……建我邦國。

上引十幾條材料，沒有一條不把「國家」稱爲「邦」的；「齊邦」、「晉
邦」及「楚邦」等，都是齊國、晉國及楚國的意思；「我邦我家」，
就是我國我家的意思；至於「邦君」，當然就是國君的意思了。《蔡
侯鐘》出現兩個「邦」一個「國」，還是沿襲了稱「國家」爲「邦」
的習慣。

　　至於將「國家」稱爲「國」的，其例至少；《郜嚳鼎》云：「保
峀郜國。」《彔卣》云：「淮夷敢伐內國。」《保卣》云：「王令保
及殷國五侯。」《王孫鐘》云：「余尃旳于國。」僅此四例而已。

　　將金文裏邦、國的用法兩相對比，就可以得出一個結論：邦、國

的習慣用法有其時代意義。在周朝初期及中期，一般上以「邦」稱「國」；後來，才改「邦」爲「國」了。

從文獻來考察，這一結論也有其正確性。試讀下列「古書邦、國出現統計表」：

書　　　　　名	「邦」出現次數	「國」出現次數
周　　　　　易	7	—
尚書　虞 夏 書	5	—
尚書　商　　書	8	—
尚書　周　　書	46	18
毛　　　　　詩	45	73
論　　　　　語	47	10
孟　　　　　子	2（引古書者）	122
荀　　　　　子	1（引古書者）	246

讀了這個表之後，也許我們就可以如此地說：古書裏對於邦、國的習慣用法，也和金文一樣，有其時代的意義。時代早的古書，都用「邦」字，時代晚的古書，逐漸以「國」代「邦」，以至於全面改用「國」字。似此不同的習慣用法，是時代晚者所極難發現的，更非僞造古書者於匆忙間所能編造的。

討論到這裏，我們的中心論點——《喩老》的作成時代——似乎就已經開始有答案了。像這麼一篇把「國家」稱呼爲「邦」的文章，會是《孟子》以後的人所寫的嗎？如果答案是正面的話，那麼，我們實在無法解釋得通：這篇文章的作者爲甚麼違背了邦、國的時代習慣用法，全篇採用「邦」來稱呼「國家」呢？他有這種「超越時代的本

事」嗎？筆者甚感懷疑。

《喻老》和《六微》有一段文字非常相像，也跟邦、國的時代習慣用法有關，可提出來討論。《喻老》說：

> 勢重者，人君之淵也。君人者，勢重於人臣之間，失則不可復得也。簡公失之於田成，晉公失之於六卿，而邦亡身死，故曰：「魚不可脫於淵。」賞罰者，邦之利器也，在君則制臣，在臣則勝君。君見賞，臣則損之以為德；君見罰，臣則益之以為威。人君見賞，而人臣用其勢；人君見罰，而人臣乘其威。故曰：「邦之利器，不可以示人。

《六微》有一段話：說：

> 勢重者，人主之淵也。臣者，勢重之魚也。魚失於淵，而不可復得也。人主失其勢，重於臣，而不可復收也。古之人難正言，故託之於魚。賞罰者，利器也。君操之以制臣，臣得之以擁主。故君先見其賞，則臣鬻之以為德。君先見所罰，則臣鬻之以為威。故曰：「國之利器，不可以示人。」

比較這兩段文字，就可以發現；不管在思想內容、措辭遣字，甚字於徵引《老子》語，這兩段文字簡直是一模一樣！到底是那一篇在前，那一篇在後呢？筆者認為《喻老》作成在前，《六微》作成在後❹；理由如下：檢帛書甲、乙本《老子》皆作「國之利器」，《六微》引《老子》語亦作「國之利器」，可知其寫作時代比較晚，或根據當時《老子》引作「國」，或根據時代習慣用法改作「國」；而《喻老》

所見《老子》仍作「邦」，可見其寫作時代自當比較早，在《六微》成書之前。正因為《喻老》成書早，作成於戰國末期的《六微》在「抄錄」《喻老》這段文字時，或者根據晚出本《老子》將「邦」改作「國」，或者根據時代習慣用法將文中「邦」字改作「國」，才造成《六微》作「國之利器」的現象。

本篇一共徵引了二十四則長短不一的歷史故事，有的時代非常早，如解說《老子》五十二章的「紂為象箸」；有的時代比較晚，如解說二十六章的「主父身輕天下」。在這許多歷史故事裏，其內容屬於春秋以前的有三則，屬於春秋時代的有十三則，屬於戰國時代的有五則，時代未詳者，有三則，共計二十四則。五則戰國故事是：

> 智伯兼范、中行攻趙
>
> 主父身輕天下
>
> 簡公失之於田成
>
> 白圭行隄
>
> 趙襄主學御

在這五則故事裏，時代最晚的要數「主父身輕天下」那一則了。考《史記·趙世家》云：「武靈王二十七年傳國，立王子何以為王，自稱為主父。」趙武靈王二十四年自稱主父（公元前三〇二年），自此至秦始皇十四年（公元前二三三年）韓非使秦，相距約七十年，七十年間所發生之「歷史故事」自不在少數，然而，本篇皆不曾引及，僅僅止於「主父身輕天下」及其他五則集中在戰國初年的歷史故事而已。如果本篇為戰國末期韓非所親著，為甚麼趙武靈王以後近七十年間的故事皆不一引及呢？為甚麼二十四則故事超過半數都集中在春秋

時代呢？戰國故事爲甚麼只引五則而已呢？又爲甚麼絕大部分都集中在戰國初期呢？似此種種現象，應該不是偶然或巧合的。

從本篇的思想內容及體裁性質來考察，我們看不出本篇和韓非有甚麼必然的關係。從本篇稱「國家」爲「邦」，與《韓非子》其他各篇稱「國家」爲「國」的差異來考察，我們獲知本篇與《韓非子》全書恐怕原非同一批材料。從金文及古籍邦、國的時代習慣用法來考察，我們得知本篇作成時代應當在《孟子》之前，相當於戰國中期。從《六微》「抄錄」本篇文字來考察，我們更可證明本篇當非戰國晚期的作品。從本篇徵引歷史故事的時代性來考察，我們可推測出其作成時代應該不在戰國末葉。有了上述種種跡象，我們似乎可以如此下判斷：本篇是《老子》成書以後，在戰國中期、《孟子》成書之前所寫成的一篇解說《老子》的文章，而不可能是戰國末期韓非本人的作品。

㈣ 《解老》的作者

在《解老》及《喻老》二文裏，經常受學者們非議的是《解老》了。容肇祖否定了韓非的著作權，認爲作者可能是西漢初年的田生。其後，郭沫若及蔣伯潛等人也都附和此說，認爲作者不應是韓非本人。梁啓雄比較折衷，大致上承認了韓非的著作權，只是篇中「局部有問題」，是一篇有眞有僞的作品。晚近周勳初則回復過去學者們的見解，主張爲韓非所親著，是「韓非早期的作品」。

首先，讓我們來檢討梁啓雄的看法。

梁啓雄認爲本篇從第三節「仁者，謂其中心欣然愛人」以下，接着「義者……」、「禮者……」及「君子爲禮」一連四節都充滿着儒家思想，它們都跟韓非思想體系扞格不入，此外，在「工人數變業」一節說「治大國而數變法則民苦之」，也與韓非「法與時轉則治」的

主張相抵觸，因此，他認爲這幾節應該是「後人的補充作品」，不是
韓非親筆的文字。

　　梁啓雄的說法是否正確呢？換句話說，《解老》眞的有後人滲入
的僞作嗎？如果有的話，是那些章節呢？這些，都是值得繼續探討的
問題。根據筆者的淺見，個人認爲梁氏的說法恐怕不能成立。

　　除了其中一節「故曰」下引文不見於今本《老子》之外❹，《解
老》一共解說了十一章《老子》；詳細情形，可參考前文「《解老》
解說《老子》文對照表」。《梁啓雄》認爲是「後人的補充作品」，即在
《解老》解說《老子》第三十八章及第六十章的文字內；情形如下：

第三十八章	1.上德不德。上德不德，是以有德。
	2.上德無爲而無不爲也。
	3.上仁爲之而無以爲也。
	4.上義爲之而有以爲也。
	5.上禮爲之而莫之應。　　本篇解說文字充滿儒家思想。
	6.攘臂而仍之。
	7.失道而後失德，失德而後失仁，失仁而後失義，失義而後失禮。
	8.禮，薄也。夫禮者，忠信之薄，而亂之首乎。
	9.愚之首也。前識者，道之華也，而愚之首也。
	10.處其厚不處其薄。處其實不處其華。去彼取此。
第六十章	1.治大國者若烹小鮮。——解說文字與韓非思想不合。
	2.以道涖天下，其鬼不神。非其鬼不神也，其神不傷人也。
	3.聖人亦不傷民。
	4.兩不相傷。兩不相傷，則德交歸焉。

梁啓雄認爲第三十八章的第三、四、五、六段及第六十章的第一段的解說文字，都是「後人補充」的僞作，並非韓非的原著。

這個說法實際上是不可能成立的。試讀本篇作者對「上德不德，是以有德」及「上德無爲而不爲也」的解說文字：

> 德者，內也；得者，外也。「上德不德」，言其神不淫於外也。神不淫於外則身全，身全之謂德，德者，得身也。凡德者，以無爲集，以無欲成；以不思安，以不用固。爲之欲之，則德無舍；德無舍則不全。用之思之則不固，不固則無功，無功則生有德。德則無德，不德則有德。故曰：「上德不德，是以有德。」
> 所以貴無爲無思爲虛者，謂其意無所制也。夫無術者，故以無爲無思爲虛也。夫故以無爲無思爲虛者，其意常不忘虛，是制於爲虛也。虛者，謂其意所無制也。今制於爲虛，是不虛也。虛者之無爲也，不以無爲爲有常，不以無爲爲有常則虛，虛則德盛，德盛之謂上德。故曰：「上德無爲而無不爲也。」

細閱這兩段文字，其內容爲黃老思想，應該是可以肯定的。在第七、八、九及十段裏，作者所透露出來的，也與此二段相同，完全是一派黃老的思想。如果梁啓雄的說法成立的話，那麼，我們不禁要問：僞造者爲甚麼只在本節內僞造了三、四、五及六段呢？爲甚麼本節內恰好缺少了這四段，讓僞造者有機會「補充插入」呢？根據常理來推測，造僞者爲了泯滅僞造的痕跡，應該僞造全節才比較合理，爲甚麼此處却只「插入」僞造中間四段呢？很顯然的，如果我們同意梁氏的說法，那麼，這些問題都無法圓滿地加以解釋了。

充滿儒家思想的第三、四、五及六段，與本節其他各段契合得如

此完密，不但不應該是後人所「補充插入」的，根據筆者個人的淺見，反而應該是本節或本篇不可分割離析的一部分。至於解說《老子》第十六章與韓非思想不合的那一段，也應當作如是觀。

其次，讓我們來討論周勳初的說法。

周勳初認為本篇是韓非早年的作品，理由是篇內含有儒家思想。本篇除前文提出四條富有儒家思想的段落外，實際上，其他一些段落也多多少少滲雜着儒家的思想；試讀下列三則：

> 有道之君，外無怨讎於鄰敵，而內有德澤於人民。夫外無怨讎於鄰敵者，其遇諸侯也外有禮義；內有德澤於人民者，其治人事也務本。遇諸侯有禮義則役希起，治民事務本則淫奢止。……故曰：「天下有道，却走馬以糞也。」
>
> 人君者無道，則內暴虐其民而外侵欺其鄰國。內暴虐則民產絕，外侵欺則兵數起。民產絕則畜生少，兵數起則士卒盡。畜生少則戎馬乏，士卒盡則軍危殆。……故曰：「天下無道，戎馬生於郊矣。」
>
> ……由是觀之，禍難生於邪心，邪心誘於可欲。可欲之類，進則教良民為姦，退則令善人有禍。姦起則上侵弱君，禍至則民人多傷。……故曰：「禍莫大於可欲。」

上引三則，只是順手拈來而已；至於段落中富有儒家思想的零星句子，數量也不少，這裏就省略了。如果本篇是韓非親著的話，那麼，韓非為甚麼會寫出這麼一篇思想駁離相揉的文章呢？最好的解釋是：一如周氏所說的，是韓非早年思想還沒完全成熟的作品了。鑑於韓非早年曾追隨過荀卿求學的事實，周氏的說法是有其成立的可能性的。也許，

這是我們目前所能得出的比較謹慎的結論了。

本篇在稱呼「國家」時，「國」字一共出現了二十三字，「邦」字出現了五次。五個「邦」字都出現在最後一段裏，它們是：

> 治邦者行此節，則鄉之有德者益眾，故曰：「修之邦，其德乃豐。」……
> 修身者以此別君子、小人，治鄉治邦蒞天下者……故曰：「以身觀身，以家觀家，以鄉觀鄉，以邦觀邦，以天下觀天下……。」

在這五個「邦」裏，有三個是出現在《老子》的引文內；《老子》原文作「邦」，韓非只是根據原文引入，並沒代表甚麼特別的意義。至於另外兩個「邦」字，當然是作者在解釋《老子》時受了《老子》文的影響了，也不會有甚麼特別的意義。

容肇祖認爲本篇思想與《五蠹》有矛盾衝突，「一方指斥《老子》學說，一方面爲《老子》學說解釋❷」；那又當作何解釋呢？如果根據周勳初的說法，認爲本篇是韓非年輕時不成熟的作品，那麼，其思想與後期主張自相矛盾，正如篇內既含有濃厚的黃老主張，又部分地滲入儒家思想一樣，無法統一協調，是不足爲怪的。因爲篇內思想與《五蠹》衝突，就判定作者非韓非本人，情形就如同因爲篇內含有儒家思想，就判定有後人僞作滲入一樣，失之於輕率。也許只有周勳初的說法，認爲是韓非早期不成熟的作品，才能夠被接受了。

＊　　　　＊　　　　＊　　　　＊

本節完成後，於中大圖書館中檢得有關《解老》及《喻老》作者問題新說二家，茲節錄如次以爲補充。

㈠ **潘重規先生謂：**

韓非本著屢屢徵引《老子》，而且與《解老》、《喻老》很接近。
由此可知《解老》、《喻老》正是他研究老子之學的資料，也許
卽是他訓釋《老子》的專篇。但他常常抨擊道家老子之學，不似
《解老》、《喻老》專守一家之言，則二篇可能不出於韓非的手
筆。換句話說，《解老》、《喻老》是韓非所庋藏所服習的前人
之作，而不是韓非自著之書。收集遺書的人，將他和自著的遺稿，
合編起來，就成為前人所見到的《韓非子》了。

潘先生認爲二篇皆非「韓非自著之書」，乃是他「收集」庋藏的「前
人」的作品；此說頗新。

(二)　栗勁云：

最早提出《解老》、《喻老》兩篇不出自韓非手的是容肇祖先生。
……郭老不完全同意這種意見……與郭老意見一致的，有梁啓雄
先生。……所有這些說法，都不足以否定《解老》、《喻老》篇
的作者是韓非。⓮

據此引言，可知作者是舊說的維護者──二篇皆爲韓非所著。

附　註

❶　揚權，別本作「揚榷」，梁啓雄《韓子淺解·題解》云：「我研究本文，
　　『權』字似含二義：㈠權柄，表現在『權不欲見』、『聖人執要』、『聖人
　　執一』等句上。㈡權衡，表現在『物者有所宜，材者有所施』、『因而任之』、
　　『上操度量以割其下』等句上。」梁說蓋是，今從其說。

❷　見胡先生著《中國哲學史大綱》頁366內。

❸　梁任公的說法在所著《要籍解題及其讀法》內。

❹ 容氏原稿發表於國立中山大學語言歷史研究所《週刊》第一集第四期內；
《古史辨》第四卷亦轉載此文，在頁六五三至五之內。

❺ 見《古史辨》第四卷頁六六二至三內。

❻ 容著《韓非子考證》，卷首《敍》云：「本篇舊名《韓非的著作考》，……
刊出於民國十六年十一月二十二日。當時倉猝作成，不免草率。忽忽八年，
歲月旣積，續有所見，遂爲增改。」

❼ 見《韓非子考證》頁三九至四一背。

❽ 見馮著《中國哲學史》頁四○六內。

❾ 陳啓天《增訂韓非子校釋·自序》云：「（民國）二十四年，又赴日本購得
東邦學人校釋《韓非子》之書十餘種而讀之。居東不及半年，即返國……而成
《韓非子校釋》，於二十九年由上海中華書局初版行世。四十六年，又在台
灣發行增訂版，與初版稍有不同……。」

❿ 見陳著《增訂韓非子校釋》頁七二一。

⓫ 同上，頁七六四。

⓬ 郭沫若撰有《十批判書》，一九五四年北京人民出版；《韓非子批判》即在書中。
郭氏於《青銅時代》亦有相同的說法，見該書頁二八三，北京科學出版社。

⓭ 同上，頁三五七。

⓮ 蔣伯潛《諸子通考》，一九六一年台北正中書局再版，列爲「大學用書」之一
種。

⓯ 同上，頁四七四。

⓰ 同上，頁四七五至六。

⓱ 同上，頁四七六小注內。

⓲ 見容著頁四一背面。

⓳ 見梁著《韓子淺解》。頁一至二二。

⓴ 同上，頁七。

㉑ 見陳著《韓非子集解》，頁三二六至四一六。

㉒ 王靜芝撰《韓非釋老兩篇釋探》，一九七七年發表於輔仁大學《人文學報》第
六期內。

㉓ 同上，總頁四六七至八。

㉔ 周勳初撰有《韓非作品寫作年代的推斷》，在周著《韓非子札記》之內。

㉕ 同上，頁一二九五至一三一。

㉖ 趙海金撰有《韓非子研究》一九六七年台北正中書局首版，一九八二年五版。余撰成此文之後，始接台北學生書局寄來此書，披覽之餘，發現趙氏分析二篇內容頗細，云：「《老子》全書共分八十一章（依王弼本），《解老》所釋者分見十一章，除其中有三章僅選一、二句加以闡釋外，餘多釋全章或幾及全章。……至於《喻老篇》所釋者共十二章，其中有二章爲《解老》已釋者，有四章係釋全文，其餘皆選句解釋……。」（頁二四、五）所云與筆者有相合之處。

㉗ 「劫」本作「却」，此從王念孫校改。

㉘ 「知」下本有「者」字，從王念孫校刪。

㉙ 「者」下本無「不」字，從王念孫校補。

㉚ 王師《淮南子與莊子》，原文發表於《清華學報》新二卷第一期，一九六〇年出版；後編入王師《諸子校證》之內，一九六四年台北世界書局出版。

㉛ 見《諸子校證》頁五七三。

㉜ 見容著頁三九正面。

㉝ 見梁著頁一六八。

㉞ 蔣伯潛《諸子通考》云：「《解老篇》……所解之《老子》語，見今本《老子》第十四、三十八、四十六、五十、五十三、五十四、五十八、五十九、六十、六十七各章……。」《解老》亦解說《老子》第一章之文字，蔣氏漏計耳。

㉟ 蔣伯潛云：「《喻老篇》……所喻說之《老子》，見今本《老子》第二十六、二十七、三十三、三十六、四十一、四十六、四十七、五十二、五十四、六十三、六十七各章……。」（頁四七五）《喻老》亦喻說《老子》第六十四章，蔣氏蓋漏計耳。

㊱ 其中「越王入宦於吳」及「句踐入宦於吳」二故事，雖然主角相同，內容却有別，故乃以兩則計算。

㊲ 見容著頁四二六。

㊳ 參見拙作《商鞅及其學派・前編》第二章第七、十四及十七節。

❸❾　「奪祿」本作「爵祿」，從俞樾校改。

❹⓿　容肇祖亦有此說，《韓非子考證》云：「《六微》所說如下……《喻老》說
　　……。故此我們可以說：這是《六微》引《喻老》的話……然則《六微》一
　　篇必著作在《喻老》之後。」（頁三五背至三六）惟容氏認爲《六微》「大
　　概」成書「在漢初」（頁三六）。

❹❶　《解老》曰：「道者，萬物之所然也。……故曰：『道，理之者也。』」諸
　　家皆未言此文「故」下衍「曰」字；以《解老》體例言之，「故曰」下「道，
　　理之者也」五字當是《老子》文。

❹❷　見容著頁四十。

❹❸　栗勁撰有《解老、喻老篇不出韓非手辨》，發表於《吉林大學社會科學學報》
　　一九八七年第三期內。

第十九節　說　林

　　《說林》上篇及下篇，是《韓非子》書中相當特別的兩篇文章。

　　所謂特別，包含了兩層意義。第一，上篇包含了三十四則故事，
下篇包容了三十七則故事，除了這七十一則故事外，作者未附卷首語，
卷末也不附任何結論，乍看之下，簡直是兩篇故事集林的文章，周勳
初說：「好些故事明明不是法家的思想，讀後不知作者原意何在。」
❶批評得很中肯。第二，七十一則故事取材的範圍相當廣，最早的是
下篇的「堯以天下讓許由」，而以戰國時代的故事最多；這些故事，
絕大部分是作者過錄自各類古籍，保存其原始面貌，很少經過己意加
工，因此，說二篇是原始資料滙編，自有其道理。

　　既然二篇只是「原始資料滙編」，有的故事被搜集在篇內，「原
意何在」尚且「讀後不知」；那麼，二篇在《韓非子》書中意義爲何
呢？有什麼價值呢？

　　最早在這方面提出意見的，應該是唐代的司馬貞；他在《史記﹒

韓非列傳》的《索隱》裏說：「《說林》者，廣說諸事，其多若林，故曰說林也；今《韓子》有《說林》上、下二篇。」司馬貞認爲二篇只是作者「廣說諸事」的文章，所說事項衆多「若林」，故合「廣說」及「若林」二詞爲「說林」耳。根據司馬貞的說法，二篇是作者游說諸事的文章，篇內七十餘則故事卽作者諸多游說本身的文字；換句話說，這七十餘則故事本身就已是含有作者主觀的哲學思想的說詞了。

梁任公不同意司馬貞的意見，他說：「《說林》二篇似是預備作《內》、《外儲說》之資料❷。」他認爲，二篇只是韓非爲撰述《內》、《外儲說》之前，預先搜集的資料而已；換句話說，梁任公似乎在暗示我們，二篇只是一批原始材料，未經系統組織，不含主觀意義，更未寓作者任何哲學思想。潘重規先生同意梁任公的說法❸。

陳奇猷在撰述《韓非子集釋》時，採取調和的態度。他說：「《索隱》說是，梁說誤。此蓋韓非搜集之史料，備著書及游說之用❹。」陳氏非議梁任公的說法，但是，卻同意梁任公「此蓋韓非搜集之史料，備著書……之用」的說法；陳氏既接納梁任公「備著書……之用」，卻又引進司馬貞「備……游說之用」的解釋；總而言之，陳氏固然說「《索隱》說是，梁說誤」，他有意調和二家說法，卻是非常明顯的。

晚近周勳初著有《戰國策與韓非子》❺，文中對《說林》有比較詳細的論證：他說：

這兩篇《說林》，言其材料之多豐富若林，但他正像原始森林一樣，只是一些未經斲削的素材。《說林》中的材料是沒有經過處理的，它們是一些平時積累下來備用的原始資料。

有些材料已經使用上了，如《說林上》「糜留勸韓宣王不兩用公仲、公叔」一則，已經用之於《難一》中；「紂爲象箸而箕子怖」

一則，已經用之於《喻老》中；《說林下》「饋似蛇鱣似蝐」一則，已經用之於《內儲說上・說三》中；「鄭人有一子」一則，已經用之於《說難》中。於此可見，《說林》二篇確是韓非平時積累下來備用的原始資料滙編。

周氏一則云「二篇確是韓非平時積累下來備用的原始資料滙編」，再則云「《說林》中的材料是沒有經過處理的」，可知周氏認定二篇是一批平日積累下來，未經處理留待備用而不含主觀思想的原始資料了❻。

這兩篇文章七十一則故事，到底有何意義？是含作者主觀思想的游說之辭呢？還是不含任何主觀思想未經處理的原始材料？如果答案是後者的話，那麼，很明顯的，這兩篇文章的價值就必須大打折扣；換句話說，在討論韓非思想時，它們恐怕無法佔一席之地了。

梁任公說：「二篇似是預備作《內》、《外儲說》之資料。」陳奇猷說：「此蓋韓非搜集之史料，備著書及游說之用。」非常可能的，梁、陳二氏已經看出二篇與《韓非子》其他篇章的關係了，因此，他們才敢斷言二篇為「預備作《內》、《外儲說》之資料」及「備著書之用」。有關二篇與《內》、《外儲說》等的關係，上引周勳初的文字已經明白討論了；它們為：

《說林上》

「韓宣王謂樛留」章——又見《難一》
「紂為象箸而箕子怖」章——又見《喻老》

《說林下》

「饘似蛇」章——又見《內儲說上》

「鄭人有一子」章——又見《說難》

這四章，又分別見引於《難一》、《喻老》、《內儲說上》及《說難》等篇內。二篇既然由七十一則故事組成，其中若干故事又被其他各篇所徵引採用，那麼，自然使人聯想到其他六十七則故事的性質——它們也極可能只是一批原始資料，等待搜集者的徵引採用而已。梁、陳之說，蓋即由此而產生耳。

首先，讓我們來審核上述四則文字；它們是不是有「搜集」、「徵引」的性質？換句話說，徵引者是不是來自此二篇？二篇的「搜集」是不是為著被「徵引」？為著鑑定這個問題，我們逐章審查。

《說林上》韓宣王謂樛留曰：「吾欲兩用公仲、公叔，其可乎？」對曰：「不可。晉用六卿而國分，簡公兩用田成、闞止而簡公殺，魏兩用犀首、張儀而西河之外亡。今王兩用之，其多力者樹其黨，寡力者借外權。群臣有內樹黨以驕主，有外為交以削地，則王之國危矣。」

《難一》韓宣王問於樛留：「吾欲兩用公仲、公叔，其可乎？」樛留對曰：「昔魏兩用樓、翟而亡西河，楚兩用昭、景而亡鄢、郢。今君兩用公仲、公叔，此必將爭事而外市，則國必憂矣。」

比較這兩則故事，我們應該可以發現三點事實：第一、文中問答的兩位主角相同，樛留回答韓宣王的內容和主旨也相同。第二、在《說林》裏，樛留一共舉了三個例子來說明他的道理；而《難一》的樛留，卻只舉出兩個例子，例子不但不同，人物的多寡也有差別。第三、《說

林》的繆留說得很詳細，而《難一》的繆留，卻說的很簡單。兩相比較，即知它們的差異多過相同；如果《難一》是以《說林》爲原始材料，將《說林》「搜集」到的材料「徵引」進去，會有這樣的情形嗎？很顯然的，以本則故事而論，《難一》除了主角及主旨之外，其他說詞的內容與《說林》完全不相同，那麼，《說林》怎麼會是《難一》的原始材料呢？

> 《說林上》紂爲象箸而箕子怖，以爲象箸必不盛羹於土簋，則必犀玉之杯；玉杯象箸必不盛菽藿，則必旄象豹胎；旄象豹胎必不衣短褐，而舍茅茨之下，則必錦衣九重，高臺廣室也。稱此以求；則天下不足矣。聖人見微以知萌，見端以知末，故見象箸而怖，知天下不足也。
> 《喻老》昔者紂爲象箸而箕子怖。以爲象箸必不加於土鉶，必將犀玉之杯。象箸玉杯必不羹菽藿，則必旄象豹胎。旄象豹胎必不衣短褐而食於茅屋之下，則錦衣九重，廣室高臺。吾畏其卒，故怖其始。居五年，紂爲肉圃，設炮烙，登糟邱，臨酒池，紂遂以亡。故箕子見象箸以知天下之禍，故曰：見小曰明。

比較這兩則文字，我們敢說《喻老》是以《說林》爲「材料」而編寫的嗎？《喻老》自第一句至「廣室高臺」，固然與《說林》非常接近，是《喻老》「徵引」《說林》的鐵證，但是，《喻老》自「吾畏其卒」以下，至該則的最末一句，整整四、五十個字，卻和《說林》完全不相同。所謂不相同，包含了兩層意思：第一，文字上的不相同，《喻老》自「吾畏其卒」以下，幾乎沒有一個句子與《說林》相合，前已具論。第二，《喻老》引《老子》語「見小曰明」來說明「箕子象箸

以知天下之禍」；《說林》云：「聖人見微以知萌。」顧廣圻改「萌」
作「明」，陳奇猷云：

> 《喻老篇》引《老子》「見小曰明」，但此已變其言為「聖人見
> 微以知萌」，則韓非引《老子》文也。謂聖人見微以知事之萌生，
> 即見象箸而知發生天下不足之事，於文甚通；且改作「明」，殊
> 不辭。又此以「微萌」與下句「端末」相對，更不應作「明」，
> 蓋微萌、端末皆小義，作「明」則與「末」不為類矣。❼

陳說甚是，蓋《說林》重點在「見微以知萌」、「見端以知末」；所
謂「萌」、「末」，即「天下不足」之謂也，與《喻老》「知天下之
禍」意旨不相同。根據這兩方面來觀察，《喻老》不應該是「徵引」
《說林》而編寫成文的。

　　《喻老》本則故事云：「吾畏其卒，故怖其始。」這兩句話很值
得我們注意：這個「吾」是指誰？是《喻老》的作者嗎？前文云：「紂
為象箸而箕子怖。」可知怖者是箕子，而不是作者；換句話說，兩句
話應當是箕子說而被《喻老》的作者引進的。《史記・宋微子世家》
云：

> 紂始為象箸，箕子嘆曰：「彼為象箸，必為玉桮；為桮，則必思
> 遠方珍怪之物而御之矣,與馬宮室之漸自此始,不可振也。」紂為
> 淫泆，箕子諫不聽，人或曰：「可以去矣。」箕子曰：「為人臣
> 諫不聽而去，是彰君之惡，而自說於民，吾不忍也。」乃被髮詳
> 狂而為奴……。

《史記》箕子云:「興馬宮室之漸自此始。」又云:「吾不忍爲也。」
與《喻老》「吾畏其卒,故怖其始」,語氣措辭有相近之處,因此,
筆者懷疑「吾畏其卒,故怖其始」應該是箕子自嘆之辭。

筆者在前一項討論《解老》及《喻老》時,認爲《喻老》不是韓
非的親著,也不是《韓非子》書中所原有的篇章,而是戰國中期、孟
荀成書之前的作品;惟其如此,其作者看到比較早的材料,把箕子的
嘆語引進自己文章之內,似乎是理所當然的事。此說若成立的話,則
《喻老》此則顯然並非以《說林》爲原始資料了。

> 《說林下》鱣似蛇,蠶似蠋。人見蛇則驚駭,見蠋則毛起。漁者
> 持鱣,婦人拾蠶,利之所在,皆為賁、諸。
> 《內儲說上》鱣似蛇,蠶似蠋。人見蛇則驚駭,見蠋則毛起。然
> 而婦人拾蠶,漁者握鱣,利之所在,則忘其所惡,皆為孟賁。

比較這兩則文字,可發現兩個小差異:第一、《內儲說上》多一句「則
忘其所惡」,王先愼曰:「張榜本依《說林》刪『則忘其所惡』五字,
不可從。」王說是也,此當各從本文,不得相非。 第二、《說林》
最末一句作「皆爲賁、諸」,謂孟賁、專諸二人;《內儲說上》作「皆
爲孟賁」,僅稱孟賁一人而已。王先愼云:「案《經》及《說林下篇》
並作『賁、諸』,明『孟賁』爲『賁、諸』之誤,今依張榜本改,
《御覽》八二五、九三三引正作『賁、諸』。」王說甚是,此當作
『賁、諸』耳。儘管有此小差異,經過比較之後,我們還是應該說:
這兩則文字有很密切的關係。

《說林下》鄭人有一子,將宦,謂其家曰:「必築壞牆,是不善

人將竊。」其巷人亦云。不時築，而人果竊之。以其子為智，以巷人告者為盜。

《說難》……宋有富人，天雨牆壞，其子曰：「不築，必將有盜。」其鄰人之父亦云。暮而果大亡其財，其家甚智其子，而疑鄰人之父……。

這兩則故事，內容固然有相同之處，但是，它們實際上存在著許多差異：第一、《說林》謂主角是鄭人，《說難》謂宋人；第二、《說林》有其子「將宦」一節，《說難》無此事；第三、《說林》謂「其巷人亦云」，《說難》謂「其鄰人之父亦云」，差異頗遠；第四、《說林》云「人果竊之」，輕筆帶過，《說難》云「果大亡其財」，特別強調此事。如果說《說難》是「徵引」了《說林》的「原始資料」，怎麼會有如此的差異呢？又怎麼需要有如此的差異呢？很顯然的，它們都分別各有所本，而不是彼此互相徵引者。

　　審查了這四則文字後，我們發現：除了第三則，其他三則並不如周勳初所云，「有些材料已經使用上了」；換句話說，無論從什麼角度來觀察，那三則文字不應該是《韓非子》其他篇章「徵引」的「原始資料」。至於第三則，根據我們的考察，當然極可能是《內儲說上》「徵引」的對象了。

　　單憑第三則的「孤證」，是不是就可以論定《說林》是「沒有經過處理的，它們是一些平時積累下來備用的原始資料」呢？筆者認為，情形似乎就很難說了。我們不要忘記，《說林》兩篇一共包容了七十一則文字；在這七十一則文字裏，偶爾有一則也出現在《韓非子》其他章篇裏，那麼，它就一定是為這篇章而「預備」的「原始資料」嗎？如果《說林》只短短數則的文字，那麼，我們當然不敢有此懷疑；然

而，今本《說林》卻有七十一則，一篇則數相當多的篇章，它偶爾有
一則出現在其他篇章內，也許應該是相當自然而且又可能性極高的事
了。

其實，只要我們仔細覽讀這兩篇文章，即可發現它們並不只是「原
始資料」的「滙編」而已；作者在搜集這些資料時，還時而批加案語，
使這些資料顯露出意義來，成為包含了作者主觀思想的文章。試讀
《說林上》下列兩則文字：

> 1.管仲、隰朋從於桓公而伐孤竹，春往冬反，迷惑失道，管仲曰：
> 「老馬之智可用也。」乃放老馬而隨之，遂得道。行山中無水，
> 隰朋曰：「蟻冬居山之陽，夏居山之陰，蟻壤一寸而仞有水。」
> 乃掘地，遂得水。以管仲之聖，而隰朋之智，至其所不知，不
> 難師於老馬與蟻，今人不知以其愚心而師聖人之智，不亦過乎？
> 2.紂為象箸而箕子怖，以為象箸必不盛羹於土簋，則必犀玉之杯，
> 玉杯象箸必不盛菽藿，則必旄象豹胎；旄象豹胎必不衣短褐，
> 而舍茅茨之下，則必錦衣九重，高臺廣室也。稱此以求，則天
> 下不足矣。聖人見微以知萌，見端以知末，故見象箸而怖，知
> 天下不足也。

文中劃線者，都是作者批加的案語；根據這些案語來推測，作者摘錄
該則故事顯然是別有含義，絕不只是「原始資料」的「滙編」而已。
似此情形，還有下列數例：

《說林上》
3.衛人嫁其子……今人臣之處官者，皆是類也。

《說林下》

4.伯樂教二人相踶馬……夫事有所必歸，而以有所腫膝而不任，智者之所獨知也。惠子曰：「置猿於柙中，則與豚同。」故勢不便，非所以逞能也。

5.鳥有鵾鵾者……人之所飲不足者，不可不索其羽也。

6.鱣似蛇……利之所在，皆為賁、諸。

7.伯樂教其所憎者相千里之馬……以千里之馬時一，其利緩，駑馬日售，其利急。此《周書》所謂「下言而上用者惑也」。

8.桓赫……舉事亦然，為其後可復者也，則事寡敗矣。

9.崇侯、惡來……故曰：「崇侯、惡來知心而不知事，比干、子胥知事而不知心。」聖人其備矣。

10.宋之富賈有監止子者……事有舉之而有敗，而賢其毋舉之者，員之時也。

11.堯以天下讓許由……夫棄天下而家人藏其皮冠，是不知許由者也。

12.蟲有蝛者……人臣之爭事而亡其國者，皆蝛類也。

13.宮有堊……行身亦然，無滌堊之地則寡非矣。

14.有與悍者鄰……故曰：「物之幾者，非所靡也。」

15.孔子謂弟子……故曰：「直於行者曲於欲。」

16.管仲、鮑叔……故諺曰：「巫咸雖善祝，不能自祓也；秦醫雖善除，不能自彈也。」以管仲之聖而待鮑叔之助，此鄙諺所謂「虜自賣袭而不售，士自譽辯而不信」者也。

上述十六則，都是二篇中含有案語的文字，它們幾乎佔了上下兩篇四

分之一的篇幅。從這些案語中，我們即知這些故事被網羅於一處，不
應只是「備用」的「原始資料」而已，也不應只是提供其他篇章「徵
引」毫無主觀思想的材料而已。相反的，作者搜集了這些故事後，還
加上許多案語，藉以顯露其哲學思想，成為發揮自己政治主張的一篇
含有血肉的文章。

　　如果這個推斷不差的話，那麼，《說林》二篇在《韓非子》全書
中就不再是「第二級」的「原始資料」而已，它們是擁有作者主觀思
想的作品，與全書其他篇章的價值相等。

　　　　　　＊　　　　　　＊　　　　　　＊　　　　　　＊

　　有一個問題值得考慮：這些案語的附加者是韓非本人嗎？只有是
韓非本人，二篇的學術價值才能與全書其他篇章等值同觀。有關這個
問題，目前似乎無法找到確實的證據，只能從旁求證觀察了。

　　第四則的案語云：「故勢不便，非所以逞能也。」特別強調「勢」
字，與韓非思想頗為相合。《功名》云：

　　聖人德若堯、舜，行若伯夷，而位不載於勢，則功不立，名不盈。

《五蠹》云：

　　民者固服於勢，勢誠易以服人。

《姦劫弒臣》云：

　　無威嚴之勢，賞罰之法，雖堯、舜不能以治。

所論皆與第四則相近及相合，可知此則極可能爲韓非本人的案語。

　　第六則云：「利之所在，皆爲賁、諸。」論人性皆有私利之心。考《備內》云：

> 醫善吮人之傷，含人之血，非骨肉之親也，利所加也。輿人成輿，則欲人之富貴；匠人成棺，則欲人之夭死也。非輿人仁，而匠人賊也。人不貴，則輿不售；人不死，則棺不買。情非憎人也，利在人之死也。故后妃夫人太子之黨成，而欲君之死也，君不死則勢不重，情非憎君也，利在君之死也。

《備內》此節所論，與第六則頗有相似之處；試讀第六則文字：

> 鱔似蛇，蠶似蠋。人見蛇則驚駭，見蠋則毛起。漁者持鱔，婦人拾蠶，利之所在，皆爲賁、諸。

兩文相對，可知其內容思想及寫作技巧，頗有相合之處；可知第六則案語也應該是韓非本人的手筆了。此外，《韓非子》全書論私利之處尚多，如《外儲說左上》云：「故人行事施予，以利之爲……。」《難二》云：「好利惡害，夫人之所有也。……喜利畏罪，民莫不然。」所云亦都莫不與第六則相近相合，都可以證明第六則應當是韓非本人手筆。

　　第六則又見於《內儲說上》；無論文字、例子或內容思想，其爲「一文兩見」，當無可疑。筆者認爲，韓非在撰寫《內儲說》時，過錄了他自己早期所寫的文字，致使「一文兩見」。「一文兩見」的現象，是任何撰文著書者所常有者，不足爲奇。韓非早年寫過「鱔似蛇」

的文字，後來撰寫《內儲說》時，又錄入篇內。似此情形，應該是一件合情合理的事。

　　根據上述三個方面來考察，《說林》二篇應該是韓非的親著了。

　　　　　　＊　　　　　　＊　　　　　　＊　　　　　　＊

　　二篇既然是韓非的作品，那麼，是他早年的作品呢？還是中年以後的作品？

　　《呂氏春秋》成書於秦始皇八年（公元前二三九），《說林》二篇共有三則文字的內容與《呂氏春秋》重複，也許可以藉此觀察其成書時代。根據錢賓四先生的推斷❽，韓非生於秦昭王二十七年（公元前二八〇），秦始皇八年韓非適好四十一歲；另一方面，韓非卒於始皇十四年（公元前二三三），上距《呂氏春秋》成書年代只有六年。如果二篇成書於《呂氏春秋》之前，那麼，應當作韓非中年以前的作品；如果在《呂氏春秋》之後，則應該當作韓非晚期的作品了。

　　二篇內共有三則文字的內容與《呂氏春秋》重複，也許在這方面能夠給我們一些暗示。《說林》下云：

　　知伯將伐仇由，而道難不通。乃鑄大鐘遺仇由之君。仇由之君大說，除道將內之。赤章曼枝曰：「不可。此小之所以事大也。而今也大以來，卒必隨之，不可內也。」仇由之君不聽，遂內之。赤章曼枝因斷轂而驅，至於齊七月，而仇由亡矣。

這故事又見於《呂氏春秋・權勳》，云：

　　中山之國有厹繇者，智伯欲攻之而無道也，為鑄大鐘，方車二軌以遺之。厹繇之君將斬岸堙谿以迎鐘，赤章曼枝諫曰：「《詩》

云：『唯則定國，我胡以得。』是於智伯。夫智伯之為人也，貪
而無信，必欲攻我而無道也，故為大鐘，方車二軌以遺君，君因
斬岸堙谿以迎鐘，師必隨之。」弗聽。有頃，有諫之。❾君曰：
「大國為懽，而子逆之，不祥。子釋之。」赤章曼枝曰：「為人
臣不忠貞，罪也；忠貞不用，遠身可也。」斷轂而行，而衞七日
而亙疑亡。

比較這兩則文字，我們發現，《呂氏春秋》那一則不但和《說林》有
很大的不同，而且在內容、情節上比《說林》豐富得多；很顯然的，
韓非在搜集這一則材料時，沒有看到《呂氏春秋》，否則的話，於情
於理，韓非應該採錄此則入《說林》了。《戰國策·西周策》也有這
則故事，云：

秦令樗里疾以車百乘入周……。游騰謂楚王曰：「昔智伯欲伐亙
由，遺之大鐘，載以廣車，因隨入以兵，亙由卒亡，無備故也
……。」楚王乃悅。

內容實在太簡單了，其非韓非所本，彰彰明甚。
　　《說林》下又云：

齊伐魯，索讒鼎，魯以其贋往，齊人曰：「贋也。」魯人曰：
「真也。」齊曰：「使樂正子春來，吾將聽子。」魯君請樂正子
春，樂正子春曰：「胡不以其真往也？」君曰：「我愛之。」答
曰：「臣亦愛臣之信。」

這則故事，又見於《呂氏春秋‧審己》云：

> 齊攻魯，求岑鼎。魯君載他鼎以往，齊侯弗信而反之，以為非。
> 使人告魯侯曰：「柳下季以為是，請因受之。」魯君請於柳下季，
> 柳下季答曰：「君之欲略以岑鼎也，以免國也。臣亦有國於此，
> 破臣之國，以免君之國，此臣之所難也。」於是，魯君乃以真岑
> 鼎往也。

這兩段文字，不但有很多相異點，而且繁富簡略也有很大的差異，情
形正與上一則相同。韓非在採錄這故事時，極可能也沒看見《呂氏春
秋》的。《新序‧節士》亦有此故事，蓋本於《呂覽》耳。

最值得我們注意的是《說林》上的一則了；云：

> 衛人嫁其子而教之，曰：「必私積聚。為人婦而出，常也。其成
> 居，幸也。」其子因私積聚，其姑以為多私而出之，其子所以反
> 者倍其所以嫁。其父不自罪於教子非也，而自知其益富。今人臣
> 之處官者皆是類也。

《呂氏春秋‧遇合》內有一則文字，與《說林》略有相似之處，其文
云：

> 人有為人妻者，人告其父母曰：「嫁不必生也。衣器之物，可外
> 藏之，以備不生。」其父母以為然。於是令其女常外藏，姑妐知
> 之曰：「為我婦而有外心，不可畜。」因出之。婦之父母以謂為
> 己謀者以為忠，終身善之，亦不知所以然矣。

仔細比較這兩段文字，可以發現它們差異的地方實在太多了。《說林》是「衞人教之」，《呂覽》是「人告其父母」；《說林》謂「爲人婦而出，常也」，《呂覽》謂「不生」始「出」；《說林》「私積聚」，《呂覽》「外藏」；《說林》「其姑以爲多私」而出之，《呂覽》「爲我婦而有外心」而出之，差異點之多，甚於前二則。除此之外，二則被採入書中的用意也完全不相同，《說林》是藉故事中女主角被休棄後帶回的物件比出閣時嫁出去的東西還要多，來說明今日爲官者「皆以聚斂爲事，一旦被發覺其貪污聚斂而革職去官，則其所入較其所出增益多矣❿」；《呂覽》是藉故事中女主角父母聽信旁人的話，女兒被休棄回家，自己還沾沾自喜以爲旁人「爲己謀者以爲忠」，因而終身善待之，來說明人與人之間的際合是非常困難的，亦說明「宗廟之滅，天下之失」⓫，亦往往如故事中之父母一般，「不知所以然」。上述的分析清楚地告訴我們，《說林》及《呂覽》的作者都分別「聽到」、「見到」這個故事，但是，他們分別都用自己的意思和文筆「重新編寫」；《說林》的作者沒有見過《呂氏春秋》，是可以肯定的了。

　　《說林》的作成時代既然在《呂氏春秋》之前，那麼，應該提前到什麼時候呢？《說林》上云：

　　子圉見孔子於商太宰，孔子出，子圉入，請問客，太宰曰：「吾已見孔子，則視子猶蚤蝨之細者也。吾今見之於君。」子圉恐孔子貴於君也，因謂太宰曰：「君已見孔子，亦將視子猶蚤蝨也。」太宰因弗復見也。

《說林》下云：

孔子謂弟子曰：「孰能導子西之釣名也？」子貢曰：「賜也能。」
乃導之，不復疑也。孔子曰：「寬哉，不被於利；絜哉，民性有
恆。曲為曲，直為直。子西不免。」白公之難，子西死焉。故曰：
「直於行者曲於欲。」

二則故事對孔子褒揚有加，很顯然的，作者此時還深受儒家思想的影
響。韓非早年受學於荀卿，其後始獨立門戶，以法家正統自居；因此，
筆者懷疑二篇當成書於韓非早年，當時他尚在荀卿門下受學，或者剛
離開荀卿不久之後，才能帶有此儒家的作風。周勳初云：

《說林》上、下和《內》、《外儲說》中有好幾則故事吹捧孔丘
的言行和治績，這可不能用來證明文章的寫作年代，因為這些作
品中的故事，韓非大都是從其他材料中直接摘引過來的，不能完
全代表他對儒家的正式評價。❶

實際上，周氏恐怕過慮了。誠如上文所論，《說林》二篇並非一批漫
無主旨的原始資料，相反的，是蓄含作者主觀思想的兩篇文章，作者
將它們滙聚成篇，並不止於「第二級」的「備著書……之用」而已，
作者尚且附加許多案語，藉以顯露故事的含意，表達自己政治主張，
那麼，它們當然就不會只是「從其他材料中直接摘引過來」那麼簡單
而已。因此，它們自然可以用來推測其成書時代了。

　　二篇不但含有儒家思想，而且若干則的內容也並不完全是法家，
例如《說林》下云：

堯以天下讓許由，許由逃之，舍於家人，家人藏其皮冠。夫棄天

下而家人藏其皮冠，是不知許由者也。

案語對許由褒揚有加，用意至顯；這是法家的立場嗎？韓非在《說疑》曾明列五類「當今之世」不可用的臣子，第一類即許由這種「不令之民」；可知《說林》下云云，並非法家的立場了。又例如《說林》下云：

> 桓赫曰：「刻削之道，鼻莫如大，目莫如小。鼻大可小，小不可大也。目小可大，大不可小也。」舉事亦然，為其不可復者也，則事寡敗矣。

陳奇猷《集釋》云：「此猶言舉事為其不可復，則寡敗；猶今言『做事情為得怕它不能回復，起先就要謹慎，先謹慎就不會失敗了』。」陳說頗合韓非文旨；然而，此則與法家有何關係呢？據上述二例以觀之，《說林》不但含有儒家思想，而且內容駁雜不純，有的「讀後不知作者原意何在」（周勳初語），有的恐怕不是法家立場所應有。

似此內容的文章，應當是韓非在那一個階段內完成的呢？筆者認為，應當是在他受學於荀卿門下之際，或剛離開荀卿不久之後所編述的。也許，它的資料在韓非早期階段就開始搜集了，所以，其思想未免停留在「雛型」階段，內容也駁雜不精，對孔子的態度也深受荀卿的影響了。至於整理完成的時期，應該在他離開荀卿門下不久後的中期階段。

附　註

● 周氏著有《戰國策與韓非子》一文，在周著《韓非子札記》內；此言見該書

頁一六四。

❷ 見梁著《要籍解題及其讀法》。

❸ 潘先生云:「二篇全屬簡短有趣的故事,大概是從舊書雜記撮錄下來的札記,用以供行文著書的材料。」

❹ 見陳著《韓非子集釋》。

❺ 同❶,頁一六五。

❻ 周氏《戰國策與韓非子》文內有小標題,云:「《說林》是為創作而準備的原始資料滙編。」可見周氏對此說之肯定。

❼ 同❹,頁四三九《注》四。

❽ 錢賓四先生撰有《諸子生卒年世約數》一表,在《先秦諸子繫年考辨·附錄》內;表中列韓非生於公元前二八〇,卒於公元前二三三,享年四十八。

❾ 舊本「諫之」上無「有」字,此據王師叔岷《校補》補;有,讀爲「又」。

❿ 見陳著,頁四四五《注》五。

⓫ 《呂覽》此則下文有此案語。

⓬ 見周著,頁一三〇。

第二十節　觀行·安危·守道·用人·功名·大體

這裏所說「篇幅短小」的作品,是指《觀行》、《安危》、《守道》、《用人》、《功名》及《大體》等六篇文章而言。這六篇文章,都有一個共同點——篇幅相當短小,《安危》、《守道》及《用人》三篇分別在一千字之譜,《觀行》、《功名》及《大體》每篇卻只有五、六百字;它們夾在分上下篇的《說林》及分爲六篇的《儲說》之間,就像兩座高山之間的低谷,顯得更矮小了。

關於這六篇文章的作者,容肇祖似乎都持負面的態度。他在《韓非子考證》的最後一章說:

《觀行》一篇，亦有可疑的話，如説：「有賁、育之彊，而無法
術，不得長生。」這是神仙家的法術，不是韓非的法術了。又如
説：「因可勢，求易道，故用力寡而功名立。」這亦似道家的話。

《安危》一篇，很不像韓非所作，如説：「先王寄理於竹帛，其
道順，後世服。」這是「明據先王」。又説：「堯無膠漆之約於
當世而道行，舜無置錐之地於後世而德結。能立道於往古而垂德
於萬世者之謂明主。」這是「必定堯舜」。這卽《顯學》所謂
「非愚卽誣」的，不像韓非的話。

《守道》一篇，亦狠有可疑的話，如説：「託天下於堯之法，則
貞士不失分，姦人不徼幸。……堯明於不失姦，故天下無邪。」
這種「必定堯舜」的話，狠不像韓非所説的。

《用人》一篇，開首卽説：「聞古之善用人者，必循天順人而明
賞罰。循天則用力寡而功立，順人則刑罰省而令行，明賞罰則伯
夷、盜跖不亂。」這種思想，除明賞罰外，循天順人之説，俱不
見稱於韓非。又如説：「故明主屬廉恥，招仁義。」這「招仁義」
是和《韓非·不蠹》「仁義用於古而不用於今」的思想相反，疑
不是韓非所作。

《功名》一篇，開首説道：「明君之所以立功成名者四：一曰天
時，二曰人心，三曰技能，四曰勢位。非天時，雖十堯不能冬生
一穗。逆人心，雖賁、育不能盡人力。故得天時則不務而自生，
得人心則不趣而自勸，因技能則不急而自疾，得勢位則不進而名
成。若水之流，若船之浮，守自然之道，行無窮之令，故曰明主。」
這裏説的天時與人心，和《用人篇》説的循天順人的觀念相同。
「守自然之道」，亦似道家的説話。

《大體》一篇，亦頗有可疑的話，如説：「守成理，因自然。」

又説：「至安之世，法如朝露，純樸不散。心無結怨，口無煩言。」疑這種説話，和漢初道家有關。❶

這六篇文章，有的是「神仙家」言，有的似「道家的話」，有的「和漢初道家有關」，都「很不像韓非所作」、「狠不像韓非所説的」，所以，他一概列入「未定爲誰作的篇章而姑俟續考者」一類內。

受此影響最深的，要數陳啓天了。在他所寫的《韓非子校釋》裏，有關這幾篇的作者，處處都看到容肇祖的影子。在《觀行》裏，他說：「本篇旨趣，近於道家。……據此則本篇是否出於韓非，蓋不無可疑矣❷。」在《安危》裏，他説：「《考證》以本篇似非韓非所作❸。」《守道》裏，他說：「本篇爲一篇嚴刑論，與韓非思想正合，而《考證》以文中有『堯明於不失姦』等語，與《顯學篇》『必定堯舜』語衝突，未免可疑❹。」《用人》説：「本篇思想大體合於法家之旨，惟間有可疑者：一、篇中『厲廉恥招仁義』之語，與《五蠹篇》『仁義用於古不用於今』之言相反（參閱《考證》）；二、篇首有與《飭令篇》重出者❺。」《功名》説：「本篇既重在勢論，則與韓非思想似無不合，然《考證》以篇首有天時、人心之語，爲道家言，未免過疑矣❻。」《大體》説「《考證》以本篇有守成理、因自然、法如朝露、純樸不散之語，疑爲漢初道家言❼。」除了《功名》陳啓天敢於批評《考證》「未免過疑」之外，其他各篇不是直接肯定容氏的説法，就是引述容氏的文字，間接同意他的見解。

梁啓雄將這六篇和《忠孝》及《制分》合在一起討論，認爲它們「思想和文字與他篇都有點不同的篇❽」；他說：

　《用人篇》至《制分篇》共八篇都是短篇，從思想內容上看，可

以說基本上都是法家思想。但是，每篇都夾雜着一些崇古思想，還有夾雜着「招仁義」「德若堯舜」一類的話的篇章，跟韓非的思想體系不合。八篇的文字，譌錯不多，文章也不像《五蠹》、《說難》、《孤憤》等篇那樣古奧。根據這些，如果說：「這九篇❾都不是韓非的作品，而是後人的增益作品。」好像可以。如果說：「也是韓非的作品，不過因寫作的時候不同，所以在思想上、在文字上都略有出入。」那只好「表示懷疑」了❿。

很顯然的，梁啓雄一方面受容肇祖的影響，同意他的說法；一方面卻又採取非常審慎的態度，認爲可能是韓非不同時代的作品；前後二說，他無法肯定和判斷，所以，只好「表示懷疑」了。

首先，我們討論這六篇文章彼此之間的關係。根據筆者個人的淺見，它們都應該是同一個人所寫的；理由有下列三方面：

第一、它們都出現孟賁及夏育二人的名字

這六篇作品，非常湊巧的，都出現了孟賁及夏育這兩個人的名字；試讀下列句子：

《觀行》：有賁、育之彊而無法術，不得長生❶。

　　　　賁、育之不能自勝，以法術則觀行之道畢矣❷。

《安危》：今使人饑寒去衣食，雖賁、育不能行❸。

《守道》：戰士出死，而願爲賁、育。

　　　　戰如賁、育。

　　　　賁、育不量敵則無勇名。

　　　　賁、育見侵於其所不能勝。

　　　　故能禁賁、育之所不能犯。

《用人》：不去眉睫之禍而慕賁、育之死。

《功名》：雖賁、育不能盡人力。

《大體》：不使賁、育盡戚以傷萬民之性。

這種現象是很不尋常的，因爲：一、《韓非子》全書除此六篇之外，沒有任何一篇個別出現過這兩個名字，更不要說同時出現了。二、先秦古籍提到孟賁、夏育的，除了《墨子·親士》「孟賁之殺，其勇也」、《孟子·公孫丑》「若是則夫子過孟賁遠矣」之外，要以《戰國策》出現過了；試讀下列諸例：

《秦策三》「范睢至秦」章：「烏獲之力而死，夏育❶之勇焉而死。」

《齊策五》「蘇秦說齊閔王」章：「麒驥之衰也，駑馬先之；孟賁之倦也，女子勝之。」

《楚策三》「唐且見春申君」章：「臣聞之，賁、諸懷錐刃而天下為勇。」

《趙策三》「鄭同北見趙王」章：「內無孟賁之威⋯⋯。」

《韓策一》「張儀爲秦連橫說韓王」章：「夫戰孟賁、烏獲之士⋯⋯。」

《韓策二》「韓傀相韓」章：「是其軼賁、育而高成荆矣。」

《燕策二》「奉陽君告朱讙」章：「孟賁之勇而死，烏獲之力而死⋯⋯。」

在《戰國策》「孟賁」出現的七個例子當中，「孟賁」與「烏獲」組合者共三次，「孟賁」與「專諸」、「麒驥」及「夏育」組合者各一

次，「孟賁」單獨行文者一次。據此可知，作爲先秦古籍的《戰國策》，習慣上都將「孟賁」和「烏獲」組合，偶而才和「夏育」並舉。至於夏育，先秦古籍提到此名字的就更少了，除了前引《韓策二》那一則及《秦策三》「蔡澤見逐於趙」章「夏育、太史啓叱呼駭三軍」之外，幾乎就看不到它在其他古籍出現。因此，筆者認爲，本書這六篇短文同時將孟賁、夏育並舉，結爲一個詞組，在先秦古籍裏，是很不尋常的現象。

第二、它們提及古代名詞有其集中性

六篇作品都提到不少古代、近代的人物，以及一個地名；這些人物及地名，似乎都相當「整齊地」出現在這些短篇裏。試讀下列統計表：

[六篇出現人名地名統計表]

名詞 ＼ 篇名次數	觀行	安危	守道	用人	功名	大體
堯	2	3	3	3	4	
羿			2	1		
比干		3	1	1		
伯夷		1	4	2	1	
子胥		2	2	1		
田成		1	1			
盜跖			11	2		
太山					1	4

八個名詞當中最常見的當然是「堯」，六篇出現了這個名詞；最不常見的是「羿」、「盜跖」、「田成」及「太山」，分別只在兩篇裏出現過。

這八個名字是否也在其他篇章裏出現過呢？出現的情形又是怎樣呢？試讀下列統計表：

其他篇章出現上述名詞統計表

名詞＼篇名	難言	十過	孤憤	姦劫弒臣	亡徵	飾邪	解老	喻老	說林	儲說	難	難勢	問辯	說疑	五蠹	顯學	忠孝
堯		2		1	1	1	1		1	17	12	14		2	2	5	8
羿									2	2	3	2					
比干	1					1			2		1						
伯夷			1	1					2					1			
子胥	1					1	6	2	2								
田成			1	1				1	1								
盜跖															1		2
太山																	

這個統計表告訴我們兩個事實：一、「太山」一詞除在《功名》及《大體》兩篇出現外，《韓非子》其他篇章不再出現。二、一些比較罕見的名詞，如比干、盜跖和伯夷❺，在本書上述六篇以外的篇章裏，出現的頻率並不高，而且也相當分散。

觀察了《韓非子》其他篇章對這八個名詞的處理情形之後，我們就可以進一步瞭解，這六篇短文「整齊地」、「集中地」出現這八個

名詞，恐怕不是一件偶然的事。

　　第三、它們用詞用典有相同之處

　　六篇作品在用詞用典方面，也有相同之處；試讀下列的例子：

　　(1)《安危》云：「誅於無罪，使傴以天性剖背。」
　　　　《用人》云：「不肖者少罪而不見傴剖背。」

梁啓雄於《安危》內《淺解》說：「傴，指背脊彎曲的傴人。宋康王解剖傴傴人的駝背，是殺無罪人的舉動。」《用人》所示「傴剖背」，與《安危》同典。《韓非子》他篇不見此典。

　　(2)《觀行》云：「人主為三者發喜怒之色，則金石之士離心。」
　　　　《守道》云：「守道者皆懷金石之心……中為金石……。」

陳奇猷於《守道》內《集釋》云：「金石之心，謂精忠為國之心。」其說甚是；《觀行》所謂「金石之離心」，即忠國之士離心也；用詞與《守道》相合。《韓非子》他篇皆不用此詞。

　　(3)《安危》云：「不可行於齊民。」
　　　　《守道》云：「……而齊民之情正矣。」

太田方《安危・翼毳》說：「齊，等也，《漢書・注》：『無有貴賤，謂之齊民。』若今言『平人』矣。」太田方之說是也；齊民，即平民之謂。《守道》用詞相同，《韓非子》他篇不見。

(4)《安危》云：「斲削於繩之內。」

　　《用人》云：「隨繩而斲。」

　　《大體》云：「不引繩之外，不推繩之內。」

「繩」，即「法」也；《有度》云：「法不阿貴，繩不撓曲。」法、繩互文，義正相同。三篇皆以「繩」喻「法」，用詞相同。

　　上述四例，都可知這六篇短文在用典方面，自有其相合之處。

　　綜合上述三方面的論證，我們應該如此下結論：六篇作品既然毫無例外地將孟賁、夏育並舉在一起，與先秦其他古籍以及本書其他篇章的作法幾乎完全不相同，同時，在例舉各種名詞時，彼此之間又有內在的相同性、整齊性及集中性的連繫，那麼，我們有理由相信它們都是同一個人所寫的，而且，也有理由相信它們的寫作時代應該都很靠近。另一方面，這六篇作品篇幅都相當短小，前後相隨地編排在一起，並且夾在兩篇長篇大作《說林》及《儲說》的中間；這種情形，有可能說明當時它們就已經是相同的一批材料了。容肇祖將它們拆散，認為有的是漢代作品，有的是神仙家言，有的是道家語，作者不同，作成時代也有距離，恐怕都不是事實。

　　肯定這六篇文章為一個人短期內的作品之後，接下來就應該來探求它們的著作權了。

　　周勳初曾經根據韓非對孔子的推崇和否定，來推斷某篇作品的寫作時代 ❻。根據這條準則，他說：

下面可以根據這項原則再對某些作品的寫作年代作些判斷。《安危》中有句云：「治世使人樂生於為是，愛身於為非，小人少而君子多。故社稷常立，國家久安。奔車之上無仲尼，覆舟之下無

伯夷。故號令者，國之舟車也。安則智廉生，危則爭鄙起。」這
裏是把孔丘作為智者的典型而加以肯定。……《守道篇》中說：
「盜跖與曾、史俱廉。」這裏是把曾參看作高尚的典型而加以肯
定：這些作品或許都產生於早期。

很顯然的，周勳初已經承認《安危》及《守道》的作者是韓非本人，
所以，他才根據自己的準則進一步判定它們是韓非早年的作品。

　　根據筆者個人的淺見，這六篇短文應當如周勳初所推斷的，都是
韓非的作品。除了周氏所舉的證據之外，六篇作品用詞、用典及語義
和韓非其他篇章相同也是個值得重視的證據。試讀下列諸例：

　　(1)《觀行》云：「西門豹之性急……董安于之心緩……。故以有
　　　餘補不足，以長續短，之謂明主。」
　　　《亡徵》云：「緩心而無成……可亡也。……變褊而心急……
　　　可亡也。」
《觀行》「心緩」，即《亡徵》之「緩心」，文雖互移而詞義則同；
此外，「性急」亦與「心急」同義。

　　(2)《用人》云：「王爾不能半中。」
　　　《姦劫弒臣》云：「雖王爾不能以成方圓。」

王爾，先秦古籍不見其人，《淮南子·本經》云：「王爾無所錯其剞
劂。」《注》曰：「王爾，古之巧匠。」《用人》與《姦劫弒臣》採
用同一典故。

(3)《用人》云：「以法教心。」

　《五蠹》云：「明主之國，無書簡之文，以法為教。」

《用人》所謂「以法教心」，即《五蠹》之「以法爲教」；只不過前者說得透澈，後者說得含糊一點而已。

(4)《安危》云：「斲削於繩之內。」

　《用人》云：「隨繩而斲。」

　《有度》云：「繩直而枉木斷，準夷而高科削。」

《安危》合言「斲削」，《用人》獨言「斲」，《有度》分言「斷」「削」，實際上，皆詞同義同。

(5)《功名》云：「桀為天子，能制天下，非賢也，勢重也；堯為匹夫，不能正三家，非不肖也，位卑也。」

　《難勢》云：「慎子曰：堯為匹夫，不能治三人；而桀為天子，能亂天下。」

《功名》此節所云，與《難勢》所引慎子的話，無論語義或用詞，幾乎完全相同。

(6)《功名》云：「故曰：右手畫圓，左手畫方，不能兩成。」

　《外儲說左下》云：「子綽曰：人莫能左畫方而右畫圓也。」

《功名》所示，與《外儲說》語義及用詞幾乎完全相合，只是前者多

「兩成」二字而已。

《亡徵》、《姦劫弒臣》、《五蠹》、《有度》、《難勢》及《外儲說》都是韓非的作品，六篇作品無論在用詞、用典及語義上和它們相合，那麼，從常理的角度來推測，六篇作品也應該是韓非所著了。

六篇作品既然是韓非所親著，那麼，是作成於他的早年呢？還是晚期呢？根據個人的淺見，周勳初的推斷應該是正確的。試讀下列諸例證：

(1)《荀子·王制》云：「君者舟也，庶人者水也。水能載舟。」
《功名》云：「人主者，天下一力以共載之，故安。」

《功名》雖沒有如《王制》明白將君比喻為舟，將庶人比喻為水，不過，它說人主必須依賴天下同心一力共同負載，方能安於位，可知背後還是採用《王制》的比喻。

(2)《荀子·勸學》云：「故不積跬步，無以至千里；不積小流，無以成江海。」
《大體》云：「太山不立好惡，故能成其高；江海不擇小助，故能成其富。」

《勸學》和《大體》所說的，文字雖然略有小異，意思却相合。《管子·形勢解》云：「海不辭水，故能成其大；山不辭土石，故能成其高。」《墨子·親士》云：「江河不惡小谷之滿己也，故能大；聖人者事無辭也，物無違也，故能為天下器。」李斯《諫逐客書》云：「太

山不讓土壤，故能成其大；河海不擇細流，故能就其深。」蓋當時即有此諺言，故諸書皆採用之；惟《管子》、《荀子》、《韓非子》及李斯所言者最接近。韓非及李斯皆荀卿學生，所以，同時都繼承師說。

> (3)《荀子・勸學》云：「登高而招，臂非加長也，而見者遠；順風而呼，聲非加疾也，而聞者彰。……君子生非異也，善假於物也。」
>
> 《功名》云：「故立尺材於高山之上，下臨千仞之谿，材非長也，位高也。桀為天子，能制天下，非賢也，勢重也。……故短之臨高也以位，不肖之制賢也以勢。」

《功名》本節取譬和含義，應該是來自《勸學》。「材非長也」，和《勸學》「臂非加長也」，兩「長」字前後相應。「善假於物」，乃儒家之說法；「位高也，勢重也」，乃法家之說法；含義亦相同。

> (4)《荀子・子道》云：「雖有國士之力，不能自舉其身，非無力也，勢不可也。」
>
> 《觀行》云：「有烏獲勁，而不得人助，不能自舉。」

烏獲乃有力之士，即《子道》所說的「有國士之力」；「不能自舉」，即《子道》「不能自舉其身」的簡語；不但用詞相同，取譬也相合。

> (5)《荀子・富國》云：「故為之出死斷亡以覆救之。」
>
> 又《王霸》云：「為之出死斷亡而不愉。」
>
> 又《臣道》云：「出死無私，致忠而公。」
>
> 《守道》云：「戰士出死，而願為賁、育。」

「出死」，乃《荀子》習詞，楊《注》云：「出死，謂出身致死。」
《守道》亦有此詞，蓋因襲自乃師。

　　⑹《荀子・解蔽》云：「奚仲作車乘。」

　　　《用人》云：「奚仲不能成一輪。」

奚仲，乃先秦巧匠，除《墨子・非儒》「奚仲作車」提及其人之外，
只有《荀子》及《韓非子》提到他了。《用人》用此典，大概因襲師
說。

　　以上所舉的例證，在在都證明這六篇作品在用典、用詞、取譬及
含義上，都和《荀子》有許多相合之處。韓非是荀卿的學生，因襲及
採用師說乃是很自然的道理。問題是：這種作風應該在他的早年？或
者晚年？筆者認為，如果是在他尚未獨立門戶、尚且崇敬儒家的早期
階段，似乎會比較合情合理些。

　　推測過這六篇作品的作者及其寫作時代以後，還有一個問題必須
清理：容肇祖說這六篇作品有道家語、神仙家語❶、「不像韓非的話」
及「漢初道家」語，又當作何解釋呢？許多學者根據思想來研究古籍
真偽時，最大的錯誤是總以為所有的作品都是該作者在思想最成熟、
最純一的時候完成的；這樣的假設，經常為古籍真偽研究帶來許多紊
亂和不必要的困擾。就以這六篇作品而言，它們既然都是在韓非年輕
時寫的，篇中含有一點道家語，以及與後來成熟的想法不相同的幾句
話語，那不是很自然的事嗎？這不正表示他的思想尚待後來的拓展和
磨練嗎？所以，容肇祖的說法顯然是過慮了。

附　註

❶ 見容著《韓非子考證》，頁六十一至六十二背。

❷ 見陳著《增訂韓非子校釋》，頁七一八內。

❸ 同上，頁八〇六內。

❹ 同上，頁七九七內。

❺ 同上，頁七九一內。

❻ 同上，頁八〇五內。

❼ 同上，頁七一五內。

❽ 見梁著《韓非淺解・前言》，頁八。

❾ 梁啓雄在論「思想和文字與他篇都有點不同的篇」時，也包括了《十過》，所以說「九篇」耳。

❿ 同注❽。

⓫ 「長生」當作「長勝」，陳奇猷引孫子書曰：「『長生』當作『長勝』，上文云：『彊有所不能勝。』下文云：『賁、育之不能自勝。』是其證。《群書治要》引亦作『長生』，則其誤已久矣。」在陳著《韓非子集釋》頁四八一《注》⓬之內，其說甚是；梁啓雄《淺解》亦有此說。

⓬ 陳奇猷引太田方曰：「『以法術』三字衍。」

⓭ 「育」本作「欲」，此據王先愼校改。

⓮ 「夏育」原作「奔育」，鍾鳳年曰：「據《文選》卷二及三十九李善《注》與卷四十四五臣《注》引此並作『夏育之勇焉而死』。按：語乃對映之辭，上文旣獨言烏獲，次語似不應並舉孟奔、夏育二人，今本蓋誤。」鍾說是，今據正。

⓯ 本書上述六篇以外的篇章也很少出現「田成」一詞，不過，「田成」又稱「田成子」、「田常」、「田成常」及「田成氏」等，若全部計入，則非罕見的名詞了。

⓰ 見周著《韓非子札記》，一三〇內。

⓱ 《觀行》「不得長生」，容氏以爲神仙家的話，實際上，「長生」當作「長勝」，孫子書及梁啓雄皆有說，說詳注⓫；所以，容說不確。

第二十一節　儲　說

　　《韓非子》有《儲說》，分《內儲說》及《外儲說》。《內儲說》分上、下兩篇，上篇副題爲「七術」，下篇副題爲「六微」，篇幅長短甚近。《外儲說》分左篇及右篇，左篇又分上、下，右篇亦分上、下，共得四篇；四篇之中，以左上之篇幅最長，右下之篇幅略短。《韓非子》一書以「儲說」爲題者，得上述六篇，卽內篇二，外篇四，爲《韓非子》書中篇幅最大的一組文章了。

　　有關篇題之含義，歷代學者多有說解，而意見也頗爲歧異。

　　《內儲說·舊注》云：「儲，聚也；謂聚其所說，皆君之內謀，故曰：內儲說。」謂「內儲」爲儲聚君王之內謀也。司馬貞《史記·索隱》云：「內儲，言明君執術以制臣下，制之在己，故曰內也。外儲，言明君觀聽臣下之言行，以斷其賞罰，賞罰在彼，故曰外也。」司馬貞謂「內」爲「制之在己」，謂「外」爲「觀聽臣下之言行，賞罰在彼」；於篇題「內」、「外」二字，都認爲含有特殊意義，與《舊注》部分意見相合。司馬貞又云：「儲畜二事，所謂明君也。」訓「儲」爲「畜」，義亦與《舊注》相近。

　　日人太田方《翼毳》倡新說，謂「內」、「外」二字無特殊意義，僅因「簡編重多」，故分爲數篇耳。其文云：

　　　儲說一篇，分爲內外，內篇又分爲上下，外篇分爲左右，左右復
　　　分爲上下。內外、左右、上下，非有他義，以簡編重多故耳，猶
　　　《老子經》分上下也。

太田方此說，附同者甚多；陳奇猷《集釋》云：「太說是也❶。」陳啓天《校釋》云：「以上三家，以《翼毳》所說爲是。《儲說》六篇爲一整篇，內外左右上下只標名篇次，無他義❷。」都附和太田方之說。梁啓雄《淺解》引太田方說之後雖無案語❸，不過，《淺解》同意其說，蓋亦可以斷言。

　　《韓非子》六篇《儲說》，其篇題內外、左右及上下當如太田方所倡議，只因簡編太重而不得不劃分，「非有他義」呢？還是如司馬貞或《韓非子舊注》所云，「內」及「外」二字另有一番意義呢？如果內外、左右及上下都沒有其他意義，那麼，這一組六篇文章的原始面貌當然就正如陳啓天所說「《儲說》六篇爲一整篇」的了；然而，事實是不是如此呢？松皋圓《定本韓非子纂聞》云：「外者，對內之辭，因以別篇，不必『在彼』爲解。」在太田方之前，已提出「內外無他義」的想法，不過，他沒有說得十分清楚而已。自太田方提出「非有他義」之說後，許多研究《韓非子》者都加以附從，中國大陸一九八二年刊行《韓非子校注》，編撰者爲「《韓非子》校注組」，其《內儲說上・七術》的卷首說明云：「由於篇幅過大，全文分爲內外儲說兩大類。《內儲說》分上下；外儲說分左右，左右又分上下；共六篇❹。」臺灣商務印書館一九八六年刊行《韓非子今註今譯》（第三次版），其《內儲說上釋題》云：「內外左右上下，只標名篇次，並沒有別的意義❺。」這是晚近比較通俗的兩部《韓非子》註譯本，它們都附從太田方的觀點；再加上前舉陳奇猷、陳啓天及梁啓雄的附和，可見太田方說之普遍了。

　　要瞭解篇題內外、左右及上下是不是有意義，是不是「簡編重多」及「六篇爲一整篇」而劃分的，首先，應該從這六篇的結構來考察。

　　今本《內儲說上》開卷第一段卽云：

主之所用也七術，所察也六微。七術：一曰、眾端參觀，二曰、必罰明威，三曰、信賞盡能，四曰、一聽責下，五曰、疑詔詭使，六曰、挾知而問，七曰、倒言反事。此七者，主之所用也。

《內儲說》的副題為「七術」，《內儲說下》的副題為「六微」；很明顯的，這「七術」、「六微」兩副題即從文章首兩句《主之所用也七術，所察也六微」中拈出。可以這麼說，上引的「主之所用也七術，所察也六微」兩句，其實就是《內儲說》上、下兩篇的一則「卷首語」，兩句提綱挈領性的文字。《內儲說下》開卷云：

六微：一曰、權借在下，二曰、利異外借，三曰、託以似類，四曰、利害有反，五曰、參疑內爭，六曰、敵國廢置。此六者，主之所察也。

這段話與《內儲說上》「七術……主之所用也」比儷為文，而「主之所用也七術，所察也六微」又是這兩段話的總綱領。這個說法如果成立的話，那麼，內儲說的「上」、「下」二字，應當是沒有甚麼特別意義，是簡編過重的一種劃分而已。

《外儲說》一共有四篇，分左上、左下、右上及右下，份量相當重；根據作者在文章內自行分劃的論點和段落，四篇的結構如下：

左　上		左　下	
經一	明主之道……。 （說一）下附五節。	經一	以罪受誅……。 （說一）下附四節。

經二	人主之聽言也……。 （說二）下附十一節。	經二	恃勢而不恃信……。 （說二）下附四節。
經三	挾夫相為則責望……。 （說三）下附十五節。	經三	失臣主之理……。 （說三）下附二節。
經四	利之所在民歸之……。 （說四）下附四節。	經四	利所禁……。 （說四）下附六節。
經五	詩曰……。 （說五）下附九節。	經五	臣以卑儉為行……。 （說五）下附七節。
經六	小信成則大信立……。 （說六）下附六節。	經六	公室卑則忌直言……。 （說六）下附四節。

右 上		右 下	
君所以治臣者有三：			
經一	勢不足以化則除之……。 （說一）下附七節。	經一	賞罰共則禁令不行……。 （說一）下附三節。
經二	人主者……。 （說二）下附九節。	經二	治強生於法……。 （說二）下附三節。
經三	術之不行……。 （說三）下附九節。	經三	明主者……。 （說三）下附六節。
		經四	人主者……。 （說四）下附六節。
		經五	因事之理……。 （說五）下附五節。

細覽這四篇文章的結構之後，即知它們除了長短略異之外，其寫作方式完全相同。第三篇《右上》是最值得注意的，作者在提出三個論點

之前，還冠上「君所以治臣者有三」一句話；易而言之，這八個字是該篇的總綱領，猶如《內儲說》的「主之所用也七術，所察也六微」，是全篇文章的「卷首語」。由於這八個字，使我們能夠很肯定地判斷說：《右上篇》應該是獨立的一篇，所討論的是人君駕御臣子的方法，是作者精心策劃組織的文章，在結構上與其他三篇沒有連繫。今該篇被題爲「右上」，成爲「右下」的上篇；又因爲「右」字與「左」字的關係，被當作「左篇」的副篇；無形之中，與另外三篇滲雜在一起，失去其特殊的意義。

其次，我們可以從各篇的內容來考察。

在《內儲說》兩篇方面，作者卷首開宗明義就說：「主之所用也七術，所察也六微。」這兩句話主要在強調國君治國所當用、當察的事項，此外，它又對兩篇文章的內容作全面性的概括。上篇討論七項主題「參觀」、「必罰」、「賞譽」、「一聽」、「詭使」、「挾智」及「倒言」，下篇討論六項主題「權借」、「利異」、「似類」、「有反」、「參疑」及「廢置」，其各項的題名，實際上就是卷首語所列七術及六微的簡語。據此兩端，可知《內儲說》所討論者不但側重於君王治國時本身所應有的方法和態度，在寫作的過程中也經過通篇性的精心設計及妥善安排，才能夠達到內容精純、前後一貫的境地。《舊注》云：「皆君之內謀，故曰：內儲說。」司馬貞《索隱》云：「內儲，言明君執術以制臣下，制之在己，故曰內也。」都認爲「內」字含有深義，恐怕有相當的道理了。

在《外儲說》方面，問題就比較複雜了。

根據上文的分析，《外儲說》實際上應該分爲兩個部分。《外儲說右上》因爲卷首有「君所以治臣者有三」一語，概括了整篇的內容，也證明本篇爲獨立一章，可自爲第一部分；《外儲說》左上、左下及

右下討論的項目頗爲龐雜，又無概括性的卷首語，姑列爲第二部分。

那自爲第一部分的《外儲說右上》，討論的是甚麼主題呢？根據筆者的歸納，作者認爲「君所以治臣」的三項事情是：國君應當善於持勢、明主應當獨斷、術之所以不能行。三項所討論者都與《內儲說》相同，側重在國君的身上，但是，它們却又與《內儲說》完全不重複。

至於第二部分的那三篇呢？根據筆者的歸納，有些項目就與《內儲說》、《外儲說右上》相互重複了。例如：

左上

（經一）論聽言、觀行──與《內儲說上》第一項「眾端參觀」
　　　　及第四項「一聽責下」重複；

（經二）論聽言──與《內儲說上》第四項「一聽責下」部分重
　　　　複；

（經六）論信於賞罰──與《內儲說上》第二項「必罰明威」、
　　　　第三項「信賞盡能」重複；

左下

（經二）論勢、術之可恃──與《外儲說右上》「經一」及「經
　　　　二」重複；

（經五）論觀臣下之行──與《內儲說上》第一項「眾端參觀」
　　　　重複；

（經六）論觀察臣下言行──與《內儲說上》第一項「眾端參觀」
　　　　重複；

右下：

> （經一）論賞罰之權不可予臣下——與《內儲說下》第一項「權
> 　　　　借在下」重複；
> （經三）論明主當鑒外、鑒下——與《內儲說上》第一項「眾端
> 　　　　參觀」部分重複；

此種重複現象，是作為「一整篇」文章時所不當有的；因此，筆者認
為《外儲說》左上、左下及右下三篇自成一個系統，與《內儲說》及
《外儲說右上》原本不是相同的一篇。這三篇文章，原本是以「初稿」
的形式出現，先經後說，按節排比，想到那裏即寫到那裏，各項之間
沒關連，所論內容也前後不一貫，是作者片段式的「靈思札記」，也
許作者曾經將這些「初稿」抽擇出一部分，整理編綴為《內儲說》及
《外儲說右上》；也許作者正等待增補或整理這些「初稿」，使成為
一些有系統的新作品。作者沒完成這個意願，由於篇幅過重，「初稿」
乃被後人截為三篇了。

　　司馬貞《索隱》曰：「外儲，言明君觀聽臣下之言行，以斷其賞
罰，賞罰在彼，故曰外也。」對篇題二字的解釋，是否正確呢？筆者
認為，這三篇文章所討論的主題，有些項目固然如司馬貞所說的，是
「以斷其賞罰，賞罰在彼」，例如《左上》第六項論「賞罰不信，則
禁令不行」，《左下》第一項論「以罪受誅，人不怨上」，重點都是
「在彼」的「臣下」；然而，論點在國君一己之上者，為數亦不少，
比如《左上》第三項論國君「相為則責望，自為則事行」，第五項論
國君當「躬親位下」，左下第二項論國君當「恃勢恃術，不可恃信」
等等。據此，可知三篇內容相當複雜，並不如司馬貞所云「賞罰在彼」

那麼單純了。三篇既如上文所論，是整理編綴以後所剩的「原始材料」，或是尚待增補整綴成篇的「初稿」，所論主題當然不會完全「賞罰在彼」那麼統一了；這種現象，是可以理喻的。

筆者認爲，在這六篇文章裏，《內儲說》上、下原本是自成系統的一篇文章，篇題「內」字自含深義，由於篇幅過長，被截分爲上、下兩篇。《外儲說右上》也是獨立的一篇文章，根據內容來考察，它應該是《內儲說》的「補充作品」，把《內儲說》未曾論及的課題另爲補充；原來的篇題是怎麼樣的，現在已經很難說了。至於《外儲說》左上、左下及右下，它們應該是一批「已有內容，尚未組織」的零散札記，或者已抽綴成《內儲說》及《外儲說右上》後所剩餘的「原始材料」，作者根據史實編寫成一項一項的論題，只是尚未再行全盤性貫穿整理成爲一篇一篇文章而已。這三篇文章原本應該沒有篇題，或者竟應當如《難》題爲「一」、「二」、「三」及「四」，只因爲後人覺察到它們的寫作方式與《內儲說》完全相同，又由於《內儲說》「內」字的聯想，於是，將它們題爲「外儲說」，俾作爲《內儲說》的外篇；又由於篇幅過重，乃離析爲三章。在此編纂及離析的過程中，又發現《外儲說右上》的寫作方式與此三篇完全相同，於是，乃合而爲四篇，並冠以「左上」、「左下」、「右上」及「右下」，以別其異同。

如果這個說法正確的話，那麼，《內儲說》的「內」字，當如《舊注》及司馬貞《索隱》所云，具有深義。《外儲說》的「外」字，恐怕是編纂者由於「內」字的聯想而另題，不具意義；至於左上下及右上下，也應該是篇別上的方便而已，就如難一、難二、難三及難四，非有他義。《舊注》於「內儲說」有說解，於「外儲說」則闕如，筆者懷疑《舊注》已知《外儲說》內容之龐雜，見解未能一貫，其篇題

「外」字爲後人聯想所加；司馬貞解說「內儲」，又解說「外儲」，以爲前兩篇所言「在已」，後四篇所言「在彼」，恐怕是被「外」字所誤了。

＊　　　＊　　　＊　　　＊

《儲說》六篇的寫作方式與《韓非子》其他各篇有很大的不同；它們每篇分別討論若干主題，每一主題都先經後說，逐次排比舖陳。「經」的部分，概括了本項內所要說的事理，然後以「其說在某某事」、「其患在某某事」或「是以某某事」的簡單句子，約舉歷史故事爲例證；「說」的部分則將「經」中所約舉的故事，逐一詳細敍述，證成項內的主題。周勳初在❻這方面有很詳細的說明，茲轉錄如下：

> 比較起來，韓非創作的「經」「說」已是成熟的富於文學意味的作品了。「經」的文句很凝煉，便於閱讀和記誦；「說」的故事性完整，可以單獨表達某種觀點。「經」如優美的散文詩，「說」是精彩的小故事。二者旣可單獨成文，更宜前後合觀，因爲「經」文點明了「說」文中內含的法治思想，讀後可進一層領會故事的涵義；「說」文生動地用形象反映了「經」文提出的觀點，讀後可以具體地掌握抽象的道理。「經」「說」呼應，前後貫串，讀「經」可進一步掌握「說」的實質，讀「說」可進一步掌握「經」的宗旨。這樣，由「經」、「說」組成的「儲說」文體，是對前此「經」、「說」文體的繼承，但也應該說是一種新的創造。

實際上，「儲說」的「說」字當是應着「經」、「說」的「說」字而言；所謂「儲說」，卽將許許多多的「說」儲聚在一起，藉以表達作者的思想。至於「經」，則是「說」前綱領式的文字，是作者所要表

達的思想的綱要。似此經、說相綴相連的文體,後人稱之爲「連珠」,沈約《注制旨連珠表》云:「連珠者,蓋謂辭句連續,互相發明,若珠之結排也。」楊升庵《外集》云:「《北史‧李先傳》:『魏帝召先讀《韓子》連珠二十二篇。』韓非書中有連語,先列其目而後著其解,謂之『連珠』。」可知《儲說》六篇有「連珠」之名,由來已久。

所謂「先經後說」,一般上都是「經是事理,說是故事」;而所謂「故事」,指的是各類的歷史故事。然而,有時也不一定「經是事理,說是故事」,這是研究《儲說》者經常忽略的一件事。例如《內儲說上》「經一」云:「是以明主推積鐵之類而察一市之患。」作者在「說一」下的相應文字是:

> 夫矢來有鄉,則積鐵以備一鄉;矢來無鄉,則爲鐵室以盡備之。
> 備之則體不傷。故彼以盡備之不傷,此以盡敵之無姦也。

很顯然的,「說一」這一段文字並不是故事性的例證,而是一段說理的文字;「經一」原文爲了配合上文簡煉及概括性的句子,無法將「明主推積鐵」之事詳加說明,所以,只好在「說一」內補充解釋,成爲一段數十字的說理文字了。《外儲說左上》「經一」云:「夫藥酒用言,明君聖主之以獨知也。」其「說一」相應文字爲:

> 夫良藥苦於口,而智者勸而飲之,知其入而已己疾也。忠言拂於
> 耳,而明主聽之,知其可以致功也。

情形也完全與《內儲說上》相同。似此「經是事理,說亦事理」的例子,尚有下列三條:

一、《內儲說下》「經一」云：「其說在老聃之言失魚也。」

二、《外儲說左上》「經二」云：「……則射者皆如羿也。」

三、《外儲說右上》「經三」云：「故能使人彈疽者，必其忍痛者也。」

上述三條，再加上前舉的兩條，一共五條，都是「經是事理，說亦事理」，與其他各項「經是事理，說是故事」大不相同。

討論到這裏，就使我們想起經、說作者問題的爭論了。到底經、說是一個人所作的？還是分頭由不同作者所作的呢？吳汝綸《韓非子點勘》云：

《內、外儲說》，其篇首之所謂「經」，韓子之文也；其後雜引古事，乃為韓學者之所為，以解韓子之書者也。其《南面》末：「說在商君之內外而鐵殳重盾而豫戒也。」下以云云❼，其文與《儲說》相類，彼後無古事為之疏釋；知此疏釋者，非韓子自為也……。

認為經、說作者不相同；前者為韓非所自作，後者為「韓學者」所為。陳千鈞《韓非子書考》❽則云：

解「經」者或韓子自為也，以便人君之觀覽，亦未可知也。

則認為經、說皆韓非所自作，陳啓天《校釋》附和此說。

根據筆者個人的淺見，經、說應該是同一個人所編寫撰述的，才合乎事實。如果「經是事理，說是故事」，那麼，韓非寫「經」、其

學生或後人寫「說」的可能性應該是存在的，因爲將「經」中雜引的古事找出來排比在「說」內，就如後代注疏家將經文的典故找出來附在注文內一樣，不必同爲一位作者；但是，上文所論五條却是「經是事理，說亦事理」，如果寫「經」者不同時在「說」內將事理發揮淸楚，旁人又如何知道「經」內所言者爲何事何理呢？以上文所舉第一例來說，如果「說」內沒有一段說理文字，誰又知道「經」內「明主推積鐵」到底說的是甚麼呢？因此，很顯然的，經、說應該是同一位作者才合理，吳汝綸認爲作者不相同，恐怕有違事實。

除了「經是事理，說是故事」及「經是事理，說亦事理」兩種情形之外，偶而也可以看到「經是事理，說兼故事說理」；換句話說，在「說」這一部分，作者有時是故事及事理兼用，使思想表達得更透澈。例如《外儲說右上》「經三」云：「不殺其狗則酒酸。」，其「說」云：

> 宋人有酤酒者，升槪甚平，遇客甚謹，爲酒甚美，縣幟甚高，然而不售，酒酸，怪其故，問其所知閭長者楊倩，倩曰：「汝狗猛耶。」曰：「狗猛則酒何故而不售？」曰：「人畏焉。……此酒所以酸而不售也。」夫國亦有狗，有道之士懷其術而欲以明萬乘之主，大臣爲猛狗迎而齕之，此人主之所以蔽脅，而有道之士所以不用也。

在這段文字裏，自「宋人有酤酒者」至「此酒所以酸而不售也」，可說是故事；但是，「夫國亦有狗」以下，却完全是一則說理文字了。作者徵引「宋人有酤酒者」的故事來說明論題「術之不行，有故」，根據其他各篇各項的情形來觀察，本來就已經很足夠了，但是，作者

「猶有餘興」，在此故事之後，又多費言辭把主題加以發揮，達到淋漓盡致的境地。《外儲說右上》「宋人有酤酒者」之後的兩則故事，皆莫不如此；其他各篇，偶而也有此情形。

在經、說各類關係之中，最令人注意的是下列一類：「經」提出主題，「說」引了一則故事，又加些說理文字，然後，又在結尾處加上一個總論，再次發揮「經」的主題，使經、說層層相扣，不可分離。比如《外儲說左上》「經二」云：「人主之聽言也，不以功用爲的。……且虞慶詘匠也而屋壞，范且窮工而弓折……。」其「說二」相應的文字爲：

虞慶爲屋，謂匠人曰：「屋太尊。」匠人對曰：「此新屋也，塗濡而椽生。」虞慶曰：「不然。……此益尊。」匠人詘，爲之而屋壞。

一曰……。

范且曰：「弓之折必於其盡也，不於其始也。夫工人張弓也……。」

范且曰：「不然。伏檠一日而躡弦，三旬而犯機，是暴之其始而節之其盡也。」工人窮之，爲之，弓折。

范且、虞慶之言皆文辯辭勝而反事之情，人主說而不禁，此所以敗也。夫不謀治強之功，而豔乎辯說文麗之聲，是却有術之士而任壞屋折弓也。故人主之於國事也，皆不達乎工匠之構屋張弓也，然而士窮乎范且、虞慶者，爲虛辭、其無用而勝，實事、其無易而窮也。人主多無用之辯，而少無易之言，此所以亂也。今世之爲范且、虞慶者不輟，而人主說之不止，是貴敗折之類而以知術之人爲工匠也。不得施其技巧，故屋壞弓折。知治之人不得行其方術，故國亂而主危。

這一節文字，「虞慶為屋」及「范且曰」是兩個故事，旨在疏解「經」內的典故；第三段却是一則總論，它將這兩則故事概括進去，作綜合性的評論，把「經」的主題「人主聽言，應以功用為的」發揮透澈。《外儲說右上》「說一」內「師曠」及「晏子」兩則故事，情形亦與此相同。

根據上文所論，可知在「經是說理，說兼故事說理」這一類裏，「說」內的說理部分有時是一故事一說理，有時是二故事一說理。一故事一說理固然緊扣「經」的主題，二故事一說理更是做到經、說層層相扣，不可分離的地步了。試問，經、說如果不是同一位作者所撰寫，能做到這種境地嗎？

＊　　　　　＊　　　　　＊　　　　　＊

《儲說》六篇在「說」這一部分裏，作者除以故事作例證、說理文字作補充之外，經常也以「一曰」及「或曰」的形式，保存許多不同的故事、史實及說法。比如《內儲說下》云：

> 魏有老儒而不善濟陽君，客有與老儒私怨者，因攻老儒，殺之以德於濟陽君，曰：「臣為其不善君也，故為君殺之。」濟陽君因不察而賞之。
>
> 一曰：濟陽君有少庶子，有不見知，欲入愛於君者，齊使老儒掘藥於馬梨之山，濟陽少庶子欲以為功，入見於君曰：「齊使老儒掘藥於馬梨之山，名掘也，實閒君之國，君殺之，是將以濟陽君抵罪於齊矣。臣請刺之。」君曰：「可。」於是明日得之城陰而刺之，濟陽君還益親之。

這兩則故事，在情節上大致相同，不過，却有許多迥異的地方。第一、

首則的兇手是「客」，次則却明言是濟陽君的「少庶子」。第二、首則謂兇手殺死老儒，是因爲有「私怨」，而且老儒與濟陽君「不善」；次則却說少庶子刺殺老儒，是爲了「入愛」於濟陽君。第三、次則有老儒「掘藥於馬梨之山」之事，首則無之。第四、次則刺殺老儒之前，少庶子先請可於濟陽君，此亦首則之所無。第五、首則云「因不察而賞之」，次則云「還益親之」。兩相對比，可知二則有許多差異了。

按照常理來說，《儲說》六篇作爲哲學性的論文，在論點時舉一例加以說明，就已經滿足論文所應有的條件了；作者又何必如此不勝其煩地「堆砌」了這許多「一曰」、「或曰」，對《儲說》的論點本身又有甚麼裨益呢？顯然的，作者如果不是對歷史故事有特別的癖好，就是對保存異聞雜說特別有興趣了。

這些異聞雜說，到底是甚麼人寫的呢？是《儲說》作者的原文嗎？還是後人所增益的？韓非對歷史故事及保存異聞有這麼濃的興趣嗎？如果是後人所增益的，又會是誰呢？有關這個問題，歷來學者們的意見也頗爲歧異。最早對「一曰」表示意見的，應該是顧廣圻了；他在《內儲說上》「說一」「魯哀公問於孔子」的「一曰」下云：

按「一曰」者，劉向敍錄時所下校語也。謂「一」見於《晏子春秋》，其所「曰」者如此。凡本書「一曰」，皆同例。

認爲這些異聞雜說都不是韓非的原筆，而是在劉向校訂本書時，根據其他古籍所下的校語。在《內儲說下》「說一」「燕人無惑」的「一曰」下，顧廣圻也說：

此亦劉向校語，本卷上文云：「矢，一云屎。」下文共立「一云

子赫」，皆同例。

也認爲「一曰」以下的異聞雜說，是劉向的校語。日本太田方則表示不同的意見，他在《內儲說上》「說一」「魯哀公問於孔子」的「一曰」下，云：

韓子記異聞也。

認爲這些「一曰」及「或曰」，都是韓非的親筆，是《儲說》的原文。陳奇猷《集釋》在《內儲說上》同則內云：

「一曰」之文，當係另一人手筆。

他又在《內儲說下》同則內云：

此文自「一曰燕人」云云，非韓非作。

認爲《儲說》六篇的異聞雜說，都不是韓非本人的文字。陳奇猷在《韓非子舊注考❾》內，對這個問題有很詳細的考訂，他說：

《內、外儲說》各篇，多有於一古事之後列一「或曰」，記該事之異聞(以下簡稱「異聞」)。《韓子·內外儲說》爲連珠體之始祖，魏、晉文士多仿傚而爲之。晉陸機《演連珠》五十首(見《文選》)，是其著者。《北史·李先傳》：「魏明元帝卽位，召先讀韓子《連珠論》二十二篇。」楊昇庵《外集》云：「韓非書中有連語，先

列其目，然後著其解，謂之連珠。」則韓子內、外《儲說》諸篇
在魏、晉南北朝時為文壇所重視。以此推之，內、外《儲說》中
之異聞，當係出於魏、晉、南北朝時如陸機、李先之流，在讀
《內、外儲說》時，紀錄異聞，以備參考者。

陳奇猷不但認為這些異聞雜說是後人所附益，而且還認為是「魏、晉、
南北朝時如陸機、李先之流」所記，「以備參考者」。陳啓天《增訂
韓非子校釋・內儲說上・考證》下，云：

「經」為綱要，「傳」為解說，不可分離，當俱出韓子一人之手。
不過，傳中間有所謂「一曰」云云者，則為出於韓子後學所為，
殆無疑義也。⑩

也附同前人的說法。據上文所述，可知大部分學者都認為「一曰」等
異聞雜說皆後人手筆，陳啓天認為出自「韓子後學」，顧廣圻認為是
「劉向校語」，陳奇猷則認為是「魏、晉、南北朝時如陸機、李先之
流」所作。

在討論問題之前，讓我們先把《儲說》六篇中的異聞雜說統計一
下。根據個人的統計，六篇文章中的異聞雜說共有四十四處，底下是
一張統計表：

《內儲說上》

　　〔說一〕1.晏子聘魯
　　〔說二〕2.殷之法　3.公孫鞅曰
　　〔說三〕4.越王句踐見怒鼃而式之
　　〔說四〕5.韓昭侯

《內儲說下》

〔說一〕6.燕人李季好適出、浴以蘭湯（兩則）

〔說三〕7.魏王遺荊王美人　8.濟陽君有少庶子

〔說四〕9.僖侯浴　10.晉平公觴客

〔說五〕11.楚成王商臣爲太子

《外儲說左上》

〔說二〕12.燕王好微巧　13.虞慶將爲屋

〔說三〕14.魯人有自喜者、宋人有少者（兩則）

〔說五〕15.齊王好衣紫

〔說六〕16.李悝與秦人戰

《外儲說左下》

〔說一〕17.少室周爲襄王驂乘

〔說二〕18.哀公問於孔子

〔說三〕19.晉文公與楚戰　20.南宮敬之問顏涿聚

〔說五〕21.孟獻伯拜上卿　22.管仲文　23.解狐舉邢伯柳爲上黨
　　　　守

《外儲說右上》

〔說一〕24.景公不知用勢　25.太公望東封於齊

〔說二〕26.申子曰　27.齊宣王　28.薛公相齊　29.犀首
　　　　30.堂谿公見昭侯

〔說三〕31.宋之酤酒者、桓公問管仲(兩則)　32.楚王急召太子
　　　　33.衛君之晉　34.教歌者　35.吳起示其妻

《外儲說右下》

〔說一〕36.造父爲齊王駙駕
　　　　37.造父爲齊王駙駕、王子於期、司城子罕（三則）

〔說二〕38.秦襄王有病　　39.田鮪敎其子

〔說三〕40.蘇代爲秦使燕　　41.潘壽、燕王欲傳國（兩則）

〔說四〕42.入齊、田嬰相齊、武靈王（三則）

〔說五〕43.桓公微服而行　　44.延陵卓子

在此四十四處異聞雜說中❶，有的一處兩則，有的一處三則，大部分都是一處一則；有的每則數十個字，有的每則幾百個字，長短不一致。根據顧廣圻等三家的說法，它們都是後人所增補附益的文字；如果每則以最保守的一百字來估計的話，那麼，根據他們的說法，《儲說》六篇就被後人「妄增」了四千四百餘字，這不能不說是一件「相當嚴重」的事了。

根據個人的淺見，顧廣圻三家的說法都必須重新考慮。

首先，我們要反駁顧廣圻所謂「劉向校語」的說法。爲了行文上的方便，我們把「一曰」及「或曰」都稱爲「異聞」，把異聞之前的故事及文字都稱爲「本證」。

在上述四十四處異聞中，有些本證與劉向的著作及他所編纂的古籍的內容相合；這種情形，很值得我們注意。比如第二十九處：

〔本證〕甘茂相秦惠王，惠王愛公孫衍，與之閒有所言，曰：「寡人將相子。」甘茂之吏道穴聞之，以告甘茂。甘茂見入王，曰：「王得賢相，臣敢再拜賀。」王曰：「寡人託國於子，安更得賢相？」對曰：「將相犀首。」王曰：「子安聞之？」對曰：「犀首告臣。」王怒犀首之泄，乃逐之。

〔異聞〕犀首，天下之善將也，梁王之臣也。秦王欲得之與治天下，犀首曰：「衍人臣也，不敢離主之國。」居期年，犀首抵罪於梁王，逃而入秦，秦王甚善之。樗里疾，秦之將也，恐犀

首之代之將也，鑿穴於王之所常隱語者。俄而王果與犀首計曰：「吾欲攻韓，奚如？」犀首曰：「秋可矣。」王曰：「吾欲以國累子，子必勿泄也。」犀首反走再拜曰：「受命。」於是樗里疾已道穴聽之，俟⑯郎中皆曰：「兵秋起攻韓，犀首為將。」於是日也郎中盡知之，於是月也境內盡知之。王召樗里疾曰：「是何匈匈也，何道出？」樗里疾曰：「似犀首也。」王曰：「吾無與犀首言也，其犀首何哉？」樗里疾曰：「犀首也羈旅，新抵罪，其心孤，是言自嫁於眾。」王曰：「然。」使人召犀首，已逃諸侯矣。

在本證及異聞中，我們發現本證的內容與《戰國策・秦策》二「甘茂相秦」幾乎雷同；試讀《秦策》的文字：

甘茂相秦。秦王愛公孫衍，與之間有所立，因自謂之曰：「寡人且相子。」甘茂之吏道而聞之，以告甘茂。甘茂因入見王曰：「王得賢相，敢再拜賀。」王曰：「寡人託國於子，焉更得賢相？」對曰：「王且相犀首。」王曰：「子焉聞之？」對曰：「犀首告臣。」王怒於犀首之泄也，乃逐之。

比較本證、異聞及《秦策》，本證應該是過錄自《秦策》；至於那一則異聞，我們却無法在任何古籍裏找到其來源出處。《戰國策》是劉向整理過的古籍，如果劉向發現《韓非子》此處本證和《秦策》完全雷同，那麼，他又何必再去尋找一則不同的材料來補充呢？何況任何古籍裏根本沒有這一則材料。與此情形相同的，尚有下列四處：

第三十二處：

〔本證〕荆莊王有茅門之法——與《說苑‧至公篇》「楚莊王有茅門者法」章合

〔異聞〕楚王急召太子——無所出處

第四十處：

〔本證〕子之相燕——與《燕策》一「燕王噲旣立」章第二節甚近，視《燕策》為詳

〔異聞〕蘇代為秦使燕——無所出處

第四十一處：

〔本證〕潘壽謂燕王——與《燕策》一「潘壽謂燕王」章第三節雷同

〔異聞〕潘壽——無所出處

第四十三處：

〔本證〕齊桓公微服以巡民家——與《說苑‧貴德篇》「桓之平陵」章略同。

〔異聞〕桓公微服——無所出處

上述四處的異聞，都不見於今傳的任何古籍；劉向旣知本證與《戰國策》、《說苑》相同，恐怕就不需要到旁處找尋材料來寫「校語」了。

如果上一類的證據不足以反駁顧廣圻的說法，那麼，筆者願意舉出另一類的證據。試讀下列幾段文字：

第二十八處：

〔本證〕靖郭君之相齊也，王后死，未知所置，乃獻玉珥以知之。
〔異聞〕薛公相齊，齊威王夫人死，中有十孺子皆貴於王，薛公
欲知王所欲立而請置一人以為夫人，王聽之、則是說行於王而重
於置夫人也，王不聽、是說不行而輕於置夫人也，欲先知王之所
欲置以勸王置之。於是為十玉珥而美其一而獻之，王以賦十孺子。
明日坐，視美珥之所在，而勸王以為夫人。
《戰國策·齊策》三：齊王夫人死，有七孺子皆近。薛公欲知王
所欲立，乃獻七珥，美其一，明日視美珥所在，勸王立為夫人。
《楚策》四：楚王后死，未立后也。謂昭魚曰：「公何以不請立
后也？」昭魚曰：「王不聽，是知困而交絕於后也。」「然則不
買五雙珥，令其一善而獻之王，明日視善珥所在，因請立之。」
《淮南子·道應》：齊王后死，王欲置后而未定，使群臣議。薛
公欲中王之意，因獻十珥，而美其一。旦日，因問美珥之所在，
因勸立以為后，齊王大說，遂尊重薛公。

這五段文字，實際上有許多共同點；為首的三則及最後一則可以說都
是相同的一事，差別在於詳略的不同而已；至於第四條，恐怕是「傳
聞異詞」了。在這五條文字裏，以《儲說》那則異聞最為詳細，如果
同意顧廣圻的說法，《儲說》的異聞都是劉向的校語，那麼，劉向是
從何處來「校」本證呢？他從何處採得一則如此詳盡的故事呢？可知
顧說之不正確了。

試再讀下列兩則文字：

第四十一處：

〔異聞二〕燕王欲傳國於子之也，問之潘壽，對曰：「禹愛益，
而任天下於益，已而以啓人為吏。及老，而以啓為不足任天下，
故傳天下於益，而勢重盡在啓也。已而啓與友黨攻益而奪之天下，
是禹名傳天下於益，而實令啓自取之也。此禹之不及堯、舜明矣。
今王欲傳之子之，而吏無非太子之人者也。是名傳之，而實令太
子自取之也。」燕王乃收璽自三百石以上皆效之子之，子之遂重。
《戰國策・燕策》一「燕王噲旣立」章：或曰：「禹授益而以啓
為吏，及老，而以啓為不足任天下，傳之益也。啓與支黨攻益而
奪之天下，是禹名傳天下於益，其實令啓自取之。今王言屬國子
之，而吏無非太子人者，是名屬子之，而太子用事。」王因收印
自三百石吏而効之子之。子之南面行王事，而噲老不聽政，顧為
臣，國事皆決子之。

仔細比較這兩則文字，就可以發現到，它們極可能是同一來源，而異
聞二比《戰國策》來得詳細得多多了。異聞二謂潘壽為回答者，《國
策》不知其人，只用一個「或」字，此其一。異聞二記載潘壽的答話
非常詳細，《國策》簡單得很，此其二。如果說《國策》太簡單，劉
向根據《韓非子》補充《國策》，那似乎還合理；怎麼可以顛倒過來，
說劉向根據簡單的《國策》來「校」詳細的《韓非子》呢？顯然的，顧
說是很不可靠的。

接下來，我們要反駁陳奇猷所謂「魏、晉、南北朝時如陸機、李
先之流所作」的說法。

陳奇猷認為《儲說》六篇內「一曰」及「或曰」，都不是韓非的
原筆，是魏、晉、南北朝時如陸機、李先之流所增補。筆者不同意這
個說法。試讀下列三段文字：

第一處：

〔本證〕魯哀公問於孔子曰：「鄙諺曰：『莫眾而迷。』今寡人舉事，與群臣慮之，而國愈亂，其故何也？」孔子對曰：「明主之問臣，一人知之，一人不知也。如是者，明主在上，群臣直議於下。今群臣無不一辭同軌乎季孫者，舉魯國盡化為一，君雖問境內之人，猶不免於亂也。」

〔異聞〕晏子聘魯，哀公問曰：「語曰：『莫三人而迷。』今寡人與一國慮之，魯不免於亂，何也？」晏子曰：「古之所謂『莫三人而迷』者，一人失之，二人得之，三人足以為眾矣，故曰『莫三人而迷』。今魯國之群臣以千百數，一言於季氏之私，人數非不眾，所言者一人也，安得三哉？」

《晏子春秋·內篇·問下》第四：晏子聘於魯，魯昭公問焉：「吾聞之：『莫三人而迷。』今吾以魯一國迷慮之，不免于亂，何也？」晏子對曰：「君之所尊舉而富貴，入所以與圖身，出所與圖國，及左右偪邇，皆同于君之心者也。犧魯國化而為一心，曾無與二，其何暇有三？夫偪邇于君之側者，距本朝之勢，國之所以治也；左右讒諛，相與塞善，行之所以衰也；士者持祿，遊者養交，身之所以危也。《詩》曰：『芃芃棫樸，薪之槱之，濟濟辟王，左右趨之。』此言古者聖王明君之使以善也。故外知事之情，而內得心之誠，是以不迷也。」

比較這三段文字，就可以發現：第一、異聞與《晏子》都認為故事的主角是晏子，本證認為是孔子，可知異聞與《晏子》相合；第二、本證及異聞都認為是魯哀公事，《晏子》認為是魯昭公事，可見本證與

異聞相合；第三、本證有的句子與《晏子》相合（劃單線者），異聞也有些句子與《晏子》相合（雙線者）。這三個異同，使我們得到這麼一個結論：這三則文字，應該是由一個源頭分化出來，而《晏子》那一則恐怕就是那個源頭了。

　　如果陳奇猷的說法正確的話，那麼，《儲說》的異聞應該如何補法呢？根據《晏子》嗎？肯定不是。根據其他古籍嗎？魏、晉、南北朝的時代已經相當晚了，他們有甚麼古籍可以根據？爲甚麼我們今天追尋不出？如果眞的是魏、晉、南北朝人所補的，他們最可能採用的古籍應該是《晏子春秋》了，但是，異聞和《晏子春秋》又差得那麼遠。顯然的，陳說不可靠。

　　設若陳奇猷的說法正確的話，那麼，我們應該看到這樣的情形：異聞過錄自他書，特別是先秦及西漢的幾部子書，它們幾乎是各類故事的淵藪，更是魏、晉、南北朝補充者的上好參考材料。然而，我們看到的情形恰好相反；試讀下列幾則文字：

第十二處：

〔本證〕虞慶爲屋，謂匠人曰：「屋太尊。」匠人對曰：「此新屋也，塗濡而椽生。夫濡塗重而生椽橈，以橈椽任重塗，此宜卑。」虞慶曰：「不然。更日久則塗乾而椽燥，塗乾則輕，椽燥則直，以直椽任輕塗，此益尊。」匠人詘，爲之而屋壞。

〔異聞〕虞慶將爲屋，匠人曰：「材生而塗濡。夫材生則橈，塗濡則重，以橈任重，今雖成，久必壞。」虞慶曰：「材乾則直，塗乾則輕，今誠得乾，日以輕直，雖久必不壞。」匠人詘，作之，成。有間，屋果壞。

《呂氏春秋・別類》：高陽應將爲室，家匠對曰：「未可也，

木尚生。加塗其上，必將橈。以生木為室，今雖善，後必敗。」高陽應曰：「緣子之言，則室不敗也。木枯則益勁，塗乾則益輕；以益勁任益輕，則不敗。」匠臣無辭以對，受令而為之。室之始成也善，其後果敗。

《淮南子・人間》：高陽魋將為室，問匠人。匠人對曰：「未可也，木尚生。加塗其上，必將橈。以生材任重塗，今雖成，後必敗。」高陽魋曰：「不然。夫木枯則益勁，塗乾則益輕；以勁材任輕塗，今雖惡，後必善。」匠人窮於辭，無以對，受令而為室。其始成竘然善也，而後果敗。

仔細比較這四則文字，卽知本證與異聞相近，而《呂覽》與《淮南子》相近，文字雖然有四則，但是，其爲兩個系統却是非常明顯的。如果異聞是魏、晉、南北朝人所增補的，爲甚麼不根據《呂覽》及《淮南子》呢？他們何必「捨近取遠」，找一則完全不知其來源的材料呢？顯然的，這是違背常情的。像這樣的例子，還有下列兩條：

第十七處：

〔本證〕少室周者。

〔異聞〕少室周為襄王驂乘。

《國語・晉語》：少室周為趙簡子右。

第十八處：

〔本證〕魯哀公問於孔子。

〔異聞〕哀公問於孔子。

《呂覽・察傳》：魯哀公問於孔子。

上述這些例子，都可以證明陳說的不正確。

其實，在四十四處異聞裏，大部分的出處都是無法追尋的；如果這些異聞都是魏、晉、南北朝時人所添補的，怎麼會產生這種情形呢？那個時候的人所能看到的子書，比較重要的我們今天都還看得到，這數十則異聞怎麼一下子就成爲「無頭公案」呢？只有說這些異聞是《儲說》的原文，那才合情合理了。

最後，我們要反駁陳啟天的說法——異聞是「韓子後學」所作。

在四十四處異聞裏，有一些並不完全是故事性的文字；有的異聞的前半部是故事，後半部是說理文字；有的則整條都是說理性質的文字。似此情形的異聞，其數量雖然不很多，却很值得我們注意。試讀下列兩條文字：

第四處：

〔本證〕越王慮伐吳，欲人之輕死也，出見怒黿，乃為之式，從者曰：「奚敬於此？」王曰：「為其有氣故也。」明年之請以頭獻王者歲十餘人。由此觀之，譽之足以殺人矣。

〔異聞〕越王勾踐見怒黿而式之，御者曰：「何為式？」王曰：「黿有氣如此，可無為式乎？」士人聞之曰：「黿有氣，王猶為式；況士人之有勇者乎！」是歲人有自剄死以其頭獻者。故越王將復吳而試其教，燔臺而鼓之，使民赴火者，賞在火也；臨江而鼓之，使人赴水者，賞在水也；臨戰而使人絕頭刳腹而無顧心者，賞在兵也；又況據法而進賢，其助甚此矣。

這兩則文字，很顯然的，「由此觀之，譽之足以殺人矣」是本證的按語；「故越王將復吳而試其教……其助甚此矣」是異聞的按語；它們除了前半部的故事之外，作者還在它們的後半部附上幾句說理性質的按語，藉以突出故事的意義。本故事主要是在發揮「經三」的主題「賞譽薄而謾者下不用，賞譽厚而信者下輕死」，按語裏的「譽之足以殺人矣」及「賞在火也」、「賞在水也」、「賞在兵也」，可以說與主題扣得很緊密。如果說異聞是後學所添補的，恐怕就不必補上這六、七十字的按語了；即使補上，也恐怕不會如此切題了。

與此情形相同的，還有下列四處：

第十六處：

〔本證〕李悝警其兩和……此不信患也。
〔異聞〕李悝與秦人戰……此不信之患。

第二十處：

〔本證〕季孫好士……故君子去泰去甚。
〔異聞〕南宮敬子……故曰：不在所與居，在所與謀也。 ⓭

第三十一處：

〔本證一〕宋人有酤酒者……夫國亦有狗，有道之士懷其術而欲以明萬乘之主，大臣為猛狗迎而齕之，此人主之所以蔽脅，而有道之士所以不用也。
〔本證二〕故桓公問管仲……故人臣執柄而擅禁，明為己者必利，而

不為己者必害，此亦猛狗也。夫大臣為猛狗而齕有道之士矣，左右又為社鼠而閒主之情，人主不覺，如此，主馬得無壅，國馬得無亡乎？

〔異聞一〕宋之酤酒者有莊氏者……故曰：不殺其狗則酒酸。

〔異聞二〕桓公問管仲……故人臣執柄擅禁，明為己者必利，不為己者必害，亦猛狗也。故左右為社鼠，用事者為猛狗，則術不行矣。

第三十七處：

〔本證一〕造父御四馬……故王良、造父，天下之善御者也，然而使王良操左革而叱咤之，使造父操右革而鞭笞之，馬不能行十里，共故也。田連、成竅，天下善鼓琴者也，然而田連鼓上，成竅攘下，而不能成曲，亦共故也。夫以王良、造父之巧，共轡而御不能使馬，人主安能與其臣共權以為治？以田連、成竅之巧，共琴而不能成曲，人主又安能與其臣共勢以成功乎？

〔異聞一〕造父為齊王駙駕……。

〔本證二〕司城子罕謂宋君……。

〔異聞二之一〕造父為齊王駙駕……造父以渴服馬久矣，今馬見池，駷而走，雖造父不能治。今簡公之以法禁其眾久矣，而田成恆利之，是田成恆傾圃池而示渴民也。

〔異聞二之二〕王子於期……。

〔異聞二之三〕司城子罕謂宋君……今王良、造父共車，人操一邊轡而入門閭，駕必敗而道不至也；今田連、成竅共琴，人撫一絃而揮，則音必敗曲不遂矣。

最值得注意的是最後的兩個例子了。在這兩個例子裏，本證皆有多則，

每一則多有按語；異聞也有多則，每一則也多有按語。細讀這些按語，就可以發現到：後一則本證及異聞的按語，經常都將前一則本證、異聞的按語概括進去；試想，如果異聞是後學所添補的，恐怕就無法添補得如此切題了，甚至於應該有所避嫌，以免被誤會為附益了。第三十一處異聞第二則按語「故人臣執柄擅禁，明為己者必利，不為己者必害，亦猛狗也」，顯然與本證第二則按語重複；第三十七處異聞二第三則按語「令王良、造父共車……則晉必敗曲不遂矣」，顯然與本證第一則按語重複；如果是後學所添補，怎麼會是這種情形呢？按照常理而言，附益的文字往往都設法泯滅任何破綻及痕跡的，附益者怎麼敢重複這麼多文字呢？

此外，還有一種情形值得注意。有些地方，本證沒有按語，異聞裏却附上按語，而且，按語與經文主題非常切貼。例如第四十二處異聞下的按語「故曰：人主者不操術，則威勢輕而臣擅名」，就是該處本證所沒有的。第二十四處及四十一處的情形，也與此相同。如果說異聞是後學所添補的，恐怕添補者就不需要加上這些按語了。

如果異聞是屬於故事性質的，後人也許還容易增補；然而，有時異聞完全是說理文字，那就不是「韓子後學」所易為的了。比如第三十四處：

〔本證〕夫教歌者，使先呼而詘之，其聲反清徵者乃教之。
〔異聞〕教歌者，先揆以法，疾呼中宮，徐呼中徵。疾不中宮，徐不中徵，不可謂教。

像這樣的說理文字，恐怕就非《儲說》作者不能增補了。

《儲說》異聞既非魏、晉、南北朝時人所補，也非劉向校語，更非韓非後學所為，那麼，就極可能是原作者的文字了。《淮南子·人

間》云：「狂譎不受祿而誅。」許愼《注》云：「狂譎，東海之上人，耕田而食，讓不受祿，太公以爲飾虛亂民而誅。」筆者懷疑，《淮南子》作者所說的，就是根據《外儲說右上》「說一」的一則異聞（即第二十五處）⑭；而許愼的注文，恐怕也是根據這則異聞而寫的。這個證據如果成立的話，至少已經否定了顧廣圻及陳奇猷的說法了。以《韓非子》全書來考察，韓非對史籍及各類逸聞素來就是一位很有興趣的學者，平日更留意網羅這方面的材料，《說林》兩篇內容之豐富，就是一個明證了。《儲說》內有「一曰」、「或曰」的異聞，對韓非本人來說，應該是一件很自然的事。

＊　　　　　　＊　　　　　　＊　　　　　　＊

就《韓非子》五十五篇而言，《儲說》六篇在文字上的錯亂現象，應該是最嚴重的。所謂錯亂，包括了誤重、殘脫、錯簡、附益及章次誤倒等情形；這些現象，不但出現在文字繁富的「說」裏，文簡意賅的「經」也有這種情形。

茲根據上述數項，分別討論如次。

A. 誤重

誤重有兩種情形。一種是作者有意地重複相同的文字句子，比如外儲說右下「說一」云：「令王良、造父共車，人操一邊轡而入門閭，駕必敗而道不至也。令田連、成竅共琴，人撫一絃而揮，則音必敗曲不遂矣。」很明顯的，就是上文「然而使王良操左革而叱咤之……而不能成曲，亦共故也」語義上及文字上的重複；這類重複，是作者有意爲之，所以，不在誤重範圍之內。另一種是後人抄寫或編纂時無意的重複，而且重複得沒有意義，多此一段無關宏旨，少此一則無損文義；本項所要討論的，就是這一類了。

《外儲說左上》在文章結尾時，有這麼兩段話：

有相與訟者，子產離之而毋得使通辭，到至其言以告而知也。
惠嗣公使人僞關市，關市呵難之，因事關市以金，關市乃舍之。
嗣公謂關市曰：「某時有客過而予汝金，因譴之。」關市大恐，
以嗣公為明察。

這兩段文字，與《內儲說上》「說七」的兩段文字幾乎完全相同；試
讀《內儲說上》的文字：

有相與訟者，子產離之而無使得通辭，倒其言以告而知之。
衞嗣公使人為客過關市，關市苛難之，因事關市以金，關吏乃舍
之。嗣公為關吏曰：「某時有客過而所，與汝金，而汝因譴之。」
關市乃大恐，而以嗣公為明察。

考《內儲說上》「經七」云：「倒言反事以嘗所疑則姦情得，故陽山
謾樛豎……子產離訟者，嗣公過關市。」很明顯的，「說七」的那兩
段文字就是應着「經七」內「子產離訟」及「嗣公過關市」而編寫的；
易而言之，子產及嗣公二故事乃《內儲說上》所不可或缺的。今《外
儲說左上》亦有此兩則文字，蓋傳鈔者無意之中誤重於卷末耳。顧廣
圻曰：「今本無自此至末。案皆複出《七術》，不當有也。」陳奇猷
曰：「此下二段見《七術篇》，當刪。」所云皆然。

B. 殘　脫

殘脫的情形比較嚴重；有時是「經」有殘脫，以致「說」中的故

事無所依附；有時是「說」中故事有殘脫，以致「經」中文字無的放矢。茲分二項論之。

㈠　「經」有殘脫

〔例一〕《外儲說左下》「說三」有「孔子御坐」、「簡主謂左右」、「費仲說紂」及「齊宣王問匡倩」等四個故事，然而，本篇「經三」云：「失臣主之理，則文王自履而矜。不易朝燕之處，則季孫終身莊而遇賊。」不見有此四則故事的綱目，與其他各篇之體例不合。顧廣圻曰：

> 自此（「孔子御坐」）至「寧使民諂上」，不見於上文。

顧氏所謂「上文」，即指「經」之文而言；他是最先指出此處殘脫的學者了。陳奇猷於「經三」下注云：

> 此有脫缺文，下說有「孔子御坐」、「趙簡子謂車席泰美」、「費仲說紂」、「齊宣王問匡倩」四節，俱不見於此，可證。

繼顧氏之後，亦指出此文之殘脫現象。梁啓雄《淺解》亦有說，意同。

〔例二〕《外儲說左上》「說三」有一則故事云：「夫少者侍長者飲，長者飲，亦自飲也。」底下尚有「一曰」兩則，文字略長，內容也大致相同。與此故事相應的「經三」云：

> 而其少者也。

五字語意不明，也簡略得不成句子。王先愼曰：「語意不完，依『說』者下奪『侍長者飲』。」根據王氏的說法，「經三」此文當作「而其少者侍長者飲也」，文義始明。日本物雙松云：「卽『傳』侍長者飲事，而語意過簡，或有缺文。」所云與王氏合。筆者認爲，《外儲說左上》此文當有缺文，當據王說補正。

㈡ 「說」有殘脫

〔例一〕《外儲說右下》「說二」云：

> 秦大饑，應侯請曰：「五苑之草著、蔬菜、橡果、棗栗，足以活民，請發之。」昭襄王曰：「吾秦法，使民有功而受賞，有罪而受誅。今發五苑之蔬草者，使民有功與無功俱賞也。夫使民有功與無功俱賞者，此亂之道也。夫發五苑而亂，不如棄棗蔬而治。」
> 一曰：「令發五苑之蔬蔬棗栗足以活民，是用民有功與無功爭取也。夫生而亂，不如死而治，大夫其釋之。」

細讀這兩則文字，卽知皆云秦王拒絕應侯之請，不發五苑之草以活民。陳奇猷《注》云：

> 「一曰」以下，乃記昭襄王「吾秦之法，使民有功而受賞，有罪而受誅」二語之後，有兩種不同說法之傳聞；故「一曰」以下之辭，當連「有罪而受誅」讀之。《外儲說右上》「堯欲傳天下於舜」條記孔子語，亦此例。

謂「一曰」以下文字，卽接前則「今發五苑之蔬草者」而讀之，蓋已

知兩則文字雖略有不同，而其精神及意義則完全相同了。王先愼云：

> 《白孔六帖》卷九十九引《韓子》「秦饑，應侯曰：秦王五苑之
> 棗栗足以活人，請王發與之。惠王依之」，疑「一曰」以下脫文。
> 「惠」，當為「昭」之誤。

謂《白孔六帖》所引韓文，當在「一曰」以下。細讀《六帖》所引韓文，
蓋謂秦惠王同意應侯之請，允許發五苑之草以活民，與《外儲說右下》
二則之精神及意義完全相反，那麼，《六帖》所引韓文，如何加於
「一曰」及「令發五苑之蓏蔬棗栗足以活民」之間呢？如果遵從王氏
的說法，那麼「一曰」的文字上下文不是自相矛盾了嗎？陳奇猷云：
「『一曰』以下之辭，當連『有罪而受誅』讀之。」即深恐讀者誤從
王說，故先為善導之也。筆者認為《六帖》所引韓文，當是此處另一
則「一曰」；易而言之，此處原本有兩則異聞，「惠」字亦不必改，
今本少一「一曰」，蓋後人傳鈔時殘脫耳。

〔例二〕《外儲說左下》「經五」云：

> 臣以卑儉為行，則爵不足以觀賞；寵光無節，則臣下侵偪。說在
> 苗賁皇非獻伯，孔子議晏嬰……。

檢「說五」下「苗賁皇非獻伯」之後，並沒有「孔子議晏嬰」的故事，
王先愼於「苗賁皇非獻伯」下注云：「此下當有『孔子議晏嬰』一事。」
所云甚是；此處若無「孔子議晏嬰」一事，則「經」所云無根矣。王
先愼於「經五」下有《注》云：

「孔子議晏嬰」條今奪，《北堂書鈔》一百二十九、《御覽》六
百八十九、《事類賦》十二引《韓子》曰：「晏嬰相齊，妾不衣
帛，馬不食粟。」（《御覽》「妾」作「妻」）當卽此條佚文。

細審《書鈔》、《御覽》及《事類賦》所引韓文，謂晏嬰生活卑儉，
正與本節主題相符合；諸類書蓋節引，故不及孔子評議晏嬰之文字。
王氏謂諸類書所引者爲此處之脫文，疑是。

C 錯　簡

錯簡的情形似乎還不嚴重，今得二例。

〔例一〕《外儲說左上》「說二」最後一則云：

夫嬰兒相與戲也，以塵爲飯，以塗爲羹，以木爲胾，然至日晚必
歸饟者，塵飯塗羹可以戲而不可食也。夫稱上古之傳頌，辯而不
慤，道先王仁義而不能正國者，此亦可以戲而不可以爲治也。夫
慕仁義而弱亂者，三晉也；不慕而治強者，秦也；然而未帝者，
治未畢也。

這一則文字，與本篇內容不相屬，「經」亦無綱目，陳奇猷云：「此
節當係韓非說秦王語而記錄於此者。」筆者認爲，這是他篇之錯簡。
「說三」首則云：「人爲嬰兒也……。」傳鈔者看見「說三」首則開
首有「嬰兒」二字，與本文首句「夫嬰兒與戲也」甚近，故置於其前
耳。

〔例二〕《外儲說右下》「說四」云：

田嬰相齊，人有説王者曰：「終歳之計……。」王曰：「善。」
……俄而王已睡矣，吏盡揄刀削其押券升石之計。王自聽之，亂
乃始生。

這一則文字，不見於「經四」的綱目中；太田方云：

此「田嬰相齊」章不與經文相關，疑當在《外儲說左》上説五「魏
昭王欲與官事」章前，乃與經中「下走睡臥」之文相應。蓋
魏王章「不躬親其勢柄」之文，與此文「不以身躬親殺生之柄」
之句似，故相涉而錯簡。

認爲本段文字應當在《外儲說左上》之內，今本有此文，蓋錯簡耳。

D.　附　益

附益的情形也相當嚴重，例子也比較多：茲討論如次。
〔例一〕《內儲說下》「說一」云：

燕人無惑，故浴狗矢。
燕人其妻有私通於士，其夫早自外而来，士適出，夫曰：「何客
也？」其妻曰：「無客□」問左右，左右言無有，如出一口，其妻
曰：「公惑易也。」因浴之以狗矢。
一曰：燕人李季好遠出，其妻私有通於士，季突至，士在內中，
妻患之，其室婦曰：「令公子裸而解髮直出門，吾屬佯不見也。」
於是公子從其計，疾走出門，季曰：「是何人也？」家室皆曰：
「無有。」季曰：「吾見鬼乎？」婦人曰：「然。」「爲之奈何？」

曰：「取五姓之矢，浴之。」季曰：「諾。」乃浴以矢。
一曰：浴以蘭湯。

有關最後一條「一曰」四字，陳奇猷認爲是後人所附益，他說：「此『一曰浴以蘭湯』六字，亦爲後人所記異聞。」這「一曰」四字是否後人所附益，實在很難說；「經一」云：「權勢不可以借人……而燕人浴矢也。」綱目明言「浴矢」，「說一」所舉的兩個故事，首則云「故浴狗矢」，次則云「取五姓之矢浴之」，皆與綱目相合，惟此云「浴以蘭湯」，與綱目及前二則不合，陳說似乎有理；然而，所謂「一曰」云云，在於所舉之事理故事與前則有差異，若此文云「浴以狗矢」，則又不煩有「一曰」矣。此四字爲原作者所記，或爲後人所附益，頗難論斷。

〔例二〕《內儲說下》章末有三則故事，云：

秦侏儒善於荆王，而陰有善荆王左右而內重於惠文君，荆適有謀，侏儒常先聞之以告惠文君。

鄭令襄疵，陰善趙王左右，趙王謀襲鄴，襄疵常輒聞而先言之魏王，魏王備之，趙乃輒還。

衛嗣君之時，有人於縣令之左右，縣令有發蓐而席弊甚，嗣公還令人遺之席，曰：「吾聞汝今者發蓐而席弊甚，賜汝席。」縣令大驚，以君爲神也。

這三則故事，乃回應前文《廟攻》一節而來；惟本篇乃論「六微」，前一節「經六」《廢置》當爲本篇最末一節，《廟攻》及此處相應之三則故事，當係後人所附益，或他處之錯置於此。陳奇猷《注》云：「此

下三事，爲後人所增入。」所云甚是。又考《內儲說上》最後一節云：

> 衞嗣公使人爲客過關市，關市苛難之，因事關市以金，關市乃舍
> 之，嗣公爲關吏曰：「某時有客過而所，與汝金，而汝因遣之。」
> 關市乃大恐，而以嗣公爲明察。

所云與此文最後一節甚近；疑是衞嗣君一事兩傳之故事。

〔例三〕《外儲說左上》「說三」有一則故事，云：

> 鄭縣人卜子妻之市，買鼈以歸，過潁水，以爲渴也，因縱而飲之，
> 遂亡其鼈。

這則故事，「經三」無綱目，當是因前文「鄭縣人有得車軛者」聯想
而附益耳。日本學者物雙松云：「傳買鼈事不見於經，或有缺文。」
筆者認爲，此非經文有缺，而是「說」有附益；蓋前文屢有「鄭縣人」
之故事，因聯想而附益耳。

〔例四〕《外儲說左下》「說四」有一則管仲的故事，云：

> 桓公問置吏於管仲，管仲曰：「辯察於辭，……夷吾不如弦商，
> 請立以爲大理。登降肅讓……臣不如隰朋，請立以爲大行。墾草
> 仞邑……臣不如寧武，請以爲大田。三軍旣成陳……臣不如公子
> 成父，請以爲大司馬。犯顏極諫，臣不如東郭牙，請立以爲諫臣。
> 治齊此五子足矣，將欲霸王，夷吾在此。」

此則故事，學者們皆謂爲後人所附益。顧廣圻云：「此條上文未見。」

陳奇猷云：「此條不見於經，當卽魏、晉、南北朝時讀內、外《儲說》者所記錄以備參考者。」日人太田方云：「此章不關於經文，當在下文『管仲相齊』章首。」陳奇猷謂爲魏、晉、南北朝人所附益，前文已有所評論，此不贅言。太田方謂當是下文「說五」第二則「管仲相齊」之章首，蓋非；本章與「管仲相齊」內容全然不同，怎麼可以前後相屬呢？況且經文旣無綱目，移在「管仲相齊」之前，也嫌無根。此當是附益之文，與本篇無關。

〔例五〕《外儲說左下》「說五」最末一則云：

> 鄭縣人賣豚，人問其價，曰：「道遠，日暮，安暇語汝。」

這也是一則附益的文字。王先愼曰：「此條不見上經，疑《南面篇》文錯簡在此。」陳奇猷云：「此條所問非所答，疑『人問其價曰』下有脫文。」檢《南面》最末一句云：「故鄭人不能歸。」此文「鄭縣人」與彼文「鄭縣人」相類，所以，王先愼以爲《南面》之錯簡耳。考《南面》通篇都是說理文字，旣使引證故事，也化爲自己文字，沒有將整個故事原原本本錄入者，故王說恐不可從。

E. 章次誤倒

章次誤倒，也是《儲說》的通病，今得一例。

《外儲說左上》「經三」云：「挾夫相爲則責望，自爲則事行。……如是不能更也，鄭縣人得車軛也，衞人佐弋也，卜子妻寫弊袴也，而其少者侍長者飲也❸。」一共舉了四個例證，說明本項的主題。考「說三」云：

鄭縣人卜子，使其妻為袴，其妻問曰：「今袴何如？」夫曰：「象吾故袴。」妻子因毀新令如故袴。

鄭縣人有得車軛者，而不知其名，問人曰：「此何種也？」……遂與之鬥。

衛人有佐弋者，鳥至，因先以其裻麾之，鳥驚而不射也。

鄭縣人卜子妻之市，買鼈以歸……。

夫少者侍長者飲，長者飲，亦自飲也。

這五則故事，除第四則為後人所附益外，另外四則皆與「經三」所舉者相符合；不過，根據「經三」綱目的次第，第一則當在「衛人有佐弋者」之後，方合《儲說》的體例。王先慎云：「此條（「鄭縣人卜子」）依經文當在『衛人佐弋』後。」所云極是。

《儲說》文字、句子及段落的錯亂，皆如上文所論。《韓非子》五十五篇，當以此六篇錯亂得最嚴重，如果沒有細心董理，研治起來恐怕非一易事了。

討論到這裏，我們不禁發現到：《儲說》六篇錯亂的現象都發生在《外儲說》左上、左下及右下三篇裏，《內儲說》兩篇雖有兩個錯亂，但是，一個在疑似之間，一個是卷末被後人所附益，至於《外儲說》右上，則完全沒有此現象了。反觀《外儲說》左上、左下及右下三篇，有的錯亂固然是後人所造成的，過不在作者，但是，有的卻是作者在定稿之前所造成的小疏忽，比如章次誤倒的那個例子，又比如經文殘脫的第一個例子等等，應該都是作者在寫作過程中所造成的疏忽了。

從這一事實來考察，《外儲說》左上、左下及右下三篇應該是作者的未定稿，因此，才會發生組織上的一些差失；而《內儲說》上、

下及《外儲說》右上應該是作者的定稿，所以，組織綿密，章節完整，前後有序，毫無未定稿的錯亂痕跡及現象。

這一事實也告訴我們，《儲說》六篇應該是作者相當耗神的幾篇作品，作者花費漫長的時間蒐集及選擇各種傳說史實，又花費很長的時間去構思和組織，然後，編寫成一個主題的章節。這些章節是獨立的，彼此不相連屬的，作者隨時都在添補刪省，也隨時都在調動移改，所以，才產生一些不經意的錯亂疏忽，它們就是《儲說》六篇的初稿了。

上述的推測及考察，應該是合情合理的。

後來，作者將其中一些討論「君之內謀」的章節組織成一篇長文，在組織的過程中，當然免不了調改增刪，使其章節綿密，前後有序，由於文章過重，乃分為上下兩篇，這就是今天的《內儲說》上、下兩篇了。作者後來又以相同的方法編綴成一篇討論「君所以治臣」的文章，這就是今天的《外儲說》右上了。其他一大批章節，也許作者認為材料未充足、內容未成熟，尚待補充營思；也許作者尚未整理編綴就逝世了，因此，才出現一些錯亂的疏忽痕跡。後人乃將這些章節順序編纂成三篇文章，在編纂的過程中，不免動些手術，或增刪，或改移，加重了這些章節的錯亂，才造成今天的情形，它們就是《外儲說》左上、左下及右下三篇了。

　　　＊　　　　　＊　　　　　＊　　　　　＊

提到《儲說》的作者，歷來學者似乎率無異議，認為應該是韓非本人的親著。

容肇祖著有《韓非子考證》一書，在第七節裏首先提出不同的意見。他引述盧文昭《書韓非子後》的話「《內儲》、《外儲》等篇，猶今經生家所謂策目，預儲以答主司之問者耳」後，說：

我以爲盧文弨之說是矣，而未盡然，《儲說》是雜記一些話而類
列之，以申明自己的主張。韓非主張「無書策之文，以法爲敎；
無先王之語，以吏爲師」，他又反對多人去「修文學，習言談」，
則所謂策目似不是韓非所注意的。

他認爲像《儲說》那樣有策目的文章，「似不是韓非所注意的」；在
心理上，容肇祖已經否定了韓非的著作權。

被容氏認爲最大破綻的，是《內儲說上》「說二」內的兩段文字。
爲了討論上的方便，茲將這兩段文字抄錄如次：

殷之法，刑棄灰於街者。子貢以爲重，問之仲尼。仲尼曰：「知
治之道也。夫棄灰於街，必掩人。掩人，人必怒。怒則鬥，鬥則
必三族相殘也。此殘三族之道也，雖刑之可也。且夫重罰者，人
之所惡也，而無棄灰，人之所易也；使人行之所易，而無離所惡，
此治之道。」一曰：殷之法，棄灰于公道者斷其手，子貢曰：「棄
灰之罪輕，斷手之罪重，古人何太毅也？」曰：「無棄灰，所易
也。斷手，所惡也。行所易不關所惡，古人以爲易，故行之。」
公孫鞅之法也，重輕罪。重罪重，人之所難犯也。而小過者，人
之所易去也。使人去其所易，無離其所難，此治之道。夫小過不
生，大罪不至，是人無罪而亂不生也。一曰：公孫鞅曰：「行刑
重其輕者，輕者不至，重者不來。是謂以刑去刑。」

對於這兩段文字，容肇祖認爲：

以上是兩條，其實祇是一事，不過由於傳說的變異，而遂有上述

的不同。案《史記‧李斯列傳》斯上書對二世有云：「故商君之法，刑棄灰於道者。夫棄灰，薄罪也。而被刑，重罰也。……」然則刑棄灰於道者，是商君之法，即公孫鞅之法，而不是殷之法。所以由商君之法而演變為殷之法，是有他的來源，亦有他演變的時間的關繫。由商君在傳說上很易誤為「商」，因商為朝代的名號，商又稱殷，遂演變為殷。這大概經過一箇長時間，才有這樣的演變，因此又有子貢問仲尼的傳說了。李斯和韓非是同門師友，不應李斯知為商君之法，而韓非偏說是殷之法，並且承認子貢問仲尼的傳說。在商君的時代，離韓非的時代不過一百年左右，這樣的時間，也不應有這樣速的演變。因為這一條的緣故，我疑心《內儲說》不是韓非作的。或者是韓非作，便是由於後人的改編，而增加了若干材料入內。又因為這條述有子貢問仲尼的傳說，我疑心這《內儲說》或者出於漢初的法家，因為仲尼的權威，在漢初最盛，而傳說演變到這樣的程度，應是經過不少時間了。

他不但認為前一則文字是後人所增益，甚至認為本篇為漢初法家所作。

容氏的說法，實際上是很有問題的。陳奇猷在上述二文的《注》中已明白說：

> 秦孝公用商鞅變法，孔子已卒後一百二十年，子貢安得以其法詢之仲尼。殷法今雖無考，或商鞅定刑棄灰於道者（見《史記‧李斯傳》），即本殷法，故韓子有此言也。

單是陳氏的解說，實際上就可以開釋容氏的疑慮了。

此外，無論是前一則，或者後一則，此處「殷人刑棄灰於街」的

故事實際上是證成「經二」的「故仲尼說隕霜而殷法刑棄灰」，可見
「殷人刑棄灰於街」的故事本來就是篇內所應有；如果一如容氏所說
它是後人所增益，那麼，「經二」內「而殷法刑棄灰」不是沒有着落
了嗎？至於容氏由二段文字「後人的改編」及「增加了若干材料入內」，
而論及本篇「或者出於漢初的法家」，全面否定了韓非的著作權，恐
怕就過於聯想了。

　　容氏對《內儲說下》的著作權，也表示了很特別的看法。他說：
「（《內儲說上》）《七術》既表現漢人著作或漢人增改的痕跡，而
（《內儲說下》）《六微》也有狠大的破綻。」所謂「狠大的破綻」，
就在《內儲說下》開首的一段文字裏：

　　勢重者，人主之淵也。臣者，勢重之魚也。魚失於淵，而不可復
　　得也。人主失其勢，重於臣，而不可復收也。古之人難正言，故
　　託之於魚。賞罰者，利器也。君操之以制臣，臣得之以擁主。故
　　君先見所賞，則臣鬻之以為德。君先見所罰，則臣鬻之以為威。
　　故曰：「國之利器，不可以示人。」

這段文字，和《喻老》的一段文字非常相似；《喻老》云：

　　勢重者，人君之淵也。君人者，勢重於人臣之間，失則不可復得
　　也。簡公失之於田成，晉公失之於六卿，而邦亡身死，故曰：「魚
　　不可脫於淵。」賞罰者，邦之利器也。在君則制臣，在臣則勝君。
　　君見賞，臣則損之以為德；君見罰，臣則益之以為威。人君見賞，
　　而人臣用其勢；人君見罰，而人臣乘其威。故曰：「邦之利器，
　　不可以示人。」

兩相比較，容氏認為「這是（《內儲說下》）《六微》引《喻老》的話」。容氏認為《喻老》是《內儲說下》所本，《喻老》既然作成於戰國末年，那麼，順理成章的，《內儲說下》自然就完成於更晚的時代了。容氏說：「《內儲說》上、下兩篇，都有這樣可疑心為漢初的結撰的痕跡，我覺得《內儲說》兩篇或者本來不是韓非所作，而因為名為《儲說》的緣故，與《外儲說》同混合于一書裏，《外儲說》或為韓非所作，本亦祇名《儲說》，後人以組織不同，遂加內、外字以別之。」這就是容氏的結論了。

筆者前文討論《解老》及《喻老》時，認為《喻老》的作成時代應該在戰國之中葉，在《孟子》及《荀子》成書之前。換句話說，《喻老》根本就不是韓非所寫的。《喻老》既然不是韓非所作，那麼，戰國末年韓非編寫《內儲說》時，暗用了《喻老》的文字，不是一件很合理的事嗎？

至於《內儲說上》，容氏的說法也頗成問題。韓非的時代距離商鞅很近，在他的作著裏，也多次提及商鞅，並且多次徵引了《商君書》的文字，如果「刑棄灰於街」是商鞅所訂制的，按理來說，韓非應該知道的；說由於「商」字而誤會為「殷」，似乎忽略了韓非對商鞅的認識的事實。

因此，容氏將《內儲說》兩篇的作成時代推到漢代，恐怕是不能成立的。

《儲說》六篇在文章的組織上都相當嚴密，在法理的討論上更是純正，應該是戰國時代法家一名傑出學者所編寫，而且，也應該是他傾力而又精心的作品，無論在材料的蒐羅上，或是各項主題的編排上，以及傳聞故實的選汰上，他都費過很大的心機，也花了一段相當漫長的時間；由構思而選材，由選材而組織，由組織而編寫，最後，有的

定了稿，按了篇名，有的尚且無法完成定稿，有待後人的編纂；像這樣的一個人，以當日的情形來說，應該是韓非其人了。

附　註

❶　陳奇猷《韓非子集釋》，見第五一六頁。

❷　陳啓天《增訂韓非子校釋》，見第三七七頁。

❸　梁啓雄《韓子淺解》，梁氏於《內儲說上》卷首曾引太田方之說。

❹　《韓非子校注》，見於該書第三〇五頁。

❺　《韓非子今註今譯》，一九八六年台北商務印書館第三版，作者爲邵增樺；此文見於第四三五頁。

❻　周勳初著有《歷歷如貫珠的一種新文體——儲說》，在周著《韓非子札記》一書內，見第二一七～八頁內。

❼　《韓非子‧南面》云：「說在商君之內外而鐵殳重盾而豫戒也。」吳汝綸蓋以「內外」爲《商君書》之篇名也。羅根澤《商君書探源》云：「《南面篇》所謂『說在商君之內外』，今《商君書》恰有《外內篇》（第二十二篇）……知所謂『商君之內外』者，即《商君書‧外內篇》也。」說與吳汝綸同。實際上，「內外」當如陳奇猷解作「出入」；「內外而鐵殳，重盾而豫戒」，就是出入嚴加戒備的意思。說詳拙著《商鞅及其學派‧前編》第二章第十五節。

❽　陳說在《學術世界》第一卷第一期內；余未見此文，引自陳啓天《增訂韓非子校釋》內。

❾　陳奇猷撰有《韓非子舊注考》，在陳著《韓非子集釋》附錄之內。

❿　見陳著第三七八頁。

⓫　《外儲說左上》「說五」有「一曰：申子請仕其從兄官」故事一則，「一曰」當作「一曰」，故不在異聞之內。

⓬　俟，本作「矣」，從陳奇猷校改。

⓭　此文「故曰」以下，當是作者之按語。

⓮　《韓非子》此處本證云：「太公望東封於齊，齊東海上有居士曰狂矞及華士

二人。」其異聞云：「太公望東封於齊，海上有賢者狂矞，太公望聞之，往請
焉。……」謂海上賢人爲狂矞一人。《淮南子·人間》云：「狂矞不受祿而
誅。」許《注》云：「狂矞，東海之上人也。」僅及狂矞一人而已；疑《淮
南子》及許慎皆根據異聞爲說。

⑮　「侍長者飲」四字，據王先慎校補。

第二十二節　難

　　《韓非子》的《說林》、《內儲說》、《外儲說》及《難》等四
篇，可說是長篇鉅構的文章。由於篇幅過長，所以，有的被分爲上下，
如《說林》及《內儲說》兩篇；有的被析爲四篇，如《外儲說》及
《難》兩篇。在被析分爲四篇的《外儲說》及《難》裏，《外儲說》
各篇分別都有獨立的《經》和《說》，各篇自成單元，因此，嚴格來
說，這四篇《外儲說》在體裁上都是獨立的篇章，前後並不相連貫。
只有《難》，首篇、二篇及三篇作法全同；第四篇雖略有小異，不過，
基本上還是前三篇的衍生，今本篇題皆作《難一》、《難二》、《難
三》及《難四》，正以數字表示其連屬性了。在《韓非子》全書中，
《難》的篇幅大、文字長，應該是個正確的說法。

　　《難》的寫作方法相當簡單，作者將許多獨立成篇的故事連綴在
一起，並且在每則故事後附上駁責詰難的文字，藉以申張自己的觀點
和思想，然後，略作排比斟酌，綴爲四篇。潘重規認爲是「學術論著」
❶，王煥鑣認爲是「論古事以明法術」❷，黃秀琴認爲是「辯難式之
議論文」❸，謝雲飛認爲是「論辯體」❹，周勳初認爲是「闡述自己
的政治觀點的讀書筆記」❺，名目雖有不同，但是，正如黃素貞所云：
《難》篇是援引古事，以闡發法術思想，採辯難體裁寫成的議論性學

術論著❻。筆者認爲，這四篇文章在撰述的時候應該只有一篇的，因爲篇幅過長，才由作者離析爲四篇。試讀下表：

《難》篇內容及大意表

第一篇

	故 事 內 容	詰 難 大 意
1	晉文公將與楚人戰	兵不厭詐，不可被迂濶的議論所惑。在勝利中，展現國家長遠的利益。
2	歷山之農者侵畔	國君不在躬親化民，而在掌握權勢，實施賞罰，使萬民不得不從。
3	管仲有病	國君必須掌握大權，確立法度，以賞功罰罪之方法防姦，臣下則無法蔽君作亂。
4	襄子圍於晉陽中	主張賞不加於無功，罰不加於無罪，批評以「禮」爲標準的賞罰原則。
5	晉平公與群臣飲	君不可失君道，臣不可失臣禮；嚴防臣下借用規諫之名義叛亂。
6	齊桓公時	臣下不能傲慢輕君，國君不可慕仁義、禮士人以驕臣。撲滅輕上侮君的風氣。
7	靡笄之役	不赦罪人，不殺無辜；刑賞皆以法律爲準，不可任意赦減或加重。
8	桓公解管仲之束縛	臣下取得威信的關鍵在於尊主明法，不在於增寵益爵。
9	韓宣王問於樛留	國君有治術，同時重用幾個臣子不會造成禍亂，專用一個臣子不會造成專制而被劫殺。

第二篇

10	景公過晏子	用刑不在多少，在於是否適當，藉以糾正緩刑寬惠的觀念。
11	齊桓公飲酒醉	無功受賞，有過不誅，是國家禍亂的根源。
12	昔者文王侵盂	贊揚黃老學派的思想，強調智者當掌握「無功」、「無見」以避禍。
13	晉平公問叔向	君臣合力，國家才能安治。片面強調國君或臣子的力量，皆不符合事實。
14	齊桓公之時	國君把考察言論和事功是否相符作為用人的準則，才能起用人才而避免禍害。
15	李兌治中山	「人事」、「天功」可使國家收入增多，上繳錢糧多的官吏不一定手法不當。
16	趙簡子圍衛之郛郭	人情皆好利惡害，故國君用兵之道在於信賞必罰，不在於親冒矢石。

第三篇

17	魯穆公問於子思	隱惡必罰，告姦得賞，國君始不受臣下所挾持。
18	文公出亡	國君不可輕信臣下之飾詞而喪失警惕，需防止臣下各種陰謀。
19	人有設桓公隱者	國君必須阻止階級上的僭越，妾不可擬后，庶不可危嫡，臣不可偶君。

20	葉公子高問政於仲尼	國君理國首要工作是洞察臣下，不是惠民、選賢、節財。
21	鄭子產晨出	治國與其竭盡聰明，煩勞智慮，不如利用事物來治理事物，利用他人來了解姦人。
22	秦昭王問於左右	治國全仗自己的權勢，利用權勢，鞏固政權，則任何強敵皆不足畏。
23	管子曰見其可	國君必須識破臣下經過掩飾的姦邪行為，不能根據眼見的一些現象決定賞罰。
24	管子曰言於室	法應該公開，讓全國知曉，還必須保密，由國君獨攬。

第四篇

25	衛孫文子聘於魯	國君有錯誤，所以，臣下才有過失。治國必須君臣各守本分，爭取民心。
26	魯陽虎欲攻三桓	國君必須「明」和「嚴」，臣下才不敢作亂；國君必須誅戮亂臣，殺一儆百。
27	鄭伯將以高渠彌為卿	國君怒則須罪，而誅則不可逆民心；不應未可以怒而有怒之色，未可以誅而有誅之心。
28	衛靈公之時	國君用賢，對賢者需有正確的認識，不可溺於自己所愛而被偽裝者所蔽。

　　這個附表清楚地告訴我們；第一、這四篇文章的寫作方法幾乎完全相同，故事是文章的主幹，主幹結尾之處各附上一則或二則的詰難文字；第二、首三篇平均每篇以八則故事、八則詰難為準，最後一篇雖然只有四則故事，但是，每則皆附上兩段詰難文字，所上，篇幅也

與前三篇幾乎相同。由於四篇的寫作方法相同、篇幅幾乎相等，使我們有理由相信《難》的祖本原來只是一篇；作者編寫完畢之後，發現文章太長，才平均地加以截綴爲四篇，成爲我們今天所看到的《難一》、《難二》、《難三》及《難四》等四篇了。

《難》由二十八則短評組成，每則短評包括一個故事及一、二段詰難文字；筆者認爲，這二十八則短評應該是作者的讀書筆記，而不是作者有計劃、有連貫性的一篇文章。作者所要表達的觀點和思想相當龐雜；根據上文「內容及大意表」，本篇一共涉及下列幾個範圍：

一、論兵——1、16

二、論權勢——2、3、21、22

三、論賞罰——4、7、10、11、27

四、論君臣之道——5、6、13、19、25、26

五、論用人——14、28

六、論法術——8、24

七、論治術——9、17、18、20、23

八、論無爲——12

九、論人事與天功——15

作者未能將討論上述九個範圍的二十八則短評按次排列，適可以證明它們正是一篇沒有計劃及連貫性的讀書筆記了。

作者在轉錄故事加以詰難駁責時，似乎採取兩種方式。第一種是就故事本身內的「言」和「行」加以詰難駁責；比如《難一》第六則云：

齊桓公時，有處士曰小臣稷，桓公三往而弗得見。桓公曰：「吾聞布衣之士，不輕爵祿，無以易萬乘之主；萬乘之主，不好仁義，

亦無以下布衣之士。」於是，五往乃得見之。

作者轉錄這則故事後，隨即對文中齊桓公的「言」以及小臣稷的「行」加以詰難駁責。用這種方式撰成的短評，幾乎佔了全篇的大部分。

第二種方式是對各種既成的短評加以詰難駁責，特別是與孔子有關的，更是作者樂於轉錄；例如《難一》有一則云：

> 歷山之農者侵畔，舜往耕焉，朞年，甽畝正。河濱之漁者爭坻，舜往漁焉，朞年，而讓長。東夷之陶者器苦窳，舜往陶焉，朞年而器牢。仲尼歎曰：「耕、漁與陶，非舜官也，而舜往為之者，所以救敗也。舜其信仁乎！乃躬藉處苦而民從之，故曰：聖人之德化乎！」

作者轉錄此故事後，主要的矛頭隨即對準孔子，大張撻伐，猛烈攻擊了。筆者相信，當時民間流傳着一批孔子評論時事的文章，作者對這批材料很有興趣，一口氣在《難》裏轉錄了五則，並且加以批駁；其他在《外儲說左上》及《右下》，也一共轉錄了三則，作為建立自己學說的佐證。作者對孔子的深惡妒刻，《難》這一態度已經完全暴露無遺了。

討論及此，我們不得不附帶對中文一篇有關晉平公的文字加以考察了。《難一》有一則短評說：

> 晉平公與群臣飲，飲酣，乃喟然歎曰：「莫樂為人君！惟其言而莫之違。」師曠侍坐於前，援琴撞之，公披衽而避，琴壞於壁。公曰：「太師誰撞？」師曠曰：「今者有小人言於側者，故撞之。」公曰：「寡人也。」師曠曰：「啞！是非君人者之言也。」左右

請除之。公曰：「釋之，以為寡人戒。」

或曰：平公失君道，師曠失臣禮。夫非其行而誅其身，君之於臣也；非其行則陳其言，善諫不聽則遠其身者，臣之於君也。今師曠非平公之行，不陳人臣之諫，而行人主之誅，舉琴而觀其體，是逆上下之位，而失人臣之禮也。夫為人臣者，君有過則諫，諫不聽則輕爵祿以待之，此人臣之禮義也。今師曠非平公之過，舉琴而觀其體，雖嚴父不加於子，而師曠行之於君，此大逆之術也。臣行大逆，平公喜而聽之，是失君道也。故平公之逆，不可明也，使人主過於聽而不悟其失。師曠之行亦不可明也，使姦臣襲極諫而飾弒君之道。不可謂兩明，此為兩過。故曰：平公失君道，師曠亦失臣禮矣。

短評中故事部份又見於《淮南子·齊俗》，云：

晉平公出言而不當，師曠舉琴而撞之，跌衽宮壁，左右欲塗之。平公曰：「舍之，以此為寡人失。」孔子聞之曰：「平公非不痛其體也，欲來諫者也。」韓子聞之曰：「群臣失禮而弗誅，是縱過也，有以也夫平公之不霸也。」

值得注意的是，《淮南子》記載晉平公故事之後，又轉錄了孔子及韓子的評語。韓子，當然是韓非了；許慎《淮南子·注》云：「韓子，韓公子非。」許說甚塙。蓋劉安記述晉平公故事後，又根據《難》提綱挈領地轉錄了《韓非子》的評語。《淮南子》又引孔子評語「平公非不痛其體也，欲來諫者也」，這兩句評語來自何處？歷來學者比照《難》其他五則孔子評語的情形，認為晉平公故事後亦當有孔子評語；

王先愼《集解》說：

> 《淮南子》此下有「孔子聞之曰：平公非不痛其體也，欲來諫者
> 也。韓子聞之曰：群臣失禮而弗誅，是縱過也，有以也夫平公之
> 不霸也」，疑此下脫文。

很明顯的，王先愼認爲《難》此下奪「孔子聞之曰」等十八字，容肇
祖《韓非子考證》云❼：

> 今傳《韓非子·難一》「晉平公與群臣飲」的一段，以《齊俗訓》
> 校之，知有脫誤，今錄其文於下……依這段前「襄子圍於晉陽中」
> 的一段，敍事後，即説道：「仲尼聞之曰：善賞哉襄子，賞一人
> 而天下為人臣者莫敢失禮矣」的例，則這段這裏，應是脫去：
> 「仲尼聞之曰：平公非不痛其體也，欲來諫者也。」

見解與王先愼相同，也認爲此下當有「仲尼聞之曰」一小節。

筆者認爲王、容這個說法值得商榷，理由有二。

第一、《難》二十八則故事卷末如果附有孔子評語的話，作者主
要的矛頭一定對準孔子大肆攻擊，比如《難一》云：

> 襄子圍於晉陽中，出圍，賞有功者五人。……仲尼聞之曰：「善
> 賞一人而天下為人臣者莫敢失禮矣。」
> 或曰：仲尼不知善賞矣。夫善賞罰者，百官不敢侵職，群臣不敢
> 失禮。上設其法，而下無姦詐之心，如此……今襄子不誅驕侮之
> 臣，而賞無功之赫，安在襄子之善賞也？故曰：仲尼不知善賞。

作者引錄襄子圍於晉陽的眞正用意，其實只在於孔子的幾句評語，這是非常顯著的；所以，《難》作者短評幾乎就對準孔子大張撻伐，始則曰：「仲尼不知善賞矣。」終則云：「故曰：仲尼不知善賞。」《難》五則所有孔子評語的文字，沒有例外地全是如此。反觀本篇，始則云：「平公失君道，師曠失臣禮。」終則云：「平公失君道，師曠亦失臣禮矣。」可知作者矛頭所指的是晉平公及師曠；那麼，文末何必附有「仲尼聞之曰」一小節文字呢？

　　第二、《淮南子》引錄孔子評語云：「平公非不痛其體也，欲來諫者也。」細嚼二句的含義，孔子主要在於指出晉平公有來諫的用心，比「失君道」「失臣禮」似乎更深一層。《難》所詰難駁責的完全在「失君道」及「失臣禮」的層面上，云「是逆上下之位，而失人臣之禮也」，云「臣行大逆，平公喜而聽之，是失君道也」，似乎沒有一句話論及「來諫」這個層面；如果《難》有「仲尼聞之曰」一小節，不是顯得累贅了嗎？

　　其實，《淮南子》所載晉平公故事與《難》所錄者有很大的不同。前者文字非常簡單，故事本身不過三十餘字；後者故事比較詳細，前後近百字，幾乎是前者的三倍了。此外，後者有「與群臣飲」及「太師誰撞」對答等兩節，而且，晉平公「出言不當」的內容也交代得清清楚楚，這是《淮南子》所沒有的。因此，筆者懷疑，《淮南子》作者所見到的，與《難》作者所錄的不是相同的一則；《難》作者所見的，是一則內容比較詳細、文字比較繁長的一則，而《淮南子》作者所錄的是一則文字短少、內容簡要而又附有孔子評語的一則。二書所見不同，故有此差異耳。誠如上文所指出的，當時民間恐怕流傳着一批孔子評論歷史故事的文章，劉安看到這批材料，乃於《齊俗》錄入其中一則，然後，濃縮《難》的詰難文字，附在「仲尼聞之曰」之後，

才形成今日這個樣子了❽。

　　這二十八則短評，除了申張作者自己的觀點和思想之外，似乎還可以從另一個角度來考察。

　　《韓非子》全書以詰難駁責方式出現的篇章，除了本篇之外，還有《問辯》、《問田》、《定法》及《難勢》等篇。就《韓非子》而言，這種寫作方式大概可以分爲兩類。

　　第一類是問答式。作者採用一問一答的方式來完成這些篇章，比如《問辯》，其全篇結構爲：

　　或問曰：……
　　對曰：……
　　問者曰：……
　　對曰：……

比如《問田》，全篇結構爲：

　　徐渠問田鳩曰：……
　　田鳩曰：……
　　堂谿公謂韓子曰：……
　　韓子曰：……

再如《定法》，其結構爲：

　　問者曰：……
　　應之曰：……

　　問者曰：……

　　對曰：……

　　問者曰：……

　　對曰：……

上述三篇文章，都是通過一問一答的方式來申張作者自己的觀點和思想。值得注意的是，除了《問田》的問者確有其人之外，其他《問辯》及《定法》兩篇的問者卻無法明說。筆者認爲，二篇問者無法明說，極可能是作者自己虛設；換句話說，作者寫這類文章，只不過是想通過自問自答的方式，完成申張自己觀點及思想而已。

　　第二類是批駁式。作者引述旁人現成的話語，或者已經發生過的故事，進行詰難駁責；比如《難勢》，其通篇組織爲：

　　慎子曰：……

　　應慎子曰：………

　　復應之曰：……

作者引述慎子現成的言論後，才寫上兩段批駁的文字，一段爲「應慎子曰」，一段爲「復應之曰」。在這兩段批駁的文字裏，前一段是作者假設客人的語氣和立場反駁慎子，後一段才是作者自己站在法家的立場爲慎子辯護，進而反駁「應慎子曰」的那位客人。梁啓雄《淺解》「應慎子曰」下云：「此句主語是客人。韓子假設客人拿賢治學說來應（反駁）慎到的勢治學說。這個客人暗指儒或墨。」梁氏於「復應之曰」下又云：「此句是韓子向駁難慎到的客人代慎子解釋的話，主語是韓子。『之』字指應慎子的客❾。」所云甚塙。筆者認爲，無論

是「應慎子曰」，或是「復應之曰」，都是作者一人之辭；換句話說，除了慎子那一段話確有來歷之外，其他兩段都應該是作者「私下杜撰」的文字。最後一段「復應之曰」固然是作者站在自己的立場爲文批駁客人，前一段「應慎子曰」也應該是作者站在與慎到接近的立場，私下「杜撰」一段文字反駁客人；皆非確有其文及其事。

《難》二十八則短評應是屬於第二類的寫作方式，作者引述旁人現成的話語或者經已發生過的事件，然後，針對故事中的「言」或「行」加以詰難駁責，藉以申張自己的觀點和思想。首三篇二十四則批駁的文字只有一段，第四篇四則就增加爲兩段。換句話說，前二十四則只有一段「或曰」；後四篇却有兩段「或曰」，情形與《難勢》非常相似。

韓非爲甚麼要寫這些沒有連串性的短評文章呢？除了發表自己的觀點及思想之外，是否還有別的意義呢？討論到這裏，我們應該提出《戰國策・齊策三・楚王死》章了；這是《齊策三》裏的一篇長文章，通篇結構爲：

> 楚王死，太子在齊質，蘇秦謂薛公曰：「君何不留楚太子以市其下東國？」薛公曰：「不可。我留太子，郢中立王；然則是我抱空質而行不義於天下也。」蘇秦曰：「不然。郢中立王，君因謂其新王曰：『與我下東國，吾爲王殺太子；不然，吾將與三國共立之。』然則下東國必可得也。」蘇秦之事：㈠可以請行，㈡可以令楚王亟入下東國，㈢可以割於楚，㈣可以忠太子而使楚益入地，㈤可以爲楚王走太子，㈥可以忠太子使之亟去，㈦可以惡蘇秦於薛公，㈧可以爲蘇秦封於楚，㈨可以使人說薛公以善蘇子，㈩可以使蘇子自解於薛公。

(一)　蘇秦謂薛公曰……故曰：可以請行也。

(二)　謂楚王曰……故曰：可以使楚亟入地也。

(三)　謂薛公曰……故曰：可以益割於楚。

(四)　謂太子曰……故曰：可以使楚益入地也。

(五)　謂楚王曰……故曰：可以為楚王使太子亟去也。

(六)　謂太子曰……故曰：可以使太子急去也。

(七)　蘇秦使人請薛公曰……故曰：可使人惡蘇秦於薛公也。

(八)　又使人謂楚王曰……故曰：可以為蘇秦請封於楚也。

(九)　又使景鯉請薛公曰……故曰：可以為蘇秦說薛公以善蘇秦。❿

筆者在撰述《戰國策研究》時，對這一批材料曾作如是的解說：「仔細讀了這一章，我們可以發現兩個問題：第一、根據《史記》，楚懷王在三十年入秦後，太子橫就自齊返國，自立為頃襄王，過了不久，懷王才客死於秦；也就是說，頃襄王即位在懷王逝世之前。此章却說懷王逝世後，太子還在齊國為人質，而且又說郢中另立王，和頃襄王對抗；這些，都和《史記》大不相同。第二、作者認為這件事情將會有十個變化的可能性，而且，每一個變化都可以利用來游說當事的人；更妙的是，每一節的游說，都對於己方很有利益。撇開第一個問題不談，讓我們談談和本文有關係的第二個問題。似乎有一件事可以肯定的，任何人讀了這一章故事，都不會相信這十個變化的小節是『史料』，相反的，會以為它們都是縱橫者的策謀，也許，很可能是縱橫者平時揣摩的『參考資料』，或者是縱橫者傳授他人的『參考教本』！作者的巧辭反覆，完全表露無遺；具備這種『才華』的人，除縱橫者，還會是誰呢⓫？」筆者認為，《韓非子・難》和《戰國策》這批材料的情形非常相似——固然《戰國策》重點在應付時局的變化，《韓非子》

重點在批判各種不同的觀點，然而，前者是縱橫家平時揣摩的「參考資料」，後者是韓非平日簡練的「習作」，都有摩練自己的思想的共同處，這是不可否認的事實。當我們展讀同時兼有兩個「或曰」的《難四》以及兼有兩個「應曰」的《難勢》時，我們更會肯定這個說法的正確了。

因此，筆者認為《難》裏的每段文字，應該都是作者利用現有的材料進行摩練自己的思想的短作。周勳初認為是「讀書筆記」，與事實最相接近。作者對儒家特別敵視，所以，刻意挑選五篇附有孔子短評的故事，俾便對儒家進行猛力攻擊的練習。在此摩練的習作中，作者也表達了自己的觀點和思想。

　　　　＊　　　　　＊　　　　　＊　　　　　＊

《難》的作者是不是韓非？有關這個問題，歷來學者都不曾論及，看來都認為不是問題了。容肇祖也許是打破沉默，將這不是問題的問題提出來討論的第一位學者；他舉出下列三個證據[12]：

(一)　所用的辯證法和所說的矛盾法和《五蠹》相合；

(二)　思想及內容和《五蠹》、《顯學》相合；

(三)　《淮南子‧齊俗訓》所引《韓子》的話，出現在這裏，更可引為旁證；

證明其作者為韓非無疑。

《難》既是韓非的作品，那麼，到底作成於甚麼時候呢？韓非與李斯同學於荀卿門下，李斯於秦莊襄王三年（西元前二四七年）辭別荀卿入秦，可知韓非在此年之前已是荀卿的學生了。自秦莊襄王三年至秦始皇十四年韓非死於秦獄，共得十四年；然則，《難》作成於韓

非受學於荀卿之前後呢？還是作成於被害之前數年呢？錢賓四先生推測韓非年壽在「四十、五十之間」⓭，那麼，《難》篇是韓非三十餘歲中年時代的作品？還是年近五十晚年的作品呢？

　　周勳初在他的大著《韓非作品寫作年代的推斷》⓮裏，認爲《難》是韓非晚年的作品；他說：

> 《難一》、《難二》、《難三》、《難四》應當也是韓非晚期的作品，因爲裏面幾則故事反映的觀點，與《呂氏春秋》中的觀點針鋒相對，顯然是看到了呂書之後才寫的。《呂氏春秋》成書於秦王政八年，卽韓非死前六年。因此，《難一》、《難二》、《難三》、《難四》反映的是韓非晚期完整的法治思想。……他的思想應當有前後期的不同。他的早期思想，或許還受荀況的影響，認爲孔丘是一個賢人；到他晚期，法家思想進一步發展之時，也就徹底否定孔丘這樣一位儒家的祖師了。……從文章的內容看，《難一》批評孔丘「不知善賞」，《難二》以爲仲尼之言不及鄭長者之論，《難三》指出「仲尼之對，亡國之言也」，這些文章都對孔丘作了徹底的否定。

周氏推斷《難》爲韓非晚年的作品，理由有二：第一、《難》非議孔子，徹底否定孔子，與他早年受學荀卿的教育背景不合；第二、《難》的論點與《呂氏春秋》針鋒相對，可知作者讀過《呂氏春秋》，《呂氏春秋》成書於秦始皇八年，適值韓非晚年。根據上述兩個理由，周氏認爲《難》應當是韓非晚年的作品。

　　周氏這個說法大致上可以接受，筆者下文將對周說分別作補充和修正。

　　韓非早年受學於荀卿，受老師的影響，對孔子作正面的讚揚，是一件很自然的事；辭別荀卿之後，思想逐漸成體系，而且也以法家正統自居，對孔子的看法就完全相反了。《韓非子》書中有的篇章讚頌孔子，有的篇章貶責孔子，似乎可以作如是的解說。

　　《難》二十八則故事批評最多的是管仲，一共得六則，其次才是孔子，得五則；下來是齊桓公，得三則；我們不禁要問，韓非對管仲的態度，是否也有先褒後貶的分別呢？如果有的話，淵源何來呢？

　　孔子對管仲的批評大致上是讚賞的，雖然孔子指責過管仲「有三歸，官事不攝，焉得儉」及「管氏而知禮，孰不知禮」❺；不過，試看下列兩則：

> 子路曰：「桓公殺公子糾，召忽死之，管仲不死，曰：未仁乎？」
> 子曰：「桓公九合諸侯，不以兵車，管仲之力也。如其仁！如其仁！」
> 子貢曰：「管仲非仁者與？桓公殺公子糾，不能死，又相之。」
> 子曰：「管仲相桓公，霸諸侯，一匡天下，民到於今受其賜！微管仲，吾其披髮左衽矣！……」❻

除了指責管仲「焉得儉」及「不知禮」之外，對於管仲的貢獻，孔子肯定的還是加以讚賞，並且很難得的許他以仁。

　　孔子此一態度，似乎深深地影響荀卿；試讀下列《荀子》引文：

> 《王制》：子產，取民者也，未及為政也；管仲，為政者也，未及脩禮也。故脩體者王，為政者強，取民者安，聚斂者亡。
> 《霸王》：齊桓公閨門之內，縣樂、奢泰、游抏之脩，於天下不

見謂脩，然九合諸侯，一匡天下，為五伯長。是亦無它故焉，知
一政於管仲也。

《臣道》：齊之蘇秦、楚之州侯、秦之張儀，可謂態臣者也？韓
之張去疾、趙之奉陽、齊之孟嘗，可謂篡臣也；齊之管仲、晉之
咎犯、楚之孫叔敖，可謂功臣矣；殷之伊尹、周公太公，可謂聖
臣矣。

又曰：若周公之於成王也，可謂大忠矣；若管仲之於桓公，可謂
次忠也；若子胥之於夫差，可謂下忠矣；若曹觸龍之於紂者，可
謂國賊矣。

《大略》：晏子，功用之臣也，不如子產；子產，惠人也，不如
管仲。管仲之為人，力功不力義，力知不力仁，野人也，不可以
為天子大夫。

《宥坐》：湯誅尹諧，文王誅潘止，周公誅管叔，太公誅華仕，
管仲誅付里子，子產誅鄧析、史付；此七子者，皆異世同心，不
可誅也。

荀卿對管仲的批評，全包括在上述六則文字之內了。綜合這六則文字，
荀卿對管仲的態度不外下列三點：第一、管仲對九合諸侯、一匡天下，
有很大的貢獻和功勞，如《王霸》所言者。第二、管仲功勞雖大，尚
有小瑕，只能當作第二級的名臣，如《王制》言管仲「未及脩禮」，
竟與孔子所言者全同；《臣道》言管仲「功臣」、「次忠」、在「聖
臣」、「大忠」之下；《大略》言管仲在晏子、子產之上，在「天子
大夫」之下。第三、管仲是位很能幹的政治家，《宥坐》將他與湯、
文王、周公等人同列。總而言之，荀卿對管仲的貢獻是肯定的，而且
還是讚許的；似此態度，顯然是來自孔子了。

韓非受學於荀卿，他早期對管仲的看法，也應該一如他早期對孔

子的看法一樣，是肯定及讚許的。《韓非子》全書對管仲作肯定及讚許的篇章，爲數並不少，試讀下列順手拈來的兩則：

> 《姦劫弒臣》：伊尹得之湯以王，管仲得之齊以霸，商君得之秦以強。此三人者，皆明於霸王之術……此之謂足貴之臣。……故有忠臣者，外無敵國之患，內無亂臣之憂，長安於天下，而名垂後世，所謂忠臣也。
>
> 《南面》：管仲毋易齊，郭偃毋更晉，則桓、文不霸矣。

上述兩則雖然不一定完全作成於韓非早期，不過，它們只是韓非諸多肯定、讚許管仲中的兩則而已，至少我們據以說明韓非的確曾有過肯定及讚許管仲的思想，應該是沒有問題的。

《難》對管仲的態度完全相反了。在所有與管仲有關的短評裏，沒有例外地都是詰難駁責性質的文字；試讀下列的摘錄：

第三則：管仲有病

> 或曰：管仲所以見告桓公者，非有度者之言也。所以去豎刁、易牙者，以不愛其身，適君之欲也。曰：「不愛其身，安能愛君，」然則臣有盡死力以為其主者，管仲將弗用也。……管仲非明此度數於桓公也，使去豎刁，一豎刁又至，非絕姦之道也。……故曰：管仲無度矣。

第八則：桓公解管仲之束縛而相之

> 或曰：今使臧獲奉君令詔卿相，莫敢不聽，非卿相卑而臧獲

尊也，主令所加，莫敢不從也。……今管仲不務尊主明法，而事
增寵益爵，是非管仲貪欲富貴，必闇而不知術也。故曰：管仲有
失行……。

第十一則：齊桓公飲酒醉

或曰：管仲雪桓公之恥於小人，而生桓公之恥於君子矣。使桓公
發倉囷而賜貧窮，論囹圄而出薄罪，非義也，不可以雪恥使之而
義也。……夫賞無功則民偷幸而望於上，不誅過則民不懲而易為
非，此亂之本也，安可以雪恥哉？

第十九則：人有設桓公隱者

或曰：管仲之射隱不得也。士之用不在近遠。而俳優侏儒，固人
主之所與燕也。則近優而遠士，而以為治，非其難者也。

第二十三則：管子曰

或曰：廣廷嚴居，眾人之所肅也；晏室獨處，曾、史之所優也。
……好惡在所見，臣下之飾姦物以愚其君，必也。明不能燭遠姦，
見隱微，而待之以觀飾行，定賞罰，不亦弊乎！

第二十四則：管子曰

或曰：管仲之所謂言室滿室、言堂滿堂者，非特謂遊戲飲食之言

也，必謂大物也。人主之大物，非法則術也。……而管子猶曰：
「言於室滿室，言於堂滿堂。」非法術之言也。

上述六則，除第二十三則暗評管仲之外，其他五則很明顯的都是點名
詰駁，對管仲的一言一行都很不以爲然。據此，韓非對管仲除了肯定
及讚賞的態度之外，還有詰難駁責的另一態度，似乎是無可置疑了。

　　韓非對管仲既有肯定否定兩種極端的態度，那麼，我們怎麼知道
肯定者是他早期的思想，而否定的又是他晚期的思想呢？當然，我們
可以依仿周氏的說法，認爲韓非早年受學於荀卿，對孔子及管仲的態
度都受荀卿的影響作正面的肯定，後來他獨立成家，乃改變態度對孔
子及管仲作反面的批評，一如我們前文所論證者；然而，我們是否有
更好的證據，證明韓非早年肯定管仲、晚年否定管仲呢？答案是肯定
的。

　　韓非早年肯定孔子、晚年否定孔子是極有可能的；問題是，韓非
對管仲的態度是否也早年肯定、晚年否定呢？《難言》云：

　　故子胥善謀而吳戮之，仲尼善說而匡圍之，管夷吾實賢而魯囚之；
　　故此三大夫豈不賢哉？而三君不明也。

《難言》認爲伍子胥、孔子及管仲三人都是「賢」大夫，他們被殺、
被圍及被囚，只因爲三人的國君「不明」。這裏，韓非將肯定孔子及
肯定管仲的態度結合在一起，是很值得注意的一件事；換句話說，韓
非肯定管仲應該和肯定孔子同屬一個時期的事，《難言》這幾句話正
提供一個極佳的證據了。至於否定管仲的態度，相信也和否定孔子結
合在一起，同屬晚期的事了。

　　韓非受學於荀卿，早期受荀卿的影響，對孔子及儒家所讚許的人
物如管仲採取正面的態度，是一件很自然及合理的事；晚期獨立發展，
以法家集大成自居，對孔子及管仲大肆批評，也是一件很自然合理的
態度。《難》非議孔子、駁詰管仲，以韓非前後期思想不同而言，應
該是他晚期的作品了。

　　　　　　＊　　　　　　　＊　　　　　　　＊　　　　　　　＊

　　周勳初認為《難》不但作成於韓非晚年，而且，還是作成於《呂
覽》之後，因為篇中若干故事「反映的觀點」，與《呂覽》「針鋒相
對」。無可否認的《難》轉錄的故事裏，有一些的確和《呂覽》重複；
但是，故事末的詰難文字是不是與《呂覽》「針鋒相對」呢？如果答
案是肯定的話，那麼，《難》的作成時代當然很方便的就在秦始皇八
年《呂覽》成書之後了；然而，實際上恐怕並非如此。

　　《難》故事與《呂覽》重複的，計有下列六篇：第一則「晉文公
將與楚人戰」（與《呂覽・義賞》重複），第二則「歷山之農者侵畔」
章（《慎人》），第四則「襄子圍於晉陽中」章（《義賞》），第六則
「齊桓公時」章（《下賢》），第十四則「齊桓公之時」章（《任數》），
第十六則「趙簡子圍衛之郛郭」章（《貴直》）。當然，這裏所謂重
複包含着幾種情形：一種是兩者略同而已，如第二則與《慎人》篇；
一種是非常接近，如第一則與《義賞》、第六則與《下賢》、第十四
則與《任數》及第十六則與《貴直》；一種是全合，如第四則與《義
賞》。

　　韓非《難》對上述六則故事進行詰難駁責時，是不是看到了《呂
覽》相應的文字呢？甚至於是不是和《呂覽》進行針鋒相對的爭辯呢？
在此六則短評中，能夠造成「針鋒相對」的似乎只有後面四則；在此
四則短評內，《難》及《呂覽》所批評的對象幾乎相同。惟有針對同

一對象發表相反不同的議論，才足以構成針鋒相對的形勢。這裏，讓我們來審查二書對這四則故事的批評。

第四則：襄子圍於晉陽中

《呂覽・義賞》：為六軍則不可易，北取代，東迫齊，令張孟談踰城潛行，與魏桓、韓康期而擊智伯，斷其頭以為觴，遂定三家，豈非用賞罰當邪！

《難》：仲尼不知善賞矣。夫善賞罰者，百官不敢侵職，群臣不敢失禮。……今襄子不誅驕侮之臣，而賞無功之赫，安在襄子之善賞也？故曰：仲尼不知善賞。

《呂覽》及《難》在「襄子圍於晉陽中」的故事末，同時都轉錄了孔子讚賞趙襄子的話語，內容大致相同。《呂覽》在評論時，雖然完全順着孔子讚賞襄子的意思，不過，《呂覽》讚賞的對象完全集中在趙襄子身上，說他善用六軍，北取代，東迫齊，又能調度張孟談暗中與魏桓、韓康聯盟，消滅智伯。韓非雖然「逆」着孔子的言論，外表看起來似乎與《呂覽》針鋒相對，實際上，韓非批評的是孔子，而不是趙襄子；他認為孔子讚賞趙襄子完全是錯誤的，像高赫那種無功的人，趙襄子竟然首賞之，怎麼可以說他「善賞」呢！所以，韓非一落筆及一收筆，都極力指責孔子讚賞的失當。二書之不同，於此可見了。

第六則：齊桓公時

《呂覽・下賢》：世多舉桓公之內行。內行雖不修，霸亦可矣。誠行之此論，而內行修，王猶少。

《難》：桓公不知仁義。夫仁義者，憂天下之害，趨一國之患，

不避卑辱謂之仁義。……今小臣在民萌之眾，而逆君上之欲，故不可謂仁義。仁義不在焉，桓公又從而禮之。使小臣有智能而遁桓公，是隱也，宜刑；若無智能而虛驕矜桓公，是誣也，宜戮；小臣之行，非刑則戮。桓公不能領臣主之理，而禮刑戮之人，是桓公以輕上侮君之俗教於齊國也，非所以為治也。故曰：桓公不知仁義。

《呂覽》此處對齊桓公可說是褒貶各居一半；貶方面，說他「內行」（私生活）欠佳；褒方面，說他能禮賢下士，足以稱霸，如果他再「修」「內行」的話，稱王就有餘地了。韓非不但完全貶抑齊桓公，而且批評的重點完全不相同——齊桓公自稱禮賢下士，是因為「好仁義」；韓非直截了當地認為齊桓公根本說錯話，他根本就不知道甚麼叫仁義！韓非進一步否定小臣稷，認為「仁義不在」他的身上，所以，小臣稷非刑非戮不可。二書完全「各說各話」，於此可見了。

實際上，本故事齊桓公在回答從者時，《呂覽》只轉錄「輕祿爵」一事而已，《難》除了「輕祿爵」之外，還有「好仁義」一事；顯然的，二書的來源並不相同❶，而韓非詰難駁責的文字，就完全建立在後一事「好仁義」之上，正是《呂覽》所未轉錄的那一事了。然則，二書「各說各話」，其道理不是很淺嗎？

第十四則：齊桓公之時

《呂覽·任數》：桓公得管子，事猶大易，又況於得道術乎！
《難》：桓公之所應優，非君人者之言也。桓公以君人為勞於索人，何索人為勞哉？……然則君人者無道賢而已矣，索賢不為人主難。且官職所以任賢也，爵祿所以賞功也，設官職，陳爵祿，

而士自至，君人者奚其勞哉！

使人又非所佚也，人主雖使人必以度量準之，以刑名參之，以事
……君人者焉佚哉？

索人不勞，使人不佚，而桓公曰「勞於索人，佚於使人者」，不
然。

且桓公得管仲又不難，管仲不死其君而歸桓公，鮑叔輕官讓能而
任之，桓公得管仲又不難明矣。已得管仲之後，奚遽易哉！……
故曰：桓公闇主。

審度《呂覽》的含義，似乎有褒亦略有貶；桓公得賢相如管仲，處事
大易，成就霸業，這是褒的一面；如果桓公能得道術，那麼，成就將
會更大，這是小貶。至於《難》，態度就完全不同了。《難》轉錄桓
公答覆優人的問話時，說：「君人者勞於索人，佚於使人。」在詰駁
文字內，韓非就專從「勞於索人」及「佚於使人」兩點大作文章——
「何索人爲勞哉？……索賢不爲人主難……君人者奚其勞哉！」及
「且桓公得管仲又不難……桓公得管仲又不難明矣」兩段文字，完全
在反駁齊桓公「勞於索人」的觀點；「使人又非所佚也……君人者焉
佚哉？」及「已得管仲之後，奚遽易哉！……桓公奚遽易哉！」兩段
文字，又完全在反駁「佚於使人」的觀點；最後的結論是：「桓公闇
主。」短評的條理，清楚可辨。反過來看《呂覽》，在它所轉錄的故
事內，桓公只說：「吾未得仲父則難，已得仲父之後，曷爲其不易也！」
只言及《難》「佚於使人」一事，根本沒有「勞於索人」一事；可知
二書不但故事內容有差別，也造成了短評「各說各話」，而不可能針
鋒相對。實際上，韓非所駁詰的是桓公說的話，《呂覽》所評論的是
桓公得管仲的事，完全是不同層面，根本就無法針鋒相對。

第十六則：趙簡子圍衛之鄩郭

《呂覽・貴直》行人燭過可謂能諫其君矣！戰鬥之上，枹鼓方用，賞不加厚，罰不加重，一言而士皆樂為上死。

《難》：行人未有以說也，乃道惠公以此人是敗，文公以此人是霸，未見所以用人也；簡子未可以速去楯、櫓也。嚴親在圍，輕犯矢石，孝子之所愛親也。孝子愛親，百數之一也。今以為身處危而人尚可戰，是以百族之子於上皆若孝子之愛親也，是行人之誣也。好利惡害，夫人之所有也。賞厚而信，人輕敵矣；刑重而必，失人不北矣。長行徇上，數百不一失。喜利畏罪，人莫不然。將眾者不出乎莫不然之數，而道乎百無一人之行，行人未知用眾之道也。

《呂覽》和《難》這兩節短評，似乎有「針鋒相對」之處；首先，二文皆針對行人燭過而發，重點都在批評行人燭過；其次，《呂覽》言及「賞不加厚，罰不加重」，而《難》言及「賞厚而信，人輕敵矣；刑重而必，失人不北矣」；因此，韓非的短評似乎針對《呂覽》而發。周勳初大概比較這兩段文字後，才有二書「針鋒相對」的說法。

實際上，如果仔細推敲，就會發現二文似乎也在「各說各話」，並沒有針鋒相對的地方：第一、《呂覽》重點是在讚揚行人燭過，說他善於「諫其君」，經他「一言」，軍隊都「樂為其上死」了；韓非雖然也批評行人燭過「未有以說」（說話空洞無內容），然而，韓非的重點是說他不了解「用眾之道」，身為將領如趙簡子，必須「以身處危，人尚可戰」，可見行人燭過在勸諫的時候，根本不知治國用眾的道理；比較前後二說，《呂覽》說得淺，韓非評得深，層面根本不

相同。第二、《呂覽》雖然言及「賞不加厚，罰不加重」，不過，那完全是《呂覽》附帶而說的；《呂覽》的意思是，行人燭過善於諫君，一言而士兵樂死，趙簡子不必賞不必罰就戰勝敵人了；可知重點完全在「善諫」及「一言」之上。韓非認為以「孝子愛親」的思想用在戰場上，完全是行人燭過的「誣」；批評到這裏，韓非就擡出法家的看法了，他認為人性都是「喜利畏罪」及「好利惡害」的，只要「賞厚」、「刑重」，就能夠振起「數百」之衆的士兵，戰勝任何敵人了。比較前後二說，即知二書所論的方向完全不相同，韓非「賞厚而信」及「刑重而必」也不是對準《呂覽》而發。

　　審閱這四則短評之後，我們就知道：《難》篇的言論並未曾與《呂覽》針鋒相對；說《難》是「看到了《呂》書之後才寫作的」，顯然的並不正確。

　　總結本文所討論的，《難》是《韓非子》全書很長的一篇文章，作者在撰成之後，由於原文過長，才離析為四篇，成為今天的模樣。這篇文章的內容相當廣泛，包括了兵、權勢、賞罰、君臣之道、用人、法術、治術……等範圍，作者除了申張自己的觀點和思想之外，似乎也有意通過這種體式來簡煉自己的思想，摩煉自己的思路。這篇筆記式的論著，從它對孔子及管仲的敵視的角度來考察，應該是韓非晚年的作品，雖然那個時候《呂覽》已公佈於世，《難》所徵錄的故事也小部分與《呂覽》重複，不過，韓非似乎是在未受《呂覽》的影響之下，私自撰成本文。它所代表的，應該是韓非晚年的思想。

附　註

❶　見潘著《韓非著述考》。

❷　見王著《韓非子選》，台北聯貫出版社。

❸ 見黃著《韓非學術思想》，台北華僑出版社出版。

❹ 見謝著《韓非子析論》，台北東大圖書公司出版。

❺ 見周著《韓非作品寫作年代的推斷》，此文搜集在周著《韓非子札記》內，頁一二六頁至一三三。

❻ 見張著《韓非子難篇研究》，頁二七五至二七六，台北學生書局出版，一九八七年。

❼ 見容著《韓非子考證》卷二第七、八頁。

❽ 《淮南子・齊俗》「晉平公出言不當」故事之下，引韓子語云：「群臣失禮而弗誅，是縱過也，有以也夫平公之不霸也。」此蓋《淮南子》濃縮《難》短評內之文字。容肇祖謂「群臣失禮」三句，乃《難》短評之脫文，恐非；容說見《韓非子考證》卷二第七、八頁之間。

❾ 陳啓天《增訂韓非子校釋》、韓非子校注組《韓非子校注》（江蘇人民出版社出版）所云皆同。

❿ 見拙著《戰國策研究》，頁十五；台北學生書局出版，一九八六年第三版。

⓫ 同上書，頁十六。

⓬ 見容著第二章，頁三至八。

⓭ 見錢著《先秦諸子繫年》，頁四七七內。

⓮ 同註❺。

⓯ 見《論語・八佾》。

⓰ 俱見《論語・憲問》。

⓱ 《韓詩外傳》卷六載此事，本《韓非子》；《新序・雜事》亦載此事，本於《呂覽》。

第二十三節　難勢・問辯・問田・
　　　　　　　定法・說疑

《難勢》的作者是韓非本人，歷來學者率無疑義；容肇祖、陳啓

天、梁啓雄及周勳初等，都作如此看法。

本篇既是韓非所作，當作於何時期呢？周勳初有一個意見，他說：

> 韓非……認為君主尚賢，臣下就會利用「賢」來弒君篡位。……
> 他在《難勢》篇中則從理論上論證了賢治的不能憑靠，只有法治
> 才能確保國家長治久安。他假託第三者反駁尚賢觀點時說：「且
> 夫堯、舜、桀、紂千世而一出……而曰『必待賢』，則亦不然矣。」
> 也是一種完整的尚法而不尚賢的觀點。這種觀點，應該是在徹底
> 擺脫了前況的影響和完整地建立了法治思想之後才能提出的。❶

周氏根據篇內的思想，認為是韓非後期的作品。筆者認為，韓非徹底
擺脫荀子的影響，也許始於中期，不一定要到晚期才有此能力。

　　　＊　　　　　＊　　　　　＊　　　　　＊

容肇祖、陳啓天及梁啓雄都認為《問辯》的作者是韓非本人。從
內容思想及用詞特徵來審訂，這個說法應該是正確的。

本篇末有一節文字，和《外儲說左上》幾乎完全相同；茲比較如
下：

（本篇）　夫　砥礪殺矢，　　　　　而以妄發，其端未嘗不中秋	
（儲說）　夫新砥礪殺矢，彀弩而射，雖冥而　妄發，其端未嘗不中秋	
毫也；然而　　　　　　不可謂善射者，無常儀的也。設五寸之的，	
毫也；然而莫能復其處，不可謂善射　，無常儀的也。設五寸之的，	
弓十步之遠，非羿、逢蒙不能必中　者，有常　　也。	
弓十步之遠，非羿、逢蒙不能必　全者，有常儀的也。有度難而無度	

故有常　　　　則羿、逢蒙以五寸的為巧；無常　　　則以妄發 易也。有常儀的，則羿、逢蒙以五寸　為巧；無常儀的，則以妄發而	
之中秋毫為拙 　中秋毫為拙。	今聽言觀行，不以功用為之的彀，言雖至察，行雖 故無度而應之，則辯士繁說；設度而持之，雖知者
至堅，則妄發之說也。是以亂世之聽言也，以難知為察……以犯上為 猶畏失也，不敢妄言。	
抗。	人主者說辯察之言………而莫為之正。
	今人主聽說不應之以度……而說者所以長養也。

比較上列文字後，有兩點可以說明：

第一、這段文字的上半節幾乎完全相同，下半節文字雖然有很大的差異，不過，本篇重點在申論人主當根據功用來聽臣下之言及觀臣下之行，《儲說》則強調人主當設度設功來考察臣下的言論，主旨還是非常接近的。由於上節文字相同、下節思想相近，更可以證成這兩篇文章的作者極可能是同一個人；《儲說》是韓非所著，所以，本篇也極可能是韓非所著的了。

第二、二文既都是韓非所著，那麼，何篇在前？何篇在後？是不是有甚麼線索可提供這方面的消息呢？以前半節而論，《儲說》在文字上比本篇多而且詳，「彀弩而射」、「莫能復其處」及「有度難而無度易也」，都是本篇所沒有的文字，此外，一些單詞片語如「新」、「雖冥」及「儀的」（三見），也都是本篇所無者。如果以「先簡後詳」的準則來衡量的話，那麼，本篇也許在《儲說》之前了。

　　　　※　　　　　　※　　　　　　※　　　　　　※

《問田》是一篇很短的文章，約五百字，分兩段。

容肇祖認為兩段都不是韓非的作品；他說：

《問田》一篇，全篇共兩段：一段是徐渠問田鳩；一段是堂谿公問韓子。韓子的答辭，重要的是：「竊以為立法術……不敢傷仁智之行。」「立法術，設度數」，固明白是韓非的話，而「不憚亂主闇上之患禍，而必思以齊民萌之資利者，仁智之行也」，亦是韓非的思想中所應有的。《難一》「齊桓公時有處士」段，說道：「夫仁義者，憂天下之害，趨一國之患，不避卑辱，謂之仁義。」又說道：「忘民不可謂仁義。」可證《問田》的一段話，確為韓非說的。至於稱為「韓子」，則似是他的弟子或別人記他的話，而不是他自己所作。又這段話與徐渠問田鳩的一段平行，更可證明為別人雜記的話，而不是韓非自己的著作。這篇大約因為有韓非的話，故因此附入於《韓非子》書中❷。

容氏雖然沒有明言第一段的作者，不過，他既已肯定第二段「是他的弟子或別人記他的話，而不是他自己所作」，又認為「這篇大約因為有韓非的話，故因此附入於《韓非子》書中」，顯然的，他已否定了韓非對全篇文章的著作權了。

　　陳啓天參考了容肇祖及陳千鈞的著作，有進一步的說法；他說：

本篇思想，雖俱合於法家旨趣，然以次節明稱韓子，則本篇非出於韓子本人，殆無疑義。且堂谿公為韓昭侯時人，較韓子稍前，則堂谿公與韓子究否有此一段問答，亦不無可疑。此篇蓋韓子後學所記，後人以其旨趣同於韓子，而文中又言及韓子，遂編入本書耳❸。

由於堂谿公時代比韓非早，「究否有此一段問答，亦不無可疑」，所

以,「此篇蓋韓子後學所記」,「編入本書耳」。誠如梁啓雄所說的:「堂谿公是韓非的老前輩,韓非是否及見他,本來是一問題,何況文中又用『子』字尊稱韓非,用『臣』字謙稱堂谿公;那麼,這段對話到底是『眞』是『假』,頗成問題;就算是眞,記錄者是否是韓非也成問題❹。」堂谿公的出現,乃成爲本篇非韓非所著的鐵證了。潘重規先生說:「堂谿公是韓昭侯時人,雖距韓非較遠,但堂谿公如能老壽至八、九十,即可與韓非對話❺。」筆者認爲,潘先生此番解釋用心至善,但是,似乎可以不必。

筆者認爲,下列與著作權有關的兩個問題是值得提出來討論。

第一、本篇的篇題

本篇篇題顯然是後人按上去的,梁啓雄說:「標題曰『問田』,只適用於前段,與後段無關。這種標題和《論語》、《孟子》節取篇首字以名篇的標題略同❻。」說得非常正確。當然,韓非有些作品的篇題也按得不一定有很大的意義;如《和氏》,僅取篇首二字爲篇題,與全篇意旨沒有甚麼關係,所以,有可能也是後人按上去的。不過,考慮到本篇前後兩段材料上的差距,以及後一段材料上的眞僞問題,就愈加使我們覺得本篇「篇題爲後人所按上」是很不尋常的一件事了。

第二、本篇的出典

第二段堂谿公說:「所聞先生術曰:『楚不用吳起而削亂,秦行商君而富彊,二子之言已當矣,然而吳起支解而商君車裂者,不逢世遇主之患也。』……。」堂谿公引韓非的話,實際上見於《和氏》;原文云:「吳起教楚悼王以楚國之俗……悼王行之期年而薨矣,吳起

枝解於楚；商君教秦孝公以連什伍⋯⋯國以富強，八年而薨，商君車
裂於秦。楚不用吳起而削亂，秦行商君法而富強，二子之言也已當矣，
然而枝解吳起而車裂商君者何也？⋯⋯」不但內容相同，有些句子也
完全相合。顯然，作者是見過《和氏》的。

　　本篇次段既稱韓非為「韓子」，而且又引及《和氏》的文字，其
為韓非學生所寫，應該可以肯定的。潘重規先生說：

> 田鳩又見《外儲說左上》⋯⋯知田鳩是墨家學者，因為他論文貴
> 用不貴辯，合於韓非主張，故採入《外儲篇》。《問田篇》所記
> 田鳩答徐渠的問話說⋯⋯，這段話也是因田鳩尚法度而屏辯說，
> 有合於韓非的宗旨，故加存錄。田鳩即田俅；鳩、俅聲近字通。
> 《漢書‧藝文志》墨家有《田俅子》三篇，班固自注云：「先韓
> 子。」是韓非書田鳩即田俅。蓋《外儲左上》、《問田篇》的材
> 料，可能都是韓非採自《田俅子》的。一段編在《內儲說》，一
> 段便與弟子所記和堂谿公的對話，合編為一篇。❼

筆者認為本篇田鳩的材料，應該是韓非學生據他書（或《田俅子》）
採入，也許這段材料原本韓非已蒐在他身邊，後來他學生又撰寫第二
段，並將它們編在一起，再按上篇名。

　　　　　＊　　　　　　＊　　　　　　＊　　　　　　＊

　　《定法》是一篇短文，分三段，「首段言法術皆帝王之具，次段
言申子徒術而無法，末段言商子徒法而無術」❽，不出五百字。梁啟
雄說：「申不害所言的術，公孫鞅所為的法，都是構成韓非法術學說
的要素。韓子綜合二子學說而修正之，以成新法治學說。所謂『定法』
者，就是兼采術治和法治而修正之和確定之❾。」對本篇內容有很精

要的概括。

有關本篇的作者，梁啓雄認為它是全書「最重要」的一篇，顯然經已肯定其作者為韓非本人。胡適之先生謂本篇「可靠」，也同意作者卽韓非。容肇祖最初認為「是否韓非之文，疑未能定❿」，後來才轉而肯定韓非的著作權，他說：

> 《定法》一篇評論申不害、商鞅二家術法的得失，而主折衷合併，並糾正二家的過失，很像是韓非所作。從篇中所記的時代看，正是韓非的時代。如說：「及孝公商君死……皆應穰之類也。」昭襄王卒於西歷前二五一年，稱昭襄王的謚，必在昭襄王卒後，韓非卒在始皇十四年，卽西歷前二三三年，而這篇沒有說及昭襄王卒後的事，故此我們可以說正是韓非的時代。這篇的見解和《難三》「鄭子產晨出」段，及《姦劫弒臣》所說的，有很相合的見解。……而對於申子的話的引用，兩篇適合的相同，亦似同為韓非所作。⓫

他根據本篇所載史實的時代性、見解與《難三》及《姦劫弒臣》相合、引《申子》與《難三》相合，乃判斷作者應當是韓非本人。

韓非受申不害的影響相當深，在他寫作的過程中，經常暗引暗用申不害的學說和思想，甚至於文句及比喻，也都受申不害某種程度的影響；周勳初撰有《論申不害》一文⓬，文中列一對照表，說明「韓非的許多重要論點，甚至許多著名的文字，都是從此脫胎而出的」；根據此對照表，受申不害影響的篇章有《亡徵》、《姦劫弒臣》、《難一》、《有度》、《主道》、《二柄》、《揚權》、《功名》、《外儲說右下》、《飾邪》、《難勢》及《制分》等編，可知韓非和

申不害的關係了。本篇既然「立意概括，用詞精晰」（陳啓天語），而且對申不害的學說有如此深刻的批評，於情於理，應該是韓非本人的著作才是。

本篇引商鞅之法云：「斬一首者爵一級，欲爲官者，爲五十石之官；斬二首者爵二級，欲爲官者，爲百石之官。」考《商君書‧境內》說：「能得甲首一者，賞爵一級，益田一頃，益宅九畝，一除庶子一人，乃得入⓭兵官之吏。」與韓非所引者略有差異。

《難勢》、《問辯》及《定法》三篇，都採問答方式寫成，今又緊編在一起，也許在編輯成書前，它們是比較接近的一批材料。

　　　＊　　　　　　＊　　　　　　＊　　　　　　＊

《說疑》是一篇不太長的文章，不過，文內所徵用的典故，却非常「密集」，是其他各篇所沒有的現象。

陳啓天說：「首節之文，前後不甚相貫。自『又非其難者也』以上，蓋他篇錯簡於本篇歟？⓮」認爲第一段是他篇的錯簡。第一段爲理論的文字，淺白易懂，不用典故；第二段以下皆提綱挈領式的陳詞，每段用典也非常多，與首段寫作方式完全不同；所以，陳氏才有此懷疑。

有關本篇作者，容肇祖謂「疑未能定」⓯；陳啓天則肯定爲韓非所作，並且認爲是一篇「上書」。他說：

> 本篇體裁，以篇名「說疑」言之，似爲一篇論說，而其實爲一篇上書。篇中自稱臣者三，一見於首節末句，二見於末節首句，可證本篇韓非上韓王書也。⓰

根據他的說法，本篇當作於韓非早期。梁啓雄也認爲本篇爲韓非所作

「沒有多大問題的」⑰。

　　筆者的看法比較傾向於容肇祖，認爲本篇存在着一些問題。

　　首先，本篇第二節以下，用典非常多，是韓非作品所沒有的現象；試見下列統計表：

（各段出現人名統計表）

　　第二段：失度、孤男、成駒、侯侈、崇侯虎、優施──亡國之臣。

　　第三段：許由、續牙、伯陽、顛頡、僑如、狐不稽、重明、董不
　　　　　　識、卞隨、務光、伯夷、叔齊──無用之臣。

　　第四段：關龍逢、比干、季梁、泄治、申胥、子胥──無用之
　　　　　　臣。

　　第五段：田恆、子罕、季孫意如、僑如、子南勁、太宰欣、白公、
　　　　　　單荼、子之──朋黨比周之臣。

　　第六段：后稷、皋陶、伊尹、周公旦、太公望、管仲、隰朋、百
　　　　　　里奚、蹇叔、舅犯、趙衰、范蠡、大夫種、逢同、華登──霸
　　　　　　王之左。

　　第七段：滑伯、公孫申、公孫寧、儀行父、芊尹申亥、少師、種
　　　　　　干、王孫頷、陽成泄、豎刁、易牙──諂諛之臣。

　　第八段：丹朱、商均、五觀、太甲、管、蔡。

在上述七段文字裏，除了用典非常密集外，許多典故都非常冷僻，甚至於因失傳而不知所云；比如失度、孤男、侯侈、狐不稽、董不識、季梁、子南勁、逢同、華登、公孫申及王孫頷，都是非常冷僻的典故；至於成駒、重明、太宰欣、單荼、滑伯及陽成泄等，就不知典自何處了。似此現象，是韓非其他篇章所沒有的。

　　其次，本篇的思想和其他篇章互有矛盾者。比如關龍逢及比干二人，本篇皆列入「無用之臣」內，並且說：「如此臣者，先古聖王皆不能忍也，當今之時將安用之？」但是，《難言》說：「……比干剖心……關龍逢斬……此十數人者，皆世之仁賢忠良有道術之士也，不幸而遇悖亂闇惑之主而死。」肯定了兩人的忠良仁賢。本篇將二人列入「無用之臣」，與《難言》相反，思想與韓非頗不一致。

　　因此，筆者懷疑本篇不是韓非的作品。

附　註

❶　見周著《韓非子札記》，頁一三二。

❷　見容著《韓非子考證》，頁二十五背。

❸　見陳著《增訂韓非子校釋》，頁三〇八。

❹　見梁著《韓非淺解》，頁四〇二《解題》內。

❺　見潘著《韓非著述考》，頁九十九。

❻　同❸。

❼　同❹。頁九十八至九十九。

❽　同注❸，頁七十六。

❾　同注❹，頁四〇五。

❿　見《古史辨》第四冊。

⓫　同注❷，頁二十三至二十四背。

⓬　同注❶，頁二六八至二七八。

⓭　「入」本作「人」，據朱師轍校改。

⓮　同注❸，頁二三一。

⓯　同注❷，頁六二背。

⓰　同注⓮。

⓱　同注❹，《前言》，頁六。

第二十四節　忠孝・心度・制分

繼《五蠹》及《顯學》之後，是五篇篇幅短小的論文，即《忠孝》、《人主》、《飭令》、《心度》及《制分》。在這幾篇短文裏，《人主》已被判定爲後人所雜輯，而《飭令》實際上是過錄自《商君書》❶，二篇都不是韓非的作品；所以，剩下來就只有《忠孝》、《心度》及《制分》三篇了。

關於《忠孝》，容肇祖認爲是韓非的作品；他說：

> 《忠孝》一篇亦爲韓非所作，可從《五蠹》和這篇的比較而看出。《五蠹》說當日的從橫之說，並加以批評，說道……《忠孝》說道……。這種見解，狠是一致的。又《五蠹》以爲「微妙之言非民務」……《忠孝》以爲「恬淡之學，恍惚之言」是無用之敎，無法之言，和《五蠹》的意義是狠相合的。……合《五蠹》和《忠孝》看，狠可以知道韓非是反對《老子》的學說。……從內容上看，我以爲《忠孝》一篇，亦是韓非所作❷。

容氏根據思想的線索來判斷《忠孝》的眞僞；雖然說得很肯定，却不無可議。日本學者太田方認爲不是韓非的作品，理由如下：

> 《翼毳》又以此篇非韓非之筆，舉證如下：㈠韓子學本於老子，而此篇言恬淡無用，恍惚無法，意者此篇出於後人傅會，而非韓子所著也。所引之記，北山之詩，剽竊《孟子》。且以《老子》之言爲無用無法，則《解老篇》亦在所斥矣。㈡本篇稱民爲「黔首」，

始皇二十六年始更名曰黔首，而韓非死於始皇十四年，焉能稱秦制，是後人傅會之疏漏也 ❸。

太田方所舉的兩個證據都相當堅強，尤其是「黔首」這一條，幾乎可以把容說完全推翻了。陳奇猷曾經反駁過太田方的兩個證據；有關「黔首」，他說：

> 《禮・祭義》：「明命鬼神以為黔首則。」有「黔首」之名。《小戴記》為漢人所輯，不敢必其前於韓非。但秦始皇改制所用諸名稱多為先秦舊名，如「皇帝」為三皇五帝之號；天子自稱曰「朕」，朕原為天子諸侯之自稱；「郡縣」之名早已行於春秋、戰國；《漢書・百官表》謂「關內侯」為秦制，而「關內侯」已見於《魏策》，亦見本書《顯學篇》；皆其例。是「黔首」一名當亦可能為戰國已有，但僅行於某地，至始皇二十六年始明令頒行天下，故太氏此證亦不能成立。❹

陳氏此說表面上看來似乎有道理，實際上恐怕有問題。他雖然舉出「皇帝」、「郡縣」及「關內侯」為例，說明「秦始皇改制所用諸名稱多為先秦舊名」，藉以證成「黔首」一詞亦當是舊名；然而，那僅僅只是推測式的間接證明而已，並非確有其事。因此，「始皇二十六年更名民曰黔首」還是必須信賴的一個證據。所以，陳啟天《考證》引錄容肇祖及太田方二說之後，不得不說：「黔首名詞，不應見於韓子之文；則本篇出於韓子，實可疑矣。」完全支持太田方的說法了。梁啟雄則將它列入「思想和文字與他篇都有點不同的篇」內。

至於《心度》，容肇祖認為也是韓非所作，他說：

《心度》一篇，和《顯學》、《五蠹》很有相合的地方，亦可證為韓非所作。《顯學》說……《心度》說……，這種意義是很相合的。又《五蠹》表現變法的見解，最為明白，《心度》所說的亦與相符合。……這樣的見解相合，亦可證為韓非所作❺。

審覽容說後，可以發現他還是從思想方面來建立他的說法。梁啓雄認為是「沒有多大問題的篇章」，大概受了容氏的影響。陳千鈞說：「《心度》文字不類韓子，惟其旨亦與韓子合，故其徒收而爲一集❻。」筆者無法知道陳氏「不類韓子」者是甚麼「文字」，不過，如果確有此類文字的話，則其可信程度應該比容氏強得多了。所以，陳啓天在比較了容、陳二說後，說：「本篇文字又不甚類《五蠹》、《顯學》兩篇，不無可疑耳。」態度上比較偏向陳氏的說法。

最後是《制分》，容肇祖說：「疑未能定❼。」將它列入「未定爲誰作的篇章而姑俟續考者」內；顯然對它有所懷疑，故不作判斷。陳啓天說：「本篇思想與韓子全合，但文字又不甚類韓子，究否出於韓子，則不無可疑也。❽」也對本篇的作者加以懷疑。梁啓雄則將它列入「思想和文字與他篇都有點不同的篇」之內，和《忠孝》擺在一起。

根據筆者個人的淺見，這三篇文章恐怕都不是韓非的作品。太田方謂《忠孝》「稱民爲黔首」，陳千鈞謂《心度》「文字不類韓子」，陳啓天謂《制分》「文字又不甚類韓子」，都是堅強的證據，值得重視。除了太田方之外，陳千鈞及陳啓天都沒有舉出具體的證據來支持他們的說法；因此，筆者願意代爲補充。

在《顯學》及《五蠹》二篇之後，跟着的是《忠孝》、《人主》、《飭令》、《心度》及《制分》等五篇文章。這五篇文章都有一個共

同點：篇幅短小。根據筆者個人的管見，這五篇文章應該是自成一個
單元，情形就如《觀行》、《安危》、《守道》、《用人》、《功名》
及《大體》等六篇，夾於兩個長篇單元《說林》及《儲說》之間，而
自成一個單元一樣；當初在編纂的時候，恐怕是來自比較接近的一批
材料，所以，才被編集在一起。

　　在這五篇短文裏，《人主》是後人雜集韓非作品而成，已是被肯
定的事實；《飭令》過錄自《商君書》，似乎已成定案。剩下的《忠
孝》、《心度》及《制分》，或因用詞不符合時代，或因文字不類韓
非，那麼，這一單元的可信程度，實在值得懷疑了。

　　所謂「文字不類韓子」，根據個人的淺見，至少可以舉出一個例
子。試見下表：

篇　　名	「賞罰」對舉次數	「賞刑」對舉次數
難	10	1
難　勢	1	
顯　學	2	
五　蠹	3	
忠　孝	2	2
飭　令		3
心　度		4
制　分	1	9

這個表清楚地說明一件事實：韓非行文絕大部分以「賞罰」對舉，
《難》、《難勢》、《顯學》及《五蠹》是最好的例證❾；然而，

《忠孝》、《飭令》、《心度》及《制分》却恰好相反，絕大部分以「賞刑」對舉。前後的差別，是多麼的懸殊。二陳謂二篇「文字不類韓子」，是有相當道理的。

此外，還可以根據文章的內容來補充二陳之說。

依據陳奇猷的劃分法，《忠孝》一共分爲三段；梁啓雄則將最後一段再析分爲二段，所以，全文共分四段。太田方據以斷定該篇乃「後人傅會」之作的「黔首」一詞，即在梁啓雄的第三段裏。仔細閱讀第三及第四段的文字，即可發現它們似乎不可同時並存的。第四段說：

> 故世人多不言國法而言從橫。諸侯言從者曰：「從成必霸。」而言橫者曰：「橫成必王。」山東之言「從橫」，未嘗一日而止也，然而功名不成，霸王不立者，虛言非所以成治也。王者獨行謂之王，是以三王不務離合，而止五霸不待從橫，察治內以裁外而已矣。

這段文字口口聲聲說「從橫」，又提到「山東」一詞，可知當時天下並未統一。第三段出現「黔首」一詞，明明是秦始皇二十六年統一天下後的作品；那麼，爲甚麼統一天下後的文字擺在第三段，天下未統一之作却擺在第四段呢？似此情形，不是露出雜采拼湊的斧鑿痕跡嗎？

周勳初說：「韓非……認爲君主尙賢，臣下就會利用『賢』來弒君篡位。《忠孝》篇中說……。這種觀點，應該是在徹底擺脫了荀況的影響和完整地建立了法治思想之後才能提出的。……那麼與此觀點一致的《忠孝》、《難勢》等文，應當也是韓非的後期作品了❾。」周氏恐怕未考慮到這批材料「文字不類韓子」的問題，所以才有此說了。

附　註

❶　有關這部分的考訂，可參看拙作《商鞅及其學派》，前編第二章第十二節；
　　周勳初也有同樣的說法，見周文《靳令與飭令的關係》，在周著《韓非子札
　　記》內。

❷　見容著《韓非子考證》，頁十八背至二十 a。

❸　見陳著《增訂韓非子校釋》，頁八一八。

❹　見陳著《韓非子集釋》，頁一一一六註❸內。

❺　同❶，頁二二。

❻　同❷，頁八一三。

❼　同❶，頁六二背。

❽　見梁著《韓子淺解》，頁八三一。

❾　見周著《韓非子札記》，頁一三二至一三三。

第三章 結 論

　　儘管《韓非子》是先秦保存得最完善的一部子書，不過，根據上一章《分論》的分析和研究，我們仍然發現其中存在着一些他人的作品，有的證據明顯，例如《初見秦》；有的却很隱晦，例如《問田》等。梁任公《要籍解題及其讀法》曾將本書分爲「《韓非子》中最重要之諸篇」及「次要諸篇」兩組，前者七篇，後者二十篇；餘二十八篇存而不論，恐怕都認爲有問題的篇章。雖然梁任公說：「要之今本《韓非子》五十五篇，除首兩篇外，謂全部爲法家言淵海則可，謂全部皆韓非作，尚待商量。但吾儕當未能得有絕對反證之前，亦不敢武斷某篇之必爲僞……。」不過，存而不論的篇章有二十八篇之多，可見「尚待商量」者的確存在了。

　　根據《分論》的分析和研究，下列篇章都應該是僞作：

㈠ 《初見秦》

　　肯定本篇爲僞作的學者非常多，甚至於懷疑出自某人之手；或張儀，或范睢，或蔡澤，或呂不韋，或李斯，都是被懷疑的對象。本篇實際上因襲自《戰國策》的原始本，編纂者誤將彼文編入本書。容肇祖懷疑《存韓》是本書第一篇文章；今《初見秦》列於篇首，乃後人所誤入 ❶；如果容說可信的話，那麼，本篇乃是在本書編成之後才被附入，時代就相當晚了。無論何種情形，本篇非韓非所作，是可以肯定的。

(二)　《存韓》後半部

本篇下半部云：「詔以韓客之所上書，書言『韓之未可舉』下臣斯，臣斯以爲不然……。」最後一段首句又云：「秦遂遣斯使韓也。李斯往詔韓王。未得見，因上書曰……。」已經很明顯地說明，本篇後半部都是李斯的文章；今本《韓非子》附入這兩部分的文字，只因爲它們和韓非的《存韓》有關，便於讀者比較和審閱而已。

(三)　《有度》

本篇不但相當完整地因襲了《管子・明法》的後截，使人一看卽知「抄襲無疑」，而且，還採擷了《明法》前半截「侵」字的觀念及一些句子，以便鋪衍爲最後兩段文字；所以，其作者不應該是韓非。篇中許多觀點都自秦國出發，篇中又有「故臣曰」，因此，本篇當是秦廷某國臣子上給秦始皇的一篇奏摺，作於始皇二十六年以後，這臣子當然是法家人物，他受《明法》影響很深，與韓非思想相距較遠。

(四)　《二柄》首段

本篇首段屢言「刑德」，與韓非其他著作言「賞罰」、「刑罰」者完全不同，應當是黃老學派的材料，作者不是韓非本人。第二、三段思想及內容與韓非吻合，恐怕是韓非的作品；梁啓雄謂本篇乃「纂集湊成」，蓋後人雜湊黃老材料與韓非零散文字於一篇耳。

(五)　《十過》

本篇寫作方式別具風格，過錄各類歷史故事時，喜愛將資料中最長的一則錄入，甚至滙合幾批資料於一處，使該故事成爲最詳盡完整

的一則，不勝其繁富蕪雜，與韓非節引故事的重要情節，或以「一曰」、「或曰」的方式保存傳聞異說者完全不同，容肇祖譏他「漫引傳說，毫不加察」，確實有道理。此外，其思想亦與韓非不合；所以，本篇當係他人作品誤入本書者。

(六) 《喻老》

本篇稱「國家」為「邦」，與《韓非子》其他各篇稱「國家」為「國」者完全不同，從古籍及金文邦、國的時代習慣用法來考察，本篇作成時代應當在《孟子》之前，相當於戰國中期。從《六微》「抄錄」本篇文字來考察，更可以證明它不是戰國晚期的作品。此外，本篇徵引歷史故事，也可證明它並不產於戰國晚期。因此，本篇應該是《老子》成書以後，在戰國中期、《孟子》成書之前所寫的一篇解說《老子》的文章，而不可能是戰國末期韓非本人的作品。

(七) 《問田》

本篇前後兩段當係不同的材料，來源也完全迥異。前段徐渠與田鳩的問答，當是他書的材料，而與韓非其他著作雜置一處；後一段恐怕是韓非的學生或學韓者所編寫，篇名亦由他按上。因此，本篇是偽作，蓋無可疑。

(八) 《說疑》

本篇用典非常多，八段文字，竟用上六十五個典故；其中，不少非常冷僻或經已失傳者，為韓非其他篇章所沒有的現象。此外，本篇思想與其他篇章有矛盾衝突的現象，因此，本篇作者當不是韓非本人。

㈨　《**忠孝**》

本篇出現「黔首」一詞，文中引記及詩，恐怕都是剽竊自《孟子》，所以，作者應該是秦始皇二十六年以後的人。

㈩　《**人主**》

本篇許多句子乃過錄自《愛臣》、《二柄》、《孤憤》及《和氏》等篇；有一些引證，僅是取材自這些篇章，然後略加改寫和發揮而已，所以，是一篇綴合性的小文章，作者當然是學韓的法家人物了。

㈩㈠　《**飭令**》

本篇過錄自《商君書・靳令》而略有改易，不是韓非的原著，恐怕已是定論了❷。

㈩㈡　《**心度**》

本篇文字與《五蠹》、《顯學》不相類，恐怕是韓非的學生所編寫的。

㈩㈢　《**制分**》

本篇文字與韓非其他篇章不類，當是後人所作。

《忠孝》至《制分》五篇文章皆篇幅短小，附在《五蠹》及《顯學》之後；筆者認爲它們應該是自成一單元，情形與《觀行》、《安危》、《守道》、《用人》、《功名》及《大體》等六篇，夾在兩個長篇單元《說林》及《儲說》之間，而自成一單元一樣。在此五篇短文中，《人主》是後人雜集韓非作品而成，《飭令》過錄自《商君書》，

似乎皆已成定案。餘下的三篇，或因用詞不符合時代，或因文字不類韓非，那麼，這一單元的可信程度，實在值得懷疑了。

　　根據筆者個人的淺見，上述十三篇都不是韓非的作品；換句話說，五十五篇之中，韓非可靠的作品有四十二篇，接近三分之二。如果和容、梁、陳三家相較的話——在僞作方面，容十四篇，梁十二篇，陳二十篇，筆者的推測爲十三篇，比梁多一篇，比陳少七篇，趨於謹愼保守；在眞著方面，容十三篇、梁三十篇、陳二十四篇，筆者則四十二篇，在諸家之上，可謂謹愼保守之極矣。至於胡先生「十分之中僅有一、二分可靠，其餘都是加入的」，則無庸比較矣。

附　註

❶　見容著頁二十五，云：「《存韓》……後人以這篇和韓非有關，因附入《韓非子》一書中，而且列在篇首，作爲韓非事跡的參考，更是顯然，《公孫龍子》的首篇《跡府》，《商君書》的首篇《更法》，皆同此例。後來《初見秦》一篇又從他書混入，而《存韓》遂爲《韓非子》第二篇矣。」

❷　見拙著《商鞅及其學派》前編第二章第十二節。

後 編

第一章　緒　論

　　在前編第二章的《分論》裏，我們不但研究了五十五篇各篇的眞眞僞僞，我們也盡可能分辨出各篇的作成時代——是韓非早年所寫的呢？還是中期？甚至於是晚期？我們認爲，這方面的探討不但對瞭解韓非的著述歷程有莫大的裨益，對研究韓非如何拓展自己的思想也有很大的意義。由於時代的遼遠以及文獻的闕佚，這方面的研究當然有其困難的地方，我們唯有抱着謹愼及嚴肅的態度，朝向合情合理的方向進行分析和推斷，在完成「一家之言」的同時，給古籍予應有的尊嚴、地位和意義，讓它們繼續在歷史裏發光照耀，顯現其崇高的價值，影響後代的子子孫孫們。

　　我們在前編的《緒論》裏，已經將韓非的一生劃分爲三個時期；初、中及晚期。在《分論》裏，又將各篇的作成時代加以分辨及推測。結合兩章所論的，韓非三個階段完成的作品分別是：

初期：韓釐王十六年——二十六年（韓非三十四歲以前）

難言	觀行
愛臣	安危
姦劫弒臣	守道
三守	用人
解老	功名
備內	大體
八姦	六反　　共十四篇

中期：韓釐王二十七年——三十四年崩（韓非三十五歲至四十二歲）

二柄（二、三段）

難勢	八經
問辯	五蠹
定法	顯學
詭使	孤憤
八說	和氏　　　共十一篇

晚期：韓王安元年——六年（韓非四十三歲至四十八歲被害）

主道	南面（未完稿）
揚權	說難
亡徵	存韓（前半部）
飾邪	共七篇

至於《儲說》、《說林》及《難》三篇，由於篇幅很長，資料非常豐富，寫作過程複雜；筆者認為應當是經過長期積累、編纂和寫作，才能夠完成的。因此，筆者認為這三篇長篇巨製應該創稿於年輕時代，要到中期之際才能完成；那時，他正是精力旺盛的壯年時期。

韓非一生思想的成長、開拓和完成，就建立在這三個階段之上。

第二章 分 論

本章分三節，每節討論一個時期。每期討論者，包括他在著述、學養、政治主張等各方面的特色，以便全面地顯現韓非在文學及政治思想領域裏的業績，也更完整地展現出韓非的行誼和情操，庶幾乎對韓非整個的一生有比較全面性的瞭解。

第一節　韓非著述及其思想的第一期

本期是韓非的年輕時代，也可以說是他思索及探討問題的開始。由於他大部分時間尚受學於荀卿，政治主張方面雖然未能免除儒家的影子，不過，却已經展現出他磊磊大才的胸懷和氣度——閱讀不但廣博，著述不但勤快，才情不但豐盛，政治主張涉及的範圍也非常寬廣。

兹分幾方面加以論述。

一、專志勤學

韓非自年輕時代開始，不但是一位出色的文學家，而且還是一位非常勤奮的學者。他遊學於荀卿門下後，就開始有計劃地搜集各種有關的資料，並且很認真地寫成系統性的作品，抒發他的心聲，也表達了他早期的思想。

展讀他早期的作品，我們可以獲得這麼一個印象；見聞廣博，資料豐富。在早期的十幾篇作品裏，即徵引過下列人物和故事：

虞以前——軒轅、堯、舜、神農；

夏——羿仲、羿、關龍逄、桀；

商——湯、伊尹、紂、鬼侯、比干、梅伯、傅說；

西周——文王、武王、伯夷、叔齊、周公；

春秋——子胥、仲尼、管夷吾、翼侯、曹羈、伯里子、吳起、萇宏、尹子穿、司馬子期、宓子賤、宰予、師曠、接輿、詹何、狗頓、陶朱、扁鵲、夫差、介子推、曾參、史魚；

戰國——公叔痤、商鞅、孫臏、范睢、子之、子罕、田成、春申君、豫讓、西門豹、董安于、任鄙、孟賁、夏育；

其他——田明、離婁、造父、王爾、赤松、盜跖、尾生。

在他徵引過的人物和故事裏；縱方面，包括了歷史的、傳說的，跨越時代從遠古以迄於戰國；橫方面，包括了帝王將相、知識份子以及販夫走卒，不但資料非常豐富，而且見聞也非常廣博。如果韓非自開始不是一位勤奮的學者，就很難在早期十幾篇作品裏，旁徵博引地轉錄了這麼多人物和故事了。筆者認為，這恐怕跟他所追隨的老師很有關係；換句話說，是博學多聞的荀卿影響了他，也是典藏豐富的荀卿提供了他遍讀古籍的良好機會。

在這些人物及故事裏，以歷史性的佔絕大部分；這固然和荀卿豐富的典藏有關係，和韓非個人的偏愛和嗜好恐怕也有不可分割的連繫，如果將韓非這種偏愛、嗜好來和莊周相比，立刻就可以發現倆人除了思想截然差異之外，他們平日讀書以及資料刺取的方向、偏好也有很大的不同了。是老師及資料影響了他們，還是習性影響了他們，恐怕兩者兼而有之。

韓非特別注意爬梳各類歷史事件，當然有他的作用和目的。試觀

察他對下列兩則歷史事件的處理方式：

1. 《愛臣》曰：昔者紂之亡，周之卑，皆從諸侯之博大也。晉之
   分也，齊之奪也，皆以群臣之太富也。夫燕、宋之所以弒其君
   者，皆以類也。……是故明君之蓄其臣也，盡之以法，質之以
   備，故不赦死，不宥刑。
2. 《解老》曰：先物行，先理動，之謂前識。前識者，無緣而忘
   意度也。何以論之？詹何坐，弟子侍，有牛鳴於門外。……故
   以詹子之察，苦心傷神，而後與五尺之愚童子同功，是以曰：
   「愚之首也。」故曰：「前識者，道之華也，而愚之首也。」

第一則引文告訴我們，韓非刺取各類歷史事件的目的在於總結歷史教
訓，作為未來的殷鑑——紂之所以亡，周之所以卑，都因為坐大底下
的諸侯；晉之所以三分，齊之所以纂奪，都因為群臣太富強；這些教
訓，都是韓非總結自前代的歷史事件。「盡之以法，質之以備」及「不
赦死，不宥刑」，則是韓非自此教訓中提煉出的殷鑑，是未來「明君」
蓄養臣僚的守則。第二則引文告訴我們，韓非利用歷史故事來解說抽
象的哲理，藉以證成他的學說。

　　由於韓非如此重視歷史，也由於韓非的理論和思想大部分提煉自
歷史，因此，無論對過去及現在而言，韓非的理論和思想都活生生地
緊扣着現實社會，緊握着時代的脈膊，成為很有現實精神和社會意義
的一套學說。作為法家殿後的一位重要學者，韓非在組織及締建自己
思想之際，很早就已經認識：理論必須植根於歷史，才能有效地掌握
未來。也許就是因為這個原因，他在荀卿門下專志於閱覽，勤奮地搜
集各種資料，奠下紮實的學問基礎。

　　韓非非常注意各種有關的資料，他不但勤奮地搜集，而且還加以歸類；遇見「傳聞異辭」的資料，他不但不輕易放過，而且還盡可能地存入類檔中。由於他對「理論必須植根於歷史」有所認識，所以，造成他對歷史及史籍有很大的興趣，廣讀這方面的資料，滿足自己的需求。他中期時代完成的三篇巨構《說林》、《儲說》及《難》，材料宏富，史料充足，就是他在這個時期勤於搜羅、奮於閱覽時所奠下的基礎。司馬遷說韓非「善著書」，實際上，這三個字的背後飽含着無限的勤苦奮發，司馬遷只是沒有說出來而已。

二、繽紛的少年色彩

　　這個時期的韓非，在作品裏顯示出多條色彩，猶如雨後天際的霓虹，繽紛絢麗，引人賞觀。

㈠　儒家的薰陶漬染

　　韓非親炙於荀卿，自然受荀卿的影響。無論是對古聖賢及孔子的態度，或者是政治思想，都時而流露出儒家的色彩，形成韓非早期思想的一大特色。

1.　對孔子的讚賞

　　韓非早期的作品對孔子幾乎都抱着讚賞的肯定態度，我們認爲，這肯定是受荀卿的薰陶和影響。試讀下列的文字：

　　⑴《難言》曰：仲尼善說而匡圍之……故此三大夫，豈不賢哉！而三君不明也。

(2)《安危》曰：治世使人樂生於為是，愛身於為非，小人少而君
子多。故社稷常立，國家久安。奔車之上無仲尼，覆舟之下無
伯夷。……安則智廉生，危則爭鄙起。

《難言》將孔子列為「賢」「大夫」，可見韓非此時對孔子的崇敬了。
《安危》將孔子形容為最有智慧的人，謂像他這樣有智慧的人一定不
會產生於亂世；可見孔子此時在韓非心目中的地位了。

2. 對儒家人物的肯定

除了孔子之外，早年的韓非對儒家肯定過的人物也都抱着肯定的
崇敬態度。試讀下列文字：

(1)《難言》曰：管夷吾實賢而魯囚之。
(2)《姦劫弒臣》曰：伊尹得之湯以王，管仲得之齊以霸，商君得
之秦以強。此三人者，皆明於霸王之術……此之謂足貴之臣。
……故有忠臣者，外無敵國之患，內無亂臣之憂，長安於天下，
而名垂後世，所謂忠臣也。
(3)《守道》曰：故君子與小人俱正，盜跖與曾、史俱廉。
(4)《六反》曰：夫陳輕貨於幽隱，雖曾、史可疑也；懸百金於市，
雖大盜不取也。不知，則曾、史可疑於幽隱；必知，則大盜不
一取懸金於市。……財用足而力作者，神農也；上治懦而行修
者，曾、史也。

伊尹、管仲及史鰌，都是儒家讚許的人物，韓非在《難言》裏說管仲
是賢者，《姦劫弒臣》裏說伊尹及管仲都是必須備受重視的「忠臣」，

《守道》說曾參、史鰌是廉正的「君子」，《六反》也說他們二人是廉正的善良者；可見韓非此時是非善惡的標準完全和儒家相符。

3. 對古聖賢的崇敬

對於儒家所推崇的古聖賢，韓非在早期的作品裏，也都讚賞備至。試讀下列引文：

(1)《安危》曰：廢堯舜而立桀紂，則人不得樂所長，而憂所短。……堯無膠漆之約於當世而道行，舜無置錐之地於後世而德結；能立道於往古而垂德於萬世者之謂明主。

(2)《功名》曰：聖人德若堯舜，行若伯夷，而位不載於勢，則功不立，名不遂。……如此，故太山之功長立於國家，而日月之名久著於天地。此堯之所以南面而守名，舜之所以北面而效功也。

在韓非早期的作品裏，堯和舜都是古代聖賢，理想中的人君，他們的治道大行於世，他們的德惠永在人心，名如日月，永著天地之間；似此態度，「是非好惡」簡直與儒家等同。

4. 對詩、書的尊重

法家不但鄙視文學，並且敵視詩、書，恨不得焚棄之而後快。然而，早期韓非的態度並不完全如此；試讀他在《難言》的一段話：

……殊釋文學，以質性言，則見以為鄙；時稱詩、書，道法往古，則見以為誦；此臣非之所以難言而重患也。

韓非說：「說話棄絕文學，注重實質，就被認為庸俗。說話時常徵引詩、書，師法古代聖王，就被認為陳述故實。這就是臣韓非害怕招災惹禍，而不輕易進言的緣故。」韓非在這裏雖然對文學沒有好感，不過，他對說客動輒稱引詩、書，師法往古聖賢，却頗為嘉許，認為不應該被責為只是在「陳述故實」而已，而是進言者所應有的修養。

作為法家殿後大師的韓非，實在不應該濡染上儒家的色彩，如果我們觀察了韓非晚期的言論和思想，就會瞭解韓非早期思想中的這一特色，不但富有特別的意義，也是一椿很不尋常的事件。

(二)　對《老子》的嚮往

《老子》這部書以及其思想，對韓非一生有很大的影響，而其因緣恐怕在他受學於荀卿門下時經已開始了。

韓非所讀的《老子》，和目前流傳的版本有很大的不同——《德經》在前，《道經》在後，恰好與今傳本前後相反，而與七十年代出土的帛書本《老子》相符❶；這是值得注意的地方。

誦讀《老子》後，韓非做了兩個工作：詮釋《老子》部分的篇章，纂成《解老》一文；根據《老子》，寫了一篇體大思精的讀後感《大體》。韓非晚期重要的核心思想「道」，幾乎就導源及啟發自《老子》一書，所以，對韓非而言，這兩個工作都非常重要。

在詮釋《老子》的工作上，韓非做得相當仔細和深入。他一共詮釋了十一章，而且幾乎是通章逐句逐字地詮釋；更重要的是，他幾乎完全用自己的文字來解說及發揮《老子》，不是以事說理式地套用古代故事，陳列《老子》文字。似此詮釋方式，說明韓非曾經殫思竭慮地下過一番研究工夫，將《老子》文字消化為己有，然後才用自己的文字加以解說和發揮。

《大體》是韓非的《老子》讀後感，儘管文章只有五、六百字，不過，却頗能顯示出韓非善讀及善用《老子》。韓非誦讀的《老子》是《德經》在前、《道經》在後，然而，韓非却能夠棄德揚道，拈出「道」字作爲理論的核心；這是韓非善讀《老子》之處。《老子》以「道」爲宇宙自然至高規律，韓非在本文中却初步將「法」和「道」結合在一起，他說：

> 因道全法，君子樂而大姦止；澹然閒靜，因天命，持大體。故使人無離法之罪，魚無失水之禍。如此，故天下少不可。……故大人寄形於天地而萬物備，歷心於山海而國家富。上無忿怒之毒，下無伏怨之患，上下交順，以道爲舍。故長利積，大功立，名成於前，德垂於後，治之至也。

依循自然的大道以及健全的法度，就可以過着安寧的日子。上下都保持純樸的天性，一切遵循道、法，這就是最優良的治術了。在這裏，韓非將「法」及「道」初步結合在一起，並且强調「以道爲舍」，爲往後掏空「道」的內涵、利用「道」的外在招牌作鋪路工作；這是韓非非善用《老子》之處。

對韓非而言，接觸及誦讀《老子》是一椿非常重要的事。儘管韓非最初是曲解❷、往後是利用了《老子》，不過，他却善於吸取《老子》書中的營養，化爲自己的血肉，將法家的理論和思想推向更高一層的境界去。

㈢ **超群出衆的才情**

韓非是個詞彩華麗、感情豐富的人，一生的作品都充滿着孤獨、

熾熱及悲壯的個人主義色彩。在他年輕的時候，他對知識份子的仕用、際遇及下場，已經充滿着悲感的情調，雖然他目前尚處於求學的階段，對自己未來的機緣尚是個未知數，不過，作爲貴族公子的一份子，他似乎對自己前途的蹭蹬坎坷有預感，因此，儘管他才氣縱橫，詞藻典麗，從年輕開始，就染上悲劇性的情感。

　　將這份悲劇性的情感強烈地表達出來的，就在他年輕時寫下的《難言》。這篇文章短短不過五、六百字，不過，却是韓非不朽之作，也是瞭解及研究韓非的一篇重要文獻。這篇短文，有幾點值得我們注意：

1.　結構嚴謹、組織周備

　　根據梁啟雄的劃分，《難言》可細分爲四段；首段及最後一段比較長，中間兩段比較短。這四段文字，無一處不顯示出韓非撰文在組織及結構上的雄健能力；試讀下列的分析表：

　　　　第一段

起　　句	臣非非難言也，所以難言者：
標準句	………，則………； ………，則………； ………，則………。　　　　　　（共十二例）
結　　句	此臣非之所以難言而重患也。

第二段

起　句	故……雖……，未必……也。 ……雖……，未必……也。
轉折句	大王若……，則小者……，大者……。
標準句	故子胥……； 　仲尼……； 　管夷吾……。　　　　　　　　　（三例）
結　句	故此三大夫，豈不賢哉！而三君不明也。

第三段

起　句	上古……，至……也； ……，至……也。
轉折句	夫至智說至聖，……。
結　句	故曰：……。

第四段

標準句	故文王……； 　翼侯……； 　鬼侯……。　　　　　　　　（共二十一例）
結　句	此十數人者，皆世之仁賢忠良有道術之士也……。

在這四段文字裏，最常出現的是文法結構相同的標準句；比如第一、二及四段，就分別出現了十二例、三例及二十一例。它們分別以結構相同的形式展鋪在各自的段落裏，顯示出語氣的強韌性及結構的嚴謹性，成爲韓非個人文彩的特色。如果再加上第二及二段起句的標準化的話，那麼，似此強韌及嚴謹的特色，眞可以說徹底地貫穿了這短短五、六百字的小文章。

除此之外，在全篇文章的組織上，我們也看出其無懈可擊的周密性。第一段論難言的各種情形，第二段論「君不明」爲難言的原因，第三段論臣賢、君明亦難言，最後一段論當此「悖亂」之世，進言更難矣。一段緊扣一段，一節緊迫一節，最後推出「至言忤於耳而倒於心，非賢聖莫能聽，願大王熟察之也」一句作結，首尾照應，組織周密。

韓非撰文的雄健氣魄，於此可見。

2. 說理綿密、詞藻典麗

說理綿密、詞藻典麗應該是韓非文章的另外兩種特色。玆以《難言》的第一段來說明：

> 臣非非難言也，所以難言者：
> 言順比滑澤，洋洋纚纚然，則見以華而不實；
> 敦厚恭祇，鯁固愼完，則見以爲拙而不倫；
> 多言繁稱，連類比物，則見以爲虛而無用；
> 總微說約，徑省而不飾，則見以爲劌而不辯；
> 激急親近，探知人情，則見以爲譖而不讓；
> 閎大廣博，妙遠不測，則見以爲夸而無用；
> 家計小談，以具數言，則見以爲陋；

> 言而近世，辭不悖逆，則見以為貪生而諛上；
> 言而遠俗，詭躁人間，則見以為誕；
> 博敏辯給，繁於文采，則見以為史；
> 殊釋文學，以質性言，則見以為鄙；
> 時稱詩書，道法往古，則見以為誦；
> 此臣非之所以難言而重患也。

在此短短不足二百字的一小段文章裏，韓非論證了遊說人君的各種困難，類別之多達十二種；如果將它們仔細分析的話，就會發現韓非是從遊說者的內容、辭藻、態度及方式等四個角度來討論問題的。試讀下表：

原文次序	遊　　　說　　　者	效　　果	分析角度
1	措辭美好、潤澤、盛大	華而不實	辭藻
2	誠懇恭敬、鯁直慎重	拙而不倫	態度
3	多所稱舉、連類比物	虛而無用	內容
4	精要概括、簡詞省藻	劌而不辯	方式
5	激進、中情、侵上	譖而不讓	方式
6	廣博深遠、難測底蘊	夸而無用	方式
7	瑣碎小談、斤斤計較	陋	內容
8	低俗、委曲、媚遜	貪生而諛上	態度
9	遠俗、詭詐、華躁	誕	態度
10	口才敏捷、辭藻豐贍	史	辭藻
11	摒絕文學、注重實質	鄙	內容
12	時稱詩書、師法古聖	誦	內容

根據此表，即可發現韓非從說者內容來論證的有四種，從辭藻的有二種，從態度及方式的各有三種。韓非認爲無論從那一個角度那一種類式去遊說人君，都會使人君產生不良的效果。在此情形之下，試問天地之間遊說人君不是一件極困難的事嗎？韓非分析能力的精細，論說事理的綿密，於此可見。

如果再進一步分析韓非論證的十二種游說人君的方法，就會發現它們是曾經細心安排及深邃思索過的；試讀下表：

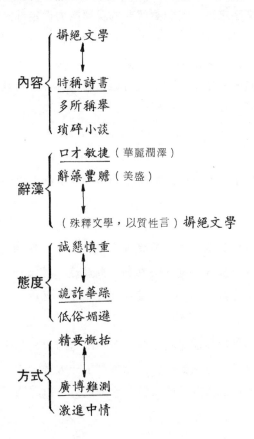

$$
內容\begin{cases} 擯絕文學 \updownarrow \\ 時稱詩書 \\ 多所稱舉 \\ 瑣碎小談 \end{cases}
$$

辭藻　口才敏捷（華麗潤澤）
辭藻豐贍（美盛）
（殊釋文學，以質性言）擯絕文學

態度　誠懇慎重
詭詐華踪
低俗媚遜

方式　精要概括
廣博難測
激進中情

在內容這個角度裏，「時稱詩書」及「摒絕文學」可以說是兩個極端，「瑣碎小談」及「多所稱舉」可以說與「時稱詩書」同一類型；在辭藻方面，「摒棄文學」與「辭藻豐贍」是兩個極端；在態度方面，「誠懇慎重」與「詭詐華躁」也是兩個極端；在方式方面，「廣博」與「精要」又是兩個極端。換句話說，韓非不但從內容、辭藻、態度及方式來分析遊說，還進一步將這四個角度內所可能產生的各種情形「一網打盡」，概括到底。似此精細的分析才華及綿密的論說能力，正是韓非的特色；而讀過這段文字之後，我們對韓非的說理能力肯定都會折服再三——遊說人君，豈是一件容易的事嗎？司馬遷說韓非有「口吃」之病，如果從這方面來領悟，恐怕另有一解了。

至於詞藻的典雅華麗，細讀這段文字就可以領略得到，我們就不必費辭了。

3. 博採舊聞

這篇短文，一共出現了二十五位人物及他們的故事；依出現的次序爲：

> 子胥、仲尼、管仲、伊尹、文王、翼侯、鬼侯、比干、梅伯、曹羈、伯里子、傅說、孫臏、吳起、公孫鞅、關龍逢、萇宏、尹子、司馬子期、田明、宓子賤、西門豹、董安于、宰予、范睢。

這些人物及故事，有的尚見於其他先秦古籍，有的出處則已完全不可明考了。在一篇五、六百字的短文裏，韓非竟羅列了一大堆人物，採集了一大堆舊聞，除了有意加強自己的觀點和論證之外，也說明了他的勤奮和博覽。

　　荀卿是孔門裏最博學的大弟子，典藏豐富，資料充裕。作爲荀卿
的學生的韓非，加上自己勤奮的天性，在一篇短文內搜集了這麼多人
物，排比了這麼多舊聞，應該是很自然的一件事。如果和其他幾篇早
期完成的文章相配合來考察的話，就會發現這「博採舊聞」的作風竟
是韓非的一種習慣了。

4.　憤世情懷

　　《難言》是最能表達韓非少年時悲觀、煩惱及熾烈的情懷的一篇
上乘作品。通過這篇短文，韓非把一個對自己前途及命運無充份把握
的貴公子的困境、寒迫及幽怨之情表達得淋漓盡致，千載以下的今日，
讀起來還是使人滿懷悲愴和淒涼。

　　在第一段裏，韓非以他敏銳精細的頭腦，將遊說的方法及相應所
碰到的各種情形析分爲十二種；這十二種方法，有的從內容立說，有
的從辭藻立說，有的從態度立說，有的從方式立說。根據韓非的看法，
無論你以那一種方法去遊說，肯定的都會遇到困難，使你鎩羽而歸。
韓非能夠將遊說人君的方法析分爲四類十二種，表示他對遊說這一門
技巧有相當的研究，搜集了相當的資料，也表示他對治理國家有相當
強烈的興趣和熱衷，希望通過這條門徑積極參與政治。然而，從他搜
求到的資料裏，經過他細心的分析和研究，這條「門徑」卻滿佈荊棘，
到處蹭蹬，任你怎樣翻滾騰躍，你總是無法跳出人君的主觀意識和個
人判斷，成爲他巍然牢固的寶座的「階下囚」，遭遇到各種不幸的結
果。作爲一名愛國的知識份子，在他「伸手出擊」時，竟然遭遇到窒
息的「封殺」，實在使人神傷氣餒；更使人震驚的，韓非竟認爲無論
你擺出甚麼架勢，耍出甚麼拳術，你永遠翻不出如來佛的五根手指頭，
敗倒在那權極位傾的寶座下，任由他猜疑你、誤會你。這是多麼悲觀

和淒涼的一種想法呀！

寫到這裏，韓非立刻下了兩句斬釘截鐵的提示——第二段一開始，他就說：「故度量雖正，未必聽也；義理雖全，未必用也。」計謀縱使再正確，人君未必接受；道理儘管非常完美，人君也未必採用！韓非寫到這裏，按理應該往消極一面說下去——人君既然如此昏庸無理，我們何必自討苦吃，索性告老還鄉，消閑一輩子吧！然而，作爲一名知識份子，註定就像夜晚的飛蛾一樣，明知此中有殺身之禍，還是勇猛激昂地飛撲過去。所以，韓非反而將思路往前往上推過去——遊說人君本來就是一件不幸的事，輕的受毀受謗，重的「患禍、災害、死亡及身」！你看，伍子胥、仲尼、管夷吾這三位賢大夫，他們的結局是多麼淒涼的呀！可見知識份子身受禍害，都是人君「不明」。韓非把責任上推給人君，強烈地表示着——飛蛾註定是往前衝的，就看那團火燒不燒牠而已。似此用意和心思，是多麼的淒涼和悲壯。

最後一段，韓非一口氣列舉了二十一名歷史人物，他們都是「仁賢、忠良、有道術」的知識份子，但是，他們沒有例外地都「遇悖亂、闇惑之主而死」，天下最不幸的悲劇，莫甚於此了。最後，韓非說：「至言忤於耳而倒於心，非賢聖莫能聽。」忠善的言語，耳朵聽起來不舒服，內心會產生反感，除非賢聖的人君，是不能聽得進的；換句話說，韓非對人君還是樂觀的，還是抱着一線期望的，他不願意告老還鄉，不願意袖手於政治圈之外，作一名五腸皆焚的旁觀者。

寫到這裏，我們不禁想起韓非在《姦劫弒臣》裏的一段話，讀起來真令人悲泣交加；它說：

> 父之愛子也，猶可以毀而害也；君臣之相與也，非有父子之親也，而群臣之毀言，非特一妾之口也，何怪夫賢聖之戮死哉！此商君

之所以車裂於秦，而吳起之所以枝解於楚者也。

父親對於愛子，尙且可以用毀謗的方法加以殺害；君臣的配搭，根本沒有父子的親情，而官吏們的毀謗，比愛妾的利口還惡毒，所以，賢聖的臣子被殺戮，實在一點也不足怪了。商鞅車裂，吳起枝解，都是如此呀！韓非似乎已經肯定，賢臣被戮是歷史的必然，凡是賢臣都不得善終；多悲觀的宿命論者呵。

作爲一名年輕的學者，韓非理應抱着樂觀、開朗的心胸來迎接自己美好的未來；然而，他資料搜集得越多，文獻閱讀得越遍，內心就越覺得悲愴痛楚。文章起句說：「臣韓非並不是難於進言；對於進言感到困難，那是有許多原因的……。」結尾說：「勸說愚昧的人是很困難的，所以，讀書人對進言是很感到困難的。」完全是有感而發的，也完全是內心深處的肺腑之言。明知這是一個「悖亂」之世，明知人君個個都是「愚君」，然而，韓非還是赴火蹈湯，作一隻勇猛的夜蛾，爲自己的生命寫下一齣悲劇。韓非年輕的時代，是一名感情多麼熾熱的學者呵。

三、討論課題——廣拓

接受荀卿的指導和薰陶，對《老子》產生嚮往並加以探討、研究，年輕時代的韓非，就在這樣的環境之下，討論了許多政治上的課題，展佈他的思想，也流露出他個人的情感和胸懷。

在這個時期裏完成的篇章爲數相當可觀，討論的課題更不少；茲逐一陳述如次：

㈠ 君臣——含有儒家影子的理論

君和臣是政治內非常重要的環節，尤其是在古代的社會裏。韓非早年的作品，曾經花了相當多的篇幅來探討這個環節，很值得我們注意。

1. 為君之道

韓非在早期的思想裏，對於為君之道這個問題的看法，顯得有些分歧。

首先，韓非認為人君必須掌握着術、勢，使天下皆臣役於我，才能安治國家；他在《姦劫弒臣》裏說：

> 不任其數，而待目以為明，所見者少矣，非不弊之術也。不因其勢，而待耳以為聰，所聞者寡矣，非不欺之道也。明主者，使天下不得不為己視，使天下不得不為己聽。故身在深宮之中而明照四海之內，而天下弗能蔽，弗能欺者何也？闇亂之道廢而聰明之勢興也。故善任勢者國安，不知因其勢者國危。

韓非極力強調，人君不但必須掌握着「術」和「勢」，而且必須善於利用「術」和「勢」，使天下的人不得不幫助自己視察，不得不幫助自己探聽，如此的話，人君雖然深居宮中，依然能夠將目光洞照四海，不會受人蒙蔽和欺瞞。

甚麼叫做「勢」？「勢」的權力來自何處？有關這個問題，韓非似乎沒有直接討論；不過，從本期內的幾篇短文裏，似乎可以概括出他的一些想法。《觀行》說：

雖有堯之智而無眾人之助，大功不立；有烏獲之勁而不得人助，不能自舉；有賁育之強而無法術，不得長勝。故勢有不可得，事有不可成。故烏獲輕千鈞而重其身，非其身重於千鈞也，勢不便也。

韓非似乎有意告訴我們：堯有眾人之助，才形成堯建立「大功」之勢；烏獲缺少眾人之助，才失去「自舉」之勢；換句話說，盡忠輔翼的「眾臣」，是造就人君的「勢」的基本條件，喪失了眾臣，就如魚失水一樣，根本無「勢」可言。《功名》說：「人主者，天下一力以共載之，故安；眾同心以共立之，故尊。」似乎也在闡發這一個觀點。如果這個概括正確的話，那麼，很顯然的，韓非認為「勢」的權力來自盡忠輔翼的群臣和百姓了。通過群臣百姓的「共載」及「共立」，人君才「安」於位、「尊」於勢，才獲得權力去治理國家。

　　韓非將「勢」解釋作群臣及百姓的盡忠輔翼，並且認為「勢」的權力導源自群臣及百姓，恐怕和儒家教育及薰陶有明顯的關係。《功名》說：

　　故古之能致功名者，眾人助之以力，近者結之以成，遠者譽之以名，尊者載之以勢。如此，故太山之功長立於國家，而日月之名久著於天地。此堯之所以南面而守名，舜之所以北面而效功也。

將人君的功名事業歸諸眾人之助，對法家的精神和思想來說，是頗不尋常的；如果和前引的「人主者，天下一力以共載之，故安；眾同心以共立之，故尊」配合來觀察的話，就使我們聯想到孔子「為政以德，譬如：北辰居其所，而眾星拱之」及荀卿在《王制》所說「君者舟也，

庶人者水也；水則載舟」。我們認爲，韓非早期對「勢」的解說很明顯地是受了儒家的影響，在法家的理論裏帶着相當濃厚的儒家色彩。

雖然韓非並沒有直接探討「勢」的來源，不過，他已堅決地肯定了「勢」的重要性。在《姦劫弑臣》裏，他曾經隱隱約約地說：「無威嚴之勢，賞罰之法，雖堯、舜不能以爲治。」堯、舜雖然是古代聖賢之君，如果他們沒有威嚴的「勢」的話，他們依然無法治理天下；可見「勢」是多麼重要的一件事。完成於同一時期的《功名》，就說得非常清楚透徹了；他說：

> 桀爲天子，能制天下，非賢也，勢重也。堯爲匹夫，不能正三家，非不肖也，位卑也。千鈞得船則浮，錙銖失船則沈，非千鈞輕而錙銖重也，有勢之與無勢也。故短之臨高也以位，不肖之制賢也以勢。

不肖的夏桀能夠控制天下，只因爲他具備了威重的「勢」；聖賢的唐堯無法治理幾戶人家，如果他只是一個普通的老百姓而已；如此對比，即知「勢」是治國重要的一個條件。

韓非在《功名》裏說：「有材而無勢，雖賢不能制不肖。」對「勢」的重要，雖然有很犀利的概括；不過，如果他說：「有材而無勢，雖賢不能制不肖；無材而有勢，雖不肖能制賢。」恐怕就將他的理論概括得更完整了。

除了「勢」之外，韓非還提出一個「術」字；認爲爲君之道，必須重視及掌握「術」，才能將國家治理得好。這一期的韓非，經常提及「術」、「法術」、「數」、「術數」及「度數」；試讀下列材料：
法術

1.《姦劫弒臣》曰：至治之法術已明矣，而世學者弗知也。

2.又曰：操法術之數，行重罰嚴誅，則可以致霸王之功。

3.又曰：治國之有法術、賞罰……。

4.又曰：人主無法術以御其臣……。

5.《大體》曰：寄治亂於法術，託是非於賞罰。

6.《用人》曰：釋法術而任心治。

術數

7.《姦劫弒臣》曰：人主非有術數以御之。

8.又曰：然則有術數者之為人也……。

度數

9.《姦劫弒臣》曰：上不能說人主使之明法術度數之理……。

10.又曰：得效度數之言。

11.又曰：是以度數之言得效於前，則賞罰必用於後矣。

術

12.《姦劫弒臣》曰：夫有術者之為人臣也……。

13.又曰：人主誠明於聖人之術……。

14.又曰：又妄非有術之士。

數

《姦劫弒臣》曰：不任其數，而待目以為明，所見者少矣。

根據個人的淺見，這些不同名詞指的都是同一件事。所謂「術」、「法術」，在韓非本期的概念裏，並不是「法律」和「權術」的合成詞，而是駕御人民的法度、度數或術數，也即是上引第九條所謂「法術度數之理」，用比較不雅的字眼就是「權術」了。第二條說：「操法術之數，行重罰嚴誅，則可以致霸王之功。」韓非說「法術之數」，可知「法術」只是和「重罰嚴誅」的法律平行對舉的一件事（數）；第

十一條說：「是以度數之言得效於前，則賞罰必用於後矣。」「賞罰」，
即「重罰嚴誅」，「度數」，就是「法術之數」了。《愛臣》說：「是
故，明君之蓄其臣也，盡之以法，質之以備。」這個「法」當指「法
術」而言，方符合韓非「蓄養」臣下的理論。《舊注》說：「臣雖有
貴賤，同以法也。」梁啟雄《淺解》說：「盡之以法，謂竭盡『以法
裁之』之能事。」都解「法」為「法律」，恐怕不符韓非本期的思想
了。

　　這時期的韓非還認為，為君者除了利用「勢」及掌握「術」之外，
還必須經常普施恩德，澤潤天下。人君是不是必須施恩布德呢？從法
家的立場來說，這必須完全否定的；完成於本期的《六反》就說過：

> 故明主之治國也，眾其守而重其罪，使民以法禁而不以廉止。母
> 之愛子也倍父，父令之行於子者十母；吏之於民無愛，令之行於
> 民也萬父母。父母積愛而令窮，吏用威嚴而民聽從，嚴愛之筴亦
> 可決矣。且父母之所以求於子也，動作則欲其安利也，行身則欲
> 其遠罪也；君上之於民也，有難則用其死，安平則盡其力。親以
> 厚愛關子於安利而不聽，君以無愛利求民之死力而令行。明主知
> 之，故不養恩愛之心，而增威嚴之勢。

父親命令的效果十倍於母親，因為父親比母親威嚴；官吏命令的效果
又萬倍於父親，因為官吏只有威嚴，絲毫沒有父母的慈愛；「不養恩
愛之心，而增威嚴之勢」，這才是法家的精神和主張。然而，由於接
受了儒家的影響，韓非在本期裏有時也露出一些分歧的看法，認為人
君必須施恩布德。《守道》云：

人主離法失人，則免於伯夷不妄取，而不免於田成、盜跖之禍也。……託天下於堯之法，則貞士不失分，姦人不徼幸；寄千金於羿之矢，則伯夷不得亡，而盜跖不敢取。堯明於不失姦，故天下無邪；羿巧於不失發，故千金不亡。……當今之世，為人主忠計，為天下結德者，利莫長於此。

在這段文字裏，韓非極力提倡法治——只有採取法治的手段，姦邪才能無所遁形，政治才能達到堯舜的境地；這樣的理論，當然是法家本色。然而，是甚麼樣的「法治」呢？法治的結果為天下帶來甚麼呢？韓非清楚地說，「託天下於堯之法」，用的是堯的法律；「為天下結德」，為天下百姓帶來的是恩德的普施；這些理論，恐怕和儒家有相當的關係了。

「勢」和「術」是人君應具備的基本條件。

「勢」是先天性的，是人君與生俱來的，無論你是堯舜或桀紂，只要你生下來是人君，你就具備了「勢」，有了人君的條件；這是法家的思想，也是韓非往後的理論。作為人君的你，是不是善於利用「勢」來達到治理天下的目的，那就是成敗的關鍵之一。然而，在本期裏，韓非儘管一再強調「勢」的意義和重要，但是，他似乎並不十分認為「勢」是先天的，是與生俱來的；在儒家的影響之下，他反而認為是群臣百姓所造就的，其權力來源是由下而上的。

至於「術」，它並不完全是治國的「技巧」，應該是比「技巧」更高深、更神秘的一種「謀略」；也可以說是「勢」的「反面利用」、「陰性發揮」。在與生俱來的「勢」裏，在群臣百姓造就的「勢」裏，怎樣錯綜複雜地維持及控制整個局面，使「國家」持續下去，似乎是「術」的高度妙用。因此，我們將「術」附屬於「勢」之下，歸入

「為君之道」的範圍內。在本期裏，有關「術」這個概念，韓非採用的字眼並沒十分統一，不過，並不妨礙他對「術」的重視和強調，這是值得我們注意的一件事。韓非甚至於說，有了「勢」和「術」，人君雖然「身在深宮之中」，依然能夠「明照四海之內」，不受天下所「蔽」、所「欺」（《姦劫弒臣》）；這個說法，顯然和「無為而治」很接近，多少都帶有老子的色彩了。

韓非又強調人君的「德」，主張「結德」、德利天下。顯然的，它更富有儒家色彩了。

2.　為臣之道

從法家的立場來說，「君」和「臣」是對立的，相抗衡的，所以，人君必須採取各種謀術來駕馭臣子，對他們的職守作完整性的要求，榨取他們的精力和勞力，完成治國的理想。因此，作為臣子，他們除了備受役使和責求之外，實在沒有甚麼「臣道」可言了。

在韓非早期思想裏，對於「臣道」，他還是有一番議論的。《姦劫弒臣》說：

> 湯得伊尹，以百里之地立為天子；桓公得管仲，立為五霸主，九合諸侯，一匡天下；孝公得商君，地以廣，兵以強。故有忠臣者，外無敵國之患，內無亂臣之憂，長安於天下，而名垂後世，所謂忠臣也。
>
> 若夫豫讓為智伯臣也，上不能說人主使之明法術度數之理以避禍難之患，下不能領御其眾以安其國；及襄子之殺智伯也，豫讓乃自黔劓，敗其形容，以為智伯報襄子之仇。是雖有殘刑殺身以為人主之名，而實無益於智伯若秋毫之末。此吾之所下也，而世主

以為忠而高之。

古有伯夷、叔齊者，武王讓以天下而弗受，二人餓死首陽之陵。若此臣者，不畏重誅，不利重賞，不可以罰禁也，不可以賞使也。此之謂無益之臣也，吾所少而去也，而世主之所多而求也。

首先，韓非一再提出一個「忠」字，作為人臣應有的守則；伊尹、管仲、商鞅是忠，豫讓、伯夷及叔齊也是忠，都符合為臣之道。這個要求，看來法家和儒家是完全一致的。除了「忠」字外，韓非還要求另一個字「益」，對國家人君要有利益。伯夷、叔齊對殷商何嘗不忠，但是，他們只懂得讓天下，只懂得餓死於首陽山，對殷商的興亡毫無幫助，是「無益之臣」；豫讓對智伯是多麼忠，但是，他只知毀容敗形，只知事後報仇，趙襄子在消滅智伯時，他微弱得如「秋毫之末」的力量也拿不出來，根本是「無益」的臣子。只有像伊尹、管仲及商鞅這樣的人，既忠心耿耿，又對國家人君有實際上的貢獻，使人君「名垂後世」，國家「長安於天下」；韓非認為，像這樣的臣子，才算得上「足貴的忠臣」了。

韓非這番議論，使我們知道，他腦海裏人臣的價值標準除了一個「忠」字外，還絕對必須有個「益」字；法家本色，昭然顯著。

「忠」和「益」並不是空名美譽而已，它們必須有比較具體的內容，才能讓臣子們實踐。韓非在《用人》裏，就曾經具體地加以說明：

釋法術而任心治，堯不能正一國；去規矩而妄意度，奚仲不能成一輪；廢尺寸而差短長，王爾不能半中。使中主守法術，拙匠執規矩尺寸，則萬不失矣。君人者能去賢巧之所不能，守中拙之所萬不失，則人力盡而功名立。

這段話清楚地告訴我們，無論人君或臣子，都必須遵循法律，必須表現能力和幹力，必須為國家建立功業，才算是既忠且有益於國家人君的臣子；這些，應該是韓非早期思想中有關為臣之道的三個基本條件了。它們包括了守法、盡職及建功立業；都落在積極及效率的層面上。

韓非在另一篇文章《守道》裏，也提出相同的見解。他說：

> 上下相得，故能使用力者自極於權衡，而務至於任鄙；戰士出死，而願為賁、育；守道者皆懷金石之心，以死子胥之節。用力者為任鄙，戰如賁、育，中為金石，則君人者高枕而守已完矣。

依循法度處理事務，作戰時壯烈犧牲，施政時盡忠竭智；能夠做到這些的話，人君就豐厚地獎賞他，拔擢他的地位，使他擁有美好的聲譽。韓非討論的雖然是「君人高枕」的問題，不過，它的另一面就是「為臣之道」——惟有在下的具備臣道，在上的才能「高枕」。在本篇裏，守法及盡忠竭智這兩個要求，可以說和前文完全相符了。

除此之外，我們在韓非思想裏也看到儒家的一面。《用人》說：

> 君人者不輕爵祿，不易富貴，不可與救危國。故明主屬廉恥，招仁義。昔者介子推無爵祿而義隨文公，不忍口腹而仁割其肌，故人主結其德，書圖著其名。

在這裏，韓非認為英明的國君應該以廉恥來勖勉臣民，拿仁義來誘導百姓，只有像介子推那樣富有忠義及仁愛的臣子，才值得賞以爵祿富貴，讓他名垂後世。似此理論，和儒者所說的有甚麼差異呢？如果和韓非中期以後對廉恥、仁義的態度相較的話，簡直是霄壤之別了。

3.　君臣關係

韓非一開始似乎就認定君、臣的關係在一個「利」及「私」字之上。《備內》說：

> 醫善吮人之傷，含人之血，非骨肉之親也，利所加也。故輿人成輿，則欲人之富貴；匠人成棺，則欲人之夭死也。非輿人仁而匠人賊也，人不貴則輿不售，人不死則棺不買，情非憎人也，利在人之死也。故后妃夫人太子之黨成而欲君之死也，君不死則勢不重，情非憎君也，利在君之死也。

善醫吸人的傷口，含人的毒血，並不是因爲骨肉親情的關係，只因爲利益之所在；輿匠祈求人們富貴，棺匠盼望人們死亡，並不是因爲輿匠仁慈而棺匠殘酷，只因爲利益所在，不得不如此。相同的道理，在宮闈裏，后妃、夫人及太子也都莫不期望人君早日駕崩；惟有人君駕崩，他們才獲得日夜期盼的利益。在這裏，韓非清楚地告訴我們，后妃、夫人及太子這些宮闈人物，一旦黨羽組成時，莫不期望人君即使駕崩，俾便取而代之，獲得更多的利益。

至於朝廷上的大臣呢？他們是不是也都是一群利字當頭的衣冠禽獸呢？《用人》說：

> 人主樂乎使人以公盡力，而苦乎以私奪威。人臣安乎以能受職，而苦乎以一負二。故明主除人臣之所苦，而立人主之所樂。上下之利，莫長於此。

做國君的，最大的滿足是役使人臣爲他盡力；擔任臣子的，最痛快的事是量才任職，發揮自己的才幹；「上下之利，莫長於此」了。人君爲甚麼要盡力役使群臣？利；人臣爲甚麼要發揮自己的才幹？也是個「利」字。《姦劫弒臣》說：

> 夫安利者就之，危害者去之，此人之情也。今爲臣盡力以致功，竭智以陳忠者，其身困而家貧，父子罹其害；爲姦利以弊人主，行財貨以事貴重之臣者，身尊家富，父子被其澤：人焉能去安利之道而危害之處哉！

人臣爲甚麼要盡力竭智，因爲他們祈求得到身尊家富，祈求免除身困家貧；換句話說，人臣盡力竭智地發揮自己的才幹，爲的也在一個利字、私字之上。《備內》說：

> 人臣之於其君，非有骨肉之親也，縛於勢而不得不事也。故爲人臣者，窺覘其君心也，無須臾之休，而人主怠惰處其上，此世所以有劫君弒主也。

人臣事奉國君，根本不是因爲骨肉親情的關係，完全是在私利之上——第一步是滿足自己身尊家富的利益，再進一步是劫殺人君、奪取政權，滿足更大的利益。

　　君臣的關係既然都只在私利之上，和骨肉親情絲毫扯不上邊，那麼，臣劫君、君殺臣似乎就是一件很自然的事了。試讀《姦劫弒臣》這段文字：

> 父之愛子也，猶可以毀而害之；君臣之相與也，非有父子之親也，
> 而群臣之毀言，非特一妾之口也，何怪夫賢聖之戮死哉！此商君
> 之所以車裂於秦，而吳起之所以枝解於楚者也。

父親可以殺死愛子，人君當然更可以加害人臣；在韓非思想裏，完全
是一個自私自利的世界——在這個世界裏，人類都是私、利的奴隸，
一切的努力和操勞都只是爲着滿足更大的自私和自利。在這麼樣的世
界裏，人類不自覺地、絲毫沒有覺醒能力地都只在發揮其自私、自利
的感官慾望，期望獲得更高的滿足，因此，一片劫弒、殺害的刀槍聲
竟充斥天地之間。在這樣一個只有感官活動的世界裏，賢臣良將又將
如何自處呢？他們枉然被碾死暴屍恐怕是意料中事，韓非說：「何怪
夫賢聖之戮死哉！」固然是一句悲痛的嘆語；其實，在這樣的一個世
界裏，枉死者又豈只於賢聖的臣子而已？韓非作爲一名思想家，難道
不知道嗎？

　《八姦》開始一大段文字，就備載了臣子如何通過各種方式來達
到私人的欲利；它說：

> 何謂同牀？曰：貴夫人，愛孺子，便僻好色，此人主之所惑也。
> ……爲人臣者內事之以金玉，使惑其主，此之謂「同牀」。
> 何謂在旁？曰：優笑侏儒，左右近習，此人主未命而唯唯……一
> 辭同軌以移主心者也。爲人臣者內事之以金玉玩好……使之化其
> 主，此之謂「在旁」。
> 何謂父兄？曰：側室公子……大臣廷吏……此皆盡力畢議，人主
> 之所必聽也。爲人臣者事公子側室以音聲子女，收大臣廷吏以辭
> 言，使犯其主，此之謂「父兄」。

何謂養殃？曰：人主樂美宮室臺池，好飾子女狗馬以娛其心……
為人臣者……以娛其主而亂其心……此謂「養殃」。

何謂民萌？曰：……為人臣者散公財以說民人……以塞其主而成
其所欲，此之謂「民萌」。

何謂流行？曰：人主者固壅其言談，希於聽論議……為人臣者求
諸侯之辯士……使之……施屬虛辭以壞其主，此之謂「流行」。

何謂威強？曰：君人者以群臣百姓為威強者也。……為人臣者聚
帶劍之客，養必死之士以彰其威……以恐其群臣百姓而行其私，
此之謂「威強」。

何謂八方？曰：君人者，國小則事大國，兵弱則畏強兵……為人
臣者……甚者舉兵以聚邊境而制斂於內，薄者數內大使以震其君，
使之恐懼，此之謂「四方」。

韓非認為，臣子們無不在利用同牀、在旁及父兄等的關係，來威脅、
恐嚇及破壞人君，以達到私人的目的；如此說來，君臣關係竟是那麼
脆弱，完全沒有恩情可言了。

其實，韓非在年輕時就已經知道他帶來的是一片刀槍縱橫、血肉
亂飛的世界，因此，他曾經分析過自私、自利的弊害。《解老》說：

故欲利甚於憂。憂則疾生，疾生而智慧衰，智慧衰則失度量，
失度量則妄舉動，妄舉動則禍害至。禍害至而疾嬰內，疾嬰內
則痛，禍薄外則苦。苦痛雜於腸胃之間，則傷人也憯，憯則退
而自咎，退而自咎也生於欲利，故曰：「咎莫憯於欲利。」

在這裏，韓非很清楚地把貪求私利所衍生的各種弊害陳列出來；它們

是：

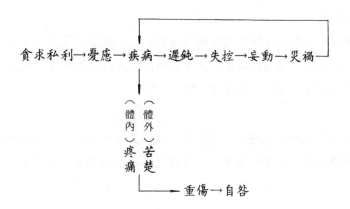

貪求私利會產生憂慮，憂慮會產生疾病，有了疾病，就會智慧遲鈍及衰竭；韓非如此推論，非常符合人類的生理情況。腦筋遲鈍，做事就失控；由於失控，就經常輕舉妄動；如此，災禍就隨時降臨了。似此推理，也符合實際情況。這段文字雖然只在解說《老子》，不過，它却告訴我們，韓非對私利所產生的弊害却是清楚得很呢。

因此，韓非早年對君臣關係的詮說並不完全都在「私」、「利」之上。《解老》說：

> 義者，君臣上下之事，父子貴賤之差也，知交朋友之接也，親疏內外之分也。臣事君宜……。義者，謂其宜也，宜而為之，故曰：上義為之而有以為也。
> 禮者，所以貌情也……君臣父子之交也……。

這兩段引文，充份地說明韓非對君臣關係的另一種詮釋——「義者，

君臣上下之事」、「禮者，君臣父子之交也」。似此詮釋，和儒家簡直沒有差別。

　　韓非早年對君臣關係的詮釋的歧異，不只表現在解說《老子》的文字上，在其他理論性的文字裏，有時也洩露出這種矛盾的見解。例如《姦劫弒臣》有一小節文字，說：

> 故其治國也，正明法，陳嚴刑，將以救群生之亂，去天下之禍，使強不陵弱，衆不暴寡，耆老得遂，幼孤得長，邊境不侵，君臣相親，父子相保，而無死亡係虜之患，此亦功之至厚者也。

這段文字，「正明法，陳嚴刑」無疑是屬於法家的；然而，「強不陵弱，衆不暴寡，耆老得遂，幼孤得長，……君臣相親，父子相保，而無死亡係虜之患」的政治理想世界，却使我們聯想到《禮記•禮運》裏的「使老有所終，壯有所用，幼有所長，矜寡孤獨廢疾者皆有所養」及「……禮義以爲紀，以正君臣，以篤父子，以睦兄弟，以和夫婦」，也使我們聯想起《大戴禮記•主言》「上之親下也如腹心，則下之親上也如保子之見慈母也。上下之相親也如此，然後令則從，施則行」；因此，《姦劫弒臣》這一段文字，應該是儒、法相融的政治理論。文中所謂「君臣相親」，正是君臣關係的另一種詮釋了。

(二)　治國——尚未面目全現的系統

　　自韓非的思想和立場而言，人君所面對的「國家」是非常遼濶的——上自朝廷裏的重臣，下至民間的販夫走卒；內自宮廷裏的后妃夫人，外至邊疆的守土官吏，都莫不是人君統御的對象。由於人君面對的幾乎是「全國的人民」，形成了一種「以一敵萬」的緊張局面，所

以，韓非年輕時就花費相當多的精力來思考這個棘手的問題。

　　所謂「治國」，指的當然是人君「治理」內內外外、上上下下的事情，包括內廷、大臣及百姓等，與上一節有相同之處；因此，本節除小部分重複之外，儘量突顯其他論點，以收互補相照的效果。

1. 御宮闈

　　所謂宮闈，指的是宮內的后妃及太子等，是一批與人君日夜相處最親近的人物。韓非總結歷史經驗，認爲這批人物都不可以信賴；原因有二。

　　第一，這批人物個個都懷着莫大的私利，個個都居心不良，恨不得人君儘早駕崩，《備內》說：

> 丈夫年五十而好色未解也，婦人年三十而美色衰矣。以衰美之婦人事好色之丈夫，則身死見疏賤，而子疑不爲後，此后妃夫人之所以冀其君之死者也。唯母爲后而子爲主，則令無不行，禁無不止，男女之樂不減於先君，而擅萬乘不疑，此鴆毒扼昧之所以用也。

后妃夫人期盼人君「蚤死」，適子爲太子也期盼人君「蚤死」，甚至於不惜下毒手鴆死人君，爲甚麼呢？因爲即使沒有人君，母爲太后，子爲新君，依然可以享有昔日的榮華富貴。

　　第二，這批人物容易被人利用，作爲劫君奪權的橋樑。《備內》說：

> 爲人主而大信其子，則姦臣得乘於子以成其私，故李兌傅趙王而

> 餓主父。爲人主而大信其妻，則姦臣得乘於妻以成其私，故優施
> 傅麗姬殺申生而立奚齊。

韓非認爲后妃及太子黨很容易被臣僚利用，作爲達致私利的工具，所以，這批人物都不可信賴。韓非撰有《八姦》，專門討論被人臣利用來達致姦惡的八種法術；其中，第一種法術就是「同牀」。所謂「同牀」，就是人臣通過夫人、孺子這條門徑，達到他們個人的目的和利益。韓非對這批人的警惕和防備，在許多篇章裏完全表露無遺，《備內》及《八姦》不過是比較突出的兩篇而已。

對於這批最親近的人物，應該採取甚麼方法來駕馭他們呢？這個時期的韓非，在這方面似乎着墨不多。《八姦》說：

> 明君之於內也，娛其色，而不行其謁，不使私請。

享受她們的美色，拒絕她們任何的請託；這是韓非惟一能提出來的「良方」了。爲甚麼不索性拒絕美色呢？只有摒除美色，才是最「徹底」的辦法。韓非無法拒絕美色，又要人君堅拒任何請託；此中的困難和掙扎，恐怕不是一般人君所能做得到的。

2. 御大臣

在人君面對的所有各色人群裏，最應該提着高度警覺的心理和極端仇視的態度來應付的，就是朝廷上那一批臣子了。韓非花了相當多的文字，振振有詞地一再告戒人君有關朝廷上那批人物的姦詐陰惡，更冗詞費舌地再三提出駕馭統攝的法術，使他們乖乖就範被奴役。

根據韓非的觀察，大凡臣僚欲竊權篡國，首先必定設法討好人君，

博取人君的寵幸；《姦劫弑臣》說：

> 凡姦臣皆欲順人主之心以取信幸之勢者也。是以主有所善，臣從
> 而譽之；主有所憎，臣因而毀之。凡人之大體，取舍同者則相是
> 也，取舍異者則相非也。今人臣之所譽者，人主之所是也，此之
> 謂同取；人臣之所毀者，人主之所非也，此之謂同舍。夫取舍合
> 而相與逆者，未嘗聞也。此人臣之所以取信幸之道也。夫姦臣得
> 乘信幸之勢以毀譽進退群臣者，人主非有術數以御之也，非參驗
> 以審之也，必將以曩之合己信今之言，此幸臣之所以得欺主成私
> 者也。

這段話清楚地告訴我們，人臣「先天性」就有討好取寵人君的心理和
傾向，而人君也「先天性」有寵愛信賴取捨相合的人臣的心理和傾向，
因此，在雙方合拍之下，人臣很自然地就取得人君的信賴，而人君也
就很自然地在沒有「術數以御之」及沒有「參驗以審之」的情形之下，
把權力下放到人臣的手中，於是，人臣乃得「欺主成私」了。

一旦人臣食髓知味，根據韓非在《三守》裏的分析，他們將會採
取三種方式來威脅人君：

㈠名劫❸：據有高位的大臣儘量對臣屬施捨利益，順者昌逆者亡，
挖空人君的大權，使臣屬們完全聽信於自己。如此的話，臣屬們不敢
忠愛人君，更不敢為國爭取利益，而人君也就徒具虛名，官吏徒佔虛
位而已；這叫利用名稱劫持人君。

㈡事劫：假借外國勢力，控制及左右國內政治，運用國內及國外
各種事件，誇大及聳動事件的嚴重性及危險性，並且逼使臣屬意見於
「統一口徑」之下，如此的話，人君不但意志被軟化、矮化，而且交

出大權支持人臣，成爲一個身卑位微的空殼子而已；這叫作利用事件劫持人君。

　㈢刑劫：人臣接管監獄的管理，掌握各種禁制及輕重的刑罰，久而久之，就逐漸增加自己的權威，甚至於獨擅大權，左右政治，如此的話，臣屬自然倒向自己這邊了；這叫作利用刑禁劫持人君。

　這三種劫持人君的方式可以同時進行，也可以分別進行；當人臣最初在無意識的情形下進行先天性討好取寵人君取得成果後，就會有意識地採取進一步的手段，有計劃地達到他更高的目的了。這個時候，根據韓非的分析，人君至少會嚐到下列的惡果：

　㈠「主必蔽於上」（《姦劫弑臣》）——在上的人君必定被蒙蔽；

　㈡「群下不得盡其智力以陳其忠」（《姦劫弑臣》）——在下的群臣無法竭盡其才力，以貢獻他們的忠誠；

　㈢「姦臣蓄息，主道衰亡」（《愛臣》）——姦臣盛大，人君就枯萎衰亡。

如果發展到第三階段，那麼，肯定的將會如他在《愛臣》裏所說的：「千乘之君無備，必有百乘之臣在其側，以徙其民而傾其國；萬乘之君無備，必有千乘之家在其側，以徙其威而傾其國。」那眞是一件不幸的事了。

　韓非又撰有《八姦》一文；在這篇短文內，他把人臣徹底地醜化及姦化，成爲萬劫不復的一種大罪人。概括他的說法，認爲人臣隨時隨地都利用人君⑴迷戀貴夫人、愛孺子，⑵寵愛身邊的侏儒、左右，⑶信賴親愛的群公子，⑷喜愛吃喝玩樂，⑸好聽民間輿論，⑹好聽各種議論是非，⑺順從百姓的傾向，⑻畏懼大國的心理，來達到他們自己的私利和目的。在韓非的觀念裏，人臣都是一批具有高度危險性的人物，他們無時無刻不絞盡腦汁，準備向上侵略，顚覆君位，取而代

之。

　　人君面對群臣既然具有這麼「身危位易」的潛在性的危險，那麼，要怎樣「備」之呢？庶幾乎百乘之臣無法徙其民而傾其國，千乘之家無法徙其威而奪其權。在這個時期的韓非，提出幾條救弊的方法：

　　(A)　用術數來駕馭他們，用參驗來審核他們

　　《姦劫弑臣》說：「夫姦臣得乘信幸之勢以毀譽、進退群臣者，人主非有術數以御之也，非參驗以審之也，必將以罷之合己信今之言，此幸臣之所以得欺主成私者也。」這裏所謂「術數」，其實就是術、法術；所謂「參驗」，就是驗、證驗；將韓非這段話反過來說，就是：如果人君能用法術來駕馭臣僚，能用證驗來審核臣僚，就可以檢驗他們現在的言行是否和過去的相符合，如此的話，姦臣不但無法欺主成私，也完全無法毀譽、進退臣屬了。韓非在《備內》又說：

　　　　明王不舉不參之事，不食非常之食；遠聽而近視，以審內外之失；省同異之言，以明朋黨之分；偶參伍之驗，以責陳言之實；執後以應前，按法以治眾，眾端以參觀。

文中「偶參伍之驗，以責陳言之實」，指的就是用證驗來審核他們前後言行的符合性；「按法以治眾，眾端以參觀」，指的就是用法術來駕馭他們處理內外事件的妥當性；惟有如此，人君才可以審知內外各種措施的利弊的情實，方可明瞭左右黨派分爭的情勢和發展，站在主動的位子上來駕馭他們。

　　(B)　盡之以法，質之以備，不赦死，不宥刑

　　《愛臣》說：

是故明君之蓄其臣也，盡之以法，質之以備，故不赦死，不宥刑。赦死宥刑，是謂威淫，社稷將危，國家偏威。是故大臣之祿雖大，不得籍威城市；黨與雖眾，不得臣士卒。故人臣處國無私朝，居軍無私交，其府庫不得私貸於家。此明君之所以禁其邪。是故不得四從，不載奇兵，非傳非遽，載奇兵革，罪死不赦。此明君之所以備不虞者也。

韓非在這裏列下幾條禁忌：第一、人臣不得征收城市的稅課；第二、人臣不得擁有軍隊；第三、人臣不得私自集會議事；第四、人臣如果統帥軍隊，則不得和外國私下來往；第五、人臣不得將府庫的財物放貸他人；第六、人臣外出，不得多隨車子，不得携帶武器；如果人臣觸犯這些禁忌，人君必須極盡法律的規定，嚴厲地懲罰他們，一點也不可寬釋。

　　(C)　客觀、守法

　　人君是參證檢驗群臣言行處事的終極點，是頒佈群臣獎勵或懲罰的司令臺，那麼，司令臺上這個人的權力難道就永無極限嗎？人臣姦險陰詐固然可惡可畏，人君難道就是永遠的聖人嗎？在討論駕馭群臣的問題上，韓非也不得不警戒人君，讓人君之道：君臣的關係往往是相依相賴，甚至於互為因果的。《安危》提出國家安治的七條法則和國家危亂的六個原因：（如下頁表）
這七條法則和六個原因無一不落在「客觀」及「守法」四個字之上：獎勵、懲罰要客觀，也要依法處理；對群臣只有賢能與不賢能的客觀分別，沒有喜愛和厭惡的情感差異；一切政治措施都有法規可依循，不可私情臆度……；總而言之，人君嚴守法則就國家安治，否則就動亂危險。

安　　　　　術	危　　　　　道
賞罰隨是非	斲削於繩之内
禍福隨善惡	斷割於法之外
死生隨法度	利人之所害
有賢不肖而無愛惡	樂人之所禍
有愚智而無非譽	危人之所安
有尺寸而無意度	所愛不親，所惡不疏
有信而無詐	

　　韓非能夠在討論駕馭群臣的當兒，提出人君必須遵守的法則和國家動亂的原因，藉以警戒人君，不能不說是韓非的卓見。人君高高在上，是國家的終極點，並不受法規的束縛，但是，人君回過頭來也必須遵守自己訂定的法規，使一切政務都在穩當的軌道上運作，國家才有安治的前途；也許，這是韓非初期的想法了。

　　在這樣的情形之下，在人君面對群臣的課題上，韓非對人君的要求就很高了。他在《三守》裏就強烈地表達了這股思想；他說：

人主有三守。三守完，則國安身榮；三守不完，則國危身殆。何謂三守？
人臣有議當途之失，用事之過，舉臣之情，人主不心藏而漏之近習能人，使人臣之欲有言者不敢不下適近習能人之心，而乃上以聞人主，然則端言直道之人不得見，而忠直日疏。

愛人不獨利也，待譽而後利之；憎人不獨害也，待非而後害之；
然則人主無威而重在左右矣。

惡自治之勞憚，使群臣輻湊用事，因傳柄移藉，使殺生之機奪予
之要在大臣，如是者侵。

梁啟雄將這段文字歸納爲下列三條文字：

㈠ 守持着超越左右的蒙蔽傾聽端直之言的君術；

㈡ 守持着超越左右的誹譽主動地愛利人和憎惡人的主威；

㈢ 守持着殺生奪予的君權，不使人臣侵移。

第一條「守持着超越左右的蒙蔽」，實際上就是上文「用術數來駕馭，
用參驗來審核」的另一種說法；第三條「守持着殺生」，是上文「盡
之以法，質之以備，不赦死，不有刑」的理論化；至於第二條「守持
着超越左右的誹譽」，則又是上文「客觀、守法」的具體說明。根據
《三守》的說法，人君必須超越左右的臣僚，必須主動發揮君威，必
須堅守法規原則，更必須緊握主權；換句話說，人君必須是個「十全」
的人，才能「以一當千百」地應付那批姦詐險惡的人臣，驅使他們把
國家治理得安定康寧。

在韓非早期的思想裏，當個大有爲的人君委實太不容易呵。

3. 御百姓

雖然人君沒有直接面對老百姓，不過，廣大的芸芸衆生是人君的
基層，却是不爭的事實；猶如繁茂的樹葉必須依賴泥土底下分佈廣濶
的纖細根莖一樣。因此，對於百姓的治理方法、疏導方式以及他們的
思想傾向，韓非都相當注意，列入重點討論的範圍內。

韓非年輕時寫了一篇《六反》，文中的前一大段就暢論這個令人

注目的問題。他明確地指出，社會上存在着六種「姦僞無益」的人，然而，他們却獲得社會及人君的尊重和贊譽；他說：

> 畏死遠難，降北之民也，而世尊之曰「貴生之士」；
> 學道立方，離法之民也，而世尊之曰「文學之士」；
> 遊居厚養，牟食之民也，而世尊之曰「有能之士」；
> 語曲牟知，僞詐之民也，而世尊之曰「辯智之士」；
> 行劍攻殺，暴憿之民也，而世尊之曰「磏勇之士」；
> 活賊匿姦，當死之民也，而世尊之曰「任譽之士」。

這六種人，從韓非的觀點來考察，都是值得批判的。根據韓非這段話，我們不難考察出這六種非批判不可的百姓的社會屬性；文學之士、有能之士及辯智之士應該是知識份子，前者大約指儒家，後兩種大約指遊客及縱橫家之流；貴生之士應該是指修身養道的人，可能是林間隱逸者；任譽之士指救活及藏匿姦賊的人，極可能指社會上的異議份子；磏勇之士當然是指游俠刺客及武夫這類百姓。根據韓非的看法，這些百姓都必須被點名批判，進行改造，從而疏導社會的輿論方向，糾正百姓的價值觀。

相反的，社會上另外有六種人必須被獎勵和提拔，然而，他們却長期被抹煞及塗黑；韓非說：

> 赴險、殉誠，死節之民，而世少之曰「失計之民」也；
> 寡聞、從令，全法之民也，而世少之曰「樸陋之民」也；
> 力作而食，生利之民也，而世少之曰「寡能之民」也；
> 嘉厚純粹，整穀之民也，而世少之曰「愚戇之民」也；

> 重命畏事，尊上之民也，而世少之曰「怯懾之民」也；
>
> 挫賊過姦，明上之民也，而世少之曰「諂讒之民」也。

根據韓非的文字，可知「失計之民」及「寡能之民」是指死戰力耕的人；「樸陋之民」及「愚戇之民」是指誠實守法的人；而「怯懾之民」應當是指「對上級絕對忠順者」；「諂讒之民」，則指「經常向上級打報告、檢舉他人者」。韓非認為，社會的輿論必須傾向於這六種人，老百姓必須向他們學習和看齊。

　　韓非要的是一個怎麼樣的社會？他要的是怎麼樣的老百姓？從上文的敘述中，似乎就可以一目瞭然了。韓非認為，只有全國百姓死戰力耕、誠實守法、絕對忠順以及檢舉異議份子，國家才能發展；只有將知識份子、修身養道者、林間隱逸者、異議份子及武夫劃清界線，進行打擊，國家才能前進。然而，韓非舉目四望，他所看到的社會恰恰好相反，「名、賞在乎私、惡、當罪之民，而毀、害在乎公、善、宜賞之士」，所以，他不得不感慨萬千地嘆道：「索國之富強，不可得也！」

　　為了整治社會趨向，為了理順百姓的思想，韓非認為，人君不可以隨意施捨仁義，派發惠愛；他在《姦劫弒臣》裏說：

> 夫施與貧困者，此世之所謂仁義；哀憐百姓，不忍誅罰者，此世之所謂惠愛也。夫有施與貧困，則無功者得賞；不忍誅罰，則暴亂者不止。國有無功得賞者，則民不外務當敵斬首，內不急力田疾作，皆欲行貨財，事富貴，為私善，立名譽，以取尊官厚俸……善為主者，明賞設利以勸之，使民以功賞而不以仁義賜；嚴刑重罰以禁之，使民以罪誅而不以愛惠免。是以無功者不望，而有

罪者不幸矣。

施捨貧困、哀憐百姓，雖然贏得仁義、惠愛的美譽，然而，却也等於鼓勵貧窮和哀弱，間接也等於鼓勵社會不公平。在此情形之下，有功不得獎賞，無功却因貧窮、哀弱而受惠愛；一個暴亂的社會怎麼不產生呢？在這裏，韓非似乎已經看到，老百姓惟有死戰力耕才受賞，貧困哀弱而「不急力田疾作」者（《姦劫弑臣》語）一定受懲罰，才是一個待遇公平的社會。如果說全國人民吃大鍋飯，無功而貧困者受惠愛，與有功者相等，那麼，「姦私之臣愈衆，而暴亂之徒愈勝，不亡何待」！因此，韓非主張要明明白白地設下獎賞，堂堂正正地開列利益來鼓勵百姓，同時，也要訂下嚴厲的刑罰來遏止「非我族類」，取代人君任意施捨的仁義和惠愛。

為了有效遏止「非我族類」，韓非提出重刑；對韓非而言，「刑罰」是治理老百姓最佳的一套工具，是打擊政治敵人最有效的一種手段。《六反》清楚地說明「重刑」的道理，它說：

今不知治者皆曰：「重刑傷民，輕刑可以止姦，何必於重哉！」此不察於治者也。夫以重止者未必以輕止也，以輕止者必以重止矣。是以上設重刑者而姦盡止，姦盡止則此奚傷於民也！所謂重刑者，姦之所利者細，而上之所加焉者大也，民不以小利蒙大罪，故姦必止者也。

讀了這段文字，立刻使我們聯想到商鞅；商鞅無疑是法家中「重刑」的主張者，韓非在《內儲說上》已經指出這件事實：「公孫鞅之法也重輕罪；重罪者，人之所難犯也，而小過，人之所易去也。使人去

其所易，無離其所難，此治之道。」商鞅認爲，重刑對罪輕者產生阻嚇作用，那麼，就沒有人敢再犯罪了。因爲連罪輕者都加重刑罰，那罪重者就更不必說了。似此理論，簡直是韓非「重止者未必以輕止也，以輕止者必以重止矣」的祖本。❹這一段文字告訴我們，韓非不但認爲人君對老百姓應該加以重刑，而且還認爲人君如果用輕刑的話，簡直就是設置陷阱陷害老百姓！是殘害老百姓的一種手段！❺

除「重刑」之外，韓非又提出「厚斂」，作爲治理百姓的第二條守則。在《六反》裏，他說：

> 今學者皆道書笈之頌語，不察當世之實事，曰：「上不愛民，賦斂常重，則用不足而下怨❻上，故天下大亂。」此以爲足其財用以加愛焉，雖輕刑罰可以治也。此言不然矣。
>
> 凡人之取重賞罰，固已足之之後也。雖財用足而厚愛之，然而輕刑猶之亂也。夫富家之愛子，財貨足用，財貨足用則輕用，輕用則侈泰；親愛之則不忍，不忍則驕恣。侈泰則家貧，驕恣則行暴，此雖財用足而愛厚，輕利之患也。

韓非認爲，對待老百姓絕不可慈愛；刑罰要重，賦斂要苛，讓老百姓家貧畏罪，那麼，就不會出現暴亂了。相反的，如果刑罰輕，老百姓家中富有，那就會出現驕恣、侈泰的弊病，而暴亂事件也就接踵而至了；推究其原因，都是因爲人君待民太慈愛了。

儘管韓非提出「重刑」及「厚斂」作爲治理老百姓的兩種方法；不過，審覽韓非早期的作品，我們發現他此時的思想也還沒有完全「統一口徑」，多少都沾染上儒家的味道。《用人》說：

> 使燕王內憎其民而外愛魯人，則燕不用而魯不附。燕民見憎，不
> 能盡力而務功；魯見說，而不能離死命而親他主。

在這段文字裏，韓非告訴我們，人君應當要「愛護」自己的老百姓；
惟有愛護自己的老百姓，他們才會爲國貢獻力量。怎麼「愛護」老百
姓呢？內容是甚麼？韓非完全沒有提到；不過，不會是「重刑」及「厚
斂」那套苛刻的手法，似乎是可以肯定的。完成於本期的《功名》，
也有類似的思想；文章開始幾句說：

> 明君之所以立功成名者四：一曰天時，二曰人心，三曰技能，四
> 曰勢位。……逆人心，雖賁、育不能盡人力……得人心則不趣而
> 自勸……。

在第一段裏，韓非提出人君「立功成名」的四個條件；到了第二大段，
討論的完全是第四個條件「勢位」，前面的三個條件竟置於不顧，也
許中間有殘缺，因此，我們無法知曉他心目中的「人心」是何所指；
「逆人心」及「得人心」的涵義是甚麼？不過，以常理來推測，「重
刑」及「厚斂」不應該會「得人心」的；要老百姓「不趣而自勸」，
多少都必須加恩，這似乎是可以肯定的。

　　韓非在「重刑」及「厚斂」的思想之下，尚有此「網開一面」的
主張，實在很難得；這是他早期思想的特色，中期以後就成爲過眼雲
烟了。

㈢　**傳統文化——溫情的否定**

　　所謂傳統文，包括過去的道德及歷史等；作爲一位博學多聞的法

家人物，對於過去的道德及歷史自必有所繼承，也自必有所批判和抉擇；尤其是尚在求學的早期階段，傳統文化對他的衝擊，傳統文化和他尚未十分成熟的思想的碰撞，自必引起閃爍的火花，成為他早年思想的特色。

1. 道　德

到了韓非的時代，經過孔子的肯定和宣揚以後，中國固有的道德似乎已經形成一個系統，成為華夏民族齊家及用世的基本哲學。對於這套哲學，早期的韓非似乎沒有完全加以否決，也許這正是他身為荀卿門下的烙印了。

韓非年輕時就否決了「仁義惠愛」，認為這些都是無益於治國的舊道德；關於這一點，我們在前一節《治國》裏已經討論了。韓非擯棄仁義惠愛，是不是有甚麼理論根據呢？在《六反》裏，他赤裸裸地舉出兩件事：

第一、母之愛子也倍父，父令之行於子者十母；吏之於民無愛，令之行於民也萬父母。

第二、今家人之治產也，相忍以飢寒，相強以勞苦，雖犯軍旅之難，饑饉之患，溫衣美食者，必是家也。相憐以衣食，相惠以佚樂，天饑歲荒，嫁妻賣子者，必是家也。

第一個故事告訴我們，父親對子女的仁愛少於母親，所以，令行十倍於母親；官吏對子民完全不仁不愛，所以，令行萬倍於父親；所以，韓非一則說：「母積愛而令窮，吏用威嚴而民聽從。」再則說：「母厚愛處，子多敗，推愛也；父薄愛教笞，子多善，用嚴也。」因此，他苦口婆心地告戒人君說：「明主懂得這個道理，就不應該培養恩愛的心理，而應該增強威嚴的力量。」

在第二個故事裏，韓非指出，在一個艱苦的家庭裏，生活上受飢寒，工作上忍勞辛，沒有甚麼佚樂恩歡可言，然而，當軍旅來犯、饑饉臨前的時候，這個家庭一定可以安然渡過；在另一個安樂的家庭裏，平日衣食相歡、娛樂相愛，沒有任何困苦艱辛可言，然而，當天饑歲荒來臨時，嫁妻賣子以渡日的，一定是這個家庭了。基於這樣的事實，韓非肯定地說：「聖人權衡過這兩種事實，才能發揮它們的大利——採用法的殘刻，堅決放棄仁的慈愛。」

韓非在《六反》裏說：「學者之言，皆曰『輕刑』，此亂亡之術也。」瞭解了韓非摒仁義棄惠愛的理論依據之後，才理解他爲甚麼將「輕刑」看得那麼嚴重——輕刑是導致國家叛亂滅亡的原因。根據他的理論，原來減輕刑罰就是任意施派仁義惠愛，是對社會一種最不公平的措施。《六反》又說：「此謂君不仁……則可以霸王矣。」韓非激動地說：「國君不仁慈，才能成就霸王之業！」根據他的理論，仁義惠愛這些舊道德是國亂之禍首，是法治的最大障礙。

另一方面，韓非並不是對所有舊道德都採取完全否決的態度，至少他對「臣子必須盡忠」這一道德是讚許且宣揚的。《安危》說：

> 聞古扁鵲之治甚病也❼，以刀刺骨；聖人之救危國也，以忠拂耳。刺骨，故小痛在體而長利在身；拂耳，故小逆在心而久福在國。故甚病之人利在忍痛，猛毅之君以福拂耳。忍痛，故扁鵲盡巧；拂耳，則子胥不失；壽安之術也。病而不忍痛，則失扁鵲之巧；危而拂耳，則失聖人之意。如此，長利不遠垂，巧名不久立。

韓非很巧妙地將「臣子忠言」比譬作「刀刺治病」；以刀刺骨治病，雖然身體疼痛，但是却有益於身體；臣子忠言雖然拂耳難聽，但是却

有益於治國，所以，病者必須忍痛受醫，人君必須拂耳納忠，病才會痊癒而國家才會久治。韓非在這裏不但肯定人臣必須盡忠出言，而且肯定人君必須有忍痛納忠的雅量，才能夠功名遠垂久立。韓非以「刀刺身痛」來形容忠言出口，也許和他的身世及遭遇有關，《史記》說他「爲人口吃，不能道說」，又說他後來「知說之難」，可見韓非很能體會「忠言出諫」的痛苦心情，早年他寫了《難言》，中期他寫了《孤憤》、《和氏》，晚期又寫了《說難》，可以說都是他這種心情的流露了。

韓非在其他篇章裏，也發表了類似的言論。例如《姦劫弒臣》說：「湯得伊尹，以百里之地立爲天子；桓公得管仲，立爲五霸主，九合諸侯，一匡天下；孝公得商君，地以廣，兵以強。故有忠臣者，外無敵國之患，內無亂臣之憂，長安於天下，而名垂後世，所謂忠臣也。」他清楚地指出，因爲伊尹、管仲及商鞅的忠耿，商湯、齊桓公及秦孝公才能夠「外無敵國之患，內無亂臣之憂」，才能夠「長安於天下，名垂後世」。又例如《守道》說：「上下相得，故能使用力者自極於權衡，而務至於任鄙；戰士出死，而願爲賁、育；守道者皆懷金石之心，以死子胥之節。用力者爲任鄙，戰如貫、育，中爲金石，則君人者高枕而守己完矣。」韓非提出「效力」、「死戰」及「死節」，概括起來就是一個「忠」字。關於這一點，我們在前文《爲臣之道》已經闡明了。

在韓非的觀念裏，「忠」恐怕已經失去了傳統道德的光彩，而淪爲道路邊一位卑賤的酒吧女郎而已。《六反》說：「人臣挾大利以從事，故其行危至死，其力盡而不望。此謂……臣不忠，則可以霸王矣。」臣子如果懷着追逐大利的願望處理任何事務，就會冒險犧牲，用盡力量也絲毫沒有怨望，所以，即使他們不忠誠，人君也可以成就霸業的。

韓非這裏是不是否決了「忠誠」這一舊道德呢？筆者認爲未必然。韓非固然肯定人臣可以追逐自己的大利，但是，他也提醒人臣，這個大利只局限在人君「設誘」的範圍之內，過此界線即屬非法了。《用人》說：「人主樂乎使人以公盡力，……人臣安乎以能受職，……上下之利，莫長於此。」人君懸利奴役人臣盡力，人臣見利盡力追逐，上下相得，不越此界；短短幾句話，最能說明這個道理。在這種情形之下，所謂「忠誠」，其實就在人君設誘的大利之內翻筋斗而已；如來佛五指山就是這麼大，人臣盡可在山內翻滾騰躍，何必講究甚麼忠、不忠呢？離開五指山而講忠，恐怕就不被韓非所接受了。因此，我們說韓非所謂「忠」，基調是一個「利」字，被「利」字所牢籠着，恐怕不會差錯。

2. 歷　史

韓非是一位博覽洽聞的法家學者，尤其是對於史籍，他不但翻閱得勤快，而且有深入的研究，這是其他法家人物無法望其項背的。

這個時期的韓非，對歷史的觀點和批評，展現了儒法相合糅的特色；由於受荀卿的影響，他對堯、舜加以贊賞和肯定，對桀、紂加以貶抑和否定，接受了傳統歷史「是是非非」的價值觀，影響了他一生的思想。《安危》說：

> 人主不自刻以堯，而責人臣以子胥，是幸殷人之盡如比干。盡如比干則上不失，下不亡。不權其力而有田成，而幸其身盡如比干，故國不得一安。廢堯、舜而立桀、紂，則人不得樂所長而憂所短。

這段文字，證明早期韓非已經「好惡與儒家同」——堯舜是人君的模

範，必須向他們學習；桀紂是人君的惡例，必須時時警惕；學習好榜樣，斷絕桀紂的惡政，國家才有發展。

對堯舜加以肯定及讚賞的文字，幾乎散見各處。《用人》說：「釋法術而任心治，堯不能正一國……。」《姦劫弒臣》說：「雖堯舜不能以爲治。」《觀行》說：「雖有堯之智而無眾人之助……。」《安危》說：「廢堯舜而立桀紂。」《功名》說：「聖人德若堯舜……。」這些文字，不是將堯、舜列入「聖德」行列，和桀、紂相對比；就是將堯、舜說成一位才智出眾的人君，把國家治理得非常安寧；據此，可知韓非此時已對歷史上的傳統人物加以肯定和讚賞了。有關這些論點，我們在前文已經詳細討論過了。

管仲及商鞅也是這個時期的韓非所肯定和讚賞的兩位歷史人物，他在《姦劫弒臣》中說：

> 左右近習之臣，知僞詐之不可以得安也，必曰：「我不去姦私之行，盡力竭智以事主，而乃以相與比周，妄毀譽以求安，是猶員千鈞之重，陷於不測之淵而求生也，必不幾矣。」
> 百官之吏，亦知爲姦利之不可以得安也，必曰：「我不以清廉方正奉法，乃以貪污之心枉法以取私利，是猶上高陵之顛，墮峻谿之下而求生，必不幾矣。」
> 安危之道若此其明也，左右安能以虛言惑主，而百官安敢以貪漁下？是以臣得陳其忠而不弊，下得守其職而不怨。此管仲之所以治齊，而商君之所以強秦也。

韓非認爲，管仲及商鞅是兩位能夠使臣下發揮其忠誠、克盡職守的歷史人物，齊所以霸，秦所以強，全賴他們倆個人。

韓非一方面接受堯、舜，另一方面却讚揚管仲及商鞅，表面上看起來相互矛盾，實際上恐怕是他在荀門下不可避免的一種發展。

值得注意的是，這個時期的韓非已經認定歷史是向前變動發展，而不是靜止的。《姦劫弒臣》說：

> 古秦之俗，君臣廢法而服私，是以國亂兵弱而主卑。商君說秦孝公以變法易俗而明公道，賞告姦，困末作而利本事，當此之時，秦民習故俗之有罪可以得免，無功可以得尊顯也，故輕犯新法。……孝公不聽，遂行商君之法，民後知有罪之必誅，而告姦者眾也，故民莫犯，其刑無所加。是以國治而兵強，地廣而主尊。

韓非認為，秦的歷史可以分成兩個階段：秦孝公以前是廢法服私，國弱主卑；孝公主政後，接納商鞅的新政，秦進入第二階段，國卒以治，兵卒以強而主卒以尊。如果裂成圖表，將如下圖：

秦之二階段	施　　　　　政	效　　　　　益
故　秦	君臣廢法而服私	國亂、兵弱、主卑
商　　鞅變法		
新　秦	有罪必誅，刑無所加	國治、兵強、地廣、主尊

從故秦到新秦，很明顯的是一種變動，一種發展；而推動時代巨輪的，是法家的商鞅及支持改革的秦孝公。如果和儒家的「歷史靜止論」及老子的「歷史倒流論」相比較的話，無疑的，韓非是積極的變革主張者了。

㈣ 現實社會——激情的批判

傳統文化是一條縱線，指緜延不斷的舊道德和歷史；而現實社會是一個橫面，包括了人性、社會及國家這些有機結構的組織。作爲一名非常現實的法家人物，韓非對現實社會的關注和思考自然遠遠地超過了傳統文化，尤其是在熱衷干祿和積極用世的年輕的時代，似乎更是人之常情了。

1. 人 性（絕對自利的人性說）

韓非是「人性絕對自利說」的極力主張者，他在《姦劫弒臣》有兩句名言說：「夫安利者就之，危害者去之，此人之情也。」最足以代表他在人性方面的思想了。凡是安利的，人人莫不趨就之；這是從正面說。至於「人人莫不逃避危害」，表面上看起來是另一回事，實際上「逃避危害」是自利最起碼的一種行爲，所以，也是人性自利的一種表現。

這個時期的韓非，曾經用了許多文字，來說明現實社會各層面人性自利的現象；《六反》說：

> 且父母之於子也，產男則相賀，產女則殺之。此俱出父母之懷衽，然男子受賀，女子殺之者，慮其後便，計之長利也。

生下男嬰就相賀，生下女嬰就殺死，只因爲一個「利」字；根據韓非的說法，父母與子女的關係完全建立在「利」字上。《備內》說：

> 丈夫年五十而好色未解也，婦人年三十而美色衰矣。以衰美之婦

> 人事好色之丈夫，則身死見疏賤，而子疑不爲後，此后妃夫人之
> 所以冀其君之死者也。

女人到了三十歲，色老珠黃，然而男人五十尚好色如故昔，爲了自身
的利益，女人都盼望爲君爲侯的丈夫早日逝世，以利於長享榮華富
貴；根據這個說法，夫妻的關係也建立在「利」字上。《備內》又說：

> 醫善吮人之傷，含人之血，非骨肉之親也，利所加也。故輿人成
> 輿，則欲人之富貴；匠人成棺，則欲人之夭死也。非輿人仁而匠
> 人賊也，人不貴則輿不售，人不死則棺不買，情非憎人也，利在
> 人之死也。故后妃夫人太子之黨成而欲君之死也，君不死則勢不
> 重，情非憎君也，利在君之死也。

醫生吮人之傷，含人之血，因爲「利」之所在；輿人欲人富貴，匠人
欲人早夭，也是「利」之所在；后妃、夫人及太子欲人君早崩，更是
「利」之所在；據此而言，社會上一般人際關係也都完全建立在一個
「利」字上。《愛臣》說：

> 愛臣太親，必危其身；人臣太貴，必易主位；主妾無等，必危嫡
> 子；兄弟不服，必危社稷。臣聞：千乘之君無備，必有百乘之臣
> 在其側，以徙其民而傾其國；萬乘之君無備，必有千乘之家在其
> 側，以徙其威而傾其國。是以姦臣蓄息，主道衰亡。

韓非本節雖然沒有明白指出「利」字，不過，百乘之臣所以會推翻千
乘之君，千乘之君所以會傾覆萬乘之君，很明顯的也由於一個「利」

字。據此，可知韓非認爲君臣的關係無他，也還只是一個「利」字而已。

人性好利，是人之常情，本來就沒有所謂善惡的分別，所以，韓非在論及人性時，絕口不談善惡。荀卿在《性惡》中說：

> 今人之性，生而有好利焉，順是，故爭奪生而辭讓亡焉；生而有疾惡焉，順是，故殘賊生而忠信亡焉；生而有耳目之欲有好聲色焉，順是，故淫亂生而禮義文理亡焉。然則從人之性，順人之情，必出於爭奪，合於犯分亂理而歸於暴。故必將有師法之化，禮義之道，然後出於辭讓，合於文理，而歸於治。用此觀之，然則人之性惡明矣，其善者僞也。

根據荀卿的看法，人生下來自然而然就有好利疾惡之心，有好聲色的耳目之欲，所以，《性惡》下文又說：「若夫目好色，耳好聲，口好味，心好利，骨體膚理好愉佚，是皆生於人之情性者也；感而自然，不待事而後生之者也。」似此好利疾惡之心及好聲色的口耳之欲，本來就沒有好惡之別的，但是，荀卿認爲如果聽任此心此欲自由發展下去，則「爭奪生而辭讓亡」、「殘賊生而忠信亡」、「淫亂生而禮義文理亡」，最後，是「犯分亂理而歸於暴」了。由於「順」性發展必帶來「暴」「亂」的惡果，所以，荀卿反過頭來認定人性是惡的。韓非人性的利顯然來自乃師，但是，韓非只談人性自利以及自利所產生的各種紛爭暴亂，絕不反過頭來論證人性的善惡，這是他和乃師迥異的地方了。

人性既然自利，那麼，經由此而產生的各種事件就層出不窮了：

第一、家庭：《六反》指出，父母爲着自利，「產男則相賀；產

女則殺之」。《備內》指出，妻妾后妃爲着自身利益，都紛紛「冀其君之死」。

第二、社會：《備內》指出，醫者自利，期盼人們受傷疾病；輿人自利，期盼人們富有；匠人自利，期盼人們早夭。

第三、君臣：《愛臣》指出，人臣自利，隨時準備篡位奪權，推翻人君。

在諸多事件中，「利己不損人」者固然有之，那不過是意外的偶然而已，並不能說他就懷有「仁心」；根據韓非的看法，絕大部分都是「損人利己」者。

自利可以有許多層面；最理想的就如韓非所舉的輿人，他的自利是建立在他人的富有之上，所以，他縱使無時無刻不在謀求自利，也無損於他人；其次就如韓非所說的醫者，他固然期盼人們受傷疾病，但是，他至少將病者醫治過來；這些「自利」，都不一定是壞事。然而，韓非的「人性自利說」所討論的完全不包括這些；在他的思想裏，「自利」完完全全只爲着一己的個人，不是如輿人、醫者爲着家庭，沒有君臣、社會，更沒有父子、兄弟及夫妻！是「六親不認」的一種絕對的自私自利，所以，稱之爲「人性絕對自利說」實在一點也不過份。韓非在《六反》裏曾經譏刺孟子說：「今學者之說人主也，皆去求利之心，出相愛之道，是求人主之過於父母之親也，此不熟於論恩詐而誣也，故明主不受也。」對韓非來說，要君臣父子之間「出相愛之道」，並且「去求利之心」，那簡直是虛僞欺誣的言論呀。

人類自利之心既然不包括一些比較好的層面，而完全陷溺在絕對自利之中，那麼，人與人之間就完全沒有「信義」可以談了。韓非在《姦劫弒臣》裏說：

> 父之愛子也，猶可以毀而害也；君臣之相與也，非有父子之親也，而群臣之毀言，非特一妾之口也，何怪夫賢聖之戮死哉！此商君之所以車裂於秦，而吳起之所以枝解於楚者也。

父母陷溺在絕對自利的泥潭裏，連兒女都可以殺毀；那麼，沒有父子之情的君臣關係，又要靠甚麼來維繫呢？又怎麼可以值得信賴呢？商鞅被車裂、吳起被枝解，正是人君不可信賴的史例了。人君既不可信賴，人臣呢？《備內》一起句，就公然地說：

> 人主之患，在於信人，信人則制於人。人臣之於其君，非有骨肉之親也，縛於勢而不得不事也。故為人臣者，窺覘其君心也，無須臾之休，而人主怠慠處其上，此世所以有劫君弒主也。

韓非總結古往今來的歷史經驗，認為世間弒主劫君之所以產生，就因為人主信賴了人臣！君臣都各自挾絕對的自利，彼此完全不信賴，所以，《姦劫弒臣》一開始就說：「凡姦臣皆欲順人主之心以取信幸之勢者也。」取得人君信賴之心，必須依靠「順從」，可見人君的確不可信賴和違逆；《愛臣》說：「是故不得四從，不載奇兵，非傳非遽，載奇兵革，罪死不赦。此明君之所以備不虞者也。」人臣有種種禁忌，以 備不測，可見人臣也完全不可信賴。

君臣既然都絕對不可信賴，那麼，他們的關係又是甚麼？為君的如何統御群臣？人臣如何奉侍國君呢？在這方面，韓非有非常「驚險」的創見；《姦劫弒臣》說：

> 夫君臣非有骨肉之親，正直之道可以得到，則臣盡力以事主；正

直之道不可以安，則臣行私以干上。明主知之，故設利害之道以
示天下而已矣。

「設利害之道以示天下而已」，好一句驚險的話呀！甚麼叫作「設利
害之道以示天下」呢？他在《六反》裏有非常清楚的說明：

> 霸王者，人主之大利也。人主挾大利以聽治，故其任官者當能，
> 其賞罰無私。使士民明焉，盡力致死，則功伐可立而爵祿可致，
> 爵祿致而富貴之業成矣。
> 富貴者，人臣之大利也。人臣挾大利以從事，故其行危至死，其
> 力盡而不望。
> 此謂君不仁，臣大忠，則可以霸王矣。❽

人君絕對利益是建立霸業，所以就挾大利來役使百官；群臣絕對利益
是富貴，所以就盡力賣命來獲取爵祿；上下交征利，不必仁，也不必
忠，就可以安治天下，成就霸王之業了。

　　人性皆挾絕對自利之心看起來似乎非常驚險可怕，就如木舟面對
着湍急險惡的漩渦一樣，然而，韓非却「坐言起行」地提出更驚險可
怕的主張：衝向湍急的漩渦裏去，利用咆哮奔騰的怒水，划向平坦的
大海去。拋開思想的是非善惡不談，韓非在這方面的膽識和勇氣，不
得不令我們折服了。

　　接下來的問題是：人臣遵守「遊戲規則」嗎？他們依循正道來爭
取爵祿嗎？在絕對自利的人性之下，他們不會有越軌的「小動作」嗎？
這些，韓非已經想清楚了，而且也提出預防的方法了。在《姦劫弒臣》
裏，他爲人君提出防範的基本原則：

聖人之治國也，固有使人不得不為我❾之道，而不恃人之以愛為
我也。恃人之以愛為我者危矣，恃吾不可不為者安矣。

換句話說，人君必須抱着一種心理：這些臣僚縱使是人，也不可以
「愛」來驅使他們；必須將他們當作沒有人性的奴隸，使他們不得不
為我而盡力賣命。

為了達到這個目的，韓非提出兩個辦法。

首先，人君必須防範周密，使臣僚無法搞越軌的小動作，藉以中
飽絕對自利之心。《愛臣》說：

明君之蓄其臣也，盡之以法，質之以備，故不赦死，不宥刑。赦
死宥刑，是謂威淫，社稷將危，國家偏威。是故大臣之祿雖大，
不得藉威城，黨與雖眾，不得臣士卒。故人臣愛國無私朝，居軍
無私交，其府庫不得私貸於家，此明君之所以禁其邪。

群臣在還沒有越軌之前，人君必須「質之以備」（用最周備的方法來
防範他們），並且隨時準備「盡之以法」（用最嚴密的國法來裁制他
們）；臣子如果發生越軌的行為，人君必須「不赦死」、「不宥刑」，
不可手軟。至於平時的禁忌，韓非也列出犖犖的五大條：

防 臣	平 日 戒 律	1. 不得藉征稅而奪取城市 2. 不得私有軍隊 3. 不得自行集會議事 4. 不得私下與外國來往 5. 不得將府庫放貸他人

要	事前心理	1. 用最周備的方法來防範他們 2. 用最嚴密的國法來裁制他們
律	事後行動	1. 不赦免死罪 2. 不寬宥刑罰

最後，韓非說，這些要律都是爲着禁止臣僚們「邪惡之心」呀。甚麼叫「邪惡之心」？說穿了，就是人性絕對自利之心，高度滿足臣子們絕對自利之心的篡位奪權的越軌行動。

人君惟有挾此防臣要律，隨時準備「挑剔」臣僚的「越軌行爲」，臣子們才能安然就範，不作非非之想。誠如《姦劫弑臣》所說：

> 人主誠明於聖人之術，而不苟於世俗之言，循名實而定是非，因參驗而審言辭。是以左右近習之臣，知僞詐之不可以得安也，必曰：「我不去姦私之行，盡力竭智以事主，而乃以相與比周，妄毀譽以求安，是猶負千鈞之重，陷於不測之淵而求生也，必不幾矣。」

只有人君「循名實而定是非」、「因參驗而審言辭」，那麼，群臣才知道「僞詐之不可以得安」，乖乖就範，盡力賣命；這就是所謂「使人不得不爲我」的大原則了。

其次，從背面着手，要群臣及百姓告姦舉罪，不得私隱情曲；韓非在《姦劫弑臣》裏總結了秦孝公變法的經驗說：

> ……遂行商君之法，民後知有罪之必誅，而告姦者衆也，故民莫犯，其刑無所加。是以國治而兵強，地廣而主尊。此其所以然者，

> 匿罪之罰重,而告姦之賞厚也。此亦使天下必為己視聽之道也。
> 至治之法術已明矣,而世學者弗知也。

匿罪之罰重,告姦之賞厚;就像那把匕首一樣,從背後試圖鏟除越軌
的行動,以彌補人君防臣要律的不足之處。韓非認為,這是驅使天下
的人來為自己視、自己聽的上上之策。《姦劫弒臣》又說:

> 夫嚴刑者,民之所畏也;重罰者,民之所惡也。故聖人陳其所畏
> 以禁其衰,設其所惡以防其姦,是以國安而暴亂不起。吾以是明
> 仁義愛惠之不足用,而嚴刑重罰之可以治國也。

宣揚人們所畏懼的嚴刑,設下人們所厭惡的懲罰,為的是要阻嚇、禁
止各類越軌的小動作。

2. 社　會 (無益於治的社會說)

　　人性既然是絕對自利的,那麼,據此而推論,芸芸眾生的社會當
然都是姦詐不法的群眾了。因此,韓非對社會大張撻伐,實在不足為
奇。《守道》說:

> 今天下無一伯夷,而姦人不絕世,故立法度量。度量信,則伯夷
> 不失是,而盜跖不得非。法分明,則賢不得奪不肖,強不得侵弱,
> 眾不得暴寡。

韓非清楚地告訴我們,現今社像伯夷那種人可說一個也沒有,然而,
像田成、盜跖那樣姦詐的人却到處都是,所以,必須建立法度。這是

韓非認爲社會必須建立法度的理論基礎，也是韓非對芸芸衆生的社會「不敢掉以輕心」的嚴肅批評；換句話說，韓非已經把整個社會的道德底線拉到最低水平，而所謂法律、度量就在那條底線上於焉建立，庶幾乎社會上沒有任何漏網之魚。

像這樣的一個社會，如果沒有經過强權的改革的話，實在無益於國家的安治；因此，我們將韓非對這個未經改革的社會的看法訂名爲：無益於治的社會說。

無益於治的社會除了到處充斥姦詐虛僞的人物之外，也經常浮流着一些虛名，不但對國家的安治毫無益處，也拖累了國家的强盛。韓非在《姦劫弒臣》曾簡單地提出這個意見：

若夫豫讓爲智伯臣也，上不能說人主使之明法術度數之理以避禍難之患，下不能領御其衆以安其國，及襄子之殺智伯也，豫讓乃自黔劓，敗其形容，以爲智伯報襄子之仇。是雖有殘刑殺身以爲人主之名，而實無益於智伯若秋毫之末。此吾之所下也，而世主以爲忠而高之。

古有伯夷、叔齊者，武王讓以天下而弗受……。若此臣者，不畏重誅，不利重賞，不可以罰禁也，不可以賞使也。此之謂無益之臣也，吾所少而去也，而世主之所多而求也。

豫讓在社會上有「殘刑殺身以爲人主」的美名，伯夷、叔齊有「弗受天下，餓死首陽」的美譽，但是，韓非認爲他們徹底「無益」於國家；這段文字，顯現出韓非是個極端功利主義者，也是個社會功利的改革者。到了《六反》，他就更有系統地提出這套學說了。我們在前文《御百姓》節裏已經徵引及討論過這段文字。在那段文字裏，韓非一共舉

出十二種人物；前六種在社會上享有清譽美名，然而，韓非却嚴肅地
批評他們，認為他們完全「姦偽無益」；後六種是社會一般人所蔑視
詆毀的，然而，韓非却極力讚揚他們，認為他們完全「有益耕戰」；
最可憐的是，世主就根據社會上浮流的善善惡惡來禮賞和賤害。韓非
把這種「陰錯陽差」的行動稱之為「六反」。有此「六反」，韓非慨
嘆地說：「索國之富強，不可得也。」

　　值得注意的是，《六反》所揭櫫十二種人物的類型和評語，很可
以讓我們了解韓非改革無益於治的社會的價值標準和取捨方向；試讀
下表：

輿論嘉許者	韓　非　貶　語
貴生之士	畏死遠離，降北之民
文學之士	學道立方，離法之民
有能之士	遊居厚養，牟食之民
辯智之士	語曲牟知，偽詐之民
磏勇之士	行劍攻殺，暴憿之民
任譽之士	活賊匿姦，當死之民

表一

輿論貶抑者	韓　非　贊　語
失計之民	赴險殉誠，死節之民
樸陋之民	寡聞從令，全法之民
寡能之民	力作而食，生利之民
愚戇之民	嘉厚純粹，整穀之民
怯懾之民	重命畏事，尊上之民
諞讇之民	挫賊遏姦，明上之民

表二

根據表一，韓非所貶抑的包括貴生、文學、有能、辯智、礦勇及任譽的人物；根據表二，所讚揚者包括赴險、殉誠、死節、從令、全法、力作、生利、純厚、重命、尊上、挫賊及遏姦的人物；前後相比，卽知所謂「無益於治」的人物，還包括了一批文學、辯智、好勇、任譽及隱居的人物，在韓非心目中，他們和上述姦詐不法之徒同列，對國家的富强絲毫無益。韓非所要改革的，是把這一大批社會上無益於治的人物改造過來，迫使他們成爲擁有赴險、殉誠、死節、從令等性格的「有益之民」。

現在，我們已經明白——韓非無益於治的社會到底指的是甚麼？韓非極切於改革的社會，其價值標準及取捨方向到底是甚麼？

韓非在《姦劫弒臣》裏曾經極力讚揚商鞅變法，他說商鞅「變法、易俗而明公道，賞告姦，困末作而利本事」；筆者認爲，這幾件事已概括了韓非早期改革無益於治的社會的總方向了。

第一、所謂「易俗而明公道」，如果指的是表一中的六種人物，那實在是再恰當不過了。那六種無益於治的人物，在世俗裏享有崇高的清譽，世主尊禮他們，獎勵他們。韓非認爲必須大刀濶斧打破這種社會現象，改易世俗的是非，還其社會公道，庶幾乎完成社會改造，富國强兵。

第二、所謂「困末作而利本事」，如果指表二中的六種人物，那也非常恰當。王先愼說：「末作，工商也；本事，耕織也。」韓非獎勵的都是全法從令、力作生利、赴險殉誠的人物；這些人，當然都是繆力耕戰，守土尊上者，當然完全符合困末作、利本事的改革條件。

3. 國 家（逆世持勢的國家說）

國家是個有機體的組織，由一批人物來維持；他們採取金字塔式

的編制方式,從上到下地由一個據點擴散到多個據點,再由多個據點散佈到無數個據點,控制着全國的資源、人口、軍隊以及知識等等。它有生、老、病、死的現象,其生命力及旺盛力之持續和短暫似乎和這個組織的運作方式及施政角度有密切關係。

韓非很早就注意到這個問題,所以,在早期篇章裏經常加以討論,成爲一套自己的說法。這套說法,筆者稱之爲「逆世持勢的國家說」。

甚麼叫作「逆世」呢?《守道》裏有兩句話說:「古之善守者,以其所重禁其所輕,以其所難止其所易。」最能說明其含義了。太田方解釋說:「重罰者,人之所畏而難侵也;小不善者,人之所輕而易止也。故立重罰而止之,使人止不善於所易止之地,而無麗於所惡畏之刑。」按照一般的情形,重罪施重刑,小罪施小刑,刑罰的宣判完全根據罪失的輕重;然而,韓非採取與世俗相逆的手段,即使輕微的小事,也將它當作最嚴重來處理;即使一件小疏忽的事,也用人民最畏懼的方式來防範。甘願逆着世情,採取相背的角度,來處理國家大小事務。

逆世施政並不單指刑罰而已,其他政治上各種措施和改革,也都包括在裏頭。《姦劫弑臣》有一段比較概括性的話,最能代表韓非的意見了;它說:

> 聖人爲法於國者,必逆於世,而順於道德。知之者,同於義而異於俗;弗知之者,異於義而同於俗。天下知之者少,則義非矣。

聖人爲國家制訂法律,一定要和世俗相反,而和社會原則相吻合;甚麼叫「世俗」?甚麼叫「和社會原則相吻合」?

綜合韓非本期的思想,所謂「世俗」,所謂「社會原則」,恐怕

可以分成幾層：

第一、要逆着世俗之學：韓非最反對世俗之學，將它稱爲「愚學」，足以「亂當世之治」，《姦劫弒臣》說：「且夫世之愚學，皆不知治亂之情，撱詖多誦先古之書，以亂當世之治；智慮不足以避穽井之陷，又妄非有術之士。聽其言者危，用其計者亂，此亦愚之至大而患之至甚者也。」韓非認爲，這批人經常講說古代煩瑣的典籍，又胡亂抨擊懂得治術的人，困惑人君，擾亂政治，爲國家帶來危機，所以，韓非抨擊他們「愚之至大」、「患之至甚」；換句話說，對他們一定要採取背逆的角度來治理，國家才富強。

第二、要逆着世俗之名：《姦劫弒臣》接着說：「俱與有術之士，有談說之名，而實相去千萬也。此夫名同而實有異者也。夫世愚學之人比有術之士也，猶螳垤之比大陵也，其相去遠矣。」韓非認爲，世俗之名都是浮淺虛美的，與有術者相比，就如蟻冢和山陵一樣，相差得太遠了，所以，人君絕不可惑於世俗之名。關於這一點，韓非在《六反》裏有更具體的發揮。我們在前一節已經指出，韓非極力貶抑世俗所崇尚的六種人物，又極力推崇世俗所蔑視的另外六種人物；他如此強烈和激動地提出這種主張，正是他有意背逆世俗浮名、改革世俗風氣的一種表現。

第三、要逆着世俗之傳統：變法改革其實就是一項最大的逆世手段，韓非在《姦劫弒臣》裏肯定及贊揚商鞅，間接等於主張逆世變法，改革傳統，以順應着新的「社會原則」。

韓非強調「逆世」，意義何在呢？《六反》有幾句話，可作爲答案；它說：「夫欲利者必惡害，害者，利之反也，反於所欲，焉得無惡。欲治者必惡亂，亂者，治之反也。是故欲治甚者其賞必厚矣，其惡亂甚者其罰必重矣。」禍害是人們所憎惡的，現在逆其道用重刑給

他禍害，他就永遠不敢犯錯了。根據這個邏輯，我們可以這樣說：十分要世治的人，一定十分惡世亂；如果順情而治，就會姑息世俗，人們就不十分憎惡騷亂，也不十分享有平治；現在反其道而行，採取完全逆世的角度，絕不姑息世俗，人們就知道世亂十分可惡，也就十分享有世治了。用最淺白的話來說，即是：人們最害怕甚麼，施政者就給他甚麼，天下就安治；這就是韓非逆世國家說了。

對於國家而言，運作方式也非常重要。韓非主張必須採取「勢」才能致勝；這一點，我們在《為君之道》已經討論過，這裏就不贅了。

國家如果不能逆世持勢，只一味順着世情，隨着俗論，則無是非虛實可言，如何不病、不老、不死亡呢？韓非早已注意到此點，他在《安危》裏說：

> 安危在是非，不在於強弱；存亡在虛實，不在於眾寡。故齊萬乘也，而名實不稱，上空虛於國，內不充滿於名實，故臣得奪主。殺天子也，而無是非；賞於無功，使讒諛以詐偽為貴；誅於無罪，使傴以天性剖背。以詐偽為是，天性為非，小得勝大。

國家的生命力和持續力不在於強弱，也不在於人民的眾寡，在於行事是否能堅持着是非和虛實，掌握着原則，擁有了實質，國家才能乘長風破萬里，勇猛前進。《安危》裏的「是非」應該指逆世思想中堅持「社會原則」來說，才比較落實；「虛實」應該指持勢思想中緊握「威嚴」來說，才比較實在。

附　註

❶ 余明光曾經討論古代思想發展的第一階段是天、德、道；第二階段是德、

道；第三階段才是道、德；接着，他說：「這種從『德』到『道』轉變爲
『道』到『德』的過程，反映了中國古代思想發展不斷深化的認識過程。
但究其思想源流而論，『德』是在先的，『道』是在後的。《莊子・天下
篇》所論古代思想發展的源流與戰國末年荀子在《議兵篇》所講的『有以
德兼人者，有以力兼人者，有以富兼人者』的順序基本上是一致的，都是
把『德』放在古代思想發源的第一階段。……但是高亨等人提出的《老子》
書有兩個傳本的推測是可以成立的。因爲在戰國時期，關於形而上的『道』
逐漸爲諸子百家所重視，而道家又特別重視對『道』的發揮，使道論家的理
論也有個從原始的到比較成熟的轉變，變傳統而面向現實，遂將經文次序重
新加以編排改造，使《道經》居前，《德經》居後，以合乎學術思想的發展
和客觀形勢的需要。至於是否有個法家的傳本，則很難判斷。總之，帛書本
《老子》可以說是原始道家古本的原型，而今本却是後來的道家在此原型本
基礎上重新編排，幷加以改造而成的新版本。」（見余著《黃帝四經與黃老
思想》，黑龍江人民出版社一九八九年出版，頁七七至七八）韓非在荀卿門
下誦讀《老子》，其版本當係原始本，或儒家傳本；高亨所謂法家傳本，蓋
非。

❷　見王煜著《韓非子之發揚、修改諸前驅及曲解老子》，發表於《新亞書院學
　　術年刊》第十七期內，頁一八九至二二〇，香港。

❸　名刧，各本皆作「明刧」，陶小石《讀韓非子札記》謂「明」當爲「名」之
　　誤；名刧，即由名稱而刧制人君，使君臣徒有其名而無其實。其說是，今從
　　之。

❹　有關商鞅重刑的說法及理論，可參考拙著《商鞅及其學派》的《後編》部分。

❺　《六反》下文云：「是故輕罪者，民之垤也。是以輕罪之爲民道也，非亂國
　　也，則設民陷也，此則可謂傷民矣。」

❻　「怨」本作「恐」，從盧文弨、王先愼校改。

❼　「甚」本作「其」，王先愼曰：「『其』字當爲『甚』之殘闕字。『甚病』
　　與『危國』相對爲文，明其爲『甚』之誤。下文『甚病之人利在忍痛』，作
　　『甚』字，即其證。」王說甚是，今即改。

❽　此文「可以」上本有「不」字，梁啓雄曰：「《外儲說右下》作：『君通於
　　不仁，臣通於不忠，則可以王矣。』此文『不可』之『不』字衍。」梁說甚

是，今據刪。

❾ 「爲我」本作「愛我」，俞樾曰：「『不得不愛我』，當作『不得不爲我』，
涉下句而誤。下文『恃吾不可不爲者安矣』；『不可不爲』，即『不得不爲』
也。」俞說可從，今據正。

第二節　韓非著述及其思想的第二期

本期是第二期，無論在著述及思想方面，韓非都進入旺盛的「壯
年期」；因此，著作數量不遜於前期，而素質方面又比前期强得多。
幾篇重要的代表作皆完成於本期，幾篇「長篇鉅製」也分別在本期成
稿，即是最好的明證了。

茲分若干方面來討論。

一、博聞善説

韓非早期文章離不開兩個特色；說理綿密，詞藻典麗。

所謂說理綿密，基本上應該包括兩層意思；從形式來說，文章結
構謹嚴，組織緊湊；從內容來說，議論細密，說服力强。早期作品中
的《三守》、《八姦》及《六反》，都是組織非常謹嚴、議論非常堅
實的作品。我們在前一節《憤世情懷》項裏，曾經以《難言》爲例，
闡明韓非說理的綿密和謹嚴。現再以《三守》的組織爲例；試讀下
表：

人主有三守。

三守完，則國安身榮；三守不完，則國危身殆。

何謂三守？

（底下陳述三守之內容）……此謂三守不完。

三守不完，則劫殺之徵也。

凡劫有三：有名劫，有事劫，有刑劫。

（底下陳述三劫之內容）……。

三守不完，則三劫者起。三守完，則三劫者止。三劫止塞，則王矣。

這個圖表清楚地告訴我們，《三守》在組織上嚴密得簡直像一篇法律規章，段落井然有條理，前後論點相互呼應，沒有半句贅言費辭。無論從形式上言，或是從議論上說，都有密不透風及銅牆鐵壁之勢。《八姦》也是如此，三大段或從正面說，或從反面說，最後再總結細說，條析縷述，完全是一篇法律味道很濃的作品。只有《六反》，第一大段呈現這種風格後，第二段以後就顯得鬆弛疏散了。

　　韓非中期的作品不但承繼早期的作風，而且幾乎就「用法律的方式」來寫文章；要不是有詞藻及情感這些血肉貫穿其中，我們真會以為是在展讀一篇篇的法典規章。這裏以《五蠹》為例，來說明韓非「法律式」的文風；試先讀下表：（如下頁）

上表乃根據《五蠹》的前半截加以整理條例；根據此表，我們可以得出下列幾個要點：

　　第一、這三段文字的論點的排比，是經過相當嚴密的安排，第三段第二節和第一段第二節對應，第三段第一節也和第一段第一節對應，第二段是第一段的補充，第三段第三節是個總結論；層次異常分明，

第 一 段	（史例）上古之世……而湯、武征伐。 （論證）今有搆木鑽燧於夏后氏之世者……因為之備。	第一節	古今之差異
	（事例）宋人有耕者……而身為宋國笑。 （論證）今欲以先王之政治當世之民，皆守株之類也。	第二節	論環境之差異
第 二 段	（古事）古者丈夫不耕……而民自治。 （今事）今人有五子不為多……而不免於亂。		補　充
第 三 段	（古例）堯之王天下也……不苦於此矣。 （論證）以是言之……故傳天下而不足多也。	第一節	論古今之差異
	（今例）今之縣令……故人重之。 （論證）是以人之於讓也……薄厚之實異也。		
	（事例）夫山居而谷汲者……買庸而決。 （論證）故饑歲之春……多少之實異也。	第二節	論環境之差異
	（總結）是以古之易財……而備適於事。	第三節	總　論

條理非常清楚。

　　第二、如果再仔細觀察，就可以發現除了作補充的第二段之外，每一例之後必有一個論證，作爲概括性的小結；到了三段結束，就來個大總結。韓非不但不輕易放過任何小論點，一例一論證，而且也強調最後總論，讓整個大環節「箭不虛發」。

　　第三、爲了證成總結裏的那句話「事因於世，而備適於事」❶，韓非第一段先舉史例爲證，再舉事例爲說，然後分別作論證；深恐所言不足以服人，第二段又舉古、今事例各一爲證，略加補充。到了第三段，又舉古例、今例及事例各一，每例之後皆加論證；最後，才作總結。前後舉史例二則，舉事例五則；就中事例又有古、今之別。組織之嚴密，論說之周備，幾乎到了「密不透風」的境地。

　　比照《五蠹》的寫作方式完成的作品，尚有《八說》及《顯學》等篇章，它們都是堂堂之陣、正正之旗，銳不可當。似此寫作方式，我們姑且名之爲「層累式」。

　　在文章形式結構方面，韓非並非一成不變，而是變化繁富，令人嘆爲觀止。

　　首先，我們要討論的是「散篇結體式」的寫作方式；《八經》及《說林》就是兩篇代表作了。

　　《八經》分成八個短篇，每篇約一、二百字，每個短篇討論一個主題，主題與主題之間沒有十分密切的關係。它們是：

　　1. 因情——說明君主須依據人民的心理，建立賞罰禁令。

　　2. 主道——說明用一人不如用一國。

　　3. 起亂——說明君主須審究亂事的根源，以嚴防姦邪作亂。

　　4. 立道——說明君主須行參伍之道，以考察官吏。

　　5. 周密——說明君主言行，務須謹密，以免權姦利用。

6. 參言——說明聽言須加參驗，並責求效用，考核成果。

7. 聽法——說明賞必出乎公利，名必在乎爲上。

8. 主威——說明應嚴防官吏行義愛施，以損害君主的權勢。

韓非在卷端未有任何概括性的綱領，文章結束時也沒有任何結論；然而，它們却湊合在一起，而且篇名就訂爲「八經」。所謂「經」，指的是「經法」；八經，就是治國的八種經法，梁啓雄說：「指君主治理國政之八法。」說得非常正確；所以，它們結合成一篇，應該是作者經心策劃，有意經營的。八篇短小精悍的小文章，內容結實，論點清楚；如今再編結爲一篇大文章，就像個個精神煥發、鬥志高昂的小兵，一旦結集成一排兵隊時，銳氣直薄霄漢，威勢難當一樣。似此「散篇式」的文章，也是韓非中期繁富的寫作方式。

《說林》的寫作方式也跟《八經》相同，屬於散篇結體式。這篇文章由於篇幅太大，被劃分爲上、下兩篇，上篇包括了三十四則故事，下篇三十七則，共七十一則。最早的故事是下篇的「堯以天下讓許由」，而以戰國時代的故事最多。這篇文章由於資料宏富，而且也浸濡了儒家的色彩，所以，韓非應該是在早年的階段就着手搜集資料，也許到中期才完成整理的工作。

有的學者認爲《說林》是一批「原始資料」的滙編，梁啓超更認爲是「備著書之用」的材料，預備寫作《儲說》用的。筆者並不敢苟同，有關這方面的討論，可參看前編該篇之內。根據筆者的淺見，韓非搜集和編纂了這七十一則故事，不但心目中「自有定見」，而且時而還加上案語，藉以顯露其思想，發揮自己的政治主張。因此，與其說它是七十一則故事的滙編，無寧說是七十一則短文的結體；有的僅有故事，主題比較隱晦；有的加上案語，意旨非常明白。《八經》是八則精短議論，《說林》是七十一則短小故事，偶有案語；議論、故

事雖然有別，但是，它們的編寫方法却完全相同。

韓非似此散篇結體式的文章，對後世有相當的影響；尤其是《說林》各種故事紛陳的體式，尤爲後人所歡迎。太田方說：「劉向著書名《說苑》，淮南亦有《說林》，皆言有衆說，猶林中有衆木也。」淮南尚有《說山》及《人間》，也都受韓非的影響。

其次，我們要討論的是「詰難式」的寫作方法；《難》、《難勢》、《問辯》及《定法》等都是這一類的作品。

《難》是《韓非子》書中的長篇鉅構，篇中轉錄了二十八則長短不一的故事，每則故事後再附以詰難的文字，或一難，或二難，討論的內容包括兵、權勢、賞罰、君臣之道、用人、法術、治術等，範圍非常遼廣。由於篇幅過長，乃被析分爲四篇，篇幅長短相差不遠。茲以第一篇爲例，列出其寫作方式：

1. 晉文公將與楚人戰……。

   或曰：……仲尼不知善賞也。

2. 歷山之農者侵畔……。

   或問儒者曰：……未可與爲政也。

3. 管仲有病……。

   或曰：……故曰：管仲無度矣。

4. 襄子圍於晉陽中……。

   或曰：……故曰：仲尼不知善賞。

5. 晉平公與群臣飲……。

   或曰：……故曰：平公失君道，師曠亦失臣禮矣。

6. 齊桓公時……。

   或曰：……故曰：桓公不知仁義。

7. 靡笄之役……。

　或曰：邻子言，不可不察也……。

8. 桓公解管仲之束縛而相之……。

　或曰：……或曰：管仲有失行，霄略有過譽。

9. 韓宣王問於樛留……。

　或曰：……是樛留未有善以知言也。

似此寫作方式，應該是相當簡單的；則與則之間，也沒甚麼特別的關係；我們說它們是筆記體論著，應該不會錯的。周勳初說：「闡述自己的政治觀點的讀書筆記。」可謂中肯之論。然而，這筆記體論著，却也不是一蹴而成的；筆者相信是經過長期積累，從早期到中期，甚至於到晚期，寫寫停停，斷斷續續，最後才滙成一長篇鉅構，代表他中、晚期的思想。

以韓非本期的作品而言，詰難式的寫作方式可以分成兩類❷。

第一類是問答式。作者採用一問一答的方式來完成這些篇章，《問辯》及《定法》就是這種寫作方式；以《問辯》而言，其全篇結構爲：

或問曰：「辯安生乎？」

對曰：「生於上之不明也。」

問者曰：「上之不明，因生辯也，何哉？」

對曰：「明主之國……故曰：上不明則辯生焉。」

問者和答者圍繞着一個一個不同的主題，不斷地駁詰討論，鋪衍爲一篇結構緊湊、組織嚴密的議論文。

第二類是批駁式。作者引述旁人現成的話語，或者已經發生過的

故事，進行駁責詰難；比如《難勢》，通篇組織爲：

> 慎子曰：……。
>
> 應愼子曰：……。
>
> 復應之曰：……。

韓非引述愼子現成的言論後，才寫上兩段批駁的文字，一段爲「應愼子曰」，一段爲「復應之曰」，它們都是韓非「私下杜撰」的文字，藉以討論問題及申明自己的立場。

《難》二十八則短評應是屬於第二類的寫作方式，作者引述旁人現成的話語或者經已發生過的事件，然後，針對故事中的「言」或「行」加以詰難駁責，藉以申張自己的觀點和思想。首三篇二十四則批駁的文字只有一段，第四篇四則就增加爲兩段。換句話說，前二十四則只有一段「或曰」，後四則却有兩段「或曰」，情形與《難勢》非常相似。

詰難式的寫作方法對後世文學的影響頗大，梁啓雄說：「這四篇是『立義設詞，往來詰難』及『二難推理』的文章，漢司馬相如《難蜀父老》、東方朔《答客難》都模倣這樣的標題；後漢王充《論衡》多模倣這樣的文體。」所說甚塙。其實，揚雄的《解難》、班固的《難莊論》等，也都受韓非的影響，成爲文學上一種寫作體裁。

最後，讓我們來討論連珠式的寫作技巧；它是韓非變化繁富的文體的一項傑作。

韓非有《儲說》六篇，分《內儲說》及《外儲說》；前者分上、下兩篇，後者分左篇及右篇，左篇又分上、下，右篇亦分上、下；總計六篇，是韓非篇幅最長的一組文章了。由於篇幅過長，內容非常豐

富，組織也相當複雜，思想更是精深，所以，個人淺見認爲是韓非長期積累而成的一組文章，從搜集材料到組織撰寫，所跨越的時間應該不是短暫，至少應該在中期的階段才完成。

　　《儲說》六篇的寫作方式非常特別；它們每篇分別討論若干主題，每一主題都先經後說，逐次排比鋪陳。《經》的部分，概括了本項內所要說的事理，然後以「其說在某某事」、「其患在某某事」或「是以某某事」的簡單句子，約舉歷史故事爲例證；《說》的部分則將《經》中所約舉的故事，逐一詳細敍述，證成項內的主題。試讀下列簡圖：

	《內儲說上》之結構
題首	七術：一二三四五六七
經	經一：其說在(1)(2)(3)……。 經二：其說在(1)(2)(3)……。 …… 經七：其說在(1)(2)(3)……。
說	說一 　　(1)故事 　　(2)故事 　　…… 說二 　　(1)故事 　　(2)故事 　　…… ………… 說七 　　(1)故事 　　(2)故事 　　……
《內儲說下》及《外儲說右上》同。	

《外儲說左上》結構	
經	經一：其說在(1)(2)(3)……。 經二：其說在(1)(2)(3)……。 ………… 經六：其說在(1)(2)(3)……。
說	說一 　　(1)故事 　　(2)故事 　　…… ………… 說六 　　(1)故事 　　(2)故事 　　……
《外儲說左下》及《外儲說右下》同。	

根據這兩個文章結構簡圖，我們可以發現：第一、前表和後表在結構上都差不多相同，包括了《經》和《說》兩個部分；惟一差異的，前表有題首一些綱領式的文字，後表則無之。第二、《說》裏的故事及文字都是在解經，所以，《說》以及故事文字的多寡，都視《經》及《經》內所繫的論證的多寡；這些，都影響了整篇文章的長短。第三、無論作者先有《經》的議論，或者先有《說》的各種故事，它們的配搭和安排都頗費周章，不是短期內可以完成的。第四、《說》內在引

證故事或說理文字之後，經常再以「一曰」或「或曰」的形式，附上長短不一的文字，保存許多不同的故事、史實及說法，可見韓非在撰成本文之後，隨時都再添剳記。

後世文學有所謂連珠體，實際上恐怕就始創自韓非。楊升庵說：「《北史·李先傳》：『魏帝召先讀《韓子·連珠》二十二篇。』《韓子》即韓非書，中有連語，先列其目而後著其解，謂之『連珠』。」所謂皆允當。時人周勳初說：

> 比較起來，韓非創作的《經》《說》已是成熟的富於文學意味的作品了。《經》的文句很凝煉，便於閱讀和記誦；《說》的故事性完整，可以單獨表達某種觀點。《經》如優美的散文詩，《說》是精彩的小故事。二者既可單獨成文，更宜前後合觀，因為《經》文點明了《說》文中內含的法治思想，讀後可進一層領會故事的涵義；《說》文生動地用形象反映了《經》文提出的觀點，讀後可以具體地掌握抽象的道理。《經》《說》呼應，前後貫串，讀《經》可進一步掌握《說》的實質，讀《說》可進一步掌握《經》的宗旨。這樣，由《經》、《說》組成的「儲說」文體，是對此《經》、《說》文體的繼承，但也應該說是一種新的創造。❸

不但對《儲說》的結構有很詳細的說明，對《經》、《說》兩部分的內容和表現也有很中肯的解釋。

根據上文的討論和分析，我們即知這個時期的韓非，在文章形式方面確實是變化繁富，組織非常嚴密，對後世文學有相當大的影響。如果他不是一位思緒嚴密的法家學者，如果他不是一位才華橫溢的散文家，他斷斷不能寫出似此組織嚴密、形式繁富而又情理兼優的作品。

韓非本來就是一位博覽勤學的知識份子，我們第一節已經討論過了；如果翻閱本期的作品，比如《儲說》、《難》及《說林》等，我們就會再次地感到非常驚訝：韓非書讀得那麼多，也讀得那麼快，致使他撰文時左右逢源，旁徵博引；大量歷史故事或當代史實，在他役使之下，一一成爲他的作品的例證和註脚。

因此，我們如果說本期韓文的文章最能顯現出他長於組織及善於說理議論的特點，恐怕不會有差錯。

二、悲愴的情懷

李斯於秦莊襄王元年入秦，韓非離開荀卿返國，亦當在此時或前後，那時，他已是三十四歲的壯年了。自此以後，他曾數度上書韓王，積極求用，推展自己的抱負，然而，一直到秦始皇八年《呂氏春秋》書成之時，他空負滿肚學問，虛度八年寶貴的歲月。韓非是位滿腔熱血的法家人物，在這八年的時光裏，他眼看國是日非，舉國腐敗，眞是五內俱焚，痛不欲生，於是，只好煮文療傷，傾訴衷情，寫成一篇篇情文並茂的宏文。在這個時期裏，最能表達他悲愴情懷的作品，主要應該是《孤憤》及《和氏》二篇了。

韓非生當戰國晚葉，到了他中年之際，嬴秦鯨呑天下似乎已成定局；然而，東方諸國似乎都拿不出任何有效的計策，依然泥陷於保守自封的臼窠裏，無法遏止強秦銳不可當的壓力。韓非在《二柄》最後一段說：

人主有二患：任賢，則臣將乘於賢以劫其君；妄舉，則事沮不勝。
故人主好賢，則群臣飾行以要君欲，則是群臣之情不效；群臣之

情不效，則人主無以異其臣矣。……故君見惡，則群臣匿端；君
見好，則群臣誣能。人主見欲❹，則群臣之情態得其資矣。

根據韓非的說法，當時人君都有兩種憂慮，任用賢才則可能被劫持，
隨意妄舉則可能敗壞國政，形成一種進退兩難的境地。《定法》說：

> 武王死，昭襄王卽位，穰侯越韓、魏而東攻齊，五年，而秦不益
> 一尺之地，乃成其陶邑之封。應侯攻韓，八年，成其汝南之封。
> 自是以來，諸用秦者，皆應、穰之類也。

像穰侯、應侯這樣的人，誰敢保證他們沒有劫持人君的心意？誰敢說
他們不是敗壞國政？然而，他們却盤據着强秦的上層社會，根深蒂固
地指揮着大半個統治機體。韓非雖然沒有道出韓國的政局，《二柄》
所說的也不一定是韓國的情形；不過，既然都是當時各國一般性的現
象，韓國想來也不能免除這頹勢了。

像穰侯及應侯這樣的人，韓非把他們叫作「當塗之人」、「重人」
（當政的人、權臣）；這種人獨攬政權，是政壇上的「巨無霸」，影
響深遠。《孤憤》說：

> 當塗之人擅事要，則外、內為之用矣。是以諸侯不因，則事不應，
> 故敵國為之訟。百官不因，則業不進，故群臣為之用。郎中不因，
> 則不得近主，故左右為之匿。學士不因，則祿薄、禮卑，故學士
> 為之談也。此四助者，邪臣之所以自飾也。重人不能忠主而進其
> 仇，人主不能越四助而燭察其臣，故人主愈蔽，而大臣愈重。

韓非在這裏清楚地指出，重人當政主朝的時候，外國、百官、侍臣以及知識份子都得依附他、奉承他，否則就諸事不成、永無前途；至於人君，根本受蒙蔽見不到賢者，更不要說擢拔他們了。韓非在《孤憤》裏概括了重人的「威勢」和「强霸」，難道是無的之矢嗎？《孤憤》又說：

> 人之所以謂齊亡者，非地與城亡也，呂氏弗制，而田氏用之也。所以謂晉亡者，亦非地與城亡也，姬氏不制，而六卿專之也。今大臣執政獨斷，而上弗知收，是人主不明也。與死人同病者，不可生也；與亡國同事者，不可存也。今襲迹於齊晉，欲國安存，不可得也。

所謂「齊亡」、「晉亡」，是指呂氏不能統御、姬氏喪失國權，不是說齊、晉的土地被併吞、城池被毀滅的意思；現在，許多國家的政權都掌握在「巨無霸」的手中，國家不是等於被滅亡了嗎？然而，這些國家的人君却只知齊、晉滅亡，不知自己國家也正走向破亡覆沒的故轍。如果這段話也暗指自己的韓國的話，我們就可以設想韓非此時內心的沉痛和悲愴了。

最使韓非驚訝的是，重人竟都是保守頑固派，堅決和改革派的法術人士相對抗；《孤憤》說：

> 凡當塗者之於人主也，希不信愛也，又且習故。若夫卽主心，同乎好惡，固其所自進也。官爵貴重，朋黨又眾，而一國為之訟。則法術之士欲干上者，非有所信愛之親，習故之澤也；又將以法術之言，矯人主阿辟之心，是與人主相反也。

韓非把重人和法術人對立起來，前者得寵人君成為政治主流，後者在野尚要提出各種法術的改革主張，可見法術人士所處的地位是多麼的艱難，形勢也多麼的危急。韓非在《孤憤》的第一段就說：

> 知術之士，必遠見而明察；不明察，不能燭私。能法之士，必強毅而勁直；不勁直，不能矯姦。人臣循令而從事，案法而治官，非所謂重人也。
>
> 重人也者，無令而擅為，虧法以利私，耗國以便家，力能得其君，此所謂重人也。

原來知術及能法之人，以及循法從令的人臣，都是一批有「遠見」、能「明察」、勁直及守法的人士；而重人却是一些「無令而擅為」、「虧法以利私」的人士；作風及目標完全不相同。韓非接着說：

> 知術之士明察，聽用，且燭重人之陰情。能法之士勁直，聽用，且矯重人之姦行。故知術能法之士用，則貴重之臣必在繩之外矣。是知術能法之士與當塗之人，不可兩存之仇也。

因此，當前者掌權時，重人勢必陰情暴露，姦行揭發，被繩之以法及褫奪政權，所以，韓非說他們是「不可兩存之仇」。然而，兩派人物的鬥爭，到底有甚麼結果呢？韓非悲痛地寫道：

> 處勢卑賤，無黨孤特。夫以疏遠與信愛爭，其數不勝也；以新旅與習故爭，其數不勝也；以反主意與同好惡爭，其數不勝也；以輕賤與貴重爭，其數不勝也；以一口與一國爭，其數不勝也。法

術之士操五不勝之資，以歲數而又不得見。當塗之人，乘五勝之資，而旦暮獨說於前。故法術之士奚道得進，而人主奚時得悟乎？故資必不勝，而勢不兩存，法術之士焉得不危？其可以罪過誣者，以公法而誅之；其不可被以罪過者，以私劍而窮之。是明法術而逆主上者，不僇於吏誅，必死於私劍矣。

法術之人地位卑賤、關係疏遠、資歷新短、意見不同、人事孤單，操此「五不勝之資」，怎麼可能與乘「五勝之資」的重人相周旋呢？韓非要不是洞察當時朝廷的內情，怎麼描繪得出這種種的情形呢？更令人驚訝的，韓非竟說：「那些可以假造罪名來誣陷的，就用國法予以處死；那些不能加以罪名的，就用暗殺的方法予以毀滅。」作為法家人物的韓非，當時若得到韓王的任用，日日夜夜與重人相鬥，說不定不是被處決，就是被暗殺。然而，韓非畏懼嗎？不，他一點也不畏懼，只恨韓王不接納他，只恨自己不能以身許國，悲愴一生，抱恨而終。就像我們在前一章第三節所說的一樣，他恨不得扮成黑夜中的飛蛾，明知火中充滿殺機，還是心甘情願地要猛撲過去，以身殉國。

韓非在《八說》裏鄭重地說：「明主之國，有貴臣，無重臣。貴臣者，爵尊而官大也；重臣者，言聽而力多者也。明主之國，遷官襲級，官爵受功，故有貴臣；言不度行，而有偽必誅，故無重臣也。」韓非一再提醒人君，英明的人君只允許有貴臣，不允許有重人的存在，可見他對重人的痛恨了。

＊　　　＊　　　＊　　　＊

在第一期裏，韓非只意識到知識份子仕途滿佈荊棘的原因，是遊說人君的困難，任你採用那一種方法，永遠逃不出人君的主觀意識和個人判斷，成為寶座下的「階下囚」，所以，他最後非常憤慨地舉了

二十一名歷史人物，他們都是「仁賢、忠良、有道術」，但是，都沒有例外地「遇悖亂、闇惑之主而死」，來表達他內心的憤懣。因此，我們說《難言》是一篇充滿悲壯豪情的佳構，代表韓非早期從書本上得知進仕的困難的作品，充滿着「書卷味」。

　　在第二期裏，韓非眼看「浮淫之蠹」，紛紛「加之於功實之上」，國家「不務脩明其法制，執勢以御其臣下，富國強兵，而以求人任賢」，日益「削弱」，內心自然充滿焦急之意，乃「數以書諫韓王」，然而，「韓王不能用」（皆《史記・韓非列傳》語）。到了這個時候，韓非才知道，知識份子仕途的坎坷蹭蹬除了人君主觀意識太強、個人判斷太專橫之外，還應該包括朝廷上當塗的重人擁權自閉，封殺任何新進之士。到了這個時期，韓非才瞭解仕途裏「人事的複雜和險惡」，韓非才瞭解縱使滿腔才學和理想，也未必被人君接納，更不要說施展抱負了。於是，他在《和氏》寫下了這樣的一個故事：

> 楚人和氏得玉璞楚山中，奉而獻之厲王。厲王使玉人相之。玉人曰：「石也。」王以和為誑，而刖其左足。
>
> 及厲王薨，武王即位，和又奉其璞而獻之武王。武王使玉人相之，又曰：「石也。」王又以和為誑，而刖其右足。
>
> 武王薨，文王即位，和乃抱其璞而哭於楚山之下，三日三夜，泣盡而繼之以血。王聞之，使人問其故，曰：「天下之刖者多矣，子奚哭之悲也？」和曰：「吾非悲刖也，悲夫寶玉而題之以石，貞士而名之以誑，此吾所以悲也。」王乃使玉人理其璞，而得寶焉，遂命曰：「和氏之璧。」

這是個多麼悲愴的故事呀——和氏在山中得到一塊璞，明知此中有真

寶，却被楚王三代判爲欺君之罪，砍掉左右脚；而誣告和氏欺君的，不是別人，却是楚王身邊的「玉人」！這和韓非懷抱法制改革思想的眞寶，却被左右重人封殺的事情多麼相像呀！韓非的故事接着說，和氏左右脚被砍掉，按理應該極度失望，就此「死心休意」了；然而，他還抱着璞在楚山下痛哭，三天三夜，哭乾眼淚，再哭血水，楚王派人來問，他竟說：「我不是爲斷足而悲哀，而是爲珍貴的璞玉被看作石頭，誠信的君子却被認爲騙子而悲哀！」誰說韓非不是滿腔熱血？誰說韓非冷酷無情？爲着國家，縱使左右足寃枉被砍斷，他還是忠耿不二，誓死報國。

《和氏》說：「夫珠玉，人主之所急也。和雖獻璞而未美，未爲王之害也。然猶兩足斬，而寶乃論，論寶若此其難也。」珠玉，乃人所共知共見的寶物，對治理國家也沒有甚麼善惡是非的影響，和氏尚且必須斷脚、哭血；那麼，法制改革不是人所共知共見的學問，對國家政局有重大的影響，其獲得賞識和採用，就比寶物還要艱難多多了。是甚麼使得法制改革遭遇到比寶物還艱難的困境呢？答案是：國家政局。韓非很嚴肅地指出：

> 今人主之法術也，未必和璧之急也，而禁群臣士民之私邪；然則有道者之不僇也，特帝王之璞未獻耳。主用術，則大臣不得擅斷，近習不敢賣重；官行法，則浮萌趨於耕農，而游士危於戰陳。則法術者，乃群臣士民之所禍也，人主非能倍大臣之議，越民萌之誹，獨周乎道言也，則法術之士，雖至死亡，道必不論矣。

根據韓非的分析，法制改革如果取得勝利，大臣就無法專斷獨行，近臣就無法借權謀私，遊民必須耕種，遊士必須上戰場；如此說來，法

制改革將影響整個國家的政局，成為朝廷衆矢之的了。寫到這裏，韓非沉痛地說：「如果人君不能清除身邊大臣的議論和百姓的誹言，強硬執行法制改革，那麼，法制改革者縱使被殺戮，法制改革也不一定獲得賞識呵！」可見法制改革派要成功，必須依賴兩個條件：人君的絕對信賴和清君側。然而，在當時的韓國，這是可能的一件事嗎？人君昏庸，「浮淫之蠹」處處可見，韓非改革思想可能被接納嗎？韓非說：「有道者之不謬也，特帝王之璞未獻耳。」法制之士沒有被誅殺，因為足以獲致帝王的法術還沒人奉獻出來呀！換句話說，韓非準備像和氏一樣，從山中獻出那塊還沒被發掘的璞，讓韓王知道此中有法制的治國至寶，然後，被韓王砍斷左右腳，甚至以身殉國。

這些文字，我們看不到韓非第一期的豪壯；我們看到的，是滿紙憤慨的悽愴、荒涼。

到了最後一段，韓非且泣且憤地寫上了兩個時代很晚的故事；他說：

> 昔者，吳起教楚悼王以楚國之俗，曰：「……。」悼王行之期年而薨矣，吳起枝解於楚。
> 商君教秦孝公以連什伍……。孝公行之，主以尊安，國以富強，八年而薨，商君車裂於秦。
> 楚不用吳起而削亂，秦行商君法而富強。二子之言也已當矣，然而枝解吳起，而車裂商君者，何也？大臣苦法，而細民惡治也。當今之世，大臣貪重，細民安亂，甚於秦、楚之俗。而人主無悼王、孝公之聽，則法術之士，安能蒙二子之危，而明己之法術哉！此世所以亂無霸王也。

吳起及商鞅都是身懷瑰寶的法家人物，然而，他們不是肢解，就是車

裂；前車可鑑，韓非難道沒有想到自己嗎？韓王有「悼王、孝公之聽」嗎？韓國「大臣苦法，細民惡治」的情況比楚、秦還要嚴重，那麼，韓非的命運還不可知嗎？「法術之士，安能蒙二子之危而明己之法術哉」，是韓非膽小嗎？是韓非明哲保身嗎？爲甚麼對自己冒着吳起、商鞅的危險都加以懷疑呢？其實，韓非根本還沒踏上仕途的第一步；他在楚山得璞，獻給楚王，楚王根本不派人「相之」！這就是韓非最可憐又可悲的地方了。試問，到了這個時期的他，還會有豪情嗎？完全是充滿「現實味」的憤慨和悽愴啊。

三、討論課題——深掘

第二期的韓非，討論的課題似乎沒有前一期的寬廣，只是朝幾個重點深一層地發掘，提出更具深度的見解，建立起自己思想的互廈高樓。玆分幾方面來討論：

㈠　歷史——演動的歷史觀

在第一期裏，韓非雖然已經知道歷史的變動性，不過，他那時的認識似乎還相當粗淺，他只能從商鞅政治改革中去知道歷史有新、舊不同的階段，無法從理論上來闡明歷史演動的必然性，更無法從歷史演動的理論中推斷出法家時代的來臨；另一方面，他對歷史人物的評價還滯留在荀卿的影子底下，對儒家及法家歷史人物表現出兩可的游離立場。

到了這個階段，由於對史籍的興趣和博覽，他提煉出自己的歷史哲學——演動的歷史觀；成爲繼商學派之後，在這方面最有卓越表現的一位法家學者了。

法家自商鞅開始，就經常提出歷史的「三段論法」。商鞅和甘龍

的「御前大辯論」時，就曾對秦孝公說：

> 伏羲、神農教而不誅，黃帝、堯、舜誅而不怒，及至文、武，各
> 當時而立法，因事而制禮。禮法以時而定，制令各順其宜，兵甲
> 器備，各便其用，臣故曰：「治世不一道，便國不必法古。」

根據商鞅的說法，伏羲、神農是一個「教而不誅」的時代，黃帝、堯、
舜是一個「誅而不怒」的時代；到了周文王及周武王，又是一個「各當
時而立法，因事而制禮」的時代；時代不同，當其世者就提出不同的治
國之道。很顯然的，在商鞅的觀念中，歷史上曾經出現過三個不同的時
代，它們的治術都不一樣，可證「治世不一道，便國不必法右」的正確。

《商君書》有《畫策》，作成時代相當晚，應當是商學派的作品 ❺。
在《畫策》裏，有一段提到「歷史三段論法」，很值得我們注意；它說：

> 昔者昊英之世，以伐木殺獸，人民少而木獸多。
> 黃帝之世，不麛不卵，官無供備之民，死不得用槨。事不同，皆
> 王者，時異也。
> 神農之世，男耕而食，婦織而衣，刑政不用而治，甲兵不起而王。
> 神農旣沒，以強勝弱，以眾暴寡，故黃帝作為君臣上下之義……。

根據這段文字，古代歷史也可分為三個階段；它們是：

昊英之世	伐木殺獸，人民少而木獸多
神農之世	男耕婦織，刑政不用，甲兵不起
黃帝之世	作君臣之義，父子兄弟之禮，夫婦妃匹之合，內行刀鋸，外用甲兵

雖然不同，但是，他們皆稱王，都名尊於世；作者在結束這段文字時，還強調說：「神農非高於黃帝也，然其名尊者，以適於時也。」神農所以比黃帝尊貴，因為他能符合時代的需求；這幾句話，是商鞅「治世不一道，便國不必法古」的新版；是下文「故以戰去戰，雖戰可也；以殺去殺，雖殺可也；以刑去刑，雖重刑可也」的最新註腳。

《商君書》又有《開塞》，作成時代與《畫策》相同，也應當是商學派的作者。文中有一段文字，也提出歷史的《三段論法》。

> 天地設而民生之，當此之時也，民知其母而不知其父，其道親親而愛私。親親則別，愛私則險，民眾，而以別險為務，則民亂。當此時也，民務勝而力征，務勝則爭，力征則訟，訟而無正，則莫得其性也。
> 故賢者立中正，設無私，而民說仁。當此時也，親親廢，上賢立矣。凡仁者以愛利為務❻，而賢者以相出為道。民眾而無制，久而相出為道，則有亂。
> 故聖人承之，作為土地、貨財、男女之分。分定而無制，不可，故立禁。禁立而莫之司，不可，故立官。官設而莫之一，不可，故立君。既立君，則上賢廢而貴貴立矣。
> 然則，上世親親而愛私，中世上賢而說仁，下世貴貴而尊官。上賢者以道相出也，而立君者使賢無用也。親親者以私為道也，而中正者使私無行也。此三者非事相反也，民道弊而所重易也，世事變而行道異也。

根據作者的說法，人類的歷史可以分成三個階段：第一階段是「親親而愛私」的母系社會時代。在這個時代裏，人類貪私愛利，只求劫奪

他人的財物，戰勝對方，完全是一個野蠻的時代。到了第二個階段，有些人出來提倡「仁」、「愛」及「尊賢」，並且劃分「土地、貨財及男女」，於是，人類才有禮賢讓人的觀念，社會才比較安寧，開始步入文明的階段。土地、貨財及男女有了劃分似乎還不夠，於是就進入第三階段的法律時代。通過法律，創制了許多制度，擬訂了許多規則，也委派了許多官員，這個時候，人類再不能夠「以私為道」地親你所想親的，也不能夠「以道相出」地賢你心中的賢者，一切都依法而行，無親無私，不必相奪，也不必相戰。作者認為，法律時代的來臨並不是故意和前兩個時代「相反」的，而是「民道」阻塞，不得不改易「重」點。「世事」轉變，不得不推行不同的「道」。

也許要問：世界上居住的還是同樣的人類，為甚麼第二階段可以用「仁」及「愛」來治理，第三階段就不可以呢？為甚麼要有第二、三階段的劃分呢？《開塞》說：「古之民樸以厚，今之民巧以偽。故效於古者，先德而治；效於今者，前刑而法。」原來「世事」已經轉變，「民道」已經壅塞，所以，不得不易法而治。

韓非到了這個時期，也發展出一套歷史哲學，成為他個人思想的里程碑。《五蠹》一開始就說：

上古之世，人民少而禽獸眾，人民不勝禽獸蟲蛇；有聖人作，搆木為巢以避群害，而民悅之，使王天下，號之曰有巢氏。
民食果蓏蚌蛤，腥臊惡臭而傷害腹胃，民多疾病；有聖人作，鑽燧取火，以化腥臊，而民說之，使王天下，號之曰燧人氏。
中古之世，天下大水，而鯀、禹決瀆。
近古之世，桀、紂暴亂，而湯、武征伐。

韓非認爲歷史是不斷地在演進和變動的，它可以按照不同的發展來分代分段；因此，他在這裏將歷史分爲「上古」、「中古」及「近古」。儘管時代的分法不同，但是，它和商鞅及商學派的「三段論法」却如出一轍。我們說韓非接受了商鞅的歷史觀以及商學派的影響，恐怕不會差錯。

歷史既然不停地演動，那麼，以後世的治術施諸前世固然不對，以前世的治術用諸後世更是拙於應付了；《五蠹》說：

> 今有構木鑽燧於夏后氏之世者，必爲鯀禹笑矣；有決瀆於殷周之世者，必爲湯武笑矣。然則今有美堯、舜、湯、武、禹之道於當今之世者，必爲新聖笑矣。是以聖人不期脩古，不法常可，論世之事，因爲之備。

在夏后世行構木鑽燧，必定受鯀、禹的譏笑；那麼，當今之世還讚美古代的堯、舜、湯、武、禹的治道，豈不是也要被譏笑嗎？因爲「論世之事，因爲之備」呀！聖人應當按照歷史發展的客觀情形，因時制宜地變革治術來適應新時代的要求呀！寫到這裏，韓非引了一則寓言來加以說明：

> 宋人有耕者，田中有株，兎走觸株，折頸而死，因釋其耒而守株，冀復得兎；兎不可復得，而身爲宋國笑。今欲以先王之政治當世之民，皆守株之類也。

那些想用先王的政治來治理當世的人民，就像宋國守株待兎的人，愚蠢得非常可笑。

韓非認爲「時異勢變」的影響是鉅大的，多方面的；《五蠹》花

了許多文字來闡明這層道理。

首先，是對歷代帝王的評價問題了。《五蠹》說：

> 堯之王天下也，茅茨不翦，采椽不斲；糲粢之食，藜藿之羹；冬
> 日麑裘，夏日葛衣；雖監門之服養，不虧於此矣。禹之王天下也；
> 身執耒臿以為民先，股無胈，脛不生毛，雖臣虜之勞，不苦於此矣。
> 以是言之，夫古之讓天子者，是去監門之養而離臣虜之勞也，故
> 傳天下而不足多也。
> 今之縣令，一日身死，子孫累世絜駕，故人重之。
> 是以人之於讓也，輕辭古之天子，難去今之縣令者，薄厚之實異也。

韓非認為堯、禹雖貴為天子，但是，他們的生活遠不如今天的監門、
臣虜，更不要說和今日的縣令相比了。所以，古時天子辭讓帝位，正
是擺脫勞苦生活，不是想流傳甚麼「讓位」的美名。韓非甚至於說；
古人輕辭天子之位，今人堅守縣令之官，只因時代不同、利祿厚薄有
別的緣故。因此，對帝王的評價必須重新檢討，不可採用先王的治術
來治理當今之世。

其次，是對財產的分配的問題了。《五蠹》說：

> 古者丈夫不耕，草木之實足食也；婦人不織，禽獸之皮足衣也。
> 不事力而養足，人民少而財有餘，故民不爭。是以厚賞不行，重
> 罰不用，而民自治。
> 今人有五子不為多，子又有五子，大父未死而有二十五孫。是以
> 人民眾而貨財寡，事力勞而供養薄，故民爭；雖倍賞累罰而不免

於亂。

韓非認為古時人少財有餘，當今人多財不足，所以，古時民易治，今日人易爭；並不是古人特別好，今人特別壞，完全是人口及財產分配的問題。因此，在處理財產的方法上，雖然採取「倍賞」和「累罰」的手段，仍然「不免於亂」，所以，必須改弦易轍，適應新時代。

再其次，是環境的考慮的問題了。《五蠹》說：

> 夫山居而谷汲者，膢臘而相遺以水；澤居苦水者，買庸而決竇。

韓非認為，山居和澤處雖然只是環境的差異，和「時代不同」有別，不過，它的影響也是鉅大的，也是必須以「事變」的方式來應付的。

最後，是實際情況的重估的問題了。《五蠹》說：

> 故饑歲之春，幼弟不饟；穰歲之秋，疏客必食；非疏骨肉，愛過客也，多少之實異也。

饑歲的時候，親如弟弟也不讓食物給他；豐年的時候，疏如過客也讓他飽食；為甚麼？客觀環境和實際情況有差異。說他沒有骨肉之情嗎？不是。說他待客太殷勤嗎？也不是。完全是環境和實際情況的關係。

由於「時異勢變」的影響是鉅大和多方面的，所以，韓非認為應該打破時間上古今的不同及空間上彼此的差異，完全根據今時今地的實際情況來衡量；他說：

> 是以古之易財，非仁也，則多也；今之爭奪，非鄙也，財寡也。

> 輕辭天子，非高也，勢薄也；重爭土橐，非下也，權重也。
>
> 故聖人議多少，論薄厚為之政。故罰薄不為慈，誅嚴不為戾，稱
> 俗而行也。故事因於世，而備適於事。

這段話的意思說：新聖行政，首先研究和商議社會上財物的多少，考
慮和談論權勢的輕重，然後根據具體的客觀情況制定政令。在這裏，
韓非提出「事因於世，而備適於事」，來總結他的長篇議論。這兩句
話，如果順過來說，就是「世異則事異，而事異則備變」了。

　　從上文的敍述中，我們已經清楚地發覺到，韓非已經爲法家變法
運動找到非常完滿的理論根據了。他認爲歷史是不斷地在演進和變動
的，因此，進一步認爲各代聖王沒有所謂優劣的差異，時空不同，策
略方法就不一樣，也沒有所謂是非對否的分別；如果只執著時空的某
一點，無異就像守株待兔的宋人，讓天下譏笑。議論到這一點，韓非
已經爲法家的變法運動找到很好的理論根據了。然而，他並不滿足於
此，他接下來說：

> 上古競於道德，中世逐於智謀，當今爭於氣力。
>
> 齊將攻魯，魯使子貢說之，齊人曰：「子言非不辯也，吾所欲者
> 土地也，非斯言所謂也。」遂舉兵伐魯，去門十里以為界。故偃
> 王仁義而徐亡，子貢辯智而魯削。以是言之，夫仁義辯智，非所
> 以持國也。去偃王之仁，息子貢之智，循徐魯之力，使敵萬乘，
> 則齊荊之欲不得行於二國矣。

韓非說，上古以道德之高下競爭，中古以智謀之多寡較量勝負，當今
以氣力之强弱決之雌雄；又是「歷史三段論法」了。當今之世，如果

尚且像徐偃王堅持「競於道德」的上古作風，如果尚且像子貢堅持「逐於智謀」的中古方式，那麼，肯定是亡國地削的。換句話說，韓非等於在告訴我們：當今是法家的時代；只有法家，才能應變當今這個時代。

韓非不但根據「歷史三段論法」爲變法運動辯論，也根據它宣佈了法家時刻的來臨：戰國時代，肯定是法家的天下。

韓非這個時期對於「世異則事異，事異則備變」的呼吁是非常殷切的，也非常誠懇的。除了《五蠹》之外，他在《八說》裏也有相同的論調：

> 揖笏干戚，不適有方鐵銛；登降周旋，不逮日中奏百；狸首射侯，不當強弩趨發；干城距衝，不若堙穴伏橐。
>
> 古人亟於德，中世逐於智，當今爭於力。古者寡事而備簡，樸陋而不盡，故有珧銚而推車者。古者人寡而相親，物多而輕利易讓，故有揖讓而傳天下者。然則行揖讓，高慈惠而道仁厚，皆推政也。

第一節論的是環境空間的不同，第二節論的是古今時間的不同；正因爲時空有不同，所以，「事」有差異，「備」也有應變。這段話，簡直是《五蠹》的翻版；據此，可知他對「備變」這一論點的誠懇和急切了。

在宣佈「戰國是法家的時代」的同時，韓非對其他學派必須有所表示，對他們的學說必須有所批評，才顯出他「非我其誰」的大氣魄。《五蠹》說：

> 夫古今異俗，新故異備。如欲以寬緩之政，治急世之民，猶無轡

策而御驅馬，此不知之患也。

今儒、墨皆稱先王兼愛天下，則視民如父母，何以明其然也？曰：
「司寇行刑，君為之不舉樂；聞死刑之報，君為流涕。」此所舉
先王也。夫以君臣為如父子則必治，推是言之，是無亂父子也。
人之情性，莫先於父母皆見愛，而未必治也。雖厚愛矣，奚遽不
亂？今先王之愛民，不過父母之愛子，子未必不亂也，則民奚遽
治哉！且夫以法行刑，而君為之流涕，此以效仁，非以為治也。
夫垂泣不欲刑者，仁也；然而不可不刑者，法也。先王勝其法，
不聽其泣，則仁之不可以為治，亦明矣。

韓非首先強調「古今異俗，新故異備」；接著，他批評儒，墨「兼愛
天下」的理論，認為古時自有暴亂的人民，可見「兼愛天下」就能平
治百姓是沒有根據的；另一方面，古代君王自有行法於民的措施，可
見「兼愛天下」是治國惟一良方是沒有根據的；因此，儒、墨「兼愛
天下」那一套實在不能適應當今的時代了。接著，韓非提出一個非常
尖銳的問題——民者，固服於勢，寡能懷於義。意思是說：人民本來
就只有服從權勢，對於仁義却很少嚮往。他舉了兩個「很敏感」的例
子：

第一、《五蠹》說：仲尼，天下聖人也，修行明道以遊海內，海
內說其仁，美其義，而為服役者七十人。蓋貴仁者寡，能義者難也。
故以天下之大，而為服役者七十人，而仁義者一人。魯哀公，下主也，
南面君國，境內之臣，莫敢不臣。民者固服於勢，勢誠易以服人。

第二、《五蠹》說：故仲尼反為臣，哀公顧為君，仲尼非懷其義，
服其勢也。故以義，則仲尼不服於哀公；乘勢，則哀公臣仲尼。
孔子主張仁政，到處闡揚他的學說，但是，受他教化的只有七十門徒，

能夠做到仁義的也只有他一個人而已；試問，仁政怎麼能夠適應當今
這個時代呢！魯哀公只是個下等的人君，人民沒有不服從他，擁有崇
高道德修養的孔子不得不向他屈從；試問，是仁政能夠適應這個時代
呢？還是權勢能夠適應這個時代呢？韓非接着說：「今學者之說人主
也，不乘必勝之勢，而曰『務行仁義，則可以王』，是求人主之必及
仲尼，而以世之凡民皆如列徒，此必不得之數也。」當今的說客遊說
人君時，如果還不採用法家的學說，只知採用仁義那一套的話，那簡
直是要人君超越孔子，要百姓超越七十二門徒了。這裏，我們看出韓
非對儒、墨的批評是非常嚴厲的，也非常「針鋒相對」的。

　　「仁」不能治國，「愛」也不能治國；韓非早期已有此思想，到
了本期，他更堅持這個意見。《五蠹》說：

> 今有不才之子，父母怒之弗為改，鄉人譙之弗為動，師長教之弗
> 為變。夫以父母之愛，鄉人之行，師長之智，三美加焉而終不動，
> 其脛毛不改；州部之吏，操官兵，推公法而求索姦人，然後恐懼，
> 變其節，易其行矣。
> 故父母之愛不足以教子，必待州部之嚴刑者，民固驕於愛，聽於
> 威矣。

父母、鄉人及師長的話不聽，一定要官吏、嚴刑才乖順地服從；試問，
「愛」能治國嗎？《八說》說：

> 慈母之於弱子也，愛不可為前，然而弱子有僻行使之隨師，有惡
> 病使之事醫。不隨師則陷於刑，不事醫則疑於死，慈母雖愛，無
> 益於振刑救死，則存子者非愛也。

慈母不能以愛來長養子女，那麼，人君怎麼能夠以愛來治理國家呢？
這些話，非常明顯的，也是對儒、墨而發的。

韓非演動的歷史觀，無疑的是他思想重要的一部分；在這個歷史
哲學裏，他推演出變法運動的合理性和必然性，他建立起法家改革的
理論基礎，使他對法家的前途充滿信心和熱誠，縱使無法推展自己的
抱負，也通過豐富的作品來表達他的殷切和誠摯，負起戰國時代給他
的神聖使命——法家的來臨，從戰國時代開始。因此，演動的歷史觀，
肯定的是他的核心思想之一。

㈡ 治國——密不透風的治國手段

韓非早期討論過治國之道，間中也涉及法、術、勢的問題，不過，
重點卻在如何駕馭宮闈、大臣及百姓這些「姦劫弒臣」的身上；在為
君之道的課題上，我們指出他法、術、勢的主張，由於深受儒家及老
子學說的影響，思想尚未十分成熟，以致無法深入討論，並且提出深
刻見解。到了本期，韓非完全擺脫那批「姦劫弒臣」，集中精力在法、
術、勢的課題上，提煉出精湛的創見。

1. 法

先秦法家對法律有許多不同的解說。

▨《管子》

《管子·禁藏》說：「法者，天下之儀也，所以決疑而明是非
也，百姓所懸命也。」《任法》說：「夫法者，上之所以一民使下
也。」《七臣七主》說：「夫法者，所以興功懼暴也。」認為法律是
天下共同遵守的準則，是人君整齊萬民，驅使萬民以及建設國家、分
辨是非及壓制暴亂的工具，所以，與萬民的生死有密切的關連。

▓《商鞅》

商鞅本身對法並沒有作過比較明確的詮釋❼；直到他的學派，才在這方面有所補充。《修權》說：「君臣釋法任私，必亂；故立法明分，而不以私害法，則治。」很明顯的，「法」和「私」是相乘的。「法」是可以把各種名份、份際分得明明白白的，所以，於國有益；而「私」却恰好相反了。《修權》又說：

> 世之為治者，多釋法而任私議，此國之所以亂也。先王懸權衡，立尺寸，而至今法之，其分明也。夫釋權衡而斷輕重，廢尺寸而意長短，雖察，商賈不用，為其不必也。故法者，國之權衡也。夫倍法度而任私議，皆不知類者也。

在這裏，商學派清楚地指出，「法」是權衡及尺寸，可以把「公」、「私」分開，是治國的最佳工具。所以，《修權》又說：「法者，君臣之所共操也。」認為「法」是君臣共同操持的治國的最好方法了。

到了商學派的第三期，他們對「法」的解釋又有新發現。《畫策》說：

> 昔之能制天下者，必先制其民者也；能勝強敵者，必先勝其民者也。故勝民之本在制民，若冶於金、陶於土地。本不堅，則民如飛鳥禽獸，其孰能制之？民本，法也。故善治者塞民以法，而各地作矣。

作者在這裏認為，要制裁、戰勝天下，必須先制裁及戰勝自己的人民。制裁及戰勝人民的最佳武器，就是法律。換句話說，法律的目的就是

要制裁及戰勝人民，就好像從事戰爭要制裁及戰勝敵人一樣。商學派
將法律當作一種武器，和人民相抗相敵，實際上起源非常遠古，早在
商鞅推行變法，以法治理秦國時，就已經抱着這種態度了。❻

　　值得注意的是，商學派最後一期還規定；第一、天子殿中建一
「禁室」，配有鎖匙，可將法律副本鎖在室內。第二、朝廷設置三位
大法官，一位在天子殿裏，供天子諮詢，並協助天子制定各種法律；
一位在御史衙門裏（外加一法吏），一位在丞相衙門裏，分別爲他們
的諮詢。第三、地方諸侯及郡縣，也分別設置法官及法吏，由天子委
任派遣。第四、百姓可通過「符節」，向法吏或法官請教法律問題，
他們必須作覆，否則與民同罪。第五、創制出一套完整的法官委任、
補缺及訓練制度。

　　■《黃帝四經》
　　唐蘭認爲《黃帝四經》作成於戰國中葉，大致上是可信的。
　　《經法·道法》說：「道生法。法者，引得失以繩，而明曲直者
也。故執道者，生法而弗敢犯也，法立而弗敢廢也。」強調「法」是
從「道」中產生的，賦給「法」予神聖的意義；因此，「法」具有判
斷是非、得失、曲直的「先天」標準，不可任意蔑誣和輕侮。《經法·
君正》說：

　　法度者，正之至也。而以法度治者，不可亂也；而生法度者，不
　　可亂也。

認爲「法」是天下最公正的標準，是降服「亂」的最佳武器。《經法·
名理》又說：

是非有分，以法斷之；虛靜謹聽，以法為符。

因為「法」能斷是非，能平虛靜，所以，「法」是降服「亂」的最佳
武器。根據上文的分析，可知《經法》的作者認為「法」是一套最神
聖的工具，它先天就具備了判斷是非、得失、曲直、虛靜的能力，所
以，是治國平亂的最佳武器。

$$*\qquad*\qquad*\qquad*$$

韓非關於法律的解釋和設想，恐怕來自法家的傳統；他在《定法》
裏說：

> 法者，憲令著於官府，刑罰必於民心，賞存乎慎法，而罰加乎姦
> 令者也。此臣之所師也。

在《難三》裏，他又說：

> 法者，編著之圖籍，設立於官府，而佈之於百姓者也。……故法
> 莫如顯……。

韓非認為，法律是用文字寫成條文典藏在官府裏的，它又必須是明明
白白地公佈在老百姓面前的；這些說法，和商學派非常相近。正因為
其正本典藏在官府裏，所以，任何人都不可以私心擅改；正因為它是
向老百姓公佈的，所以，它的賞罰條款一定家喻戶曉，深入民心。
「法」直屬官府，則法自有其權威性；「法」公佈及顯露於百姓之前，
人人皆知，可見其普遍性；「法」必定公平，刑賞必於民心，可見其
客觀性；如此說來，韓非認為「法」是具備權威性，普遍性及客觀性

的。

a 權威性

法律必須具備權威性，才能確實加以執行，並產生預期的效果；韓非也許認識到這一點，所以，他在本期裏特別加以討論。《內儲說》曾討論七種「治術」；第二種是「必罰明威」，梁啓雄《淺解》說：「不以仁慈之愛亂法，凡有罪者必受罰，這樣，就表明法是威嚴不可侵的。」很正確地指出了韓非對法律的見解。《經二》說：「愛多者則法不立，威寡者則下侵上。」梁啓雄說：「愛多者仁慈必多，故法難以建立；威寡者嚴厲必寡，故臣下侵犯上。」解說得非常正確。

法律的權威是何所指？要怎樣才能建立起這種權威？韓非在《內儲說》上篇的《說三》裏，曾經舉了許多故事來說明；這裏，將它們歸納爲幾點：

第一、嚴厲、無赦

（例一）董閼于爲趙上地守……董閼于喟然太息曰：「吾能治矣，使吾法之無赦，猶入澗之必死也，則人莫之取犯也，何爲不治！」

（例二）子產相鄭，病將死，謂游吉曰：「……必以嚴涖人……子必嚴子之形……。」

第二、威殺

（例一）魯哀公問於仲尼……仲尼對曰：「……夫宜殺而不殺，桃李冬實。天失道，草木猶犯之，而況於人君乎！」

（例二）中山之相樂池……曰：「公不知治。有威足以服之人，而利足以勸之，故能治之。……」

第三、重刑

（例一）殷之法，刑棄灰於街者，子貢以爲重，問之仲尼。仲尼

曰：「知治之道也……。」

（例二）公孫鞅之法也重輕罪。重罪者，人之所難犯也；而小過者，人之所易去也……。

第四、不仁、不慈

（例一）成驩謂齊王曰：「王太仁，太不忍人。」……對曰：「太仁薛公，則大臣無重；太不忍諸田，則父兄犯法……。」

（例二）魏惠王謂卜皮……卜皮對曰：「……不忍則不誅有過，好予則不待有功而賞；有過不罪，無功受賞，雖亡，不亦可乎！」

綜合韓非這些故事，即知韓非法律權威的內容是嚴厲、無赦、威殺、重刑、不仁和不慈；換句話說，必須通過這些手段和方式，才能建立起法律的權威性，達到應有的效果。《有度》說：「法不阿貴，繩不撓曲。法之所加，智者弗能辭，勇者弗能爭。」《有度》大概是韓非的學生或學韓者所寫的；這位作者把韓非的主張概括得相當準確，值得我們在此加以引述。總而言之，法律之權威在於行法時必須嚴厲、無赦、威重、不仁慈；即使智勇者，也強制執行，無可爭辭。

b　普遍性

法律必須具備普遍性，家喻戶曉，人人才知所迴避、知所當行，受罰者口悅心服，受賞者也知其所以。有關這一層道理，韓非早年已有所申論；他在《用人》裏說：

明主立可為之賞，設可避之罰。故賢者勸賞而不見子胥之禍，不肖者少罪而不見傴剖背，盲者處平而不遇深谿，而不陷險危。如此，則上下之恩結矣。古之人曰：「其心難知，喜怒難中也。」故以表示目，以鼓語耳，以法教心。君人者釋三易之教，而行一

難知之心，如此，則怒積於上而怨積於下，以積怒而御積怨，則
兩危矣。

明主之表易見，故約立；其教易知，故言用；其法易為，故令行。
三者立而上無私心，則下得循法而治，望表而動，隨繩而斲，因
攢而縫。如此，則上無私威之毒，而下無愚拙之誅。故上君明而
少怒，下盡忠而少罪。

韓非說：「以表示目，以鼓語耳，以法教心。」梁啟雄《淺解》說：
「表，指儀表或標記。」韓非要人君拿起標記讓人眼睛看得見，打起
金鼓讓人耳朵聽得着，公佈法律讓人用腦筋想；由於標記容易看得見，
所以約束能夠建立；由於教導容易理解，所以言語能夠聽從；由於法
律容易遵守，所以命令容易推行。在這裏，韓非清楚地指出法律公佈
的重要性；法律只有清楚地加以公佈，老百姓才知所避、知所賞。他
引用古語：「其心難知，喜怒難中也。」堅持反對「心治」，堅持反
對法律隱藏在人君的心中。

　　到了中期的時候，韓非依然堅持這一點；《難三》曾引述管子的
話「言於室，滿於室；言於堂，滿於堂，是謂天下王」，然後加以批
駁，最能反映他這個時期的思想。下面是他假借「或人」的口語批駁
管子的話：

　　或曰：管仲之所謂言室滿室，言堂滿堂，非特謂遊戲飲食之言也，
　　必謂大物也。人主之大物，非法則術也。法者，編著之圖籍，設
　　之於官府，而布之於百姓者也。術者，藏之於胷中，以偶眾端，
　　而潛御群臣者也。故法莫如顯，而術不欲見。是以明主言法，則
　　境內卑賤莫不聞知也，不獨滿於室；用術，則親愛近習，莫之得

聞也，不得滿室。而管子猶曰「言於室滿室，言於堂滿堂」，非
法術之言也。

　　這裏，韓非將「法」和「術」對比；說明「法」必須絕對公開，讓全
民都知曉，和「術」完全相反——國內連最卑賤的人都應該聽得到、
看得見，可見其普遍存於人心了。《八說》說：「書約而弟子辯，法
省而民訟簡，是以聖人之書必著論，明主之法必詳事。」法律條文必
須清楚易懂，才能達到普遍的效果。《五蠹》說，法必須爲「夫婦所
明知」，就是這個道理了。

　　法律公開會有甚麼好處呢？韓非在《外儲說左下》的《經一》裏
說：「以罪受誅，人不怨上。以功受賞，臣不德君。」認爲法律公開
的話，百姓知所迴避，也知所當行。知所迴避而不迴避，受罰者不得
怨恨人君；知所當行而受賞，受賞者不感激人君，而感激法律，進而
擁護法律。爲了說明這層道理，他在《說一》裏舉了幾個例子來說明；
這裏，只能節引前面兩個：

　　（例一）孔子相衞，弟子子皋爲獄吏，刖人足……跀危曰：「吾
　　斷足也，固吾罪當之，不可奈何。然方公之欲治臣也，公傾側法
　　令，先後臣以言，欲臣之免也甚，而臣知之。及獄決罪定，公懼
　　然不悅，形於顏色，臣見又知之。非私臣而然也，夫天性仁心固
　　然也，此臣之所以悅而德公也。」
　　（例二）田子方從齊之魏，望翟黃乘軒騎駕出，方以爲文侯也，
　　移車異路而避之，則徒翟黃也。方問曰：「子奚乘是車也？」曰：
　　「……是以君賜此車。」方曰：「寵之稱功尚薄。」

第一個故事告訴我們，刖足者知道「斷足」是「固吾罪當之」，所以，不但不牽怒於子皋，反幫助子皋逃亡；第二個故事告訴我們，翟黃知道自己功當「乘軒騎駕」，所以，田子方見到翟黃，不但不指斥他僭越，反認為他受賞「稱功尚薄」；為甚麼前者不怨子皋，後者不德文侯呢？因為法律完全公開，普遍存在人心，百姓早已知所當行了。

   c   客觀性

法律必須具備客觀性——標準、公平，有原則，貴賤平等，不可私心自行。

關於法律的標準性，韓非在《定法》說：「法者，憲令著於官府……此臣之所師也。」《難三》說：「法者，編著之圖籍，設之於官府，而佈之於百姓者也。」法律是寫在書本上，典藏在官府裏；換句話說，法律自有其持久性和一貫性，不是隨時隨意出自帝王的嘴，更不是大臣可任情任意修改變易的。典藏在官府裏的法律，是公佈法的根據，也是老百姓心中的法律，其文字及條款完全相符合。

關於法律的公平，指的當是貴賤不分、親疏無別，都必須規範在法律的條文和範圍之內這件事了。

韓非在《外儲說右上》裏，曾經舉了幾個故事來說明法律公平的內容及其重要性；這裏，各摘錄一則如下：

（例一）桓公問管仲：「治國最奚患？」對曰：「……今人君之左右，出則為勢重而收利於民，入則比周而蔽惡於君；內間主之情以告外，外內為重，諸臣百吏以為富，吏不誅則亂法，誅之則君不安，據而有之，此亦國之社鼠也。故人臣執柄而擅禁，明為己者必利，不為己者必害，此亦猛狗也。夫人臣為猛狗，而齕有

道之士矣；左右又為社鼠而間主之情，人主不覺，如此主焉得無壅，國焉得無亡乎！」

（例二）荆莊王有茅門之法……王曰：「法者所以敬宗廟，尊社稷；故能立法從令，尊敬社稷者，社稷之臣也，焉可誅也？夫犯法廢令，不尊敬社稷者，是臣乘君，下尚校也。臣乘君，則主失威；下尚校，則上位危。威失位危，社稷不守，吾將何以遺子孫！……」

第一則故事指出，人君左右的近親犯禁，必須依法誅戮，否則就破壞了法律，成為國家的「社鼠」。第二則故事指出，法律是最神聖的東西，是宗廟及社稷的尊嚴，違背法律，破壞禁令，就等於侮辱社稷宗廟，欺蒙人君；所以，即使太子犯法，也不可饒恕。根據這兩個故事，即知韓非所指的公平，就是貴賤不分、親疏無別，都必須遵守法律的意思了。《外儲說右下》的《經二》說：「治強生於法，弱亂生於阿；君明於此，則正賞罰而非仁下也。」國家的治強是由於守法，衰亂是由於偏私；法律必須公平公正，兩句話已概括盡了。

根據韓非的看法，「法」最大的目的是在打擊「私」，「私」是國亂的基本原因。《詭使》說：

夫立法令者以廢私也，法令行而私道廢矣。私者，所以亂法也。……故《本言》曰：『所以治者，法也；所以亂者，私也。法立，則莫得為私矣。』故曰：『道私者亂，道法者治。』……上有私惠，下有私欲。聖智成群，造言作辭，以非法令於上❾，上不禁塞，又從而尊之，是教下不聽上，不從法也。

如果智者有私詞，賢者有私意，上者有私惠，下者有私欲，那麼，國就暴亂了；所以，韓非不但非常重視法律，並者强調法律的權威性，普遍性及客觀性，使它成爲一套效率非常高的治國工具，道理也就在這裏了。

2. 術

「術」是韓非重要的思想之一，他在這方面不但發表了很多言論，而且形成自己的一套系統。在韓非的觀念中，臣僚治理着廣大的人民，而人君治理的是群臣，不是人民；所以，人君如何治理衆多的臣僚，是一個非常重要的課題；這就是「術」之所由產生及其意義了。《外儲說右下》的《經四》說：「故明主治吏不治民。」《說四》說：

> 善張網者：引其綱，不一一攝萬目後得，一一攝萬目而後得，則是勞而難，引其綱而魚已囊矣。故吏者，民之本綱者也，故聖人治吏不治民。救火者令吏挈壺甕而走火，則一人之用也；操鞭箠指麾而趣使人，則制萬夫。是以聖人不親細民，明主不躬小事。……無術以御之，身雖勞猶不免亂；有術以御之，身處佚樂之地，又致帝王之功也。

韓非認爲，群臣是網上的綱目，綱目舉則大網張；所以，臣僚治則國家安寧富强。韓非又認爲，治理國家就如操着鞭箠役使衆人救火一樣，聽命者將成千上萬；所以，人君只須治吏，不必治民，「身處佚樂之地」，而又完成了帝王之功業。

既然人君就在於治理群臣，那麼，人君就必須特別重視駕馭群臣的法術了；所以，韓非對「術」的課題談得特別詳細。《儲說》六篇、

《難》四篇及《八經》等，基本上都在討論這個課題，可見韓非在這方面花費的文字非常多了。

甚麼叫做「術」？韓非在《難三》說：「術者，藏之於胸中，以偶衆端而潛御群臣者也。故法莫如顯，而術不欲見。」他清楚地指出，術是深藏在人君的胸腹裏，用來對付外界各種事事物物，也用來暗示駕馭群臣，是一種不可被人看見的法術。根據這段話，「術」的用途主要有二，一是「對付外界各種事事物物」，一是「暗中駕馭群臣」；但是，怎樣「對付」？怎樣「駕馭」？就沒說了。

《定法》說：「術者，因任而授官，循名而責實，操殺生之柄，課群臣之能者也，此人主之所執也。」韓非這幾句話非常重要，根據他這個時期的說法，「術」的內容是：

第一、依照群臣的才能，授予適當的官職；

第二、依循他們的名義，要求他們的實功；

第三、掌握着群臣生殺的權柄；

第四、考察群臣的才能。

這段文字，把怎樣「對付」及怎樣「駕馭」的問題說得相當清楚了——用「才當其職」及「功當其名」來對付，用「生殺」及「考察」來駕馭。換句話說，在委任人臣之際，必須考慮其才能是否稱當其職；一經委任之後，就必須時時通過考察的方法，來觀察是否與名實相符，以便執行刑賞的生殺大權。如果我們說，從臣子受委職位，以至他離職（包括「善終地」離職以及「不幸」被刑受戮）；這期間內的「應付」和「駕馭」問題，都在「術」的範圍之內，恐怕不會有差錯了。韓非認爲，這一套東西就叫作「術」，是深藏人君胸腹之中，不可絲毫顯露出來。

群臣從委任到離職爲止，無論時間之長短，所發生的事情應該非

常複雜，何況人數衆多，所以，「術」的課題委實「多如牛毛」，怪不得韓非花了那麼多篇幅來論述了。這裏，將它們概括爲幾點：

　　a　衆聽

　　韓非認爲，「衆聽」是非常重要的課題，人君絕不可忽略。爲甚麼要「衆聽」呢？韓非在《八經・主道》裏有很詳細的說明：

> 力不敵衆，智不盡物，與其用一人，不如用一國。故智力敵，而群物勝。揣中則私勞，不中則任過。下君，盡己之能；中君，盡人之力；上君，盡人之智。

一個人的力量和才智畢竟有限，所以，必須利用衆人的力量和才智，才足以應付繁雜紛紜的國家大事；這是韓非「衆聽」的理論根據。「衆聽」的內容是甚麼？《八經》說：

> 事至而結智，一聽而公會。聽不一，則後悖於前；後悖於前，則愚智不分。不公會，則猶豫而不斷；不斷，則事留自取。一聽，則毋墮壑之累。

「衆聽」有兩種方式，一種是在人君面前個別一一聽取，一種是在人君面前集衆討論；韓非認爲，個別聽取意見的話，就不會受誘騙蒙蔽，集衆討論的話，就不會猶豫不決，把事情延宕下來。《八經》又說：

> 是以言陳之日，必有筴籍。結智者事發而驗，結能者功見而論。

成敗有徵，賞罰隨之。事成，則君收其功；規敗，則臣任其罪。

無論是個別聽取，或是集衆討論，都一定要有文字紀錄，作爲來日審
驗的憑藉，功符合其言者就獎賞，否則就懲罰了。

關於「衆聽」的益處，《內儲說上》也曾加以說明，該篇《經四》
說：「一聽，則愚智分。」❿換句話說，個別聽取除了前文所說人君
不會被誘騙蒙蔽之外，還可以根據臣子個別前後所言之不同，分辨他
們的愚智和高低；《傳》四還舉了許多例子，證明個別聽取及集衆討
論的益處。茲各錄一則如下：

集衆——魏王謂鄭王曰：「始鄭、梁一國也，已而別，今願復得
鄭而合之梁。」鄭君患之，召群臣而與之謀所以對魏。鄭公子謂
鄭君曰：「此甚易應也。君對魏曰：以鄭爲故魏而可合也，則
弊邑亦願得梁而合之鄭。」魏王乃止。
一聽——齊宣王使人吹竽，必三百人。南郭處士請爲王吹竽，宣
王說之。廩食以數百人。宣王死，湣王立，好一一聽之，處士
逃。

前者韓王「召群臣」討論問題，韓公子提出解決的方法；後者齊宣王
改變集體吹竽爲個別吹竽，結果，南郭處士落荒而逃；這兩個故事，
都證明衆聽的益處。

b　查核

有了「衆聽」，就必須有嚴格的「查核」方法和步驟，才能落實
功效。人心都是自私自利的，無論人臣提出甚麼意見，難保他們沒有

一點私心，所以，人君必須嚴格查核，以防利益外流及被蒙蔽。要怎樣查核呢？《八經》的《立道》說：

> 參伍之道：行參以謀多，揆伍以責失。行參必折，揆伍必怒。不折則瀆上，不怒則相和。折之微，足以知多寡；怒之前，不及其眾。……言會眾端，必揆之以地，謀之以天，驗之以物，參之以人——四徵者符，乃可以觀矣。

所謂「參伍之道」，就是多種方法錯綜運用：要對官吏本人反復詰難，通過他人對某官吏多方查詢，將眾人之說和天、地、物、人相配合來考慮；以上所說的，都是比較原則性的查核辦法。接下來，韓非提出非常具體的方法：

1. 把官吏安置在親近的地位，以體會他的心理；
2. 把官吏安置在疏遠的地位，以觀察他的行為；
3. 隱藏自己已知的事，故意向官吏詢問，可以獲得未知的事；
4. 運用權詐的方法，差遣官吏，可以使他們不敢輕慢作事；
5. 故意說相反的話，以試探所懷疑的官吏；
6. 遇事考慮相反的方面，可以得知隱秘的壞事；
7. 設置監察的官吏，以糾正獨當一面的大員；
8. 舉出姦臣的錯誤，以觀察他們的動靜；
9. 儘量說明循法則賞，循私則罰，誘導官吏免過避刑；
10. 使官吏迎合自己的意思，以觀察他們是鯁直還是諂媚；
11. 宣佈聽到的事物，借使隱秘的事物出現；
12. 製造內部矛盾，而使朋黨瓦解；
13. 君主深切的知曉一件事情，官吏們便害怕君主的睿智，而常存

　　戒懼的心理；

　　14.故意泄漏另外的事情，使官吏改變對當前事物的觀念；

　　15.君主遇到類似的事情，必須併合參驗，以免受姦臣蒙蔽；

　　16.官吏陳說過誤，就要明瞭其中的緣由；

　　17.君主知道官吏的罪惡，就嚴懲他們的罪惡，以遏止他們的暴戾；

　　18.暗中派人隨時巡視，以考察官吏是否效忠；

　　19.逐漸更調官吏，使官吏不易結合爲姦。

在這近二十種方法裏，我們非常清楚地觀察出；所謂參伍之道，其方法可謂千變萬化，無所不用其極——從官吏的內心到官吏在外國的行動，從自己觀察到派人暗中監視，從人君眞誠相戒到人君行詐以觀其變，從促使官吏合作到製造矛盾分化力量……等等，方法之多樣，手段之複雜，眞是到了罄竹難書的地步了。

　　查核官員必須審核名實，名實苟有細微不符，就應該被懲罰；《二柄》第二段記載一個故事說：

　　　昔者韓昭侯醉而寢，典冠者見君之寒也，故加衣於君之上。覺寢
　　　而說，問左右曰：「誰加衣者？」左右對曰：「典冠。」君因兼
　　　罪典衣與典冠。

韓非接着指出，懲罰典衣者，因爲他失職；懲罰典冠者，因爲他越職；無論失職或越職，都名實不相符。

　　《八經》的《參言》也討論了查核人臣的許多方法，情形和《立道》所言者相差不太遠。《八經‧周密》說：「故以一得十者，下道也；以十得一者，上道也。明主兼行上下，故姦無所失。」拿一個人的智慧考察多數人的姦邪，是下等的辦法；拿多數人的智慧考察一個

人的姦邪，是上等辦法；英明的人君兼用此二法，姦邪就無所遁形了。細細研究上文所敍述的近二十種辦法，我們不禁拍案感嘆道：韓非上文所言者，豈止「上等」、「下等」二法而已！

c 行密

衆聽及查核可以說是「對外」的；人君如何聽取群臣之言，如何落實群臣的行動。對於人君自己呢？韓非是否有甚麼要求？才符合術道呢？《八經》曾經討論這一點；它說：

> 明主，其務在周密。是以喜見則德償，怒見則威分。故明主之言，隔塞而不通，周密而不見。……伍官連縣而鄰，謁過賞，失過誅。上之於下，下之於上，亦然。是故上下貴賤，相畏以法，相誨以利。

韓非的行密包含兩種意義：第一、對人君而言，他任何言行都必須絕對謹慎和隱密，不可外揚外露；第二、對於群臣及百姓而言，他們任何言行都必須絕對暴露，以利於互相監視和告姦。韓非認爲，人君言行謹密，德、威就不會受損；群臣及百姓言行暴露，國家就無姦邪。

d 用詐

除了行密之外，韓非還提出「用詐」，作爲人君術道之一。甚麼叫作「用詐」？這裏把《內儲說上》所舉的三條綱目及相應的例子各一臚列出來，以便討論：

> 1.疑詔詭使——龐敬，縣令也，遣市者行，而召公大夫而還之，立有間，無以詔之，卒遣行。市者以為令與公大夫有言，不相

信，以至無姦。

「疑詔詭使」，就是「使臣下疑慮自己的命令」、「運用權詐的技術差遣屬下」。例子：龐敬當縣令時，派公大夫帶領管理市場的小吏們前往執行任務，命令下後，立刻把公大夫召回，一語不說，叫他站一會。不久，又再派他出去。這時候，小吏們以爲縣令對公大夫講了甚麼話，大家都提防他，不敢營私舞弊了。

2. 挾知而問——韓昭侯握爪，而佯亡一爪，求之甚急，左右因割其爪而效之。昭侯以此察左右之不誠。

「挾知而問」，就是自己知道的事，假裝不知，故意向臣下詢問，藉以考察臣下。例子：韓侯握着自己的指甲，假裝說折斷一隻指甲，不知掉在那裏，催促左右尋找。左右找不到，就把自己的指下剪下，奉給韓侯。韓侯因此知道左右都不誠實。

3. 倒言反事——山陽君相衞，聞王之疑己也，乃僞謗樛豎以知之。

「倒言反事」，就是說相反話，作相反事，以試探所懷疑的人。例子：山陽君擔任韓國的宰相，聽說韓王很懷疑他，於是假意辱罵韓王的寵信樛豎，以探知韓王對自己的態度。

根據這三條綱目，即知所謂「用詐」，主要是用來考核臣屬、隱蔽自己的內心，並且分化臣子們彼此的關係。用「倒言反事」來隱蔽自己的內心，和第三項「行密」有相當的關係；韓非認爲人君的言行都不可暴露，以免權益被侵犯及篡奪，所以，必須以行密、倒言反事來隱藏自己，實在是用心良苦。「挾知而問」和第二項「查核」的某些手段有些相似；韓非認爲，人君必須無所不用其極來查核臣下，「挾知而問」不過許多辦法中的一種而已。至於採用疑詔、詭使的方法來分化臣子間的關係，恐怕還是韓非第一次提到。

根據上文的分析，韓非的術道自然包括了「詐」——爲了駕馭臣

下，人君可以施詐用計。

    e　防微

　　聽衆、查核是術道的「光明面」，行密及用詐却是術道的「黑暗面」，這是無可否認的事實。韓非旣然肯定人君可以有「黑暗面」，那麼，人臣是不是容許也有「黑暗面」呢？答案當然是否定。因此，韓非術道最後一條防線是「防微」──堅決杜絕人臣的「黑暗面」。

　　韓非很重視人臣的「黑暗面」，他花了《內儲說下》整個篇幅來討論這個問題。在這篇文章裏，他認爲有六項「隱微」的事情必須嚴加提防：

　　1. 權借在下──君權被臣下借去運用

　　韓非認爲，人君的權勢不可以借給臣下，人君借給臣下一分權勢，臣下就作百分應用。所以臣下得借人君的權勢，力量就變爲強大；力量強大，中央和地方的官吏便都被運用；中央和地方的官吏都被運用，人君便被壅蔽。

　　2. 利異外借──君臣利益不同，臣下每利用外援自重

　　韓非認爲，君臣的利益不同，所以臣僚多數不肯盡忠。臣僚的利益建立，則人君的利益便被侵奪。因此，姦臣便召引敵國軍隊，以消除國內的政敵，製造國際糾紛，以惑亂人君。只要能造成自己的利益，就不顧國家的災害。

　　3. 似類迷惑──臣下利用類似事件，達成姦私

　　韓非認爲，類似事件最易使人迷惑，人君如果誅罰有錯誤，臣僚就藉故姦私，達到個人利益。

　　4. 利害有反──臣下利用災害獲利

　　韓非認爲，事情的發生，利益當然必須歸給人君；如有災害，就

必須察究獲得利益者，不可讓他利用災害達到個人利益。

　　5. 參疑內爭——臣下爭權是禍亂的根源

　　韓非認爲，臣下權勢相等相似，是禍亂的根源，人君應特別注意。

　　6. 敵國廢置——臣下的任免，不可被敵國操縱

　　韓非認爲，敵國最急要的事情，在於惑亂己國的視聽，使己國事日趨敗壞；人君若不認清這手法，官吏的任免就被操縱了。

歸納這六項「隱微」，韓非認爲人君對臣僚所應該防備的，是借權、援外、成姦、獲利、相爭及操縱；換句話說，人君可以在上行密、用詐；另一方面，他却必須嚴密防備臣下也「如法泡製」。

　　駕馭群臣除了上述五種「看不見」的術道之外，韓非在《八經》還提出三種「看得見」的術道；它們是：

　　　其位至而任大者，以三節持之：曰「質」，曰「鎮」，曰「固」。
　　　親戚妻子，質也；爵祿厚而必，鎮也；參伍責怒，固也。賢者止
　　　於質，貪饕化於鎮，姦邪窮於固。

根據韓非的看法，「質」、「鎮」及「固」是駕馭群臣三種「有形」的具體辦法——用親戚妻子的生命做擔保，就叫質。爵祿優厚而確實，使能安心爲國服務，就叫鎮。用種種方法，督責並處罰官吏，使意志堅定，就叫固。賢明的官吏，因爲用親戚妻子作擔保，就會停止作亂的念頭。貪婪的官吏，因爲爵祿豐厚，就會改變作亂的主意。邪惡的官吏，因爲督責處罰的嚴厲，也就沒辦法作亂了。如果將上文「無形的」及本段「有形的」相配合，則韓非所謂駕馭群臣的術道，大概莫盡於此了。

　　韓非對於駕馭群臣的術道，可謂構思完密，設計周詳，自成一個

系統。在此系統裏，對群臣的功過雖然有查核的步驟和方法，對群臣的言行雖然有聽取的原則和方式，不過，這些方式、原則、方法及步驟，絕大部分都深藏在人君一己的胸中，並且永遠隱秘不露，實在是一大遺憾。法律是公開的、平等的；然而，術道却是神秘的、主觀的，誰又能保證一己之術道不會破壞公開及平等的法律呢？到時，要去那裏尋找制衡的力量來挽救這個局面呢？韓非也許疏忽了這個課題。

3. 勢

在第一期裏，韓非比較集中精力在討論群臣輔翼人君所造成的勢，認爲通過群臣及百姓的「共戴」及「共立」，人君才「安」於位、「尊」於勢，才獲得權力去治理國家。這種論調，使我們想起孔子「爲政以德，譬如：北辰居其所，而眾星拱之」及荀卿「君者舟也，庶人者水也；水則載舟」的話語，很可能給韓非某種程度的影響。

到了本期，韓非對「勢」的理論顯然有所擴充和拓展；綜合本期的文字，對「勢」有下列三種見解：

a　先天的處勢

除了群臣及百姓輔翼擁戴造成人君的「勢」之外，其實還有一種先天的「勢」；它是與生俱來的，與人君個人才智毫無關係的，是「不幸而命中」的，那就是天生而爲人君了。

最早提出勢的先天論的，應該是愼到，韓非在《難勢》裏引愼子的話說：

> 堯爲匹夫，不能治三人；而桀爲天子，能亂天下；君以此知勢位
> 之足恃，而賢智之不足慕也。夫弩弱而矢高者，激於風也；身不

肖而令行者，得助於眾也。堯教於隸屬而民不聽；至於南面而王天下，令則行，禁則止。由此觀之，賢智未足以服眾，而勢位足以詘賢者也。

慎子認為賢智不足以治理國家；只有處勢，天下才能風從影隨。就如堯為匹夫時，連三人都管不好，一旦成為南面天子，令行禁止；就如暴虐庸才的桀，身為天子，所以能亂天子，可見處勢是多麼的重要。很明顯的，慎到是「勢的絕對論」的提倡者，也可以說是「勢的先天論」的發揚者了。

韓非早在撰寫《功名》時，已經接受了慎到的思想；他說：

桀為天子，能制天下，非賢也，勢重也。堯為匹夫，不能正三家，非不肖也，位卑也。千鈞得船則浮，錙銖失船則沈，非千鈞輕而錙銖重也，有勢之與無勢也。故短之臨高也以位，不肖之制賢也以勢。

桀能制天下，不是因為賢能，只因為他「有幸」生下來就是人君；堯不能治理三家，不是因為他不肖，只因「不幸」生下來就是個匹夫；就如千斤重的貨物，有船則浮；幾兩重的東西，無船也得下沉一樣。如果堯生下來是人君，他豈止於治理三家；如果桀生下來是匹夫，他豈能亂天下；可見有一種「勢」是先天性的，與生俱來的。

到了本期，韓非依然提到這個說法，而且討論得比較仔細。《難勢》說：

夫堯舜生而在上位，雖有十桀紂不能亂者，則勢治也；桀紂亦生

> 而在上位，雖有十堯舜而亦不能治者，則勢亂也。故曰：「勢治
> 者則不可亂，而勢亂者則不可治也。」此自然之勢也，非人之所
> 得設也。

堯舜生下來就是天子，那麼，即使十個桀紂，也無法亂天下；桀紂生
下來就在上位，那麼，即使十個堯舜，也無法安天下；爲甚麼呢？因
爲他們先天處勢，佔了絕對的優勢，沒法撼動了。韓非認爲，這種
「勢」是「自然之勢」；換句話說，是與生俱來的。

b　後天的造勢

韓非認爲先天的處勢固然重要，但是，後天的造勢尤其重要；他
在《難勢》裏說：

> 勢必於自然，則無爲言於勢矣；吾所爲言勢者，言人之所設也。
> 今曰「堯舜得勢而治，桀紂得勢而亂」，吾非以堯舜爲不然也。
> 雖然，非一人之所得設也。

韓非認爲，如果勢只靠與生俱來者，那就沒甚麼好討論；他所強調的，
是後天人爲的「勢」，是人工所造設出來的勢；當然，這種勢不是堯
舜一個人所能造設得出的。

治理天下爲甚麼要依靠後天的造勢？用意何在？韓非在《難勢》
裏有很清楚的說明：

> 且夫堯、舜、桀、紂千世而一出，是比肩隨踵而生也；世之治者
> 不絕於中，吾所以爲言勢者，中也。中者，上不及堯舜，而下亦
> 不爲桀紂，抱法處勢則治，背法去勢則亂。今廢勢背法而待堯舜，

堯舜至乃治，是千世亂而一治也；抱法處勢而待桀紂，桀紂至乃
亂，是千世而一亂也。且夫治千而亂一，與治一而亂千也，是猶
乘驥駬而分馳也，相去亦遠矣。

根據韓非的看法，賢君如堯、舜，暴君如桀、紂，千年才一見；如果
世人要等上千年，才得一賢君，那天下豈不是永遠不用安治了？治理
天下的，才智中等者畢竟佔大多數，他們上不及堯、舜，下又不甘為
桀、紂，如果他們能造勢，「抱法處勢」，天下就可以安享堯、舜的
日子了。《難一》在批評舜的時候，曾經說：

> 且舜救敗，期年已一過，三年已三過，舜壽有盡，天下過無已者，
> 以有盡逐無已，所止者寡矣。賞罰使天下必行之，令曰：「中程
> 者賞，弗中程者誅。」今朝至暮變，暮至朝變，十日而海內畢矣，
> 奚待期年？舜猶不以此說堯令從己，乃躬親，不亦無術乎？且夫
> 以身為苦而後化民者，堯舜之所難也；處勢而矯下者，庸主之所
> 易也。將治天下，釋庸主之所易，道堯舜之所難，未可與為政也。

即使舜有辦法挽救社會的壞風氣，但是，舜的生命有時而限，天下的
壞事無窮無盡，舜如何能一一加以挽救呢？以舜過人的才智尚且如此，
佔大多數的平庸人君又要怎麼辦呢？韓非認為，運用造設的權勢，是
平庸人君安治天下的最好方式；現在放棄庸主容易做到的事，採用堯、
舜很難達到的方法，卻要把天下治理得好，那豈不是「未可與為政」
嗎？在這裏，韓非已經很清楚地告訴我們，生當戰國時代，道德已不
足以治國，只有權勢；通過權勢的造設和運用，才是國家安治的最佳
方法。無論人君是堯舜、庸才或桀紂，通過造勢，天下將可安定。

甚麼叫作「造勢」？韓非要造的是甚麼「勢」？《八經‧因情》說：「君執柄以處勢，故令行禁止。柄者，殺生之制也；勢者，勝衆之資也。」柄，即主權；人君掌握的是絕對殺生主權的權勢。殺生就是刑賞；刑賞，是人君鞏固政權、加強威勢的「二柄」。換句話說，通過刑賞殺生的手段，通過無所不用其極的方式，達到鞏固政權、加強君威的目的；這整個過程，就叫作「造勢」了。韓非認爲，只有造就了極權的君威、高不可極的政權，就能夠取代道德，即使平庸的人君、暴虐的桀紂，也能通過它來安治天下。

韓非「勢」的內容是至強的權力和至上的君威，他似乎沒有領悟到權力具有絕對的殺伐力，更能腐蝕人心，他也沒有想到無上的君威就是極權及暴政的代名詞。如果「勢」的內容是制度、立法程序、司法制度、訴訟手續等等；在這許多制度、程序及手續的背後，是賢智的堯舜也好，是平庸的人君也好，是暴虐的桀紂也好，完全無法妨礙它們的獨立存在、運作及發展，那麼，中國幾千年的歷史，也許就不是今天的局面了。

c　積極的用勢

「勢」既然對於鞏固政權及加強君威有絕對性的重要，是安國治民的絕對上上之策，那麼，積極地用勢就是韓非所再三強調的了。《顯學》說：

夫嚴家無悍虜，而慈母有敗子，吾以此知威勢之可以禁暴，而德厚之不足以止亂也。夫聖人之治國，不恃人之爲吾善也，而用其不得爲非也。恃人之爲吾善也，境內不什數，用人不得爲非，一國可使齊。

子女聽從父親的話甚過於母親，因爲父親的愛比母親少得多；子女聽從官吏的話甚過於父親，因爲官吏只有威沒有愛；所以，威勢可以禁暴，德厚能夠生亂。韓非多次說了類似的故事和類似的論調，可見他對積極用勢的全力支持了。

如何積極用勢呢，用勢之道如何呢？韓非在《難一》裏曾引述管仲病的故事，說：

> 管仲有病，桓公往問之，曰：「仲父病，不幸卒於大命，將奚以告寡人？」管仲曰：「微君言，臣故將謁之。願君去豎刁，除易牙，遠衞公子開方。……願君去此三子者也。」管仲卒死，而桓公弗行。及桓公死，蟲出戶不葬。

在韓非批評了管仲之後，他曾經發表兩段話，是了解韓非對積極用勢之道的好材料。第一段說：

> 設民所欲，以求其功，故爲爵祿以勸之；設民所惡，以禁其姦，故爲刑賞以威之。慶賞信而刑罰必，故君舉功於臣，而姦不用於上，雖有豎刁，其奈君何！且臣盡死力以與君市，君垂爵祿以與臣市。……君有道，則臣盡力，而姦不生；無道，則臣上塞主明，而下成私。

如果將這段話條舉成綱目，它們是：

1. 設置人民想望的事物，希求人民立功，所以制定爵位和俸祿來鼓勵他們；
2. 設置人民厭惡的事物，禁阻人民作壞事，所以制定刑罰和獎賞

來威迫他們；

3. 該獎賞的無不獎賞，該刑罰的必定刑罰；

4. 有功的官吏均獲拔擢，邪惡的官吏絕難幸進；

5. 人君對上述諸事如果處理得合宜，官吏就爲他效力，壞事就不會發生；如不合宜，官吏就蒙蔽人君，縱恣私欲。

第二段話說：

> 且桓公所以身死、蟲流出戶不葬者，是臣重也；臣重之實，擅主也。有擅主之臣，則君令不下究，臣情不上通，一人之力，能隔君臣之間，使善敗不聞，禍福不通，故有不葬之患也。明主之道，一人不兼官，一官不兼事。卑賤不待尊貴而進，大臣不因左右而見。百官修通，群臣輻湊。有賞者君見其功，有罰者君知其罪。見知不悖於前，賞罰不弊於後，安有不葬之患？……。

這段話如條舉成綱目，則是：

6. 一個人不能兼任兩個官職；

7. 一個官職不能兼辦兩種事務；

8. 小官不須尊貴的人推薦就能拔擢，大官不靠親信的人接引就能晉見；

9. 百官的意見都能通達朝廷，群臣的心力都能歸向人君；

10. 受賞者人君都看到他的功勞，受罰者人君都曉得他的罪狀；

11. 人君事前看到聽到的沒有謬誤，事後獎賞懲罰的沒有差失。

這十一條綱目，幾乎包含了治國爲君之道的大部分法則了；如果我們說，韓非所指的用勢之道就是人君站在最優勢的中央位置上，開動他所有的政治技巧和技術，以絕對萬能的姿態指揮着堂殿下的百官，役

使他們獻出最大的力量；似此說法，應該不會太差錯了。

　　當然，在此十一條綱目中，第五條及十一條是值得注意的，它暗示我們，人君並非萬能的，他們如果不幸「處理不合宜」、「有謬誤」及「有差失」，一切的優勢就「毀於一旦」了。

＊　　　　　＊　　　　　＊　　　　　＊

　　韓非到了中年的時候，無疑在治國的主張及理論上，已經比前一期加深了許多，而且形成一套完整的系統。韓非認爲，人君首先必須擁有「勢」，從「勢」的中心點出發，努力地去造勢——運用公開的法律和深藏胸中的術道，無所不用其手段地去造勢，使君主專制更形絕對化，使中央集權更形絕對化，以泰山壓頂的姿態鎮治百官，再令百官役使全國百姓專志於耕、戰，達到「戰則爲兵，息則爲農」的境地。無疑的，韓非這套說法似乎就是權力絕對萬能論，人君牢固地操縱着「勢」，從「勢」上不斷地下達千支萬支有效的令牌，國家大事就完全解決了。

　　韓非早已預言了——戰國是個新時代，而且是法家的時代；那麼，他這一大套治國理論，應該說是應運着這個新時代的治國方法，是一套新的治國理論了。

㈢　社會——演進的社會觀

　　韓非早期曾嚴厲地批評過社會，認爲社會上到處充斥着姦詐虛僞的人物，而且又浮流着一些虛名，以致名實不相符，成爲一個無益於治的社會。爲了整治這麼樣的一個社會，韓非建議名實要相符，鼓勵耕戰之士，「明公道」，「困末作」及「利本事」。到了本期，韓非不但充實了這方面的理論，而且當作思想重點，組織了許多文字來討

論它，成為一個很突出的主題。

1. 現實社會情況

　　韓非是一個極端現實主義者，他的學說幾乎完全建立在當今現實社會之上，因此，他對現實社會的瞭解，恐怕比其他學者來得銳利和透徹。韓非也是一位文化演進論的主張者，他認為人類文化是不斷演進，猶如歷史是不斷向前推展一樣，從一個時代到另一個時代，歷史的巨輪固然不停地運轉，人類的文化也必須追隨向前，回應歷史的節拍，才不會產生矛盾和動亂。因此，韓非這個時期對社會的各種看法，可以總其名為「演進的社會觀」；而推動着社會向前邁步演進的，還是改革社會的法家人物。

　　在當今的戰國社會裏，韓非堅決地認為存在着許多不合「潮流」的現象：

第一、社會上充斥着私學、二心者

　　韓非最痛恨私學、二心的人士，認為他們蠱惑人心、破壞社會；《詭使》說：

> 士有二心、私學，巖居窞處，託伏深慮，大者非世，細者惑下；上不禁，又從而尊之以名，化之以實，是無功而顯，無勞而富也。……智者有私詞，賢者有私意，上有私惠，下有私欲。聖智成群，造言作辭，以非法措於上。上不禁塞，又從而尊之，是教下不聽上，不從法也。

這些住在山林裏探究私學的人士，他們重則非議時政，輕則惑亂民眾，

然而，由於人君不認識時代的節拍，依然抱着過去的價值觀，推崇他們，禮敬他們，造成現時社會的矛盾和不安。

繼前一期《六反》之後，韓非在本期裏又寫了一篇《八說》，非常沉痛地力斥現時社會各種矛盾和不安；他說：

> 為故人行私謂之不棄，以公財分施謂之仁人，輕祿重身謂之君子，枉法曲親謂之有行，棄官寵交謂之有俠，離世遁上謂之高傲，交爭逆令謂之剛材，行惠取眾謂之得民。
>
> 不棄者，吏有姦也；仁人者，公財損也；君子者，民難使；有行者，法制毀也；有俠者，官職曠也；高傲者，民不事也；剛材者，令不行也；得民者，君上孤也。
>
> 此八者，匹夫之私譽，人主之大敗也；反此八者，匹夫之私毀，人主之公利也。

個人的行為	產生的弊端	現時社會的評價
故人行私	吏有姦	不棄
以公財分施	公財損	仁人
輕祿重身	民難使	君子
枉法曲親	法制毀	有行
棄官寵交	官職曠	有俠
離世遁上	民不事	高傲
交爭逆令	令不行	剛材
行惠取眾	君上孤	得民

韓非堅決地認爲，這八種人物完全對社會國家有「二心」，他們私譽
愈高，人君及國家蒙受的損失就愈大；韓非認爲，惟有摧毀這八種人
的私心，人君及國家才能獲益；最後，他呼吁道：「人主不察社稷之
利害，而用匹夫之私譽，索國之無危亂，不可得矣！」寫得多麼沉痛
和悲愴！看來現時社會上私學及二心的人物恐怕爲數不少呢。

第二、社會上充滿着矛盾和不安

　　造成私學、二心的人物衆多，最重要的原因是上下的標準不相同，
朝廷和民間的價值觀有差異，因此名和實經常無法掛鈎，社會就產生
許多脫序現象，造成矛盾和不安。前文開列八種人物名實不相合，可
說是由於國家和社會在道德標準上產生不同價值觀所引起的；除「道
德價值觀的偏差」外，韓非在《八說》、《詭使》及《五蠹》三篇裏
還開列了另外三種「價值觀的偏差」的名單；這裏整理如下表：

賞	價　値　觀　的　偏　差	
	國　家　的　價　值　觀	社　會　上　的　價　值　觀
	建立官爵名號以顯尊榮	輕視名號官爵者，世謂之「高尚」
	設置爵位以分貴賤	輕君，不謁君者，謂之「賢良」
	假借威權、利益行使命令	不受賞，不怕罰者，謂之「穩重」
	假借法令推行政治	不從法令，倡導私家善行者，謂之「忠誠」
	假借官職鼓勵人民效力	好名義，不進仕者，謂之「烈士」
罰	假借刑罰發揮君威	不避刑，不怕死罪者，謂之「勇夫」

譽	篤厚，信實，苦幹，不多言	謂之貧陋
	守法，慎行	謂之愚蠢
	尊君，畏刑	謂之怯懦
	說話有時節，行事得中當	謂之庸俗
	沒有二心、私學，服從命令	謂之鄙狹
	不應徵召	謂之方正
	不受賞賜	謂之廉潔
	狂妄不易禁制	謂之強勁
	不肯聽從命令	謂之勇敢
	不肯報效君主	謂之謹愿
	寬厚，廣施恩惠	謂之仁人
	穩重，顧惜名節	謂之長者
	聚會群衆，倡說私學	謂之師徒
	恬澹閒居	謂之有計慮
	損人逐利	謂之機敏
	險詐躁急，反覆無定	謂之智巧
毀	先為人後為己，愛顧人群	謂之聖人
	誇大無理，違異世俗	謂之大人
	輕爵祿，不屈君命	謂之豪傑

行	安定	聒譟，煽惑，讒毀，阿諛
	服從，誠信	言論偏邪，行為反覆
	恭敬謙卑，服從	隱居山林，非議時政
	耕種	販賣末作
	戰士	作戲、侍酒等低賤者
	勇士	占卦、看相
	忠心侍奉君主	言語巧詐，行事姦邪
	說話正直，言行相顧	諂媚邪曲，順從人君
政	高度使用民力	士卒逃走藏匿
	鼓勵戰士	鼓勵姿色美麗的女妹
	君主專制	在家閒居者

我們不勝其煩地把它們整理出來，一方面顯示韓非對它們極端重視、深入研究及多方的分析，另一方面也顯示從韓非的角度來觀察，戰國現時社會的確存在着大量的矛盾和極端的不安情緒，一個劇烈的社會改革似乎刻不容緩，甚至於指日可待了。

2.整治現時社會

社會上既然大量地存在着價值觀的偏差，自然產生大量的矛盾和不安，如果主政者不能迅速採取有效的行動，保持社會的均衡力量，那麼，法律被破壞，官吏無能，軍隊喪失鬥志，土地隨之荒蕪，國家

將失控而被滅亡。《五蠹》有一段話說：

> 今則不然。以其有功也爵之，而卑其士官也。以其耕作也賞之，
> 而少其家業也。以其不收也外之，而高其輕世也。以其犯禁也罪
> 之，而多其有勇也。毀譽賞罰之所加者，相與悖繆也，故法禁壞，
> 而民愈亂。
> 今兄弟被侵，必攻者廉也。知友被辱，隨仇者貞也。廉貞之行成，
> 而君上之法犯矣。人主尊貞廉之行，而忘犯禁之罪，故民程於勇，
> 而吏不能勝也。
> 不事力而衣食，則謂之能。不戰功而尊，則謂之賢。賢能之行成，
> 而兵弱而地荒矣。人主說賢能之行，而忘兵弱地荒之禍，則私行
> 立而公利滅矣。

第一節說明在毀譽賞罰價值觀偏差之下，法律將被破壞，社會將會動
亂；第二節說明在道德價值觀偏差之下，人民將喪失生活的總目標，
官吏將喪失治理人民的力量；第三節說明在行政價值觀偏差之下，軍
隊將喪失作戰能力，土地將荒蕪。

　　因此，韓非認為，在戰國現時的社會裏，條理新的價值觀是最迫
切的工作；《顯學》說：「夫有功者必賞，則爵祿厚而愈勸；遷官襲
級，則官職大而愈治。夫爵祿勸而官職治，王之道也。」⓫不害怕爵
祿厚，不害怕官職大，因為爵祿愈厚、官職愈大，他們愈加勤於治理；
韓非認為，這才是王者治國之道了。

　　理順新的價值觀，當然就是使到社會崇尚的「名」和實際上的
「實」相符合，那麼，人君在實行賞罰的時候，就不會為社會帶來偏
差的效果和影響。然而，人君以一人的力量，要抵擋整個社會的輿論，

的確不是一件容易的事。在這種情形之下，韓非堅持地認爲；不要順民情。《顯學》說：

> 今不知治者，必曰：「得民之心。」得民之心而可以爲治，則是伊尹、管仲無所用也，將聽民而已矣。
>
> 民智之不可用，猶嬰兒之心也。夫嬰兒不剔首則腹痛，不副痤則寖益。剔首副痤，必一人抱之，慈母治之，然猶啼呼不止，嬰兒不知犯其所小苦，致其所大利也。
>
> 今上急耕田墾草，以厚民產也，而以上爲酷。修刑重罰，以爲禁邪也，而以上爲嚴。徵賦錢粟，以實倉庫，且以救饑饉、備軍旅也，而以上爲貪。境內必知介而無私解，并力疾鬥，所以禽虜也，而以上爲暴。此四者所以治安也，而民不知悅也。
>
> 夫求聖通之士者，爲民知之不足師用。……夫民智之不足用亦明矣。

人君督促人民耕田除草，增加人民的財物，社會上却認爲他苛刻；人君厲行峻法，防姦禁邪，社會上却認爲他嚴酷；人君徵收錢糧，便於救荒備糧，社會上却認爲他貪婪；人君命令勤加習武，以備克敵衞國，社會上却認爲他暴虐；似此情形，應該怎麼辦呢？韓非一則說：「民智不可用。」再則說：「民知不足師。」換句話說，人君必須排除社會上各種偏差和輿論的壓力，糾正民情，理順新的價值觀，引導社會追上歷史的巨輪。

3.理想的新社會

價值觀經過條理、名實經過整合之後，一個能夠應運戰國時代的

新社會將嶄新露面；這是韓非的理想社會，也是足以應付任何挑戰、擔當歷史任務的「戰國社會」。這個「戰國社會」的內容是甚麼呢？歸納韓非的意見，大概有下列幾項：

(1)　無雜學

韓非徹底反對法家以外的各種學問——包括儒、墨、言談者、帶劍者、私門及工商界，認爲這些雜學完全無益於治，必須從理想社會裏徹底排除出去。像這樣的言論，本期作品裏幾乎到處都是；《五蠹》說：

> 今修文學，習言談，則無耕之勞而有富之實，無戰之危而有貴之尊，則人孰不爲也！是以百人事智而一人用力，事智者衆則法敗，用力者寡則國貧，此世之所以亂也。

韓非嚴厲批評文學、言談之士，認爲他們不但無耕戰之功就坐享富貴之實，而且還紊亂「戰國社會」的秩序和民志，產生絕對的惡影響。《五蠹》又說：

> 是故亂國之俗，其學者則稱先王之道以籍仁義，盛容服而飾辯說，以疑當世之法而貳人主之心。其言古者爲設詐稱，借於外力，以成其私而遺社稷之利。其帶劍者聚徒屬，立節操，以顯其名而犯五官之禁。其患御者積於私門，盡貨賂而用重人之謁，退汗馬之勞。其商工之民，修治苦窳之器，聚弗靡之財，蓄積待時而侔農夫之利。

韓非將學者、言談者、帶劍者、患御者及商工之民列爲「戰國社會」的五種蛀蟲；他們比擬當世的法治學說，動搖民心；他們施陳假話，勾結外國，達到私人利益；他們聚徒犯禁，破壞社會的法紀；他們走偏門，盡貨賂，抹煞了戰士开馬之功；他們累貨蓄財，剝削農夫之利；總而言之，這五種人必須從「海內」徹底「除」去，完全逐出理想社會。《問辯》說：「明主之國，令者言最貴者也；法者事最適者也。言無二貴，法不兩適，故言行而不軌於法令者，必禁。」在韓非的理想社會裏，命令是最尊嚴的言語，守法是最適當的行爲。命令之外，不能再有尊嚴的言語；守法之外，不能再有適當的行爲；所以，任何言論和行爲不遵循法令、符合法律，一槪嚴厲禁止。換句話說，除了法令及守法之外，其他一切雜學都在驅逐的範圍之內了。

(2) 耕　戰

商鞅是全國皆農、全民皆兵的倡議者，他撰有《墾令》，又撰有《戰法》及《立本》，擬訂了許多獎勵耕戰的辦法，就是希望達到這個目標；他的學派以及追隨者甚至將這個目標發展爲政治綱領，訂定耕戰的政策，一方面從反面裁抑商業活動、力挫農戰敵人着手，一方面從正面農民可取官爵、以農戰爲國教來進行 ❷，把農戰抬到行政最重要的地位裏去。無可隱諱的，韓非的耕戰思想正是來自商鞅，雖然有些項目沒有商鞅及其學派說得詳細，不過，其精神及方法却無二致。

首先，韓非認爲人君必須積極鼓勵耕戰，《五蠹》說：「今境內之民皆言治，藏商、管之法者家有之，而國愈貧，言耕者衆，執耒者寡也。境內皆言兵，藏孫、吳之書家有之，而兵愈弱，言戰者多，被甲者少也。故明主用其力不聽其言，賞其功必禁無用，故民盡力以從其上。夫耕之用也勞，而民爲之者，曰『可得而富』也。戰之爲事也

危，而民爲之者，曰『可得以貴』也。」家家藏有商、管的法律，戶戶藏有孫、吳的兵書，但是，國愈貧，兵益弱，爲甚麼呢？沒有得到人君的鼓勵，所以，說的人多而做的人非常少。因此，人君的鼓勵是最重要的了。

韓非認爲，鼓勵的步驟有兩個：

在農耕方面，韓非早年就主張減輕徭役，平均賦稅，《備內》說：「徭役少則民安。」《六反》說：「論其賦稅以均貧富。」都是這方面的言論。到了本期，他再提出許多關於「技術上」的問題，作爲鼓勵農耕的第二步驟。《難二》說：

> 舉事慎陰陽之和，種樹節四時之適，無早晚之失、寒溫之災，則入多。
>
> 不以小功妨大務，不以私欲害人事，丈夫盡於耕農，婦人力於織紝，則入多。
>
> 務於畜養之理，察於土地之宜，六畜遂，五穀殖，則入多。
>
> 明於權計，審於地形，舟車機械之利，用力少，致功大，則入多。
>
> 利商市關梁之行，能以所有致所無，客商歸之，外貨留之，儉於財用，節於飲食，宮室器械，周於資用，不事玩好，則入多。
>
> 若天事風雨時，寒溫適，土地不加大，而有豐年之功，則入多。

在這段文字裏，第一及第六節討論農業氣候學，第二節討論分工合作的管理學，第三節討論畜牧學，第四節討論土壤耕種學，第五節討論市場策劃學及生產運輸學。將它們製成圖表，則爲：

（氣候學）

　1.按時種植，不可有早晚之誤；

　　2.提防寒暑冷熱的災害；

　　3.注意風雨的調順。

（管理學）

　　1.不可妨礙農耕；

　　2.男子盡力耕種，女子盡力紡織。

（畜牧學）

　　1.研究畜牧的方法；

　　2.培育各種家禽。

（土壤耕種學）

　　1.分析土壤，作整體的規劃；

　　2.利用船車機械，以利耕種。

（市場策劃及生產運輸學）

　　1.利便關塞及橋樑的交通；

　　2.開闢市場，利便貨品的運轉；

　　3.壓抑奢侈品的流通。

這是韓非討論農耕「技術」問題最詳細的一段文字，他認為必須向農民貫輸這些學問，藉以提高農業的產量。

　　在兵戰方面，韓非主張首先絕對禁止私鬥；韓非最痛恨私鬥，他將帶劍者列為五蠹之一，就是最好的說明。《五蠹》說：「無私劍之悍，以斬首為勇。」所謂「私劍」，就是「以武犯禁」的私鬥了。私鬥禁止之後，第二步驟便是全民習兵，不得逃役；《顯學》說：「境內必知介，而無私解。」全國的百姓都必須練習兵戰的事情，不可私逃兵役；可知兵戰的地位也和農耕同等。

　　其次，韓非認為人君必須強烈地打擊商工末業，迫使游民「歸隊」，藉以振興農戰。《五蠹》說：

夫明王治國之政，使其商工游食之民少而名卑，以寡趣本務而趨末作。今世近習之請行則官爵可買，官爵可買則商工不卑矣；姦財貨賈得用於市則商人不少矣。聚斂倍農，而致尊過耕戰之士，則耿介之士寡而高價之民多矣。

韓非認爲，人君應該積極減低商工及游食者的數量，並且抑低他們的社會地位；强力限制商工人士牟利及杜絕他們買官爵，使他們的地位遠在農耕之下。至於兵戰方面，應該絕對獎勵軍功，正如《五蠹》所說的「斬敵者受賞」、「拔城者受爵祿」一樣。

總而言之，在韓非的理想國裏，全國皆兵皆農，而且以農戰爲公民第一職守，全力以赴，死而後已。

(3) 以法爲敎

在韓非看來，才智是不可以依憑的，情感更是不可以依憑的；正如在前文《後天造勢》裏所說的，人君的才智有高低的差別，人君的情感有强弱的迥異，所以，法家主張必須在才智及情感之外，另覓一種可恃的代替品，作爲人君治國的可靠憑藉，無論人君賢如堯舜，暴如桀紂，或平庸如販夫走卒——韓非堅決地認爲，這個代替品就是「法」。

韓非在《五蠹》裏，曾經解釋過「智」的不可靠，他說：

所謂智者，微妙之言也。微妙之言，上智之所難知也。今爲衆人法，而以上智之所難知，則民無從識之矣。故糟糠不飽者不務粱肉，短褐不完者不待文繡。夫治世之事，急者不得，則緩者非所務也。今所治之政，民間之事，夫婦所明知者不用，而慕上知之

論，則其於治反矣。故微妙之言，非民務也……故明主之道，一
法而不求智。

所謂「智者」，就是指那些能夠說出精妙深奧的言論的人；這些言論，
連才智高的人都很難理解，更不要說一般老百姓了。有才智者的言論
既然如此深奧，又如何恃以治國呢？何況心智經常帶有主觀成見和個
人感情。所以，韓非堅決主張：一法而不求智。

　　法如果是一種制度、一種程序或一系列的系統，那麼，無可否認
的，法的確可以取代才智，作爲平庸者甚至於暴虐者治國的憑藉；只
可惜韓非的法還沒演進到這個地步。《五蠹》說：

　　故明主之國無書簡之文，以法為教；無先王之語，以吏為師；無
　　私劍之捍，以斬首為勇。是境內之民，其言談者必軌於法，動作
　　者歸之於功，為勇者盡之於軍。是故無事則國富，有事則兵強，
　　此之謂「王資」。既畜「王資」而承敵國之釁，超五帝，侔三王
　　者，必此法也。

在他的理想國裏，新的價值觀是——不需要有書籍，以法爲全民的教
訓、教材；不需要先王的言論，以法吏爲全民的老師；如此的話，功
超五帝，德齊三王了。韓非對於自己設想的「法」，的確充滿着高度
的信心，所以，他肯定地認爲在他設計下的新社會，前途一定光明。

　　(4)　獨斷與無為

　　韓非素來極力反對君權下放或分借，《內儲說下》告戒人君必須
伺察六微，開首的兩微就是「權借在下」及「利異外借」；這些，我

們在前文已經討論過了。因此，韓非不但主張生殺之權完全由人君獨擅，而且主張賞罰之機絕不外露，人君內心世界的種種好欲完全深藏胸中；蕭公權《中國政治思想史》❸在討論法術之別時，說：「法治之對象爲民，術則專爲臣設，此其一。法者君臣所共守，術則君主所獨用，此其二。法者公布衆知之律文，術則中心暗運之機智，此其三。」法律是君臣所共守，是對全體臣民公開的；術却是人君所獨擅，神秘不可測。所以，在「戰國社會」裏，人君擁有獨斷的局面，君主絕對專剝集權。

人君旣然大權獨擅，而且胸內千萬機杼，深懷絕大的法術，又要面對諸多臣子及千千萬萬的事端，按理來說，應該衣不解帶，席不暇暖才對，然而，韓非却認爲在此局面下的人君，順理成章必是清靜無爲。《外儲說上》引《申子》的話說：

> 上明見，人備之；其不明見，人惑之。其知見，人飾之；不知見，人匿之。其無欲見，人司之；其有欲見，人餌之。故曰：吾無從知之，惟無爲可以規之。

申子認爲，安治天下最好的策略是人君深藏智慧、嗜欲、言語及行動，讓群臣無從揣摩和適應，那麼，人君就可以清靜無爲了。人君大權獨擅，怎麼是清靜無爲呢？實際上，申子及韓非所謂清靜無爲指的應該是「一切按照法度來運作」，人君不必「多費心機」來說的；至於權術方面，人君則絕對獨攬到底，絲毫不可讓步；一指法度，一指權術，並不自相矛盾。

因此，在韓非的理想國裏，一方面法度必須公開，一切依法辦事，顯示出人君的清靜無爲；一方面權術要獨攬，深藏心機，賞罰由己。

既獨斷，又無爲。

韓非認爲最能適應現今時代的社會，其內容是——社會無雜學，全民皆耕戰，一切民生行政皆以法爲教，人君獨斷又無爲；只有這樣的社會，才屬於戰國的，才能承擔歷史的使命和任務。就當時歷史發展的形勢而言，他這個說法自有其獨到之處；韓非銳利的眼光，實在使我們佩服再三。

(四) 力斥諸家——雜學必滅的理論

韓非對歷史趨勢有非常深刻的認識，又認爲自己的學說最能夠在這個趨勢裏發揮極大的威力，所以，他首先對自己懷才不見用的遭遇感到無比的悲憤，其次他對當時各種學說掀起強烈的批評和抗斥，作爲對自己學說的絕對肯定的一種表現。

韓非花費了相當多的文字來批評及猛擊其他學說，成爲他本期專心討論的一項主題。

1. 抨擊的原因

韓非在《顯學》裏，開列了其他學派被猛烈攻擊的許多原因；歸納起來，大約有下列五端：

第一、不同學派，自相矛盾，致無定術

韓非認爲，各學派思想及主張完全不相同，人君如果兼而禮之，等於向天下宣佈「言無定術，行無常議」，天下勢必大亂。他說：

漆雕之議……世主以爲廉而禮之。宋榮子之議……世主以爲寬而

禮之。……自愚誣之學雜反之辭爭，而人主俱聽之，故海內之士言無定術，行無常議。夫冰炭不同器而久，寒暑不兼時而至，雜反之學不兩立而治。今兼聽雜學謬行同異之辭，安得無亂乎！聽行如此，其於治人，又必然矣。

漆雕和宋榮學派不相同，人君兼而禮之，就如冰炭同爐，寒暑同時一樣，天下「安得無亂」！

第二、支系眾多，不知所從

韓非對儒、墨的攻擊最兇猛；他認爲儒、墨支系太多，無所適從。他說：

……自孔子之死也，有子張之儒，有顏氏之儒，有孟氏之儒，有漆雕氏之儒，有仲良氏之儒，有孫氏之儒，有樂正氏之儒。自墨子之死也，有相里氏之墨，有相夫氏之墨，有鄧陵氏之墨。故孔、墨之後，儒分爲八，墨離爲三，取舍相反不同，而皆自謂眞孔、墨，孔、墨不可復生，將誰使定後世之學乎？

韓非認爲，孔、墨之後，儒家分爲八支，墨家離爲三系，取舍都不相同；即使儒、墨學說可用於世，要聽取那一支系呢？更何況儒、墨之眞早已無從驗定了。

第三、學說荒謬，無益於治

有的學說學理荒謬，與治術背道而馳；人君禮敬他們，勢必誤導社會。他說：

> 今世之學士語治者，多曰：「與貧窮地以實無資。」今夫與人相
> 若也，無豐年旁入之利，而獨以完給者，非力則儉也；與人相若
> 也，無饑饉疾疚禍罪之殃，獨以貧窮者，非侈則惰也。侈而惰者
> 貧，而力而儉者富。今上徵斂於富人以布施於貧家，是奪力儉而
> 與侈惰也，而欲索民之疾作而節用，不可得也。

天下百姓貧富本來是相同的，有的人力作致富，有的人懶惰而貧；現
在，有的學者主張劫富濟貧，把土地賜給貧劣的人，讓富者淪為窮人。
韓非認為，這是奪取力作者和節儉者的成果來給與奢侈者和懶惰者，
完全是無益於治的一種學說，所以，必須抨擊。

第四、誤導社會價值觀

　　有的學理本身只因為「不合時宜」，差誤並不太大，但是，人君
禮敬他們，造成和現實社會衝突的局面，誤導了百姓的價值觀，所以，
必須抨擊。他說：

> 今有人於此，義不入危城，不處軍旅……世主必從而禮之……。
> 夫上所以陳良田大宅，設爵祿，所以易民死命也；今上尊貴輕物
> 重生之士，而索民之出死而重殉上事，不可得也。
> 藏書策，習談論，聚徒役，服文學而議說，世主必從而禮之……。
> 耕者則重稅，學士則多賞，而索民之疾作而少言談，不可得也。

義不入危城和服文學的人本來只是一群「不合時宜」的人，然而，人
君禮敬他們，和當時國家的價值觀相衝突，使百姓產生紊亂的錯覺，

於國無益，所以，必須抨擊。

第五、任辯無益於世

有的學說徒飾文采，辯詞鋒利，却無益於治，所以，必須加以抨擊。他說：

> 澹臺子羽，君子之容也，仲尼幾而取之，與處久而行不稱其貌。宰予之辭，雅而文也，仲尼幾而取之，與處久而智不充其辯。故孔子曰：「以容取人乎，失之子羽；以言取人乎，失之宰予。」

徒飾文采，辭鋒銳利，對於世道並無益處，所以，也在抨擊之內。

韓非痛恨法家以外的學說，認爲他們盡是「愚誣之學，雜反之辭」。如果把《五蠹》、《八經》及《八說》所抨擊的計入，那麼，除了法家自己的友系，韓非幾乎到了「以天下爲公敵」的程度，可見他嫉憤之深及自負之強了。從他抨擊各家各派來觀察，可知主要原因還是治理國家、應付時局的觀點和方法的歧異所引起。即使法家的管子、商鞅、愼到或申不害，韓非也認爲「時代不屬於他們的」，他們的學說已經過時了；並且堅決地認爲，只有自己的思想和主張，才能在現今的時代裏發揮推動歷史的強大威力。

2.抨擊的對象

韓非固然最痛恨儒、墨，但是，韓非並不只抨擊儒、墨而已；從前節五端來觀察，即知他抨擊的對象非常多，抨擊的內容也非常歧異和複雜。底下是綜合《五蠹》及《顯學》，歸納出他批評的對象及其「愚誣」、「雜反」的內容：

儒——以文學紊亂法律；

儒者——破家而葬，服喪三年，大毀扶杖；葬禮太侈。不講目前用來治國的方法，反而追論已經過去的古人的治國功績；不考察官法的事實，不考察姦邪的情況，反而稱道上古流傳下來的美名和先王的成功。

學者——稱述先王之道，憑借仁義的學說，整飾容貌衣冠，粉飾其花言巧語，以比擬當世的法治學說，熒亂人君。

言古者——陳設假話，假借外國勢力，以達到自己的私利，遺棄國家的公益。

墨者——桐棺三寸，服喪三月；葬禮太儉。

談言者——專務於辯詞，不切實際。

衡家——事秦為衡，秦未必踐約，可是，首先已委棄國土和喪失主權了。

縱家——救緩小國未必做得到，但是，却挑逗戰事，使大敵當前。

俠——以武功侵犯禁條。

帶劍者——聚合徒眾，特立名節，以顯揚自己的聲名，觸犯五官的禁例。

韓非對上述五類人物，可謂攻擊異常猛烈了。或批評他們只會畫餅充饑，毫無治國的實際方法和步驟；或批評他們思想落伍頑固，完全不知適應新時代新潮流；或批評他們只會夸夸強說，不知國際上弱肉強食的利害關係；或批評他們自私自利，熒惑人君，出賣國家公益；總而言之，韓非對這些人物，確實是興起了「不共戴天之仇」的大恨了。

韓非除了堂堂正正攻擊之外，有時還熱嘲冷諷，極盡挖苦之能事；

試讀《顯學》這段文字：

> 磐石千里，不可謂富；象人百萬，不可謂強。石非不大，數非不
> 衆也，而不可謂富強者，磐石不生粟，象人不可使距敵也。
> 今商官技藝之士，亦不耕而食，是地不墾，與磐石一貫也。儒、
> 俠毋軍勞，顯而榮者，則民不使，與象人同事也。夫知禍磐石象
> 人，而不知禍商賈儒俠爲不墾之地、不使之民，不知事類者也。

他把商賈和工匠比喻爲石塊，把儒者和俠客比喻爲木俑；說他們即使
人數再多，也完全無益於世，因爲他們只是一堆石塊和木俑而已。似
此比喻，也眞夠尖酸了。

附 註

❶ 梁啓雄譯爲：「事情的發生是依照着時代的情形而發生的，而統治的設備
（即政治）是適合於當時所發生的事情而設備的。」

❷ 有關此部份的討論，可參考《前編‧難》。

❸ 見周著《歷歷如貫珠的一種新文體——儲說》；在周著，頁二一七至八內。

❹ 「見欲」本作「欲見」，俞樾曰：「『欲見』，當作『見欲』，與上文『見
好』『見惡』一例。見好見惡，即自見其所欲矣。」俞說可從，今據移。

❺ 有關這方面的考訂，請參看拙作《商鞅及學派》前編第二章第十四節。

❻ 嚴校本無「利」字，朱師轍曰：「綿眇閣本、程本馮本、錢本、范本、吳本、
《四庫》本『愛』下有『利』字，當從之。」朱說可從，今據補。

❼ 說詳拙作《商鞅及其學派》後編第二章第一節四。

❽ 有關商學派各期對「法」的見解，可參看拙作《商鞅及其學派》後編各有關章節。

❾ 「令」本作「措」，梁啓雄曰：「作『令』是，迂評本、趙本、凌本作
『令』。」今從之。

❿ 「分」前原有「不」字，陳啓天以爲「不」字乃衍文；其說可從，今據刪。

⑪　「爵祿勸」本作「爵祿大」，從陶鴻慶校改。

⑫　參看拙作《商鞅及其學派》，頁一八五至一九〇。

⑬　文見該書頁二四二。

第三節　韓非著述及其思想的第三期

韓非的晚期，大約始於韓王安元年，一直到他使秦被害爲止，前後經歷了六年；在這六年裏，作品數量雖然不多，然而，思想範圍似乎逐漸集中於三兩個重要的主題，文學造詣更形多采繽紛，而胸中情懷也由悲愴轉爲鬱結，最後竟以身殉國，中了自己中期的預言「法術之士，雖至死亡，道必不論」（《和氏》），成爲法家人物「不得善終」的另一個先例。

一、討論課題——歸要

這個時期，韓非討論的課題相當少，除了幾項和政治有直接的關係的課題外，其他似乎都省略了，顯示出他的思想有歸要的趨勢。

㈠　治國的最高境界

政治的核心——治國，是韓非任何一期所最熱衷討論的課題，本期自不例外。本期韓非只集中在君道和制臣兩個主題上；其中，尤以前者最能展現他思想「更上層樓」的境界，成爲法家最具特色的豐碑。

1.　君道——道

這個時期，韓非提出「道」作爲人君治國的座右銘；所謂「道」，應該包括下列兩部分：

a　虛　靜

　　韓非早年寫過《大體》，認爲人君只須執着客觀的「法術」，並仗着君位的「勢」來治理國家，不須用「智」、「技」，就可以「虛靜無爲」地「守成理，因自然」，推行「至安之世」了。他說：

> 寄治亂於法術，託是非於賞罰，屬輕重於權衡。……不引繩之外，不推繩之內；不急法之外，不緩法之內。守成理，因自然，禍福生乎道法，而不出乎愛惡。

　　韓非認爲，只須把天下的治理交給法術，把人類的是非交給賞罰，把事物的高下交給準繩；絕對依循法令，不寬緩，不苛求；就可以「不以智累心，不以私累己」地守着君位。很明顯的，韓非是「引老子入法家」，受老子影響的一種表現了。

　　韓非晚期不但回到早年的路子上，而且簡直外法內老——以老子的思想來壯大法家的內涵，以老子的精神來蓬勃法家的生命。

　　韓非認爲，人君治國的最高境界是以靜制動，以退爲進，以暗察明，以內觀外；充滿着神秘感，也充滿着無法測知的力量。他在《主道》裏說：

> 虛則知實之情，靜則知動者正。有言者自爲名，有事者自爲形。形名參同，君乃無事焉，歸之其情。

　　內心冲虛，就可以知道人臣言談的情僞；自己清靜，就可以知道人臣行動的善惡；讓人臣自加解說，自我表現，人君只須在虛靜中參合比

驗，一切就無所遁形了。爲甚麼守着冲虛淸靜，就能夠外制一切的善
惡眞僞呢？因爲冲虛淸靜是「道」，是萬物的本體。《主道》說：
「道者，萬物之始，是非之紀也。是以明君守始，以知萬物之源；治
紀，以知善敗之端。」人君旣然守着萬物的本體，當然就瞭解萬物的
根源；制摯着價值的綱紀，當然就明白善惡的端緒；就如人在上游，
下游的一切當然就一覽無遺一樣。

　　對人君而言，守着冲虛淸靜只是守道的一面而已；《主道》說：

　　　人主之道，靜退以爲寶。不自操事，而知拙與巧；不自計慮，而
　　　知福與咎。是以不言而善應，不約而善增。

人君除了虛靜之外，還要謙退，不要親自辦理政事，不要親自擬訂謀
略，不多言，不棄議；但是，他却要知政事的巧拙，要知謀略的禍福，
善於反應，善於總合事體；如此說來，守道的另一面就是「以退爲進」
了。《主道》說：

　　　道在不可見，用在不可知。虛靜無事，以闇見疵。見而不見，聞
　　　而不聞，知而不知。知其言以往，勿變勿更，以參合閱焉。

人君應該冲虛淸靜，無所施爲，但是，冲虛並不是空無，淸靜並不是
四體不動，而是要靜靜地站在隱暗中觀察群臣的作爲和查核他們的過
失；甚麼叫作「隱暗」？就是讓人家覺得你如同沒有看見，如同沒有
聽到，如同沒有知道一樣，形象完全不被人看見，那麼，人君在裁制
人臣之時，誰又能覺察他的謀術呢？據此，可知守道的另一面是「以
暗察明」了。《揚權》說：

上固閉內扃，從室視庭。咫尺已具，皆之其處。以賞者賞，以刑
者刑。因其所為，各以自成。善惡必及，孰敢不信。

人君所在的位子，就如站在門戶緊閉的房內一樣，他從房內向庭院觀
察，一切事物就瞭如指掌——根據人臣的作為，該賞的就賞，該罰的
就罰，一切順其自然，讓人臣覺得他們的賞罰都是「自作自為」的；
據此，可知人君守道的另一面是「以內觀外」了。

　　根據上文的敍述，即知韓非人君治國最高境界的「守道」，其實
包括了四個方面：以靜制動，以退為進，以暗察明，以內觀外，充滿
着神秘不可知，就如天高不可測，地厚無所不載一樣。《揚權》說：
「若天若地，是謂累解。若地若天，孰疏孰親？能象天地，是謂聖
人。」人君要像天地那麼高厚，神不可測，覆載萬物，才算是「聖人」
了。

　　堅決地緊握法、術，是人君「守道」的「內在基本條件」；
如果喪失了制動、察明、觀外及進取的各種制敵機能和條件，人
君肯定地也無法自存於靜退和暗內的境地；因此，所謂「守道」
也者，必須先具備了制敵的各種條件，才能夠有內靜的無為。這是
人君守道的積極的一面。

　　人君守道除了積極面之外，還有消極的一面；韓非對此也特別注
意。所謂消極面，可以分兩層來論述。

　　首先是從人臣這一層來說，《主道》說：

君無見其所欲；君見其所欲，臣將自雕琢。君無見其意，君見其
意，臣將自表異。故曰：去好去惡，臣乃見素；去智去舊，臣乃
自備。

韓非認爲，人君不顯露自己的好欲，臣僚就無法自我裝扮，迎合人君；
人君不表示自己的意見，臣僚就無法賣弄異才，討好人君；反過來說，
人君深藏不露，臣僚就會顯露本眞，並且自我戒愼。《主道》又說：

> 故有智而不以慮，使萬物知其處；有行而不以賢，觀臣下之所因；
> 有勇而不以怒，使群臣盡其武。

人君深藏不露，萬物就自然會呈現他們的位分，百官就會發揮他們的
勇力。由於臣僚一方面能顯露自己的本眞及自我戒愼，另一方面又能
盡量發揮他們的才幹勇力，完成他們的職守，所以，《主道》接着說：
「是故去智而有明，去賢而有功，去勇而有强。」人君不用智慧，却
更顯聰睿；不用才能，却更具功效；不用勇氣，却更强勁有力；因爲
群臣已將自己的智慧、勇力和才能發揮出來，成就了人君了。

其次從人君這一層來說，《揚權》說：「其事不當，下改其常。」
人主不隱秘，處處展現自己，行事如果偶有不妥當，臣僚就要趁機改
變常道。又說：「使雞司夜，令狸執鼠，皆用其能，上乃無事。」臣
僚們如果能各盡所能，如雞報曉，貓執鼠一樣，那麼，人君就沒有事
情了。從人君的角度來說，如果能夠守道虛靜，他一來身心清虛不煩，
二來臣僚無法更改常軌，制掣人君。《揚權》又說：「不見其采，下
故素正。」意思是說，人君不顯露任何神采，臣僚無法捉摸、矯飾，
自然就眞純樸正了；也是這層道理的另一說法。

因此，從消極面來說，人君守道可以爲人君消除煩擾，解脫被制
掣的困境；而人臣由於失去「仰視」的對象，只好自我發揮表現，並
且自我戒愼小心。在這樣的情形之下，人君發揮守道積極的一面，秉
持着法和術，根據着刑賞，無智無巧，不私不我，冲虛清靜，參合臣

僚，政治就能運作自如了。

　　緊握法術，虛靜參合，是韓非這個時期人君治國的最高理想；韓
非曾經用了許多文字來描寫這一境界，使我們瞭解他對此理想的憧憬。
《主道》說：

> 寂乎其無位而處，漻乎莫得其所。明君無爲於上，群臣竦懼乎下。
> 明君之道，使智者盡其慮，而君因以斷事，故君不窮於智；賢者
> 效其材，君因而任之，故君不窮於能；有功則君有其賢，有過則
> 臣任其罪，故君不窮於名。是故不賢而爲賢者師，不智而爲智者
> 正。臣有其勞，君有其成功，此之謂賢主之經也。

韓非認爲，明君要寂靜得像沒有處在君位，空虛得臣民不知他在那裏，
明君在上面好像沒有作爲，群臣在下面却無不警懼。明君的治術，使
有智慧的盡量提供謀慮，人君根據他們的謀慮決定事情，所以人君的
智慧是無窮的；使有才能的盡量發揮，人君按照才能予以任用，所以
人君的才能是無窮的；有成就人君獲得賢名，有錯誤臣僚擔負罪責，
所以人君的聲譽是無窮的。因此，人君不賢能却可以做尊師，不明智
却可以做領袖。臣僚辛勞，人君享受成就，這就是明君之道了。韓非
在這裏，不但把那至高的「虛靜參合」的境界描寫得多麼生動，而且，
在那虛靜的政治理想裏竟飽含着才智，充滿着活力及飲滿着聲譽。《揚
權》說：

> 權不欲見，素無爲也。事在四方，要在中央。聖人執要，四方來
> 效；虛而待之，彼自以之。四海旣藏，道陰見陽。

人君緊握樞紐，位處虛隱，臣僚輻湊運作，有功者受賞，有過者中刑，天地之間還需要甚麼作為呢？哪需要甚麼智巧呢？《揚權》說：「因天之道，反形之理，督參鞠之，終則有始。」意思是說，人君只需依循着自然的規律，根據着萬物的道理，參驗窮究，終而又始，如此反復無盡而已。這些描寫，使我們想起《論語》「衆星垂拱」的境界。實際上，韓非不但誇張了這種境界的神秘性，而且還將它神化、聖化；《揚權》說：「主上不神，下將有因。」又說：「主失其神，虎隨其後……。」《舊注》說：「神者，隱而莫測其所由者也。」這兩個「神」字，應該是人君虛靜參合的治國地位；人君喪失了這個地位，底下的臣僚將作亂，成為禍國傷君的猛虎怪獸；據此，可知韓非確將此境界加以神化及聖化了。

　　b　戒　愼

　　人君既然位處虛靜，手握法、術，身閒心省，處於優游自在的境地，似乎是神的境界了。然而，就在此唯我獨尊的形勢裏，韓非鄭重其事地提醒人君，必須提高警惕，隨時注意戒律，才能永保。其中，以刑賞之戒最值得我們注意。《揚權》說：

　　明君之行賞也，曖乎如時雨，百姓利其澤；其行罰也，畏乎如雷霆，神聖不能解也。
　　明君無偷賞，無赦罰。偷賞，則功臣墮其業；赦罰，則姦臣易為非。
　　誠有功，則雖疏賤必賞；誠有過，則雖近愛必誅。疏賤必賞，近愛必誅，則疏賤者不怠，而近愛者不驕也。

又說：

> 厚者虧之，薄者靡之。虧靡有量，毋使臣比周，同欺其上。

在這裏，韓非開列出幾條刑賞的戒律；它們是：

1. 賞罰之態度——不隨便給與獎賞，不任意赦免罪刑。
2. 賞罰之考慮——對有功勞者，即使疏遠卑賤，也一定給與獎賞；確犯過錯，即使親近寵愛，也一定執行懲罰。
3. 賞罰之方式——施行獎賞，要像豐沛的時雨，百姓都受到潤澤；施行懲罰，就像威猛的雷電。
4. 賞罰之執行——賞罰要按照法度，失於過重的要減輕，失於過輕的要加重。

刑賞是人君制臣最重要的課題，所以，韓非提出這麼多的戒律，警惕人君，務必謹慎小心。從刑賞的戒律來觀察，韓非對人君提出的警告是相當全面的，從基本態度到施行賞罰的考慮，從決定後的行使方式到賞罰的執行，整個過程幾乎完全給予細緻的考慮，也都提出警戒的重點，達到了「步步爲營」的境地。此外，對其他方面，韓非也相應提出一些戒律，例如在納言方面，《揚權》說：「凡聽之道，以其所出，反以爲之人。」意思是說，人君聽取臣僚的言論時，要以他們所說的爲根據，反過來要求他們確實作出貢獻。換句話說，無法作出貢獻的言論，人君應該加以警戒，不可隨意採納。

因此，韓非的所謂冲虛清靜，光是從他所描寫的情況來觀察，實際上是建立在相當「棃實」的基礎上。《老子》說：「我無爲而民自化，我好靜而民自正，我無事而民自富，我無欲而民自樸。」老子認爲法令、仁義及欲念等一切「文明」，都是禍亂的根源，所以，人君

必須以身作則，無爲、好靜、無事及無欲，達到天下「自化」、「自正」、「自富」及「自樸」的境地，剷除一切「人爲的價值」，那麼，清靜自然的理想社會就會出現了。老子的理想社會，是人君從自身着手，然後再向外化緣，向老百姓影響，使他們「自化」、「自正」、「自富」及「自樸」。韓非標榜的雖然也是清靜冲虛的境界，但是，韓非顯然先將矛頭指向外界的所有人群，要他們「自化」、「自正」、「自富」及「自樸」在一條一條的法令之下，絕對服從法令，安身於刑賞和役使；人君除了掌握這些利如刀槍的行政指令之外，爲了提防臣僚的叵測，還必須高度警惕，注意各種戒律，然後，人君才可以安於「澹然閒靜，因天命，持大體」（《大體》）的無爲政治，讓天下臣民「衆星垂拱」，成爲萬民輻湊的樞紐。

如果說韓非這個時候還是法家人物的話，那麼，這個法家人物無疑的因爲吸取了老子的思想精華，已經移花接木地以老子的思想來壯大法家的內涵，以老子的無爲精神來提昇法家的治國境界。因此，我們可以說，是韓非這個人物，將老子無爲的思想引進法家的園地來，讓這塊園地的各種花菓樹木重新配種，再行懷胎和孕育，成爲一批充滿蓬勃生命，並且尙待茁壯的新樹林和新花種。

2. 制臣之道——法、術

韓非是人性絕對自利的主張者，所以，人臣的狡惡及不可靠，自是意料中的事。本期韓非雖然主張人君冲虛清靜，但是，正如上一節所論者，這種清靜完全建立在某種「無不爲」的基礎上；似此主張，也是人性絕對自利說的必然發展，確實是件無可奈何的事了。

因此，韓非本期討論的課題除了「君道」之外，展現在我們眼前的還有另一項重要的課題，那就是制臣之道。韓非花費在這方面的文

字，並不亞於前節的君道；如果說這是對君道無爲的一種諷刺，恐怕也不會太差錯了。

　　首先，韓非根本就否決群臣的可靠性，他在《揚權》裏說：「欲治其內，置而勿親；欲治其外，官置一人。不使自恣……。」意思是說，人君雖然設置近臣來治理宮內的事情，却千萬不可親信他們；設置各種專職的官員來管理國家的事情，却千萬不可讓他們任意作爲；爲甚麼呢？簡單說一句，臣僚都不可靠。在《南面》裏，韓非曾具體地舉出人臣不可靠的「罪狀」，他說：

　　人主有誘於事者，有壅於言者，二者不可不察也。
　　人臣易言事者，少索資，以事誣主；主誘而不察，因而多之，則是臣反以事制主也。如是者謂之誘於事，誘於事者困於患。
　　其進言少，其退費多，雖有功，其進言不信。夫不信者有罪，事雖有功不賞，則群臣莫敢飾言以惛主。

綜合韓非這段話，人臣不可靠大致上可以歸納兩方面：事和言；卽：

1. 誘於事——人臣辦事時欺瞞人君，人君不明個中原委，旣獎勵他，又讚揚他，人臣於是就利用此事來控制人君，甚至於造成禍害。
2. 壅於言——人臣講話不誠實，成績與所言者不合，却依然受人君的獎勵和讚揚。

如果人臣進言時存心說謊，辦事時有意欺騙；試問，人臣還有甚麼值得信賴呢？韓非自人性絕對自利說來看待世間一切人，自然演繹出這樣的結果，我們一點也不稀奇。

　　實際上，人臣不可靠並不止於上述兩端而已；韓非在《主道》更

擴而充之，條理得更精細，他說：

> 人主有五壅：臣閉其主曰壅，臣制財利曰壅，臣擅行令曰壅，臣得行義曰壅，臣得樹人曰壅。臣閉其主則失明，臣制財利則主失德，臣擅行令則主失制，臣得行義則主失名，臣得樹人則主失黨。此人主之所以獨擅，非人臣之所以得操也。

如果把這段話製成圖表，將是：

壅　名	方　　　　式	弊　　　　端
耳目壅	掩蔽人君耳目	人君將喪失明智
財利壅	控制國家財利	人君將喪失德惠
政令壅	擅自發佈命令	人君將喪失斷制
義行壅	任意實施義行	人君將喪失聲譽
黨羽壅	盡力培植黨羽	人君將喪失徒眾

五壅的層面非常廣，從人君的視聽到國家的財富，從人君的政令、義行，到民眾對國家的擁戴；幾乎涵蓋了代表政治權力的所有層面了。韓非認爲，這五個層面的權力是人君「獨擅」，絕不能讓人「分享」，然而，從過往的歷史來觀察，它們却經常受到人臣的挑戰和破壞，可見人臣是多麼不可靠。

由於臣僚徹底不可靠，所以，人君除了提高警惕之外，還必須認眞講求制臣之道。韓非在早期及中期的兩個階段裏，都討論過這個問題；到了晚期，他還花費相當多的篇幅來討論它，可見他是多麼重視這個問題，也可見他對此問題是多麼「不放心」。

審覽韓非本期關於制臣之道的言論，大致可以歸納為下列數端：

第一、考核之

韓非認為，人臣無論是說話、辦事，都必須嚴加考核，使他們事合其言，功當其事，否則人臣將惑主稱亂。《南面》說：「主道者，使人臣前言不復於後，後言不復於前，事雖有功，必伏其罪，謂之任下。」前言和後事不合，後言和前事不合，都必須治罪不赦；可見考核之嚴厲了。實際上，韓非還認為，人臣無論說不說話，辦不辦事，都一概必須嚴加考核；《南面》說：

> 主道者使人臣必有言之責，又有不言之責。言無端末，辯無所驗者，此言之責也。以不言避責，持重位者，此不言之責也。人主使人臣言者，必知其端末，以責其實；不言者必問其取舍，以為之責；則人臣莫敢妄言矣，又不敢默默矣。言默，則皆有責也。

臣僚說話有說話的罪，不說話也有不說話的罪；說話無頭無尾，缺乏事實佐證，是說話的罪；為了保持俸祿，維持尊嚴，避免犯錯，而保持緘默，是不說話的罪。韓非更認為，人君必須使官吏說話有原委，以便日後追查真情、考核事實；也必須使官吏不得不說話，作為瞭解他們的意向和取舍，以便日後作督責的依據。換句話說，人君必須嚴厲考核臣僚的言論，而臣僚絕對沒有緘默的權利。

人臣奏言必須嚴厲考核追查，人臣辦事更必須嚴厲考核追查了。

第二、較計之

授官之前，必須嚴格考試其言論；授官以後，就必須計較他們的

功效了。韓非堅決地認為，功效的概念必須包括成本在內；扣除成本後獲得利益，才是有功，才能獲賞；扣除成本後無利可言，就是有弊，必須受刑。換言之，成本是計算利弊的先決因素，是刑賞的基本標準，《南面》說：

> 知此者舉事有道，計其入多，其出少者，可為也。惑主不然，計其入，不計其出，出雖倍其入，不知其害，則是名得而實亡。如是者功小而害大矣。凡功者，其入多，其出少，乃可謂功。今大費無罪，而少得為功，則人臣出大費而成小功，小功成而主亦有害。

韓非說，愚昧的人君只計算收入，不計算付出，付出的比收入的雖然多一倍，也不曉得這是有害的，這就叫作「名義上有收穫，實質上卻是大損失」了。如果人君鼓勵這類事情的話，人君就會付出大量的費用，只做出小小的事功；事功雖然有了，名望雖然成了，人君及國家却蒙受嚴重的破壞。韓非又說，所謂功效，是指「付出少，收入多」而言；賢明的人君必須堅持這原則，計算人臣的功效施給刑賞。

第三、監視之

在授官之後及課功之前，人君要緊握四條法術來駕馭群臣。第一條是隨時隨地監視他們；韓非反對派甲官監視乙官的做法，也反對兩官互相監視的做法；他在《南面》說：

> 人主之過，在已任臣矣，又必反與其所不任者備之。此其說必與其所任者為讎，而主反制於其所不任者。今所與備人者，且囊之

　　所備也。人主不能明法以制大臣之威，無道得小臣之信矣。

派遣甲官辦事，又必須派遣乙官加以監視；形勢上就造成乙官和甲官
作對，人君避開了甲官的掣肘，却又落進乙官的牽制中；因此，韓非
認爲，甲監視乙，或兩人互監，都是錯誤的辦法。韓非說：「人君不
能整飭法律以裁抑大臣，便無法獲得人民的信賴。」顯然的，他認爲
用法律來監視臣僚，才能獲得廣大人民的信任。《南面》下文說：

　　　人主釋法，而以臣備臣，則相愛者比周而相譽，相憎者朋黨而相
　　　非，非譽交爭，則主惑亂矣。

君主丟開法律，派官吏防範官吏，相親愛的官吏就加緊連絡，共同稱
譽；相憎惡的官吏就各結黨羽，彼此毀謗，稱譽毀謗，互相爭論，人
君就清濁莫辨了。反過來說，人君如果用法律來監視群臣，那麼，群
臣就無法互相勾結；在法律這面鏡子底下，清濁分明，忠姦畢露了。

　　第四、警惕之

　　第二條法術是，人君經常要警惕自己，千萬不可讓臣僚財富太多，
地位太高及集衆糾黨。《揚權》說：

　　　毋富人而貸焉，毋貴人而逼焉，毋專信一人而失其都國焉。腓大
　　　於股，難以趣走。……有國之君，不大其都；有道之臣，不貴其
　　　家；有道之君，不貴其臣。貴之富之，備將代之。

人臣財富太多，就會惠愛百姓；人臣地位太高，勢位貴盛，就會威脅

人君；就像小腿大過大腿，大腿無法駕馭小腿，小腿也無法疾走一樣。因此，人君經常要提高警惕，採取步驟和手段，不使臣僚的封地擴大，不使臣僚的財富增加，不使臣僚的勢位貴盛，保持人君駕馭的優勢。《揚權》曾經用一個很好的比譬說：

> 為人君者數披其木，毋使木枝扶疏；木枝扶疏，將塞公閭。私門將實，公庭將虛，主將壅圍。數披其木，無使木枝外拒，木枝外拒，將逼主處。數披其木，毋使枝大本小；枝大本小，將不勝春風；不勝春風，枝將害心。

韓非說，人君對於群臣，就像栽培樹木一樣，要時常加以修剪，不可讓牠枝葉過份茂盛；如果枝葉向多方伸張，樹幹將不勝荷負，必受威脅；如果樹枝太過粗壯，樹幹也將荷負不了，終必被毀，所以，植樹者應該勤加修剪。人君對於人臣，情形也完全相同，人君才能長保地位，不受威脅取代。

至於人臣集衆糾黨，更是人君必須提高警惕的問題。《揚權》說：「凡治之極，下不能得。」政治處理到最好的地步，群臣是絕不能聚衆糾黨的。又說：「欲為其國，必伐其蒙；不伐其蒙，彼將聚衆。」❶要把國家治理得好，就必須翦除臣僚的黨與；否則，他們就會聚衆作亂了。這些，都是韓非反對人臣聚衆糾黨的言論。

其實，自「監視之」以下，都是這種「植樹心理」的發揮和運用——既要栽培人臣以資利用，又要裁制人臣免受威脅。

第五、限制之

人君要怎樣修翦過盛的人臣呢？於是，就進入第三條法術了——

限制之。「限制之」是良性的、溫和的修葺方式，只是盡量將臣僚納入法軌之內，通過法律來限制及裁抑他們而已。《南面》說：

> 人臣者非名譽請謁，無以進取；非背法專制，無以為威；非假於忠信，無以不禁；三者惛主壞法之資也。人主使人臣雖有智能不得背法而專制，雖有賢行不得踰功而先勞，雖有忠信不得釋法而不禁，此之謂明法。

韓非認為，官吏們假如不製造名譽，奔走請託，便無法求取爵祿；不違背法律，任意行事，便無法造成威權；不僞裝言行忠信，便無法不受制裁。因此，人君一定要使人臣們雖然有智慧，却不能違背法律，任意行事；雖然有才幹，却不能功勞、獎賞不符，獲得非份的爵祿；雖然有忠信的美德，却不能迴避法紀，不受制裁；換句話說，無論人臣多有智慧、才幹和美德，都必須納入法規之內，通過法規來限制及裁抑他們。這樣的處理方式，就叫作「明法」了。

很顯然的，似此「限制」是一種「防患於未然」的行動——在人臣還未「膨脹」之前，已將他們安置在法紀之下，使他們在法紀之內運作和浮沉；所以，是一種良性的、溫和的修葺手段。

第六、打擊之

第四條法術「打擊之」，應該是惡性的、激烈的修葺方式；與其說是「修葺」，不如說是「拔根」了。對於已經「膨脹」的臣僚，韓非主張必須採用激烈的、強硬的手段，連根拔起，徹底剗除。《揚權》曾清楚地表達了這層意思：

掘其根，木乃不神。填其淵，毋使水清。探其懷，奪之威，主上
用之，若電若雷。

韓非說，挖掘樹根，親貴的勢力就不會生長。填塞淵水，權姦的醜惡
就無法隱藏。必須刺探權貴的眞情，削奪權貴的威勢，人君如能善用
治術，就會產生極大的威勢，像閃電雷霆那樣。在這裏，韓非用「挖
掘樹根」來比喻權臣的徹底剷除，用「填塞淵水」來比喻姦臣的徹底
堵塞；可見是「連根拔起」，再不是「修翦」而已了。韓非說，似此
剷除、堵塞，要像電光在閃、雷霆在劈一般地威猛；可見手法的激烈
和強硬了。

根據上文的論述，可知韓非本期有關駕馭群臣的課題，比較集中
在裁制人臣這方面──「考核之」是授官前的稽查，「較計之」是事
成後的評估；除此二項之外，其他都與裁制有關了。「監視之」是裁
制行動前的資料搜集，「警惕之」是裁制行動前的心理準備；至於「限
制之」及「打擊之」，前者是良性的裁制手段，後者則爲激烈性的裁
制方式了。

在駕馭群臣的課題上，本期韓非擺脫了許多枝節的項目，比較集
中在人臣的裁制的主題上；至於「群臣」的涵蓋範圍，顯然的也只微
縮在「臣僚」這一層上，其他宮闈人物及百姓等，完全捨棄不論了。
因此，說韓非在制臣之道的討論上，無論是內容或範圍，本期已有歸
要的趨向，恐怕一點也沒差錯。

㈡ **自我掌握的無神論**

韓非既然以法、術、勢爲治國的絕對信條，並且認爲社會、國家
的一切都絕對可以依賴這些信條，在人的掌握中自如地運作，達到人

類的理想，那麼，從理論上他自然排除了超自然的神祕力量，批評了膜拜這股神祕力量的任何迷信活動。韓非這個時期撰有《飾邪》，是他無神論的重要著作。

首先，韓非根據歷史上的教訓，嚴厲地責斥龜筴的荒謬；他說：

> 鑿龜數筴，兆曰「大吉」，而以攻燕者，趙也。鑿龜數筴，兆曰「大吉」，而以攻趙者，燕也。劇辛之事燕，無功而社稷危；鄒衍之事燕，無功而國道絕。趙代先得意於燕，後得意於齊，國亂節高。自以為與秦提衡，非趙龜神而燕龜欺也。趙又嘗鑿龜數筴而北伐燕，將劫燕以逆秦，兆曰「大吉」。始攻大梁而秦出上黨矣，兵至釐而六城拔矣，至陽城，秦拔鄴矣，龐援揄兵而南，則鄣盡矣。臣故曰：趙龜雖無遠見於燕，且宜近見於秦。秦以其大吉，辟地有實，救燕有名。趙以其大吉，地削兵辱，主不得意而死。又非秦龜神而趙龜欺也。

韓非認為，兩國相攻不能皆勝，而其兆皆曰大吉，故從理論上看，卜筴的結果是荒謬的。實際上是趙勝燕敗、秦勝趙敗，故從事實上看，卜筴的結果也是荒謬的。造成這種荒謬的原因，如果說是由於趙龜神而燕龜欺、秦龜神而趙龜欺，顯然更是荒謬了。惟一合理的解釋就是利用龜筴來探問國家的命運根本就荒謬可笑的。《飾邪》又說：

> 初時者，魏數年東鄉，攻盡陶衛；數年西鄉，以失其國。此非豐隆、五行、太乙、王相、攝提、六神、五括、天河、殷槍、歲星，數年在西也。又非天缺、刑星、熒惑、奎、台，數年在東也。故曰：龜、筴、鬼、神，不足以舉勝，左右背鄉，不足以專戰。然

而恃之，愚莫大焉。

他說，魏國出兵西面，戰敗而歸，並不是凶星在西邊的緣故；魏國出兵東面，佔領陶、衞二地，並不是吉星在東邊的緣故；勝敗與鬼神無關，克敵與敗亡完全掌握在自己的手中。

國家的命運絕對掌握在自己的手中，那麼，國家興亡背後的力量是甚麼呢？《飾邪》說：

> 越王句踐恃大朋之龜，與吳戰而不勝，身臣入官於吳；反國，棄龜、明法、親民以報吳，則夫差為擒。故恃鬼神者慢於法⋯⋯。

韓非總結歷史的經驗，認為「明法」及「親民」是國家強盛的力量，「恃龜」及「用筮」是國家敗亡的原因，《飾邪》又說：「古者先王盡力於親民，加事於明法。彼法明，則忠臣勸；罰必，則邪臣止。忠勸邪止，而地廣主尊者，秦是也。」愛護人民，修明法律是古代聖王治國的兩根大支柱；秦國所以會富強，就是這個原因了。

根據這些言論，即知韓非擁有非常強烈的自我肯定的力量；他認為人類的命運完全掌握在自己手掌之中，人類必須跨越任何鬼神龜筮的迷信崇拜，將著天賦予我們的生命和未來爭奪過來，依靠自己創制出來的法律和政體，去開拓人類自己的命運。韓非對人類自己是充滿信心的，所以，他是位徹底無神論的法家。

㈢ 變 法

韓非在否決了傳統歷史和文化、痛斥了現實社會之後，必然提出變法的措施，藉以重新調整社會秩序，重擬社會價值，以便配合歷史

使命，展迎新時代的來臨。因此，變法是韓非推動思想的重要步驟，無時不強調及重視。即使到了晚期，他也一再反覆申論；《南面》說：

> 不知治者，必曰：「無變古，無易常。」變與不變，聖人不聽，正治而已。然則古之無變，常之毋易，在常古之可與不可。伊尹毋變殷，太公毋變周，則湯、武不王矣。管仲毋易齊，郭偃勿更晉，則桓、文不霸矣。

在這段文字裏，他論證了變法的重要性，認爲歷史上能夠成王成霸的人物，沒有不從變法着手；舊法規及舊制度在過去曾發揮作用，但是，已經不符合新時代的發展，又如何能把新時代的政治辦理得好呢？本此信念，他認爲齊桓公、晉文公能成爲霸主，就因爲管仲及郭偃能夠變法，改革舊社會，推動新時代的緣故。

變法既然如此重要，意義又那麼重大；爲甚麼變法者少，成功者又更少呢？韓非認爲，人性苟安習常是最大的因素；人君懦弱畏民是另一個因素。《南面》說：

> 凡人難變古者，憚易民之安也。夫不變古者，襲亂之迹；適民心者，恣姦之行也。民愚而不知亂，上儒不能更，是治之失也。

韓非說，人們所以不輕易改變舊法和常俗，是顧慮民衆對於舊法常俗下的生活已經習慣了。不改變舊法常俗，是沿用以往惡劣的事物；迎合民衆心理，是縱任當前邪惡的行爲。民衆愚昧，不懂舊法的惡劣，君主懦弱，而不能早加變革，這就是政治敗壞的主因了。在這裏，韓非固然把變法難爲歸列爲「人性苟安」及「人君懦弱」兩大原因；不

過，隱隱約約之中，韓非有意把主要矛頭對準人君，把責任推在人君的身上。老百姓無知愚昧，無從瞭解變法的意義和重要；然而，人君却一味迎合民衆心理，沿用舊俗，縱任惡行，誰又能夠推行變法呢？政治的敗壞，是從人君這一端開始的呀。因此，韓非一再告戒人君，變法肯定會遭遇到强大的阻力；《南面》說：

> 人主者明能知治，嚴必行之，故雖拂於民心，必立其治；說在商君之內外，而鐵殳重盾而豫戒也。故郭偃之始治也，文公有官卒；管仲之始治也，桓公有武車；戒民之備也。是以愚惷窳惰之民，苦小費而忘大利，故誅虎受阿謗；輕小變而失長便，故鄒賈非載旅⋯⋯。

商鞅變法時，出入衞士拿武器嚴密戒備；郭偃理國時，晉文公特別設置了警衞隊；管仲改革時，齊桓公出行隨帶兵車；爲甚麼呢？百姓叛亂，大臣反動呀！可知變法者所面對的社會阻力是多麼的大，所冒擔的風險是多麼的烈。韓非又說：「愚昧偷惰的人民，吝嗇少量的費用而忽略大量的利益，畏懼細微的變革却喪失長久的便利。」變法帶來大量的收益和高度的利便，然而，所費甚少所變甚微；這裏，韓非又採用成本計算法來衡量變法的價值了。韓非認爲，百姓完全不懂變法的收益和利便，因爲他們愚昧無知，不會計算成本。

二、文采繽紛

韓非晚期撰述的文章雖然不多，不過，却依然很能夠表現出他過人的文采。在佈局方面，韓非作品有明晰的條理，有謹嚴的結構；在

技巧方面，有豐富的證據、典麗的詞藻和巧妙的比喻，形成了他特有的說理綿密、組織周備的風格；這些，都是韓非文章的特色。本期的文章，却以其他作風和特點制勝，使他在文學的園地裏開出更絢麗的奇葩，奠定他在文學領域裏的地位。

㈠ 整飭的文句

韓非的文章，素來單筆及複筆兼用。單筆簡簡俐落，明快直截，無冗贅氣息，也不拖泥帶水，更不迂緩無力；因此，說理的作品宜用單筆。韓非是位政治理論家，却也是位辭采卓越的文學家；因此，在他諸多作品裏，即使說理性極強的文章，也在單筆之外，加添複筆的文句，使文章富變化，使說理更動人，這是韓非文章的一大特色。《五蠹》說：「行仁義者非所譽，譽之則害功；工文學者非所用，用之則亂法。」《五蠹》乃中期的作品，是一篇說理性極強的文字，但是，却時而加插對仗式的排句；《姦劫弒臣》說：「夫嚴刑者，民之所畏也；重罰者，民之所惡也。故聖人陳其所畏，以禁其衰；設其所惡，以防其姦。」《姦劫弒臣》是早期的作品，也是一篇說理性極強的文字，但是，與《五蠹》相同的，也時而加插對偶式的複句。

本期韓非的文章，當然繼承過去的作風，單筆及複筆兼用，例如《說難》、《南面》及《存韓》等諸篇，就是採取兼用的方式來完成。然而，這裏所要提出的，是完全用複筆來完成的《主道》和《揚權》。韓非寫過複筆成分相當高的文章，比如《安危》及《大體》，就用上相當多的複筆文句；但是，《主道》及《揚權》這兩篇的複筆文句幾乎通篇都是，達到前所未有的境地。這是值得我們注意的。

此外，由於通篇都是對仗式的複筆文句，所以，韓非必須在句型上盡量變化，以濟對仗的呆板。因此，這兩篇文章既擁有對仗非常工

整的排句，又擁有變化繁富的各種句型和排偶方式。這裏，就以這兩篇文章爲主，將句子的變化方式歸納爲十五種，並分別繫以一、二例，以見韓非的文采：

1. 一句一組

天有大命，人有大命。（揚權）

2. 二句一組

明君守始，以知萬物之源；治紀，以知善敗之端。（主道）

虛則知實之情，靜則知動者正。（主道）

3. 兩句一組，兩組連用

去好去惡，臣乃見素；去智去舊，臣乃自備。（主道）

不自操事，而知拙與巧；不自計慮，而知福與咎。（主道）

4. 兩句一組，三組連用

有國之君，不大其都；有道之臣，不貴其家；有道之君，不貴其臣。（揚權）

有智而不以慮，使萬物知其處；有行而不以賢，使臣下之所因；有勇而不以怒，使群臣盡其武。（主道）

5. 兩句一組，四組以上連用

臣閉其主，則主失明；臣制財利，則主失德；臣擅行令，則主失制；臣得行義，則主失名；臣得樹人，則主失黨。（主道）

6. 三句一組

君無見其所欲，君見其所欲，臣將自雕琢。（主道）

使智者盡其慮，而君因以斷事，故君不窮於智。（主道）

7. 三句一組，兩組連用

函其跡，匿其端，下不能原；去其智，絕其能，下不能意。（主道）

不謹其閉，不固其門，虎乃將存；不慎其事，不掩其情，賊乃將生。（主道）

8. 四句一組

栽其主，代其所，人莫不與，故謂之虎。（主道）

因天之道，反形之理，督參鞠之，終則有始。（揚權）

9. 四句一組，三組連用

數披其木，毋使木枝扶疏；木枝扶疏，將塞公閭。數披其木，無使木枝外拒；木枝外拒，將逼主處。數披其木，毋使枝大本小；枝大本小，將不勝春風。（揚權）

10. 五句以上並排

道不同於萬物，德不同於陰陽，衡不同於輕重，繩不同於出入，和不同於燥濕，君不同於群臣。（揚權）

11. 三字整齊並句

道無雙，故曰一。（揚權）

探其懷，奪之威。（揚權）

12. 四字整齊並句

聖人執要，四方來效；虛而待之，彼自以之；四海既藏，道陰見陽。（揚權）

13. 五字整齊並句

參之以比物，伍之以合虛。（揚權）

喜之則多事，惡之則生怨。（揚權）

14. 六字整齊並句

有智而不以慮，使萬物知其處。（主道）

15. 七字整齊並句

不賢而為賢者師，不智而為智者正。（主道）

這十五種句型，幾乎概括了韓非本期所有複筆的變化。韓非本期有非常整飭的文句的文筆，但是，在整飭之中却變化繁富，處處閃爍出他才高八斗的電光火花。以整飭的文句來撰述說理的文章，本來就是一件不容易的事。現在，要在整飭文句中多求變化，變化之中又不傷說理；理要說得透徹清晰，文要寫得整齊變化，理文兼顧，相得益彰；要不是才學兼優的韓非，恐怕難以濟事的。

㈡ **鏗鏘的韻讀**

韓非過去寫過協韻的作品，《愛臣》及《儲說》就有小部分協韻的章節，顯示韓非在這方面的才華。然而，通篇幾乎協韻的文章却要到這個時期才開始撰述——代表作品就是《主道》及《揚權》了。說它們是兩篇排句式的韻文，實在一點也不誇張。如果將這兩篇韻文加以分析的話，就會發現更離奇的事情了——協韻方式變化之多端，幾乎超出我們想像之外。

這裏，將歸納出的二十三種協韻方式臚列如下：

1. 一句一轉韻例

  名正物定（耕），名倚物従（歌）。（揚權）

2. 二句一轉韻例

  去好去惡，臣乃見素（魚）；去智去舊，臣乃自備（之）。
  （主道）

  事在四方，要在中央（陽）。聖人執要，四方來效（宵）。
  （揚權）

3. 三句一轉韻例

  法刑苟信，虎化為人，復反其真（真）。（揚權）

4. 四句一轉韻例

欲為其地，必適其賜；不適其賜，亂人求益（歌支通）。（揚權）

夫物者有所宜，材者有所施，各處其宜，故上乃無為（歌）。（揚權）

5. 五句以上一轉韻例

貴之富之，備將代之。備危恐殆，急置太子，禍乃無從起（之）（揚權）

去智而有明，去賢而有功，去勇而有強。群臣守職，百官有常，因能而使之，是謂習常（陽東通）。（主道）

6. 奇句偶韻例

函其跡，匿其端，下不能原（元）；去其智，絕其能，下不能忌（之）。（主道）

7. 偶句奇韻例

若地若天，孰疏孰親？能象天地，是謂聖人（眞）。（揚權）

8. 二句間韻例

大不可量，深不可測；同合形名，審驗法式；擅為者誅，國乃無賊（之）。（主道）

不自操事，而知拙與巧；不自計慮，而知福與咎（幽）。（主道）

9. 三句間韻例

不賢而為賢者師，不智而為智者正。臣有其勞，君有其功，此之謂賢主之經也（耕）。（揚權）

10. 二韻句中再韻例

不謹其閉，不固其門，虎乃將存（文）；不慎其事，不掩其情，賊乃將生（耕）。（主道）

因而仕❷之，使自事（之）之；因而予之，彼將自舉之；正與
處之，使皆自定之。上以名舉（魚）之。（揚權）

11.三韻句中再韻例

故有智而不以慮，使萬物知其處（魚）；有行而不以賢，觀臣
下之所因（眞）；有勇而不以怒，使群臣盡其武（魚）　。
（主道）

12.排句用韻例

明君之道，使智者盡其慮，而君因以斷事，故君不窮於智；賢
者效其材，君因而任之，故君不窮於能（之）。（主道）

13.單筆用韻例

假之不可，彼將用之以伐我（歌）。（揚權）

14.兩韻交協例

脣乎，齒乎，吾不為始乎？齒乎，脣乎，愈惛惛乎（之）？
（揚權）

民人用之，其身多殃；主上用之（之），其國危亡（陽）。
（揚權）

15.兩韻隔協例

道者，下周於事，因稽而命，與時死生；參名異事（之），通
一同情（耕）。（揚權）

16.句中韻例

處其主之側為姦匿，間其主之忒，故謂之賊（之）。（主道）
道不同於萬物，德不同於陰陽，衡不同於輕重，繩不同於出入
……（東）。（揚權）

17.首尾韻例

毋富人而貸焉，毋貴人而逼焉，毋專信一人而失其鄰國焉（之）

（主道）

18.句首韻例

不慎其事，不掩其情，賊乃將生。（主道）

19.首尾上下皆韻例

君無見其所欲，君見其所欲，臣將自雕琢（俟）；君無見其意，君見其意，臣將自表異（之）。（主道）

20.韻上韻例

彼自離之，吾因以知（歌支通）之。（揚權）

21.疊字韻例

毋富人而貸焉，毋貴人而逼焉……。（主道）

22.疊字雙韻例

臣閉其主，則主失明；臣制財利，則主失德；臣擅行令，則主失制；臣得行義，則主失名；臣得樹人，則主失黨。（主道）

23.助字不爲韻例

行之不已，是謂履理也（之）。（揚權）

細讀這二十三種協韻方式，就會驚訝韓非在韻文方面的用功了。如果說《主道》及《揚權》是兩篇哲學詩，可以直追《老子》的後塵，恐怕不會是誇大的說法；如果說韓非是先秦的韻文家，其作品可以和先秦其他韻文相媲美，恐怕也是不可否認的事實。總而言之，韓非在韻文方面所下的工夫以及所展現的成就，與文學家不相伯仲。

(三)　**霸氣橫溢的筆勢**

韓非的文章，向來都充滿着逼人的霸氣——比如《儲說》分成六篇，內篇分上下，外篇分左右，左右又各分上下，經繫傳，傳釋經，比事徵偶，連珠綴義，不但體制宏大，構思壯偉，而且在碎文璅語的

纂輯上，在異聞佚事的編理上，更顯現出其極強的耐力和極細的工夫。又比如《說林》，上篇故事三十四則，下篇故事三十七則，舉凡歷史、寓言、哲人言行、細民小事等，皆網羅於一爐；歷史故事之中，上至上古，下至戰國，無不備錄；有者抄謄一過，有的附上案語；表面上看起來與雜錄無異，實際上是韓非經過長期的搜羅和選汰，才組成這篇幅宏大的雄文，成為文學園地裏的另一壯作。至於《難》、《五蠹》及篇幅短小的《孤憤》、《和氏》等，也都是一些飽含着逼人的霸氣的篇章，成為文學史上的傑作。

到了晚期的韓非，他又完成了另一篇霸氣四溢的文章——《亡徵》。文章並不長，在一千七百字左右，不足以在體制上霸氣逼人；沒有歷史事蹟，沒有寓言故事，也沒有哲人言行，更沒有細民小事，不足以在資料上霸氣逼人，然而，它却以磅礡的筆勢，以激昂的音調，如江河萬浪奔騰，如瀑布千丈倒瀉，浩浩蕩蕩，直奔東海，成為一篇奇特的傑作。

本篇筆勢飽含橫溢四射的霸氣，大概可以從兩方面來觀察。

首先，除篇末一小節一百二、三十字的結論之外，全篇一千五百餘字，一共提出四十七種國家滅亡的徵兆；而每一亡徵底下，都以「可亡也」作結；茲引四則如下：

> 凡人主之國小而家大，權輕而臣重者，可亡也。
> 簡法禁而務謀慮，荒封內而恃支援者，可亡也。
> 群臣為學，門子好辯，商賈外積，小民內困者，可亡也。
> 好宮室臺榭陂池，事車服器玩，好罷露百姓，煎靡貨財者，可亡也。……

這四十七種亡徵，就如倒懸的練珠，一串一串從天際垂下，不間斷，無雜石，橫列天邊，閃爍熠耀，構成一幅氣勢驚人的玉珠林；這四十七種亡徵，也像萬丈的懸瀑，一流一流從天崖奔下，洶洶湧湧，澎澎湃湃，從眼前一柱一柱排到天涯，萬馬齊鳴，千軍橫掃，構成一幅山崩地裂的奔濤圖。

其次，如果進一步深入研究的話，就可以發現這四十七種亡徵，只是一個比較大的類別而已；實際上，每一類底下並不只一類亡徵，有的兩類，有的三類，有的甚至四類，總計七十三種。因此，韓非提出的亡徵表面上是四十七種，實際上却是七十三類，比原數多出差不多一倍。這七十三類亡徵，可分作下列各種類型：

a 法律

b 國君

c 內廷

d 大臣

e 游談商賈

f 人民

g 其他 ❸

要不是韓非有過人的分析能力，要不是韓非對國家興亡有特別研究，他如何能一口氣舉出七十三類亡徵呢？如何能分辨出其差異而不致於疊床架屋地重複呢？為了避免一種一類的單調，為了避免因為一種一類引起句子的整齊呆板，韓非或合併兩類為一種，或合併三、四類為一種，使每一種文字參差錯落，內容靈活變化，而又保持了「千里江陵一日還」的氣勢，使人一讀三嘆。

這使我們想起了屈原的《天問》；在這篇奇文裏，屈原一口氣提出一百七十多個關於天地萬物、古往今來的疑問，在這沒有答案的一

百多個問題裏，屈原表達了他的憤懣，傾吐了他終生鬱結的情懷，形成一股銳不可擋的文勢。而韓非的《亡徵》，恰好相反，他一口氣提出七十幾個答案，國家滅亡的答案，雖然條數比《天問》少得多，然而，每條字數卻比《天問》長得多；在這七十幾個答案裏，韓非表達了他對國家興亡的看法，傾吐了他對人類前途的關懷，也形成一股排山倒海的文勢。

無疑的，《亡徵》是韓非晚期的一篇奇文。

三、鬱結的情懷

韓非早期寫過《難言》，表達了他少年悲觀、煩惱及憤世的情懷；中期的時候，又寫了《孤憤》及《和氏》，表達他懷才不遇、愛國無門的另一個憤慨心情。到了晚期，最能表達他鬱結的心境的，應該是《說難》、《飾邪》及《存韓》三篇作品了。

《說難》是《難言》的變調，差別只在於後者是早期的作品，而前者是晚期的作品而已。周勳初說：「《難言》應該是他的早期作品。《說難》則不然……應當是韓非後期的作品。」❹這個說法是正確的，我們在前編第二章已經討論過了。

《說難》開宗明義就指出，遊說人君與個人才智、辯才及勇氣沒有必然的關係；韓非說：

> 凡說之難，非吾知之有以說之之難也，又非吾辯之能明吾意之難也，又非吾敢橫佚而能盡之難也。

你有才智，你有辯才，你有勇氣，未必就能夠成功遊說人君，根據韓

非的看法，遊說的確是一件非常困難的事。接着，韓非說：「凡說之難，在知所說之心，可以吾說當之。」原來遊說之困難，在於了解人君的心理，以便使我們自己的言論能夠適應着他。說得具體一點，就是：

所説出於為名高者也，而説之以厚利，則見下節而遇卑賤，必棄遠矣。

所説出於厚利者也，而説之以名高，則見無心而遠事情，必不收矣。

所説陰為厚利而顯為名高者也，而説之以名高，則陽收其身而實疏之；説之以厚利，則陰用其言，顯棄其身矣。

對方如果意求高尚名譽，我們勸他求取財利，就會被他看賤而疏遠；對方如果意求財利，我們勸他求取名譽，就會被他視作不識時務而不錄用；對方如果表面求取名譽，暗中求取財利，那麼，無論你從那方面遊說，肯定是不會成功的。韓非此說如果正確的話，那麼，遊說人君的確不是一件容易的事了——我們根本無法知道，人君追求的到底是甚麼！

很明顯的，韓非把說難的責任推到人君的身上；認為君心難知難測，說者碰壁是意料中的事。除此之外，韓非認為人君的心態也是說者的一塊絆腳石；他說：

1.與之論大人，則以為間己；
　　（與論高官，被以爲離間自己）
2.與之論細人，則以為賣重；

　　　（與論低官，被以爲出賣權力）

3. 與論所愛，則以為藉資；

　　　（與論所愛，被以爲要借取助力）

4. 論其所憎，則以為嘗己也。

　　　（與論所憎，被以爲試探口氣）

5. 徑省其説，則以為不智而拙之；

　　　（談論簡明，被認爲沒學問）

6. 米鹽博辯，則以為多而交之；

　　　（談論詳細，被認爲話多無條理）

7. 略事陳意，則曰怯懦而不盡；

　　　（陳述粗略，被認爲膽小不盡意）

8. 慮事廣肆，則曰草野而倨侮。

　　　（考慮周詳，被認爲粗俗傲慢）

說者所談的只要在這八項之內，人君都會產生誤會；而誤會的產生，主要是人君心態並不十分正常的緣故。因此，當飽學之士準備游說人君時，韓非認爲，人君正以不正常的心態在注視着他，人君正以不可預測的心意在拒絕他、排斥他。韓非對知識份子的前境，竟是抱着如此悲觀的看法呢。

　　人君除了心意不可測、心態不十分正常之外，他還有許多「敏感的問題」，可以使他像中邪一樣地，隨時嫁禍給說者；這些，韓非認爲是最「恐怖」的事。他說：

1. 夫事以密成，語以泄敗。未必其身泄之也，而語及所匿之事，如此者身危。

（觸及保密的事，則說者身危）

2. 彼顯有所出事，而乃以成他故，說者不徒知所出而已矣，又知其所以為，如此者身危。

（觸及內心機密之事，則身危）

3. 規異事而當，智者揣之外而得之，事泄於外，必以為己也，如此者身危。

（被疑洩漏機要，則身危）

4. 周澤未渥也，而語極知，說行而有功，則見忌，說不行而有敗，則見疑，如此者身危。

（交淺言深，則身危）

5. 貴人有過端，而說者明言禮義以挑其惡，如此者身危。

（公開談論人君之失，則身危）

6. 貴人或得計，而欲自以為功，說者與知焉，如此者身危。

（知道人君的心事，則身危）

7. 強以其所不能為，止以其所不能已，如此者身危。

（左右人君行事，則身危）

機密的保護和洩漏、機密的各種事件、人君的心事、人君的過失及人君的尊嚴……這些，都是人君最敏感的領域，像戰地的地雷一樣，說者如不小心踐上觸及的話，勢必轟然斃命。根據韓非這樣的看法，期望通過遊說入仕的知識份子的確非常可憐，儘管他們滿腹經綸，口若懸河以及勇氣十足，但是，他們不是被誤解，就是觸雷身亡，空負一腔熱血。也許，韓非是經驗之談呵。

　　遊說人君既是進仕不可迴避的路子，那麼，知識份子應該怎樣向這條路「邁步」呢？韓非於是提出了十二條「要訣」；它們是：

1. 彼有私急也，必以公義示而強之。

   （當他有自私的急需時，就必須表示也合乎公義的看法來鼓勵他）

2. 其意有下也，然而不能已，說者因為之飾其美而少其不為也。

   （當他有卑下的意圖時，就給那意圖誇飾成美好的，反而不滿他不去幹）

3. 其心有高也，而實不能及，說者為之舉其過而見其惡而多其不
   行也。

   （當他有高尚的意圖時，而實際上他做不到，就給他舉出意圖之錯，顯示
   其壞處，再讚揚他不去實行）

4. 有欲矜以智能，則為之舉異事之同類者，多為之地，使之資說
   於我，而佯不知也以資其智。

   （他誇張自己的智能，就給他舉別的同類事件，多提供參考，使他採取說
   者的說法，而說者要裝成不知道，就這樣來資助其智能）

5. 欲內相存之言，則必以美名明之，而微見其合於私利也。

   （要給人君獻納與人相安的話，就必須拿美名來說明「相安」的行動，暗
   示也合於私利）

6. 欲陳危害之事，則顯其毀誹而微見其合於私患也。

   （陳述危險的禍害，就要明說它一定引起毀謗，暗示這也對他個人有害的）

7. 譽異人與同行者，規異事與同計者。

   （稱贊和他行為相同的人，指正和他謀略相類的事）

8. 有與同汙者，則必以大飾其無傷也。

   （有和他同樣污穢的，一定要盡量掩飾這是沒有妨害的）

9. 有與同敗者，則必以明飾其無失也。

   （有和他同樣失敗的，一定要公開粉飾是沒錯的）

10. 彼自多其力，則毋以其難概之也。

    （誇張自己力量時，就不要拿難事來糾正他）

11. **自勇其斷，則無以其謫怒也。**

（勇於武斷時，就不要指其錯來招他生氣）

12. **自智其計，則毋以其敗窮之。**

（自以為計事是明智時，不要指出他過去的失敗來窘迫他）

這十二條「要訣」，無一不是在曲從人君、呵護人君及奉承人君，期盼人君「高抬貴手」，讓說者順利「過關」！韓非竟是如此沒有骨氣的「軟骨書生」嗎？《史記・韓非列傳》說：「非見韓之削弱，數以書諫韓王，韓王不能用。」如果韓非是「軟骨書生」的話，韓王不致於「不能用」的。那麼，他為甚麼要列出十二條令知識份子「灰心喪氣」的要訣呢？用意何在？韓非是非常現實的政治理論家，眼光非常銳利，想法也非常切時；他絕不做夸飾之詞的文章的。筆者認為，這十二條要訣正反映一件活生生的事實──當時人君確實到了「傲慢自大」的失控地步，知識份子除非隱居山林，否則就必須如此「灰心喪氣」地先行過關，然後再謀進一步的發展了。這十二條要訣，也許韓非內心經過了多少的掙扎，才痛苦地一條一條吐出來，如春蠶吐自己肚內的絲一樣。

知識份子是不是永遠就以這副「奴婢相」來侍候人君呢？這是值得我們注意的一個問題。韓非說：

> 大意無所拂忤，辭言無所擊摩，然後極騁智辯焉。此所道親近不疑，而得盡之辭也。……夫曠日彌久，而周澤既渥，深計而不疑，引爭而不罪，則明割利害以致其功，直指是非以飾其身，以此相持，此說之成也。

韓非認為，經過這些嘗試，進說內容不違背人君，言語也不抵觸人君，然後，才可以盡量發揮自己的知識和口才，取得人君的信任。相處日久以後，他再不懷疑你，也能夠冷靜理智聆聽你的爭辯，那時候，你不但可以匡正人君的德行，也可以建立自己的功業了。韓非一番苦心，我們現在才透徹了解呀。《說難》說：「故有愛於主，則智當而加親；有憎於主，則智不當，見罪而加疏。故諫說談論之士，不可不察愛憎之主而後說焉。」受人君喜愛，才智就適當而更加親近；受人君憎惡，才智就不適當，認為有罪而更加疏遠；這些話，誰云不然！《說難》又說：「夫龍之為蟲也，可柔狎而騎也；然其喉下有逆鱗徑尺，若人有嬰之者，則必殺人。人主亦有逆鱗，說者能無嬰人主之逆鱗，則幾矣。」人君咽喉底下有無形的逆鱗，觸犯人君就等於批忤了逆鱗，死有餘辜；這些話，也信然！

《史記》說韓非「為人口吃，不能道說」，韓非真的口吃嗎？如果韓非的確口吃，怎會派他出使秦國，去遊說秦始皇呢？面對那些「傲慢自大」而又昏庸的人君，就如面對長滿逆鱗的大蟲一樣，要具備怎樣的口才和「心機」，才能夠撼動人君的心意；試問，誰不「口吃」呢？說韓非「口吃」，正象徵着遊說者三寸不爛之舌無法表達愛國心意的苦痛和悽愴。

對自己國家懷抱着絕大的愛心的韓非，肯定的曾經數度遊說過韓王，也肯定的曾經數度上書給韓王；然而，他一切的寄望和理想都落空了，韓王不但不延攬他參政，而且也不接納他的諫言。《和氏》和《孤憤》最能表達他四處碰壁後的哀情，《難言》和《說難》最能表達他在遊說韓王這方面的「豐富經驗」。

韓王遊說及上書的韓王應該是桓惠王及韓王安，前者在位三十四年，後者在位只有九年就亡國；韓非在韓王安六年時遇害。這兩名韓

王在位時，韓國正處於「大風暴」來臨的前夕；試讀下列一張大事表：

韓桓惠王

　　三年（秦昭王三十七年）：秦假道韓上黨，攻取趙閼與。

　　八年（四十二年）：秦攻取韓少曲、高平。

　　九年（四十三年）：秦派白起攻取韓汾水旁之陘城。

　　十年（四十四年）：秦攻取韓太行山南之南陽，以斷絕韓從本土通
　　　　　　　　　　　往上黨之交通。

　　十一年（四十五年）：秦攻取韓野王，韓有意獻上黨，求和於秦。
　　　　　　　　　　　　韓上黨郡守請趙發兵取上黨，趙、秦會戰於
　　　　　　　　　　　　長平。

　　十二年（四十六年）：秦攻取韓緱氏、綸。

　　十三年（四十七年）：秦大勝趙於長平，活埋戰俘四十餘萬。

　　十六年（五十年）：秦攻取韓陽城、負黍。

　　二十四年（莊襄王元年）：秦攻韓取成皋、滎陽，建三川郡。

　　二十六年（三年）：秦佔領韓上黨郡全部領上。

　　二十九年（始皇三年）：秦派蒙驁攻取韓十三城。

從這張簡單的大事表裏，就可以清楚地看出來，秦國自韓桓惠王三年
假道上黨攻取閼與之後，就瞭解上黨地勢的重要——攻趙必經之途徑。
因此，自桓惠王十年之後，秦就開始經略上黨，有意佔爲己有；十六
年後，秦成功地佔據那一大片土地，切掉了韓國舉足輕重的右翼。這
段時間，正是韓非少年至壯年的時期；作爲一名愛國的積極份子，尤
其是一名高度關心時局及國情的法家人物，他會恃甚麼態度和感情呢？
除了傾洩孤憤之情以及遊說之艱難之外，他還會採取甚麼行動呢？

司馬遷說他曾數度上書勸諫韓王，這完全是可靠的事實；而《飾邪》，就是他晚期上書的一篇佳作，反映了當日韓廷的政治情況以及他熾熱的愛國心境。要瞭解韓非晚期的情操和心懷，《飾邪》是一篇重要的文獻。

在這篇文章裏，韓非曾批評當日韓國的政局；計有下列四事：

第一、依恃大國

《飾邪》說：「今者韓國小而恃大國，主慢而聽秦魏，恃齊荆為用，而小國愈亡。故恃人不足以廣壤，而韓不見也。荆為攻魏而加兵許鄢，齊攻任扈而削魏，不足以存鄭，而韓弗知也。」韓非認為，韓國地小並不足懼，畏懼的是韓王疏懈而聽從秦魏，又一味仰仗齊楚的幫助，這才加速韓國的滅亡。根據歷史的經驗，依賴別國是無法使自己強大的，然而，韓王却不瞭解此點。齊、楚攻打魏國，都無法長遠保全韓國，韓王更不瞭解此點。從這段文字裏，即知韓國當日舉國上下缺少奮發圖強的朝氣，僅依賴外國勢力來「胡混日子」。令人驚訝的，魏曾出兵攻打韓，韓無法招架，向齊、楚求救，齊、楚美其名曰救韓，實際上是各營私利，削取魏地，韓王對他們的心機一點也不清楚，還沾沾自喜以為二國足以依恃！韓國政局一至於此，如何不令韓非痛心。

第二、法禁不修

《飾邪》說：「今者韓國小而恃大國，主慢而聽秦、魏，恃齊、荆為用，而小國愈亡。……此皆不明其法禁以治其國，恃以外滅其社稷者也。」韓王既然以為大國可以依恃，那麼，又何需修明法律，奮發圖強呢？為了說明法律修明的重要，韓非特地舉魏、趙兩個兄弟國以及北方的燕國的情形為例，他說：

當魏之方明立辟、從憲令之時，有功者必賞，有罪者必誅，強匡天下，威行四鄰；及法慢妄予，而國日削矣。

當趙之方明國律、從大軍之時，人衆兵強，辟地齊燕；及國律慢、用者弱，而國日削矣。

當燕之方明奉法、審官斷之時，東縣齊國，南盡中山之地；及奉法已亡，官斷不用，左右交爭，論從其下，則兵弱而地削，國制於鄰敵矣。

故曰：明法者強，慢法者弱。強弱如是明矣，而世主弗為，國亡宜矣。

這三個國家，毫無例外地當他們法律修明時，國力就強大；相反的，國家就衰弱；所以，韓非斷言道：「整飭法律的國家一定強盛，敗壞法律的國家一定衰弱。」他於是沉痛地說：強弱的根源是如此地顯明，然而當代的人君卻不肯實踐，國家怎麼不滅亡呀！如果將這節說明文字和「不明其法禁以治其國，恃外以滅其社稷」配合起來觀察的話，即知韓非「莊項舞劍，意在沛公」的用意了。韓國是三晉裏最弱小的國家，韓王竟不肯奮發圖強，怎令韓非不痛心呢！

第三、賞罰無度

《飾邪》又說：「明於治之數，則國雖小，富；賞罰敬信，民雖寡，強。賞罰無度，國雖大而兵弱者地非其地，民非其民也。無地無民，堯舜不能以王，三代不能以強。人主又以過予，人臣又以徒取。……明主之道，必明於公私之分，明法制，去私恩。……公私不可不明，法禁不可不審，先王知之矣。」這一段文字，雖然沒有明言是對何國家發出；不過，既然是一篇上韓王之書，篇內所言各點，恐怕皆有「有過則改，無過則勉之」的含義存在，多少也反映了當日韓國的情

形。韓非指斥一些國家賞罰公私不分，毫無準則，以致有國等於無國，有民等於無民，實在是國家衰弱的一大原因；然則，這些國家難道不包括弱小的韓國嗎？如果韓國強大，韓非在上韓王書裏，恐怕就用不着這麼寫了。

第四、迷信鬼神

《飾邪》一開始就極力批評龜筮及鬼神的誤國殃民，並且舉了許多國家的例子，說明龜筮鬼神之荒唐不足恃；韓非沒有點破批評的對象，只是說：「……非趙龜神而燕龜欺也……又非秦龜神而趙龜欺也！」又說：「……然而恃之，愚莫大焉。」否決迷信，並且指責迷信者的愚蠢。韓廷當日是不是充滿着迷信的烟霧，我們今日無從考察；但是，韓非既把此事明列在上韓王書裏，而且又列為勸諫的第一條，則韓廷充滿迷信風氣，恐怕多少有些嫌疑了。

在這樣的政局之下，韓非以飽學之法家及愛國之知識份子的身份，竟然無緣親政，受朝廷的錄用，怎不叫他滿腹鬱結，悲痛終日呢?《飾邪》說：「故先王以道為常，以法為本。本治者名尊，本亂者名絕。」韓非晚期引「道」入「法」，走回年輕時崇老的路子，與年輕時代的作品《大體》「禍福生乎道、法……因道全法」相合，亦「道」、「法」連用；向韓王提出治國最根本的方法，然而，韓王終「不能用」！這怎不叫他傷心和失望呢！

儘管韓非不被韓王錄用，但是，他却隨時準備為國效勞，施展他的理想和抱負。韓國自從韓王安即位以後，國勢已經到了無可挽救的地步，眼光銳利無比的韓非自然觀察得很透徹，而就在韓王安即位的第九年，韓就被秦消滅了。然而，身為韓國一份子的韓非，他擁有滿腔的熱血，他明知韓國已「不可為」，他却願意為國壯烈犧牲——苟能救韓，不惜付出生命的代價。

　當日三晉之中，以趙國最強，韓國最弱，秦國時而用兵於趙，時而蠶食韓國，似乎沒有既定的決策。趙國早期有趙奢、廉頗等大將，晚期又有戰績彪炳的李牧，所以，頗能一抗強秦，擋住狼秦的威勢。韓國既邊鄰秦國，國中無名將能士，政治又不修明，所以，只好採取向嬴秦「乞憐」的外交路線了。

　所謂「乞憐」，包含兩個意義；第一是委屈求全，降為秦的保護國及馬前卒子。韓非上給秦始皇的《存韓》就說：

> 韓事秦三十餘年，出則為扞蔽，入則為蓆薦，秦特出銳師取地，而韓隨之怨懸於天下，功歸於強秦。且夫韓入貢職，與郡縣無異也。

平時韓國對秦國經常進貢效職，和秦國屬下的郡縣毫無差別；作戰時，韓國充當馬前卒，協助秦國攻打各國，侵得的土地悉數奉給秦國；如此事奉秦國，已經三十多年了！韓非這段話，恐怕完全是事實。《戰國策・韓策三》曾經說過：

> 趙、魏攻華陽，韓謁急於秦，冠蓋相望，秦不救。韓相國謂田苓曰：「事急；願公雖疾，為一宿之行。」田苓見穰侯，穰侯曰：「韓急乎？何故使公來？」田苓對曰：「未急也。」穰侯怒曰：「是何以為公之王使乎？冠蓋相望，告弊邑甚急，公曰『未急』，何也？」田苓曰：「彼韓急則將變矣！」穰侯曰：「公無見王矣！臣請令發兵救韓！」八日中，大敗趙、魏於華陽之下。

周赧王四十二年，趙、魏攻韓，韓向秦國討救兵的使者竟多至「冠蓋

相望」；韓將自己視為秦之保護國，似乎可以完全肯定了。當穰侯責問田苓何以撒謊說「未急」時，田苓以激將法回答說：「韓國如果應付不了局面的話，就倒過來投向六國去！」穰侯聞畢，立刻出兵，大敗趙、魏；秦將自己視作韓的宗主國，更可以完全肯定了。

　　第二，是委屈求全，親近秦國。《存韓》末尾附載李斯上韓王書說：「韓居中國，地不滿千里，而所以得與諸侯班位於天下，君臣相保者，以世世相教事秦之力也。」李斯說，韓國世世代代盡力教導後人要事奉秦國，親近秦國，韓國才能君臣相保；李斯這番話，看來也得其實情。《戰國策・韓策三》說：

> 秦大國也，韓小國也。韓其疏秦，然而見親秦計之非金無以也，故賣美人。美人之賣貴，諸侯不能買，故秦買之三千金。韓因以其金事秦，秦反得其金與韓之美人。韓之美人因言於秦曰：「韓甚疏秦。」從是觀之，韓亡美人與金，其疏秦乃始益明。

韓雖然是個自主國，却深以疏遠秦國為懼。為了拉攏秦國，不惜販賣國中美女，將所得金錢事奉秦國。由於美女價格抬得太高，只有秦國買得起；結果，秦既得韓女，又得韓錢。顧觀光繫此事於秦昭王五十三年，即韓桓惠王之十九年；可知在韓桓惠王之世，韓國的確既恨秦國，又畏懼秦國了。

　　就在這樣的國際形勢之下，韓非奉命出使秦國，希望通過遊說的方式，誘使秦國將兵力用到趙國去，讓韓國得一苟延殘喘的生機。其實，對才華橫溢、眼光銳利的韓非而言，他肯定知道此次出使任務的艱難和成功機會的渺茫；他肯定也知道，即使韓國再得一絲的苟延殘喘，也無法奮發圖強，保存社稷於子子孫孫。然而，他毅然地接受了；

是他長期不受錄用使他要獻身表達自己的愛國情操，是他堅信自己才懷隨和今天要展現我和氏之璧的光芒！這位純情的愛國知識份子，抱着滿腔鬱結的孤憤，向虎秦奔赴過去。

李斯在批駁《存韓》時，曾經揭發韓非使秦的目的；他說：

> 非之來也，未必不以其能存韓也為重於韓也，辯說屬辭，飾非詐謀，以釣利於秦，而以韓利闚陛下。夫秦韓之交親，則非重矣，此自便之計也。

認為韓非是想利用保存韓國的功勞，來提高自己在韓國的地位，使他受韓王所敬重，進而謀取自身的政治利益；就算李斯說得完全正確，韓非以他學富五車、滿腹經綸的才華，難道就沒有資格登上政壇，參與政治活動嗎？韓廷多了一位韓非這樣的法家人物，是一件損失嗎？

以韓非的純情和愛國，以韓非對國家的焦慮和對國際局勢的瞭解，以韓非長期不被錄用而積下的孤憤及抑鬱，我們完全可以預測得到，他到秦國之後，一定「大幹特幹」一番的。而《存韓》這篇不足八百字的短文，就是他赤誠愛國之心洒下的最後一滴血，是他一生刖左足、刖右足後哭了三日三夜，「泣盡而繼之以血」的歷史見證。

第三章 結 論

如果根據作品先後來考察，我們發現，韓非的思想實際上是經過廣拓、深掘及歸要三個階段。韓非的思想有三條主線，一條是對人性的看法，一條是對社會的看法；它們都屬於橫面的文化，前者寓於人體之內，後者見諸人體之外。第三條主線是歷史觀，它是縱面的文化。這三條主線，都經歷過廣拓、深掘及歸要三個階段，顯現出韓非思想「逐步成長」的過程。

韓非是一位非常勤奮用功並且意志專一的思想家，這在他年少學習的階段就已經顯示出來了。正因為如此，他的歷史知識非常豐富，他讀過許多國家的史書，包括「正史」以及「正史」以外的許多史籍、典墳，因此，他不但對歷史上的各類人物和事件都非常熟習，而且還知道了許多「傳聞異辭」、「一事兩傳」的史蹟。除此之外，韓非也讀了許多寓言，包括民間傳說、歷史怪談以及動物故事，成為先秦寓言最「博學」的一位學者。莊周也採用大量的寓言，但是，莊周的寓言很多出於自己的編造；而韓非的寓言，卻是他從許多古籍裏「讀」出來的。劉勰《文心雕龍・諸子》說：「韓非著博喻之富。」認為韓非是先秦博喻的代表作家，評得非常合理。勤奮用功、意志專一對韓非來說，是非常重要的一件事；不如此的話，他斷斷無法完成這許多徵引宏富、論證翔實、說理動人的大塊文章，他也斷斷無法透過「歷史的經驗」，來建立他的思想體系，成為一位卓越的政治理論家。

也許正因為他廣讀衆書，博覽群籍，再加上年輕思想未完全定型，所以，在他第一期的階段裏，他的許多想法都還顯現出「駁雜不純」，

成爲他成長過程中富紀念意義的烙印。比如他對孔子的讚賞、對儒家
人物的肯定、對古聖賢的崇敬，甚至於討論爲君、爲臣之道以及御百
姓等課題時，都時而展露出儒家的影子；又比如他對《老子》的執著
和嚮往，使他在一部分作品裏顯露出道家的精神；這些，若不是他博
涉群經，斷斷不會受其影響的。

　　自年輕開始，韓非就完全肯定人性絕對自利的看法；筆者認爲，
這是韓非最勇敢的地方。人性到底是怎麼個樣子呢？古來思想家說法
皆不盡相同，但是，也不盡完全正確。人性絕對自利說固然是最醜惡
的，但是，從法家的立場來說，它是建立法律的「最底線」。說滿街
都是聖人，法律就以此爲底線，未免太美化了這個世界。說人性有善
有惡，不盡全惡，也不盡全善；那麼，法律將從何處「建立起來」呢？
從半中間嗎？未免太善待部分人類了。其實，人類何嘗不是動物的一
種，一種比其他動物更充滿獸性的動物，脫開他們的衣服，他們就暴
露出赤裸裸的動物身。人固然有善人，有聖人，那是他們穿上文明的
衣服之後的表現而已；但是，當黑夜來臨時，人類一般上就不穿衣服
了。法律必須以「赤裸裸的身體」爲起點，才管得着白天和夜晚；所
以，法律的底線是獸性，實在是不得不然的一種形勢。韓非應該看出
此中的道理，韓非早也應該知道，法律講的是事情的眞相，善惡的道
德判斷應該撇開一邊；所以，他能夠赤裸裸地拈出人性最低的「地獄
線」，作爲建立法律的基線，實在有他過人的勇氣。說韓非刻薄冷峻，
也許忽視了法律的眞諦及「專業勇氣」。

　　絕對自私自利既然是人性的「地獄線」，那麼，從個體往外觀察，
社會當然也有社會的「地獄線」了。因此，韓非認爲社會上的芸芸衆
生都是姦詐不法的群衆，他們無時無刻不在窺竊各種利益，製造社會
動盪，紊亂國家秩序。而所謂法律，韓非肯定地認爲，就從這條「地

獄線」建起，包羅所有百姓，密不透風地沒有一條漏網之魚。

　　韓非在這個橫面上劃下兩條「地獄線」之後，就從線上開始建築起他早期的政治理論了。

　　首先，人性絕對自利投射在政治架構上，便是君臣的關係完全是「私」和「利」。群臣奉侍人君，爲的是滿足自己身尊家富的利益，進一步爲的是刼殺人君、奪取國家，滿足更大的利益。至於人君，他最大的滿足便是役使人臣爲他效勞，以便獲取各種資源。因此，人君必須緊握法和術，從勢的君位上控制及防備着所有的外人，包括宮闈、父兄大臣以及販夫走卒，提防他們衝過警戒線，篡奪君權，接管朝政。從韓非這樣的政治理論裏，我們看到人間一片刀槍的刼殺聲，也看到人君「以一當千萬」的沉重負累；朝廷上下不但沒有緩衝的空間讓人棲止留戀，朝廷上下也日夜處在極度緊張的「備戰狀態」之下，使人備受壓力，無法喘息。

　　其次，人類絕對自利投落在社會階層上，便是雜說紛呈，到處充滿着姦惡自利的人物。爲了鞏固君威，爲了安治國家，人君必須「清除」一些無益於治的價值觀，糾正社會運作的方向。在這裏，韓非貶抑了貴生、文學、有能、辯智、礛勇及任譽六種人，讚揚了赴險、殉誠、死節、從令、全法、力作、生利、純厚、命重、尊上、挫賊及遏姦等人物；通過這樣的裁抑和襃揚，爲社會「正本清源」，引指正確的方向。從韓非這樣的政治理論裏，我們看到的是一張「國家備戰圖」；除了全體備糧備戰之外，實在看不到其他的生機和活力。

　　第三條主線是歷史觀。

　　韓非擁有相當強烈的歷史癖，對歷史事件及人物都非常熟習。他考察了歷史，認爲歷史是由一個階段一個階段組合而成，有新、舊的分別，就如一副車輪一樣，不停地在滾動前進。他研究過秦國的歷史，

在商鞅變法之前，秦國的文化是「國亂、兵弱、主卑」，朝廷是「君臣廢法而服私」；經過變法洗禮之後，秦國換上一個新的面貌，有罪必誅，刑無所加，國治，兵強，地廣，主尊；因此，他意識到歷史必須不斷地更新和演進，才能淘汰不適合的舊文化，站在時代潮流的前線。很明顯的，他不贊同儒家的「歷史靜止論」，更反對老子的「歷史倒流論」，他要厲行變法，主領歷史巨輪前進的方向。

根據韓非開示出來的思想主線來觀察，我們發現，韓非早期開闢出來的學術領域相當遼濶，從縱面的傳統，到橫面的現實社會；從內廷，到外朝；從臣僚，到百姓，幾乎都在論述的範圍之內。如果我們贊同治學是先博而後精，那麼，韓非無疑的正走着這樣的路子了。另一方面，韓非此時尚是荀卿門下的學生，儒家思想是他年輕時的影子，無法揮棄掉，所以，無論他討論那一個課題，都時而顯露出這條長影。

到了第二階段，韓非縮小了學術領域，向深一層的地殼裏挖掘。

首先，他加深了歷史觀的論證；歷史並不只有舊和新而已，實際上是分為上古、中古及近世的「三段論法」，每個階段自有每個階段的文化，前一階段的文化絕不適合下一階段的歷史發揮，因此，不同階段裏的「先知先覺者」必須主動負起改革更新文化的工作，領導新文化的邁進。他認為，由於階段的不同，各代聖王沒有所謂優劣的差異，時空不同影響了他們各自的策略和方法，沒有所謂是非對否的分別；因此，主持政局者一定要敞開胸膛，配合新時代的來臨，接納新知，更新治國的方法。從這些論證之中，無疑的韓非已經肯定了歷史演動的必然性，而且又從演動的理論中推斷出法家時代的來臨，從而斷定戰國時代是法家的天下。無疑的，演動的歷史觀是他這個時期重要思想的一部分；在這套歷史哲學裏，他不但為法家改革派建立起理論基礎，也給法家改革派服下一帖強心劑，使他們知道「時代是屬於

我們的」，對前途充滿着信心和希望。

在治國方面，他不再枝枝節節地討論如何駕馭宮闈、大臣、百姓以及君臣之道等問題，他也擺脫那些形形色色的姦宄弒臣們的糾纏困擾，反過來深入地討論治國的原則性問題——法、術、勢，並且從中演繹出一些條理和守則。在法方面，他提出法必須具備權威性、普遍性及客觀性；在術方面，他認爲人君必須做到衆聽、查核、行密、用詐及防微等幾個步驟；在勢方面，他劃分了先天的處勢及後天的造勢，並且警戒人君，必須積極地用勢；這些，都是具有相當深度的創見。如果和第一期的說法相比較的話，我們會發現，他本期不但完全揮掉了儒家的影子，而且遠遠地超越了其他的法家人物，奠定了他在法家裏的巨人形象。

在現時社會方面，他雖然繼承前期的作風，勇於批評社會的「歪風」，不過，他很能夠充實這方面的理論，並且紋寫了許多文字來討論它，使它成爲引人注意的一個主題。他認爲，雖然現時已是「法家天下的戰國時代」，然而，社會上依然充滿着私學及二心者，以致到處顯現不安及矛盾的局面；韓非認爲，主政者必須強行「掃蕩」，糾正這些偏差。所謂「法家天下的戰國時代」，韓非認爲其條件是：一、無雜學，二、耕戰，三、以法爲教，四、人君必須獨斷及無爲；韓非的理想新社會，也就是如此了。無疑的，關於社會問題的討論，本期的韓非比前期的更具深度和魄力；他不但批評現時社會，而且還勇敢地描繪出法家的「理想國」，新時代的「天堂」。

值得注意的是，韓非及其他法家人物心目中的法，基本上只局限於刑賞生殺的領域，而它們絕對是服務於人君的；換句話說，所謂刑賞生殺的法律都只用來鞏固人君的統治、堅強政權的地位而已。而這些法律，其制定者及操縱者都是人君一人，他就像手握無數上方寶劍

一樣，隨時發號施令，鎮壓整朝的臣僚及全國的百姓。「朕即法律」，是所有法家及韓非公開贊成的。商鞅及商學派當然也贊成這一點，不過，商學派演變到後來却出現了一股很有創新的見解；他們認爲法律除了必須公佈之外，其副本必須典藏在天子殿中的一個「禁室」內，而且必須上封條，用印鑑，再把禁室深鎖密封，防止被盜改。換句話說，法律已脫離人君的「嘴巴」，獨立成爲天下的「公物」了，人人皆不可修改，人君恐怕也不可更動，是完全獨立的一套客觀條文了。除此之外，商學派還建議人民及其他官吏有權向法吏、法官詢問法律的內容，他們也有義務向人民及其他官吏解說詮釋法律；在這方面，商學派有很嚴格的一套規定和程序，情形就像今天律師及法官詮釋法律條文一樣。商學派「法律獨立」及「解說法律」這兩點似乎沒有給韓非帶來甚麼影響，我們在韓非的著作裏看不到任何有關這兩方面的文字，也許韓非不感興趣，也許商學派在韓非之時還沒完成這方面的論述❺。法家學派如果從韓非及商學派的路子再發展下去的話，應該可以走上「立法獨立」及「司法獨立」的路子，那個時候，再倒反過來箝制人君，控制着這頭「和尚打傘」的暴虎，中國歷史恐怕又是另一種局面了。漢興之後，先是黃老政治，後是儒家政治，商學派中斷，沒有人往這方面再研究、再探索，發展出一套合理的法律制度和程序，實在是件可惜的事。

　　另一點值得我們注意的是，先秦的法家基本上都是在戰國時代發展起來的，他們提供服務的時代當然是戰國時代；就以韓非本人來說，他除了到荀卿門下讀書之外，就只在他末期使秦時離開過自己的國家，因此，法家人物及韓非創建的整套政治思想和理論，基本上只爲着戰國時代，甚至於韓非自己的韓國；這一點，我們必須客觀地加以瞭解，無論是商鞅，或是韓非，他們提出耕、戰的政策，他們提出掃蕩社會

「不良份子」的主張，將社會國家搞得成爲備糧備戰的「緊急狀態」，看不到任何生機和活力，也看不到其他學派和思想；這些，都只是爲着戰國時代的一種應變而已，並非「天下太平」之後的一種長安久治之計。套用法家人物及韓非自己的理論，當一統天下降臨之時，已是另一個時代了；適應新時代的另一種做法必須重新提出，備糧備戰的那一套旣是「中古」的產物，當然不適合「近世」這個新時代了。李斯等法家人物昧於這一點，實在是一件可惜的事。

到了晚期，韓非的思想走上歸要的路子。

韓非早年嗜愛《老子》，曾經下過研究的工夫，並且寫出法家及《老子》兩股思想相配搭的政治主張，《大體》就是此時留下的作品。到了中期，《老子》無爲思想已經在韓非的理想國裏開始擡頭了；在韓非的新國度裏，獨斷及無爲是人君的重要教條之一。所謂獨斷及無爲，就是說人君絕對大權獨攬到底，絲毫不讓步，絲毫不手軟；另一方面，卻是「一切按照法度運作」，人君絲毫不必「多費心機」；前者是獨斷，後者是無爲，是法家及《老子》的混合思想。

到了晚期，韓非在這方面似乎更進一步了。他認爲人君治國最高的境界是「守道」；所謂「守道」，包括了積極和消極兩個層面。在積極層面上，人君必須以靜制動，以退爲進，以暗察明，以內觀外，做到完全神秘不可知、高深不可測的境地。在消極的層面上，人君神秘不可知而又無所不在，高深不可測而又無時不在，那麼，人臣就只好盡力發揮自己的才幹，並且時時刻刻愼戒自己，使自己安份守己在法律的軌道上運作，而達到一種眞樸純正的境地。韓非認爲，人君緊握樞紐，位處虛隱，臣僚輻輳運作，有功者受賞，有過者中刑，天地間還有甚麼事情可做呢？還需要甚麼智巧呢？很明顯的，本期韓非已經把治國當成一種藝術境界來敍述和描寫了，他完全用藝術家的口吻

來描繪這清靜冲虛的至高境界。

　　當然，韓非也還未能完全擺脫法家的本色；在至高的治國境界裏，他提出一些戒律，他把法、術更加系統化、條理化，都是他未能「脫胎換骨」的表現。他認爲，人君在處理賞罰的課題時，對態度、考慮、方式及執行一定要有所戒愼，採取「步步爲營」的方式。至於制臣的法、術，他認爲人君必須把重點放在裁制臣僚之上——人君採取行動之前，必須有「監視之」的搜集資料，必須有「警惕之」的心理準備；採取行動時，可以有良性的「限制之」的裁制手段，也可以有激烈性的「打擊之」的裁制方法。很明顯的，本期韓非擺脫了許多枝節性的項目，而比較集中在人臣的裁制的課題上。

　　韓非旣然主張人君必須冲虛清靜，那麼，治國的工具就必須採取重點式地加以討論；而裁制方式和手段，可以說是重點中的重點了。所以，晚期韓非在思想歸要的路子上，一方面深談治國的最高境界，一方面簡要地「抓住」御臣的重點，也自有其必然的道理。

　　值得注意的是，韓非君位冲虛清靜這股思想似乎沒有繼續討論和發揮，在漢代儒家興起之後似乎就中斷了。如果得以繼續硏究和發展，也許君主立憲的政體會在中國歷史裏出現，到時，又是另一番局面了。

附　註

　❶　藂，各本作「聚」，洪頤煊曰：「按上下文皆合韻。此當作『欲爲其邦，必伐其藂，不伐其藂，彼將聚衆』，邦、叢合韻，『邦』字避漢諱改。叢，古字作『藂』，因譌爲『聚』。」其說蓋是，今據改。

　❷　「仕」，原作「任」，以韻審之，當作「仕」。

　❸　有關此部分，可參看《前編》第二章第十二節。

　❹　見周著，頁一二九至一三〇。

❺　根據筆者的推斷，商學派要到秦始皇二十六年以後，才完成這方面的論述，
可見韓非的確沒有「機會」讀到這些文章了。否則以韓非的博覽，這樣重要
的文章他不可能疏忽掉的。

餘　編

第一章　愛國捐軀──韓非被害

　　對三晉而言，范睢入相秦昭王是一樁從天而降的禍事。在范睢於秦昭王四十一年入相之前，秦對山東的政策基本上有兩條：

　　第一條是消滅魏國，切斷北邊燕、趙和南方韓、楚的連繫。

　　秦昭王十二年，秦免除了親趙的相國樓緩，改任魏冉爲相後，就積極執行這條政策；試讀這份大事表：

十五年：秦大良造白起攻魏取垣。

十六年：秦左更司馬錯攻魏取軹。

十七年：魏獻秦河東地方四百里。

十八年：秦攻魏大小城六十一座。

二十年：秦攻取魏新垣、曲陽。

二十一年：秦攻魏河內，魏獻安邑與秦。

二十四年：秦攻魏，至大梁，燕、趙救魏。

三十一年：秦攻取魏二城。

三十二年：秦攻魏大梁，韓救魏，為秦所敗。

　　　　　魏獻溫與秦求和。

三十三年：秦攻取魏四城。

三十四年：秦圍攻魏大梁，趙、燕來救。

　　　　　魏獻南陽與秦求和。

三十九年：秦攻魏懷。

四十一年：秦攻取魏邢丘。

從秦昭王十二年至四十一年范睢爲相止，秦總共出兵攻打魏國十三次；最值得注意的是，二十四年、三十二年及三十四年，一連三次圍攻魏的首都大梁；然則秦有意立刻消滅魏國，藉以切斷燕、趙和韓、楚的連繫，是非常明顯的了。

第二條是攻打趙國，突破趙國的封鎖線。

趙國在秦的東方，是通往齊、燕必經之地，又是維繫中原諸國的重心。趙國名將輩出，前有趙奢、廉頗，後有李牧，兵力特強，所以，是秦國的勁敵，也是齊國向西發展的一個障礙。《戰國策・趙策三》載或人遊說趙相說：趙因爲地理形勢上的關係，再加上名將勇士輩出，竟能夠阻抑強齊四十多年，更能夠挫折虎秦伸張的欲望；從此番說辭中，即知趙國的確是「萬乘之強國」，「於天下也不輕」。

趙國四周有韓、魏，背後又有齊、燕，她登高一呼，就可以率領合縱諸國直搗秦國的函谷關，給秦國莫大的威脅。秦國自知兼併天下，必須先打擊趙國，突破趙國的封鎖線；但是，心理上卻對趙國有所畏懼。試讀下表：

秦昭王

十九年：秦攻取趙梗陽，趙、齊、楚、魏、韓五國攻秦。

二十二年：秦昭王與趙惠文王相會於中陽。

二十三年：燕昭王入趙見趙惠文王。

二十四年：趙惠文王與燕昭王相會。

二十七年：秦白起攻趙取代、光狼。

二十八年：秦昭王與趙惠文王相會於澠池，修好。

三十七年：秦攻趙閼與，趙大破秦軍。

這個簡表清楚地告訴我們，秦、趙勢力相侔，趙國主領東方，秦國不得不一方面採取修好的手段，一方面採取進攻的方式，迂迴轉進；秦國為突破這條封鎖線，的確煞費苦心。

秦這兩條政策在范睢入相之前，基本上並沒有甚麼進展，更不要說取得輝煌的成績了。

首先秦出兵消滅魏時，就遭遇到非常大的阻力；試看昭王二十四、三十二年及三十四年，秦三度出動大軍攻打魏的首都大梁，都遭到各國出兵相救的壓力，秦終於無法得償夙願，就知道秦滅魏這條政策是無法成功的。《戰國策·魏策四》載或人獻書秦昭王曰：

> 獻書秦王曰：「昔竊聞大王之謀出事於梁，謀恐不出於計矣！願大王之熟計之也！梁者，山東之要也。有蛇於此，擊其尾，其首救；擊其首，其尾救；擊其中身，首尾皆救。今梁王天下之中身也，秦攻梁者，是示天下要斷山東之脊也，是山東首尾皆救中身之時也。山東見亡，必恐，恐必大合，山東尚強，臣見秦之必大憂可立而待也！……」

或人這個比譬非常精彩；魏當「天下之中身」，秦出兵攻打蛇身，首尾一定反過來救急，秦焉能得逞！可見這條政策根本就錯誤的。其次，趙是山東的翹楚，又有魏、齊作為兩翼，在秦昭王四十七年長平之役前，秦實在無法得利於趙；細讀上表，即知此說之不誤矣。因此，在范睢入秦為相之前，秦對山東的政策似乎沒甚麼成功。

范睢在秦昭王三十六年為秦客卿，四十一年取代穰侯魏冉為相；秦對山東的政策立刻改變，推行范睢「遠交近攻」的新路線。《戰國策·秦策三》載范睢對秦昭王時，說：

大王越韓魏而攻強齊，非計也。少出師，則不足以傷齊；多之，
則害於秦。臣意王之計欲少出師而悉韓魏之兵也則不義矣。今見
與國之不可親，越人之國而攻，可乎？疏於計矣。昔者，齊人伐
楚，戰勝，破軍殺將，再辟千里，膚寸之地無得者，豈齊不欲地
哉？形弗能有也。諸侯見齊之罷露，君臣之不親，舉兵而伐之，
主辱軍破，為天下笑。所以然者，以其伐楚而肥韓魏也。此所謂
藉賊兵而齎盜食者也。王不如遠交而近攻；得寸，則王之寸；得
尺，亦王之尺也。今舍此而遠攻，不亦繆乎？

范睢首先指出魏冉政策的失誤，「越韓魏而攻強齊」，「戰勝，破軍
殺將，再辟千里，膚寸之地無得者」，「疏於計矣」；然後，提出
「遠交近攻」的新策略。新策略一經執行，首當其衝的當然是韓國；
范睢向秦昭王就說過：「秦韓之地形，相錯如繡；秦之有韓，若木之
有蠹，人之病心腹；天下有變，為秦害者，莫大於韓；王不如收韓。」
韓既是秦的木蠹，又近在眼前，所以，必須立刻出兵「收」之。秦昭
王五十二年蔡澤相秦，取代范睢的職位；莊襄王元年，呂不韋取代蔡
澤，接任相位；司掌相位者雖然不同，「遠交近攻」的政策卻沒有改
變。

　　自秦昭王四十一年以後，秦幾乎集中軍力在蠶食韓國；到了韓王
安即位時，韓成為六國就先滅亡的國家，似乎已成定局了。而韓非，
就在如此惡劣的局勢之下，就在強秦只須痛擊即斃的最後危急關頭之
下，不顧一切奮身出使秦國，希望力挽狂瀾，為韓國爭取苟延殘喘的
一絲機會。

　　以韓非的純情和愛國，以韓非對國家的焦慮和對國際局勢的了解，
以韓非長期不被錄用的孤憤和抑鬱，他到秦國之後，肯定是「大幹特

幹」一番，期望獲得一些起碼的成就，庶幾乎安慰得了自己的學問和抱負，也讓韓王悔悟長期以來冷落了自己。

根據現存的資料，韓非抵秦後「大幹特幹」的事情大約有兩件：

第一件：誘使秦國放棄遠交近攻的政策。

韓非抵秦後，曾上書秦始皇，表面上呼籲秦始皇不可忘記韓國昔日對秦國的忠耿，實際上是勸告秦始皇放棄遠交近攻的政策，回復到過去將趙國當作頭號敵人的路子上去。《存韓》一則說：「韓事秦三十餘年，出則爲扞蔽，入則爲蓆薦……韓入貢職，與郡縣無異。」二則說：「（趙）、（齊）二國事畢，則韓可以移書定也。」吁請秦王念在昔日忠心耿耿的情份上，並且考慮到韓國乖順得只須送書一封就問題全部解決的事實上，不要施展那「痛擊即斃」的最後一拳；因爲強大的趙國就在秦國的背面，他們正日夜覷覦着你們呢！韓非說：

> 以秦與趙敵衡，加以齊，今又背韓，而未有以堅荊魏之心，夫一戰而不勝，則禍搆矣。計者所以定事也，不可不察也。趙、秦強弱，在今年耳。且趙與諸侯陰謀久矣……。

實際上，趙自長平之役喪失了四十多萬士卒之後，已經元氣大傷，無法西向抗秦了。幸賴老將廉頗及李牧等人的支持，也僅能守住搖搖欲墜的江山而已。這些，韓非知之甚詳，秦始皇知之更詳。然而，韓非却故意這樣說，無非是想誘使秦國將那「斃命的一擊」移到趙國去吧了。

李斯最清楚韓非的心機了——他在韓非的信上大批特批；首先，他清清楚楚地指出：

> 詔以韓客之所上書,書言韓之未可舉,下臣斯;臣斯甚以為不然。
> 秦之有韓,若人之有腹心之病也,虛處則恢然若居濕地,著而不
> 去,以極走則發矣……。

李斯說韓對於秦,就如「腹心之痛」對於一個人一樣;不割除的話,
隨時就會奪命。這個比喻,和范睢形容韓是秦的木蝨有異曲同工之妙。

其次,他銳利地揭穿韓非的私心,認為韓非此行帶有很濃厚的私
人利益;這一點,我們在後編第三章已經分析討論過了。

最後,李斯將計就計地向秦始皇建議說:

> 今以臣愚議,秦發兵而未名所伐,則韓之用事者以事秦為計矣。
> 臣斯請往見韓王,使來入見,大王見,因內其身而弗遣,稍召其
> 社稷之臣,以與韓人為市,則韓可深割也。

李斯認為,秦國應該派出大軍,却不明說攻打何國,藉以恐嚇韓國,
然後,再由他自己出使韓國,誘騙韓王到秦國來,並且加以扣留;如
此的話,韓國就在手掌上了。

無疑的,韓非第一件「大幹特幹」的事情並沒有成功,他無法通
過李斯的「審查」。

第二件:阻止秦國破壞山東各國的縱約。

當時,秦勢雖然非常強盛,不過,山東六國若能團結一致,在某
種程度上還能遏止秦兵;韓非對此事一定知之甚詳,秦始皇當然也瞭
解這種形勢。因此,當楚、齊、燕及代合起來,想攻打秦國時,秦始
皇頗為慌張,召集了群臣賓客六十人,商議計策;《戰國策‧秦策五》
備載此事,說:

四國為一，將以攻秦。秦王召群臣賓客六十人而問焉。曰：「四國為一，將以圖秦，寡人屈於內，而百姓靡於外，為之奈何？」群臣莫對。姚賈對曰：「賈願出使四國，必絕其謀而安其兵。」乃資車百乘，金千斤，衣以其衣，冠以其冠，帶以其劍。姚賈辭行，絕其謀，止其兵，與之為交，以報秦，秦王大悅，封賈千戶，以為上卿。韓非短之，曰：「賈以珍珠重寶，南使荊、吳，北使燕、代之間，三年，四國之交未必合也，而珍珠重寶盡於內，是賈以王之權國之寶外自交於諸侯。願王察之！且梁監門子，嘗盜於梁，臣於趙而逐。取世監門子、梁之大盜、趙之逐臣與同知社稷之計，非所以屬群臣也！」王召姚賈而問曰：「吾聞子以寡人財交於諸侯，有諸？」對曰：「有之。」王曰：「有何面目復見寡人？」對曰：「曾參孝其親，天下願以為子；子胥忠於君，天下願以為臣；貞女工巧，天下願以為妃；今賈忠王而王不知也，賈不歸四國，尚為之？使賈不忠於君，四國之王，尚焉用賈之身？桀聽讒而誅其良將；紂聞讒而殺其忠臣；至身死國亡。今王聽讒，則無忠臣矣！」王曰：「子監門子，梁之大盜，趙之逐臣。」姚賈曰：「太公望齊之逐夫，朝歌之廢屠，子良之逐臣，棘津之庸不讎，文王用之而王；管仲其鄙人之賈人也，南陽之弊幽，魯之免囚，桓公用之而伯；百里奚虞之乞人，傳賣以五羊之皮，穆公相之而朝西戎，文公用中山盜而勝於城濮；此四士者，皆有詬醜大誹於天下，明主用之，知其可與立功也。使若卞隨、務光、申屠狄，人主豈得其用哉？故明主不取其汙，不聽其非，察其為己用。故可以存社稷者，雖有外誹者不聽，雖有高世之名無呎尺之功者不賞，是以群臣莫敢以虛願望於上。」秦王曰：「然。」乃復使姚賈而誅韓非。

這段文字清楚地告訴我們，姚賈奉使破壞山東四國合縱，韓非恨之入骨，竟不惜造謠誹謗，希望離間他和秦始皇的關係，迫使秦國放棄破壞的工作。由於韓非的人身攻擊和讒陷，使秦始皇對姚賈起了疑心，也幾乎使姚賈的計畫落空；所幸秦始皇頭腦還清醒，召見姚賈，經他一番申辯之後，才消除疑慮，仍然派遣他出使四國，完成計畫。

不計個人安危的韓非，就在第二件「大幹特幹」敗露之後，被秦廷誅殺了。《史記・韓非列傳》曰：「李斯、姚賈害之，毀之曰…。」如果司馬遷所說「李斯毀之」是指他批駁韓非上秦王書的話，所說「姚賈毀之」是指姚賈反擊韓非的謗言的話，那麼，韓非的確是被他們倆人害死的。

韓非使秦之前，秦始皇固然非常賞識他的文才，說：「嗟乎！寡人得見此人，與之游，死不恨矣。」實際上，他的思想和秦國當時的大局是扞格不入的。

就當日秦國學術趨向而言，商鞅的思想依然是秦國的傳統，商學派的思想在秦國政壇上佔着主導地位。

以李斯爲例，根據他的言論、作風及政績，實際上也是一位商學派的人物。據當時形勢來推測，他應該是商學派最後的一個人物了。試讀《史記・李斯列傳》這段文字：

始皇三十四年，……齊人淳于越進諫曰：「臣聞之，殷、周之王千餘歲，封子弟功臣，自爲支輔。今陛下有海內，而子弟爲匹夫，卒有田常六卿之患；無輔弼，何以相救哉？事不師古而能長久者，非所聞也……」始皇下其議丞相，丞相謬其説，絀其辭，乃上書曰：「古者天下散亂，莫能相一，是以諸侯并作，語皆道古以害今，飾虛言以亂實，人善其所私學，以非上所建立。今陛下并有

天下，辨白黑而定一尊，而私學乃相與非法教之制，聞令下，即
各以其私學議之，入則心非，出則巷議，非主以為名，異趣以為
高，率群下以造謗。如此不禁，則主勢降乎上，黨與成乎下。禁
之便。臣請諸有文學《詩》《書》百家語者，蠲除去之。令到，
滿三十日弗去，黥為城旦；所不去者，醫藥、卜筮、種樹之書；
若有欲學者，以吏為師。」始皇可其議⋯⋯。

李斯這段話，很明顯的充滿着商學派的思想。「語皆道古以害今，飾
虛言以亂實，人善其所私學，以非上所建立」，不就是商學派「說者
成伍，煩言飾辭，而無實用，⋯⋯高言偽議，舍農游食，而以言相高
也。故民離上，而不臣者成群」（《農戰》）的翻版嗎？當這些「虛
言」的「私學」橫流，「入則心非，出則巷議」時，李斯立刻建議
「請諸有文學《詩》《書》百家語者，蠲除去之」。似此作風，不是
商學派責六蝨及「興國不用十二者」（《斬令》）的擴而充之嗎？司
馬遷說：「始皇可其議，收去《詩》《書》百家之語，以愚百姓。」
似此行徑，不是商學派愚民政策的執行嗎？至於李斯建議、始皇許可
的毀書運動，更是「商鞅教秦孝公⋯⋯燔《詩》《書》而明法令」
（《韓非子·和氏》）的延續了。《史記》載李斯書說：

督責之誠，則臣無邪；臣無邪，則天下安；天下安，則主嚴尊；
主嚴尊，則督責必；督責必，則所求得；所求得，則國家富；國
家富，則主豐樂。

李斯認為人君只要厲行「督責之術」，天下就可以太平，國家就可
以富強了。法家及商鞅向來都主張「重刑厚賞」的；只有商學派發展

到晚期，才改作「重刑輕賞」，最後甚至於改作「重刑無賞」了。李斯「督責之術」，只談重刑式的高壓手段，絕口不談獎賞，實際上就是商學派「重刑無賞」的翻版了。

韓非是主張勢、術、法兼用的人物，以當日發展形勢及秦國商學派的傳統而言，自不能被兼有法、兵、農三重性格的李斯所見容。

當日秦國學術趨向固然是韓非被害的原因，當日國際上整個歷史發展形勢也是他被殺的原因。

嬴秦自商鞅變法之後，舉國上下都致力於兼併諸侯的工作。經過秦昭王五十六年的統治後，嬴秦消滅山東六國已是不可抗拒的歷史事實了。李斯於秦莊襄王三年入秦爲呂不韋舍人；他第一次見秦始皇時，就提出「滅諸侯，成帝業，爲天下一統」的政治主張，他說：

> 自秦孝公以來，周室卑微，諸侯相兼，關東爲六國，秦之乘勝役諸侯，蓋六世矣。今諸侯服秦，譬若郡縣。夫以秦強，大王之賢，由灶土掃除，足以滅諸侯，成帝業，爲天下一統，此萬世之一時也。

認爲統一天下的條件已經成熟，不可失的「萬世一時」的良機了。秦始皇接納李斯的建議，暗中派人攜帶金玉珍寶到各國進行分化、離間的間諜及特務活動，「諸侯名士可下以財者，厚遺結之；不肯者，利劍刺之」（《史記‧李斯列傳》）；然後，就「使良將隨其後」，率領軍隊趁機發動奪城滅國的戰爭，逐一鯨吞。

韓非使秦，完全站在這個大趨勢的相反位置，他逆着秦國合併天下的發展的方向，他抗拒着秦國幾代致力經營的總路線，不惜採用「大幹特幹」的手段，和秦廷上下周旋到底。

　　韓非，這位一生不受錄用的韓國貴公子，明知自己違逆着天下一統的歷史趨勢和秦廷政治的學術環境，依然以飛蛾撲猛火的姿態出使秦廷，更不惜以「大幹特幹」的手段攻擊秦廷的政策，誹謗姚賈的計畫，甚至於誤導秦始皇；就在這些「罪狀」之下，他被害死於獄中了。如果要追究死因的話，就應該說他是爲着自己的政治主張而死，是爲着自己的國家而犧牲。韓非，他不效法其他知識份子，投奔他國，甚至於也不在使秦時獻身於賞識他的秦始皇；相反的，他堅持留在韓國，即使韓王不用他，他依然上書陳述自己的政治主張，最後，他甚至於堅持自己的韓國身份，出使秦廷，爲自己的國家壯烈犧牲。韓非，是一位堅持自己政治主張的愛國主義者；似此法家人物，先秦歷史中似乎只此一位。

　　司馬遷似乎過份強調李、姚二人的個人因素，說韓非完全是被妒忌而害死，一些學者根據《初見秦》批評韓非出賣自己的國家，更有「落井下石」之嫌。我們不否認這一點，尤其是李斯的妒忌，恐怕是韓非致死的一個副因。其實，《戰國策》側重客觀因素，《史記》強調個人因素，兩者合而觀之，才得其眞相。

第二章　豐富的遺作
——流傳及編纂

　　韓非在世的時候，作品已經陸續流傳開來。《史記・韓非列傳》說：

> 非為人口吃，不能道說，而善著書。……故作《孤憤》、《五蠹》、《內、外儲》、《說林》、《說難》十餘萬言。……人或傳其書至秦，秦王見《孤憤》、《五蠹》之書，曰：「嗟乎！寡人得見此人，與之游，死不恨矣。」李斯曰：「此韓非之所著書也。」秦因急攻韓。韓王始不用非，及急，乃遣非使秦。

　　據此，韓非在使秦之前，其書已在秦國流傳，秦始皇才有機會覽讀其著作，而李斯也才會興師「急攻韓」了。《史記・韓世家》謂韓非於韓王安五年、秦始皇十三年入秦，《秦始皇本紀》及《六國年表》則繫之於韓王安六年、秦始皇十四年，也就是在韓非被殺的同一年；二說前後相差一年。無論韓非何年入秦，在韓非入秦之前，其著作已在秦國流傳，且獲得秦始皇的欣賞，是可以斷言的。

　　根據司馬遷的記載，秦始皇在覽讀韓非的著作時，並不知道其作者，一直等到李斯告訴他：「此韓非之所著書也。」才知道「得見此人，與之游，死不恨矣」的人，是韓國的公子韓非❶。

　　流傳於秦國的《韓非子》既不署名，李斯何由知其作者呢？陳奇猷在《韓非生卒年考》中說❷：

據韓非傳知秦王見《孤憤》、《五蠹》之書不知為誰所作，問之李斯，李斯即以韓非對，則李斯必係與韓非同學於荀卿時巳見韓非之書，不然，李斯入秦後，秦、韓遠隔，即或可見傳來之韓非書，亦不能知為韓非作。據《始皇本紀》李斯入秦在始皇元年前一年或二年，據《李斯傳》李斯欲西入秦而辭荀卿，則李斯讀韓非書當在始皇前一或二年以前。是韓非之學於李斯入秦前巳大有成就，其年齡當可能為五十歲左右之人。

他認為當李斯和韓非同時受學於荀卿時，韓非已完成其著作，而李斯也拜讀過韓非這些著作，因此，當秦始皇詢問他時，他一看就知其作者了。

筆者認為，陳氏此說恐怕值得商榷。誠如陳奇猷所推斷的，李斯入秦在始皇元年前一、二年，而李斯能在荀卿處讀及韓非著作，至遲也必在始皇元年前一、二年之前；然而，自始皇元年前一、二年至韓非入秦的始皇十四年，中間相隔着十五、六年，在這一段時間內，韓非難道就沒有新的作品嗎？顯然的，以「善著書」見稱的韓非來說，是很不可能的事。《史記·韓非列傳》說：「與李斯俱事荀卿，斯自以為不如非。非見韓之削弱，數以書諫王，韓王不能用……故作《孤憤》、《五蠹》、《內、外儲》、《說林》、《說難》十餘萬言……。」將韓非的著書時期繫於受學荀卿之後，是頗值得深思的。

根據筆者的推斷，韓非有一部分作品固然在秦始皇紀元前一、二年完成，也有相當大的一部分作品在始皇即位至始皇十四年之間完成的，並不一定如陳氏所推斷的，都完成於始皇紀元前一、二年。這些作品先後流傳到秦國，對於舊作，李斯固然可以一目瞭然地認知其作者；對於新作，李斯也可以根據其內容、思想及作法，判斷其作者。

這個推測，應該比陳氏的合理一些。

在韓非入秦之前，到底有那些著作已經流傳於秦國呢？司馬遷在《韓非列傳》裏說，秦始皇在韓非入秦之前，已讀過《孤憤》、《五蠹》之書，可見這兩篇文章在韓非生前已流傳出來，成爲人們所愛讀的作品了。除此之外，還有那些篇章當日曾經與《孤憤》及《五蠹》同時流傳出來？或流傳於秦國呢？

秦始皇的父親莊襄王，諱子楚；「楚」在當時是國名，也是地名，是一個相當習見的字。以當日的情形而論，對國君避諱是一件必須認真對待的事。如果《韓非子》某些篇章對「楚」字避諱，那麼，似乎就可以證明它們當日曾經流傳於秦國。

　　　　×　　　　　×　　　　　×　　　　　×

在討論這個問題之前，我們有必要對避諱的必然性作個檢討；換句話說，首先我們要問，是不是當日流傳於秦國的作品都必須避「楚」諱呢？

這裏，以《呂氏春秋》爲例，來考察這個問題。

《呂氏春秋·序意》說：「維秦八年，歲在涒灘。」高《注》云：「秦八年，秦始皇即位八年也；是《呂氏春秋》呂不韋爲相國時所爲。」將《呂覽》作成時代繫於秦始皇八年；這個說法，歷來學者率無疑義。

《呂覽》既然作成於秦始皇八年，以當日的情形及慣例，書中「楚」字皆當避諱作「荊」。根據筆者的統計，下列各篇皆無例外地避莊襄王諱：

《呂覽》諱「楚」作「荊」之篇章一覽表

　　貴公、情欲、當染、音初、明理、簡選、安死、至忠、介立、應同、慎大覽、權勳、報更、順說、貴因、去宥、重言、淫辭、高

義、上德、知分、召類、觀表、愛類、貴卒、愼行論、求人、貴
直論、直諫、贊能、自知、博志、貴當、似順論、處分。

上述三十五篇，有的在某一章之中，有的在某兩章之中，其「楚」字
皆無例外全改作「荊」；高誘在《音初篇》「周昭王親將征荊」下
《注》云：「荊，楚也，秦莊王諱楚，避之曰荊。」❸除《音初篇》
之外，其他各篇也都應當作避莊襄王諱看待。

有的篇章並不一定完全避諱，而是「楚」、「荊」連用；似此情
形者，有下列各篇：

《異寶》「孫叔敖疾」章用「楚」（一見）、又用「荊」；「五
員亡」章用「荊」。

《當務》「楚有直躬者」章用「楚」（一見）、又用「荊」。

《長見》「荊文王」章用「荊」；「吳起治西河之外」章用「楚」
（一見）。

《察今》「荊人欲襲宋」章用「荊」；「楚人有涉江者」章用
「楚」（一見）。

《察微》「楚之邊邑」章用「楚」（六見）、又用「荊」（一
見）。

《驕恣》「魏武侯謀事而當」章用「楚」（一見）；「齊宣王爲
大室」章用「荊」（四見）。

上述六篇，有的在同一章之內「楚」、「荊」互用，有的則「楚」、
「荊」分別見於前後章；總而言之，其避諱的情形並不一致。

是不是這六篇文章都不避諱呢？或者竟是可避可不避呢？

考《異寶》「楚」字一見，作「楚、越之間」，尹仲容《校釋》
本改作「荊、越之間」，云：「舊本『荊』作『楚』，蔣據《書鈔》

三八改。」可知《呂覽》原文本作「荆、越之間」，《書鈔》所引者
猶存其舊；今本作「楚、越之間」者，皆從舊本而改耳。《察今》「荆
人欲襲宋」章作「荆」，「楚人有涉江者」章作「楚」，前後章用字
不同；是不是前章避諱、後者不避諱呢？筆者認爲後章「楚人」本作
「荆人」，今本作「楚人」者，蓋後人所改，該章章末云：「荆國之
政。」字猶作「荆」，可證章首「楚人」本作「荆人」明矣。因爲
「荆人」二字在章首，容易被改；「荆國」在章末，容易被忽略，所
以，才保存了古本的舊貌。《當務》「楚有直躬者」章「楚」字一見，
在章首，章內則皆作「荆」；筆者認爲章首「楚」字原本也可能作
「荆」，後人因爲該字在章首易於發現，所以改作「楚」，而章內
「荆」字則保存古本面貌，道理與《察今》相同。《長見》「吳起治
西河之外」章用「楚」字，一見，云：「吳起果去魏入楚，有間，西
河畢入秦。」考《觀表》亦有此文，云：「吳起果去魏入荆，而西河
畢入秦。」與《長見》幾乎相合，字作「荆」，因此，我們有理由相
信，《長見》原文本作「荆」，今本作「楚」者，後人所改也。《驕
恣》有兩章，前章「楚」字一見，云：「昔者楚莊王謀事而當。」後
章「荆」字四見，前後章不太一律。《荀子·堯問》及《新序·雜事
一》皆有「魏武侯謀事而當」的篇章，字亦皆作「楚」；筆者懷疑，
《呂覽》此章亦本作「荆」，後人受《荀子》及《新序》的影響改作
「楚」耳。依據上文的考訂，可知《異寶》、《當務》、《察今》及
《驕恣》等四篇，其內文也都避「楚」字諱，和前舉三十五篇一律。

惟有《察微》最特別，篇內有「楚之邊邑」章，章內「楚」字六
見，「荆」字僅一見而已。《吳越春秋》卷一有此章，不過，內容太
簡略，顯然和《呂覽》無關。合理的解說有兩個：第一、原本都作
「荆」，後人將其中六個改回作「楚」，剩下一個忽略了，所以，才

成爲今本的情形；第二、編纂者根據其他材料錄入《呂覽》，一時疏
忽，忘記避諱了。也許前一個解說更符合事實。

《呂覽》全書凡百六十篇，二十餘萬言，都一律避莊襄王諱嗎？
根據筆者的考察，下列篇章的避諱問題值得注意：

㈠《尊師》用「楚」（一見），云:「楚莊王師孫叔敖、沈尹巫。」

《察傳》用「楚」（一見），云：「楚莊聞孫叔敖於沈尹筮，

審之也。」

這兩個「楚」，筆者懷疑本皆作「荊」。《當染》云：「荊莊王
染於孫叔敖、沈尹蒸。」許維遹《集釋》謂「蒸」當作「筮」，是也；
無論句型或內容，皆與《尊師》及《察傳》合，字正作「荊莊」，可
知二篇作「楚莊」者，蓋後人所改也，此其一。楚莊王聞孫叔敖於沈
尹筮的故事，見諸《贊能》，云：

> 孫叔敖、沈尹筮相與友……沈尹筮遊於郢，五年，荊王說之，欲
> 以為令尹，沈尹筮辭曰：「期思之鄙人有孫叔敖者，聖人也；王
> 必用人，臣不若也。」荊王於是使人以王輿迎叔敖，以為令尹。
> 十二年而莊王霸，此沈尹筮之力也。功無大乎進賢。

實際上，《尊師》、《察傳》及《當染》三篇的按語，都是《贊能》
此故事的濃縮，而《贊能》字皆作「荊莊」，可證《尊師》及《察
傳》二篇亦當作「荊莊」，此其二。

㈡《義賞》「昔晉文公將與楚人戰於城濮」章，「楚」字二見。
此事又見於《韓非子·難一》及《說苑·權謀》；《韓非子》作
「楚」，《說苑》作「荊」。竊疑《呂覽》原文本作「荊」，《說苑》
據《呂覽》為文，字正作「荊」，是其明證。其後，《呂覽》為後人

所改，《說苑》維持原貌，乃有《呂覽》作「楚」、《說苑》作「荊」之參差現象。

㈢《脩時》有兩章，一章「楚」、「荊」互用（各一見），一章用「楚」（五見）。

在「楚」、「荊」互用的前一章裏，筆者懷疑那個「楚」字本當作「荊」，因為「楚」改作「荊」是為了避諱，避諱時效一過，後人於是改「荊」作「楚」，恢復古籍原貌。在改正的過程中，勢必有未能全部改遍的情形，所以，才留一個「荊」字的痕跡。如果說《呂覽》原本皆作「楚」，那麼，就等於說《呂覽》原本不避諱；《呂覽》原本既然不避諱，後人又何必把其中一個「楚」字改作「荊」呢？《呂覽》作成時代不避諱，避諱時效一過，後人又何必費心機改字避諱呢？可見此章原本亦避諱。

後一章「墨者有田鳩」，連用五個「楚」字，非常特別。

㈣《執一》用「楚」，一見。

《行論》用「楚」，二見。

前者「楚」字出現在章首「楚王問為國於詹子」的句子裏，《列子・說符》及《淮南子・道應》皆有此故事，字皆作「楚莊王」；筆者懷疑，《呂覽》此章原本作「荊王」，後人據《列子》及《淮南子》改作「楚王」耳。《行論》出現兩個「楚」字，云：「楚莊王使文無畏於齊。」又云：「楚之會田也。」一章之內連用二「楚」字，值得注意。

㈤《用眾》「楚」字二見，云：「楚人。」「楚、魏之王。」

《適音》一見，云：「楚之衰也。」

《有始覽》二見，云：「南方為荊州，楚也。」「楚之雲夢。」

《長攻》二見，皆云：「楚王。」

《遇合》一見，云：「楚合諸侯。」

《慎勢》二見，云：「以齊、楚。」「楚三圍宋矣。」

六篇中，《有始覽》「南方爲荆州，楚也」一句用「楚」字，恐怕是不可避免的。

這六篇不避諱的篇章，加上前文所論的《胥時》及《行論》二篇，一共是八篇。《呂覽》涉及「楚」及「荆」字的篇章一共有五十三篇，肯定不避諱的有八篇，約佔六分之一強。

這六分之一不避諱的篇章，是以今本《呂覽》加以統計的；難道古本《呂覽》這八篇也都作「楚」，而不作「荆」嗎？實際上也未必盡是如此。

《史記·魯仲連鄒陽列傳》《索隱》引《呂覽》云：「楚人卞和抱璞。」這就是卞和泣璧的故事，《索隱》云：「事見《國語》及《呂氏春秋》。」謂《呂覽》原文作「楚」。今本《呂覽》無此事，蓋亡佚已久。《新序·雜事五》載此事，云：

荆人卞和得玉璞而獻之荆厲王……共王即位，和乃奉玉璞而哭於荆山中，三日三夜，泣盡而繼之以血……。

筆者懷疑，《新序》此章乃過錄自《呂覽》，所以，保留了《呂覽》「楚」作「荆」的避諱習慣。此事又見於《韓非子·和氏》，字皆作「楚人」、「楚山」。筆者認爲《韓非子》此文蓋過錄自《呂覽》，松皋圓《定本韓非子纂聞》云：「盧諶傳《注》作『楚人卞和得璞玉於荆山之中』。」❹盧傳《注》引「荆人」已作「楚人」，惟「荆山」猶存《呂覽》避諱之習，可證《韓非子》此文蓋來自《呂覽》，尤可證明《呂覽》此文原文如《新序》所錄者，字皆作「荆」。唐代司馬

貞所見《呂覽》，此文「荆人」已被改爲「楚人」矣。此其一。

《呂覽・胥時》有「墨者有田鳩」章，載田鳩說楚王之事，字皆作「楚」，前文已有說。考《韓非子・外儲說左上》有「楚王謂田鳩」章，即詳載當時二人之論說，字作「楚」；惟《外儲說左上》首段云：「其說在田鳩對荆王也。」字作「荆王」。筆者懷疑《韓非子》「楚王謂田鳩」本亦作「荆王謂田鳩」，與首段作「荆王」一律，而這兩則文字都本於《呂覽・胥時》，故爾沿襲了《呂覽》避諱的習慣。今本《呂覽》已爲後人所改，僅留《韓非子》首段文字避諱耳。此其二。

據此二端，我們有理由相信，今本《呂覽》八篇不避莊襄王諱，有可能是後人改動，原本恐怕不如是。

又考晚近雲夢出土秦簡，有《編年紀》一篇，遍記秦昭王元年（公元前三〇六年）至秦始皇三十年（公元前二一七年）秦國大事；其中始皇二十三年之下，云：「興，攻荆。」亦避莊襄王諱。《編年紀》並非流傳的古籍，乃是筆記、札記之類的私人文件，然而，作者尚且避諱如儀，那麼流傳廣泛，甚至於「布咸陽市門」，公開徵求增損一字者，又怎麼可以不避諱呢？可知《呂覽》八篇不避諱者，受後人所改易的可能性相當高了。

×　　　　×　　　　×　　　　×

以《呂覽》爲例，可知避諱在當日必須認眞對待的課題；換句話說，當日在秦國流傳的文章，避秦諱是非常應該的。

《呂覽》是秦國的作品，當然必須避秦諱；《韓非子》是外國作品，流傳到秦國來，是不是也一定要避諱呢？筆者認爲，答案是肯定的。

《韓非子》有《存韓》一篇，文章共分兩部分；篇首至「不可悔也」，佔全篇三分之二的篇幅，屬於第一部分；自「詔以韓客之所上

書」以下，佔文章篇幅三分之一，是爲第二部分。這兩部分文章，作者不相同；爲進一步說明，茲引述梁啓雄的《題辭》❺：

> 本篇自篇首直迄「不可悔也」句，是韓非的上秦王書，作者是韓非；也是本篇的篇文。可是，自「詔以韓客之所上書書言『韓之未可舉』下臣斯」句，直迄「願陛下幸察愚臣之計，無忽」，是李斯對韓客（指韓非）言「韓未可舉」的駁議。從論恉上看來，這一段文字和《史記‧韓非傳》所論述「李斯、姚賈毀之曰：『非終爲韓，不爲秦。』」的說法相符合，而和《存韓》的本意恰相反，可見這段文章絕不是韓非的作品；也不是《存韓篇》的本文。…推求這些作品之所以混入《存韓篇》的原因，大概是由於當時秦史官記錄與韓非上秦王書的有關文件時，就連類地引錄李斯的駁議和他的上韓王書，把它們附錄在韓非上秦王書的後面作爲附件；後人不鑑別，誤認附件爲本篇正文，就無選擇地一併誤編入本篇。

第一部分作者爲韓非本人，第二部分作者爲李斯；這個說法，歷來學者大致上都接受了。在後一部分李斯的文章裏，連用了五個「荆」字；李斯曾任秦之長史，又拜爲客卿，其後又任丞相，批語裏避諱，那是當然的事❻。然而，韓非在前一部分上秦王的書信裏，也一連用了三個「荆」字，情形和李斯完全相同。據此，可知不但秦國作品必須避諱，流傳於秦國的外國作品也依然必須避秦諱。

　　現在，讓我們來考察《韓非子》的情形。

　　《韓非子》全書出現「荆」及「楚」的字眼的篇章，爲數相當多；試讀下列的統計表：

《韓非子》「荆」「楚」出現各篇統計表（篇下數字為出現次數）

出現「楚」字者：

難言(1)、二柄(1)、十過(18)、和氏(7)、姦劫弒臣(3)、喻老（4）、難一（5）、難三（1）、難四（2）、問田（2）。

出現「荆」字者：

存韓(8)、有度(6)、飾邪（10）、說林上（11）、說林下(21)、內儲說上(10)、五蠹(2)。

「楚」「荆」同時出現者：

內儲說下（7、22）、外儲說左上（15、1）、外儲說左下（2、2）、外儲說右上（2、3）、說疑（2、3）。

在這個統計表裏，最值得注意的是最底下的一欄：五篇「楚」、「荆」合用。除了《外儲說左上》之外，其他四篇都是「楚」字出現次數比「荆」字少。

在這五篇「楚」、「荆」兼用的文章裏，筆者認為，有些篇章原文恐怕本作「荆」，在避諱的時效過後，被人改作「楚」了。比如《內儲說下》是一個最好的例子：

《內儲說下》章節摘文表

經四：其說在楚兵至而陳需相……。（一見）

經五：王子職甚有寵而商臣果作亂。

經六：秦王患楚使。（一見）

　　　干象沮甘茂。

說四：陳需，魏王之臣也，善於荆王，而令荆攻魏……。

說五：楚成王以商臣為太子……。（二見）

說六：荆王使人之秦，秦王甚禮之……。

　　　楚王謂干象曰……。（三見）

這個表清楚地告訴我們，經四及經六兩個「楚」字，說四及說六相應的文字都作「荆」；合理的解釋是，經四及經六兩個「楚」字原本也和說四及說六一樣地作「荆」，在避諱的時效過去後，被人改回作「楚」，而說四及說六兩個「荆」字却保留不變。如果這個說法成立的話，那麼，《內儲說下》就只剩下說五及說六五個「楚」字了。

　　《外儲說左上》也有類似的情形，試看下表：

《外儲說左上》章節摘文表

　　經一：其說在田鳩對荆王也。

　　經三：故桓公藏蔡怒而攻楚。（一見）

　　經五：綏之以鄭簡、宋襄……。

　　說一：楚王謂田鳩曰……。（三見）

　　說三：蔡女為桓公妻……。（四見）

　　說五：宋襄公與楚人戰於涿谷上……。（七見）

誠如前文所論者，本篇說一內的三個「楚」字，原文本作「荆」，經一相應的文字正作「荆」，即其明證。今本說一作「楚」者，大概避諱時效已過，被人改回者。此說若成立，則《外儲說左上》「楚」字只存十二見了。

其他三篇「楚」、「荊」合用的情形，可見下表：

《外儲說左下》章節摘文表

　經一：故昭卯五乘而履屬。

　經三：失臣主之理，則文王自履而矜。

　經五：故仲尼論管仲與孫叔敖。

　說一：秦、韓攻魏，昭卯西說而秦、魏罷；齊、荊攻魏……。
　　　　（二見）

　說三：文王伐崇……一曰：晉文公與楚人戰……。（一見）

　說五：孫叔敖相楚……。（一見）

《外儲說右上》章節摘文表

　經三：與莊之王應太子。

　　　　文公之斬顛頡。

　說三：荊莊王有茅門之法……。（一見）一曰：楚王急召太
　　　　子……。（二見）

　　　　晉文公問於狐偃……還與荊人戰城濮，大敗荊人……。
　　　　（二見）

《說疑》章節摘文表

　楚申胥、楚白公（二見）

　荊芋尹、荊靈王、隨亡於荊。

三篇之中，《說疑》比較特別，因爲申胥、白公、芋尹及靈王都是名
字，作者不應該在同一篇文章相同造語內忽而用「楚」，忽而用「荊」，
這是相當淺易的道理的。因此，筆者認爲，《說疑》兩個「楚」字本
應作「荊」，與「荊芋尹」及「荊靈王」用字一律，今本只因避諱時效

已過，後人卒改爲「楚」字耳。

　　討論過了「楚」、「荆」兼用的篇章以後，我們發現，《韓非子》避秦諱的篇章相當多，它們有《存韓》、《有度》、《飾邪》、《說林》上及下、《內儲說上》及《五蠹》；此外，《內儲說下》，《外儲說左上》及《說疑》也可能是避秦諱的文章，總計在十篇之譜。這十篇文章，筆者相信，都是韓非流傳於秦國的篇章，司馬遷云：「故作《孤憤》、《五蠹》、《內、外儲》、《說林》、《說難》十餘萬言。」除《孤憤》、《說難》不用「楚」、「荆」無法對證，其他四篇都全部避諱或部分避諱了。

　　在這十篇作品中，《有度》、《說疑》及《存韓》的後半部都不是韓非的作品，本書前編已具論，此不贅。因此，我們可以相信，韓非在世時，他的一些作品，包括《飾邪》、《說林》、一部分的《儲說》、《孤憤》及《五蠹》等，經已流傳開來，甚至流傳到秦國，爲秦始皇所賞識了。

　　　　　×　　　　　×　　　　　×　　　　　×

　　韓非遽然被害，對他自己來說，似乎頗感意外。根據我們的考察，在韓非諸多作品中，有些應該是未完稿，有些似乎尚待整理成篇；比如：

　　1.《南面》最後一段說：「說在商君之內外……」、「是以愚憨窳墮之民……」、「故貪虎受阿諛……」、「故鄒賈非載旅……」及「故鄭人不能歸……」，底下準備申論的「故實」完全闕如；韓非在撰寫時，所有「故事」的材料應當已搜集完備，才能在前面列下「說在商君之內外……」等這些綱領式的文字，可惜入秦被害來得太突然，使他行前無法完稿。

　　2.《外儲說》右下、左上及左下三篇，章次誤倒、經文殘脫的現

象時有出現，與《內儲說》上下及《外儲說》右上的情形完全不相同。
據我們的考察，後三篇組織綿密，章節完整，前後有序，毫無錯亂的
現象，篇前又有綱領式的「小序」，無疑是韓非的定稿。前三篇也許
是韓非整理後三篇所餘下的一大批材料，尚待再補充和整理，才能纂
輯成組織完密的篇章，可惜他入秦被害來得很意外，無法竟功。

　　韓非被害之後，遺下一大批作品；在這一大批作品中，恐怕出現
下列幾種情形：

　　1.有些文章恐怕是韓非的參考資料，不是他本人的作品，比如《喻
老》、《說疑》、《有度》、《十過》、《忠孝》、《心度》及《制
分》等；它們都是韓非平日搜集的資料，和他的作品雜列一處。

　　2.在這些參考資料裏，有些「篇章」非常零星，比如《二柄》的
第一篇原本是黃老學派的材料，又比如《問田》的第一段也許是《田
俅子》的作品，它們都是一些非常零星片段的參考資料而已，不能成
篇，無法獨立為文。

　　3.有些篇章雖是韓非的作品，由於每文篇幅很短，所以，被「擺
攔」在一起，比如《觀行》、《安危》、《守道》、《用人》、《功
名》及《大體》這六篇小文章，它們恐怕「自始至終」都被「擺攔」
在一起。

　　對於這三種情形，他的學生或後學採取下列幾種編纂方式：

　　第一、《喻老》由於篇名與韓非作品《解老》相類似，所以，被
誤會為韓非另一篇詮釋《老子》的作品，因而被編入韓集中，並且列
在《解老》之後，以示韓非詮釋《老子》的第二文。

　　第二、《說疑》、《有度》、《十過》、《忠孝》、《心度》及
《制分》六篇，被誤編入韓集內。

　　第三、他的學生或後學將那段屬於黃老學派的材料和韓非另外兩

段文字合併在一起，並且按上新題《二柄》；又將一段也許和《田俅子》有關的文字，和一段學韓的文字合併在一起　，也按上新題《問田》。

以上三種編纂方式，都誤將參考材料誤爲韓非作品。

第四、《觀行》、《安危》、《守道》、《用人》、《功名》及《大體》六篇，由於一路來都擺擱在一起，所以，編纂時也編排在一起，就插置在《說林》及《儲說》兩組大篇章之中。

除此之外，編纂者還作了下列幾件工作：

第五、將篇幅長的篇章析分開來，方便讀者。《說林》被分爲上下，《難》被分爲一二三四，都是這種情形。

第六、將《內儲說》分爲上下。又將寫作方式與《內儲說》相同的另外一大批材料劃分爲三篇，它們是一批「已有內容，尚未組織」的零散札記；在整理劃分的過程中，由於《內儲說》「內」字的聯想，於是，編纂者將它們題爲「外儲說」，以便「內」、「外」互應，並將韓非已寫好的另一篇合在一起，成爲四篇，並且利用「右上」、「右下」、「左上」及「左下」的方式來區分。

第七、誤將與篇旨不相合的文字併入，如《備內》的第二段就是這種情形；又誤將學韓者的仿作編入，如《人主》是據韓文雜纂而成的一篇僞作，亦被編入。

當然，編纂者也頗注意作品眞僞的問題，所以，《顯學》以後的《忠孝》、《人主》、《飭令》、《心度》及《制分》恐怕都是編纂者以「存疑」的態度「附錄」下來的篇章。《飭令》和《商君書》的《靳令》雷同，編者不是不知道的，所以，他將《飭令》和其他幾篇僞作全部附在後面，恐怕用意在此了。

《韓非子》作爲一部韓集，編纂者是用過一番苦心的；《存韓》就

是一個佳證。它能被編入韓集，並且將李斯的批語及上韓王書一起附在《存韓》之後，除表示編纂者「來路不簡單」之外，也表示他有意將此文作為韓非生平事迹的資料，列在書前。至於《初見秦》，用意大概也是如此，以為是韓非第一次見秦始皇時所寫的奏書，可作生平史料看待，所以列在書前；可惜它是一篇偽作，是編纂者的敗筆了。

《韓非子》編成之後，當然經過竄亂，比如《八經》各節的小題就被改易過，不過，大體上來說，它保存得非常理想，是先秦保存得很完整的子書之一。

附　註

❶　陳奇猷《韓非生卒年考》亦有此說，該文在陳著附錄之內。

❷　同上註，頁一一七六。

❸　《呂覽・應同》「必生棘楚」，畢沅《新校》曰：「《老子》曰：『師之所處，荊棘生焉。』此偏不為孝文王諱，何也？」《新校》「孝文」當作「莊襄」。

❹　松皋圓之說，見陳氏《和氏・集釋》注一之下。

❺　見梁著頁十一。

❻　李斯撰有《諫逐客書》一文，文中「楚」字一見；原文恐亦作「荊」，後人所改也。

後　記

　　本書寫作時間始於一九八七年夏天，成稿於一九九一年春天；跨越四個整年。寫作地點也跨越兩地，從吉隆坡到香港——前編少部分篇章脫稿於馬來亞大學，其餘大部分篇章及全部的後編、餘編，皆完成於香港中文大學中文系研究室內。因此，本書見證了筆者工作地點的更易，也見證了筆者某些思想及觀念的轉變。

　　本書前編部分的稿件曾發表於各學術期刊及雜誌，包括《漢學研究》（半年刊）、《國立臺灣大學中文系學報》、《故宮學術季刊》、《國立中央圖書館館刊》及《書目季刊》；編入本書之前，曾作若干修訂。

　　一九九〇年五月二十日國務院古籍整理出版規劃小組編印的《古籍整理出版情況簡報》第二二六期裏，曾發表王根林先生的大著《蹊徑獨闢·別開生面——〈商鞅及其學派〉評介》，對拙作《商鞅及其學派》頗多鼓勵，茲轉錄如次，用作紀念：

　　《商君書》是先秦法家中最早的一部保存得比較完整的著作，它所反映的政治思想和治國方略，對秦國由弱變強最終統一中國，起了十分重要的作用，由此成為歷代學者研究課題的「箭垛」。特別是近代，俞樾、楊樹達、錢穆、郭沫若、呂思勉、高亨等著名學者，都對《商君書》的產生時代及其思想價值等問題，發表了獨到的見解，取得了可觀的成績。但是，由於他們都沒有整體上駕馭全局，因而眾說紛紜，莫衷一是，甚至自相牴牾，呈現治

絲益棼的狀態。香港中文大學教授鄭良樹先生的新作《商鞅及其學派》(上海古籍出版社 1989 年版),在繼承前輩學者優良的治學傳統和研究成果的基礎上,匠心獨運,開闢新路,使這一研究出現新的局面。

作者在《緒論》中,開宗明義地提出要用「立體式」的方法來研究這一課題。他第一次提出了「商(鞅)學派」的概念,指出:「所謂商學派,當然不必全是商鞅親炙的學生,……只要服膺商鞅的農戰思想,以秦孝公變法以後的秦國的『政治趨勢』和『強國主張』為主要認同對象,就是商學派了。」而《商君書》,乃是商鞅及其後學在不同時期所共同撰寫。這樣,作者就登上了比前人更高一層的臺階,在微觀細察的同時,更着重從宏觀上進行把握,以便將這個學派的著作及思想,放入自孝公變法到嬴政統一天下這一歷史範疇作綜合的考察。事實證明,用這個觀點來分析,許多前人聚訟不休、懸而未決的問題,都可以渙然冰釋。例如關於《商君書》中商鞅的「真作」與「偽作」之爭,各篇之間對同一問題主張不一的矛盾等,都得到了合理而可信的解答。

這種「立體式」的研究原則,反映在全書的布局和結構上,則是考論兼備、虛實併重、個別分析與整體綜合的有機統一。書的前編考證《商君書》的產生年代,後編評述商鞅學派的思想特徵。前編中,「分論」逐一考辨各篇的作者和寫作時間,「結論」則將全書的撰寫時代概括為五個階段,描繪出其產生全過程的階段性、連續性和整體感。後編中,「分論」逐一分析商鞅學派思想發展的五個階段中各自的主要內容和觀點,「結論」則從鳥瞰的角度,綜述整個學派在政治、經濟、思想、法律、軍事等各個領域所持觀點的形成、嬗遞、衍變和發展的脈絡。這些,都給人以

獨出機杼、耳目一新的印象。改進治學方法，可以促使學術研究出現新的突破，這是本書給我們的有益的啓示。

又拙作《竹簡帛書論文集》（北京一九八二年中華書局，臺北同年源流出版社翻印）中，有《論孫子作成的時代》一文；文中劉歆所撰《七錄》當改爲《七略》，蓋《七錄》作者爲梁阮孝緒，劉歆所撰者乃《七略》，二者不容相混也。書中又有《劉安與淮南子》一文，云：「《漢書・藝文志》本於劉向、歆的《別錄》、《七略》。」可知此文未誤。蓋劉向撰《別錄》，劉歆據《別錄》編《七略》，班固又據二文刪省爲《漢志》，此乃人人共知之事矣。該書出版之時，筆者蟄居南洋，未克親校，乃有此誤，謹向讀者致歉。

美國周策縱敎授惠賜序文一篇，謹致萬份謝意；並謝謝他的鼓勵。

國家圖書館出版品預行編目資料

韓非之著述及思想

鄭良樹著. – 初版. – 臺北市：臺灣學生，1993
面；公分

ISBN 978-957-15-0539-8(平裝)

1.(周)韓非 – 學識 – 哲學

121.67   82004977

韓非之著述及思想

著　作　者　鄭良樹
出　版　者　臺灣學生書局有限公司
發　行　人　楊雲龍
發　行　所　臺灣學生書局有限公司
地　　　址　臺北市和平東路一段 75 巷 11 號
劃　撥　帳　號　00024668
電　　　話　(02)23928185
傳　　　真　(02)23928105
E‑m a i l　student.book@msa.hinet.net
網　　　址　www.studentbook.com.tw
登記證字號　行政院新聞局局版北市業字第玖捌壹號
定　　　價　新臺幣六〇〇元

一 九 九 三 年 七 月 初版
二 〇 二 三 年 六 月 初版二刷